国际服务贸易：原理、政策与产业

刘东升　蒋先玲　主编

对外经济贸易大学出版社
中国·北京

图书在版编目（CIP）数据

国际服务贸易：原理、政策与产业／刘东升，蒋先玲主编．—北京：对外经济贸易大学出版社，2012
ISBN 978-7-5663-0402-5

Ⅰ.①国… Ⅱ.①刘…②蒋… Ⅲ.①国际贸易-服务贸易 Ⅳ.①F746.18

中国版本图书馆 CIP 数据核字（2012）第 170107 号

国际服务贸易：原理、政策与产业

刘东升 蒋先玲 主编
责任编辑：朱 洋 刘 静

对外经济贸易大学出版社
北京市朝阳区惠新东街 10 号 邮政编码：100029
邮购电话：010-64492338 发行部电话：010-64492342
网址：http://www.uibep.com E-mail：uibep@126.com

山东省沂南县汇丰印刷有限公司印装 新华书店北京发行所发行
成品尺寸：185mm×260mm 20.5 印张 437 千字
2012 年 8 月北京第 1 版 2012 年 8 月第 1 次印刷

ISBN 978-7-5663-0402-5
印数：0 001-3 000 册 定价：37.00 元

前　言

随着入世过渡期的结束，我国服务贸易的对外开放程度不断提高，逐渐接近发达国家水平。目前我国服务业的开放已涵盖了《服务贸易总协定》的 12 个服务大类，涉及 100 余项小类，包括金融服务、运输服务、旅游服务、电信服务、分销服务等在内的服务贸易部门已经陆续开放，外资进入的规模和比重也不断提高。一些具有全球竞争实力的外资银行、保险、商业、运输和电信巨头持续扩大在华投资和经营范围，使缺乏足够竞争力的国内服务业面临较大的结构调整压力。所以，熟悉国际游戏规则，提高自身的竞争能力就成为我国服务业发展的首要任务。

服务贸易是服务业进步的标志。扩大服务贸易出口，不仅有利于改善服务贸易国际收支、优化我国外贸出口的整体结构，而且对于改善我国在国际分工中的地位、促进产业结构调整、走可持续发展的道路等有着重大的历史意义和现实意义。

为此，我们编写了《国际服务贸易：原理、政策与产业》一书，希望在完善国际服务贸易知识结构、熟悉国际服务贸易规则方面为读者提供帮助。该书可以作为本科生的教材，也可以作为从事国际服务贸易工作和研究者的参考读物。

该书由刘东升、蒋先玲主编，刘东升（第 1 ~ 3、5 ~ 9 章）、蒋先玲（第 12 章）、王春艳（第 4、14 章）、刘东升、钱川（第 10、11 章）、英涛（第 13 章）共同撰写，在写作过程中还得到了对外经济贸易大学出版社的大力支持，在此深表谢意。

目　录

北京高教精品教材项目

第一章 国际服务贸易的基本概念

学习目标

- 掌握服务的含义和基本特征
- 了解服务业的涵义和分类
- 掌握国际服务贸易的含义、特点及相关概念

20 世纪 70 年代国际服务贸易得到快速发展，在国际贸易中所占比重不断扩大，对一国经济、社会、文化生活等方方面面产生了越来越大的影响。在经济全球化背景下，我国的国际服务贸易也呈现不断增长的态势，贸易规模和产品结构朝着高级化方向延伸。那么，什么是服务？什么是国际服务贸易？国际服务贸易又有哪些特征呢？

国际服务贸易是随着社会生产力的发展和产业结构的调整而逐渐产生和发展起来的，第二次世界大战后服务业的发展为国际服务贸易奠定了基础。国际服务贸易不同于传统的货物贸易，在贸易对象、发展路径等方面具有明显的特征。

第一节 服 务

人们在日常生活中要消费各种各样的有形商品，如面包、服装、水果等，但也需要消费别人提供的无形商品，如坐车、看演出、旅游等。这些无形商品就是服务。所以服务是相对于有形商品而言的一个经济学概念，人们一般认为它是以提供活劳动形式满足他人某种需要并取得报酬的活动。从国际服务贸易的角度，服务就是指是以活劳动的形式满足经济单位或个人的需要，增加服务接受者的价值或效用。

一、服务的基本特征

服务作为无形商品，和一般商品相比明显不同，具有如下一些基本特征：

第一，服务的无形性或不可感知性，这是服务最主要的特征。不同于有形商品直观的存在形态，服务的存在形态基本上是无形的、不固定的，让人不能触摸或肉眼看不见其存在。你在消费服务之前，并不知道服务是什么样的，另外，服务消费者往往不能事先感知到服务，只能等到消费服务后才能感觉到服务的结果，或是要等一段时间后，享用服务的人才能感觉到服务"利益"的存在。随着科学技术的进步，有些服务项目在无形化的基础上产生了"物化服务"。所谓"物化服务"，简单地说就是改变了服务的存在形态，服务消费也随之发生了变化。如文艺演出本来是只能到剧院等演出场所消费，唱片、磁盘、光盘出现后，人们就可以随时欣赏文艺演出了，这些唱片、磁盘、光盘等就是"物化服务"的载体了。作为服务产品的载体，其自身物质形态的价值很小，价值主体是物化在其上的服务。这种服务存在形态的改变，对服务提供者和消费者都是有价值的。

第二，服务生产和消费的不可分离性。有形商品从生产、流通、到最后消费的过程中，一般要经过一系列的中间环节，生产过程与消费过程在时间和空间上是相互分离的，如服装先是在服装企业生产，然后经过运输进入市场，再从市场上卖给消费者，消费品的消费和生产是在两个地方、两个不同时间段进行的。而服务一般则具有不可分离性的特征，即服务的生产过程与消费过程同时进行，两者在时间和空间上是不可分离，生产过程就是消费过程，消费过程就是生产过程，服务过程中生产者和消费者必须发生直接联系。如教师的授课与同学们的听课，一般是在同一时间、同一场所进行的；运输服务过程和运输消费过程；医生提供的医疗服务和病人接受医疗等。但在物化服务的条件下，服务的生产与消费可以在时空上不一致。

第三，服务的不可贮存性。有形商品可以在生产出来以后存在仓库里，处于闲置状态，不进入消费领域，这种情况不一定给生产者带来损失，或造成商品价值的降低。但服务却不可能像有形商品一样被贮存起来，生产者不能存储服务，消费者在大多数情况下也不能将服务携带回家保存。所以，服务生产出来以后如果不消费，既不能给生产者带来利润，也不能增加消费者的效用，只会造成损失。如飞机运输时如果机上有空座位，意味着这些服务没有被消费，只能给生产者带来损失等；文艺演出如果上座率不高，空置的座位就是服务提供者的损失。虽然这种损失不像有形商品损失那样直观，造成商品使用价值的丧失或价值的损失，但它也造成服务提供者劳动的浪费、服务产品功能的消逝、服务设备折旧的发生等。

第四，服务的差异性，也称为服务的异质性。它是指同种类型的服务因服务提供者不同，或同一服务提供者是在不同时间提供的服务，因为受主客观因素的影响使其提供的服务具有差异，服务消费者对服务产品的满足程度也就不同。如不同理发师提供不同质量的理发服务，同一理发师在不同时间可能提供不同的理发服务等。而一般有形商品在社会化大生产的条件下，产品质量基本上是稳定的，消费者在不同地点、不同市场购买的同类型产品，其质量基本上是相同的。

服务的这些特征是与有形商品相比所特有的，当然由于物化服务的出现，有些服务产品具有了有形商品的部分特征，但其实质还是不同的。

二、服务的基本要素

服务作为一种特殊商品，也是在一定的生产要素结合下生产出来的。一般商品的生产必须具备两个基本要素：生产资料和劳动力。服务的生产也应包含生产资料和劳动力两个基本要素。但由于服务的提供以提供者自身的素质为基础，要求提供者要具有一定的知识与技术，所以可以把服务的基本要素分为三部分：资本、劳动力和知识技术（即人力资本）。

1. 资本。服务生产同样离不开资本要素的投入，这是构成生产的基本条件。服务生产过程中的资本投入，首先是用来购买生产资料，如生产设备、原材料及其他辅助设施等，在有些服务行业中，流动资金在资本总量中占相当大的比重；其次，服务业中的资本要素还要用于对服务人员的培训，服务提供者本身只有经过专业培训，才能进入市场为消费者提供服务；最后，同其他商品生产一样，服务产品的经营也需要一定的广告、宣传费用。

2. 劳动力。它是服务的提供者或服务的载体。在一切经济活动中劳动力都是最基本的因素，服务行业也不例外，而且许多服务部门还是劳动密集型行业。

3. 知识与技术。知识与技术属于人力资本的基本要素，除了直接接触式服务外，大多数服务都是提供知识或技术的，与其他行业相比，服务业需要更丰富的知识和技术。所以知识与技术既是提供服务的条件与手段，又是服务的基本内容。

第二节 服 务 业

一、服务业的涵义

服务业是生产或提供各种服务产品的经济部门或企业的集合。服务业包含的部门众多，并且不同部门间还具有不同的特征。服务业是随着商品生产和交换的发展而发展起来的，商品经济的发展扩大了人们之间的经济交往，产生了对服务的需求，如对货物运输、货物储存等方面的需求，因此最早的服务是面向商品流通服务的。随着城市的繁荣和居民的日益增多，生活服务也逐渐发展。虽然服务活动产生的时间很早，但是到了19世纪末20世纪初，服务业才作为一个完整产业逐渐得到发展，进入20世纪后经济学家才开始关注和研究这一经济现象。服务业的提出与第三产业这一概念密切相关。服务业早期被称为第三产业，在20

世纪30年代，由英国经济学家、新西兰奥塔哥大学教授费希尔（A. Fisher）在其所著的《安全与进步的冲突》一书中首先提出来的。他运用“剩余法”对三次产业进行划分，认为经济中以农业为主的初级产品生产是第一产业，以工业为主的初级产品加工部门是第二产业，两者之外的所有其他经济部门都属于第三产业。经济学界后来也沿用了这一概念。服务业概念与第三产业的划分有关，在行业构成上，服务业十分接近第三产业，但是两者并不等同。

专栏1—1

服务业和第三产业

首先，第三产业的界定采用的是剩余法。费希尔鉴于第一产业与第二产业无法将所有的经济活动包括在内，就把这二次产业以外的所有经济活动统称为第三产业。按剩余法界定的第三产业的范围通常是难以确定的，如建筑业的归属问题。而服务业的界定是以是否提供或生产各种类型的服务为标准的。所以，与第三产业相比，根据产业产品即服务来确定服务业的范围，是很明确的。

其次，三次产业划分思想的出发点是经济体系的供给分类，暗含着高阶层次产业的发展单向地依赖于低阶层次产业的产品的含义，即第二产业依赖于第一产业提供的原料，第三产业又依赖于第二产业和第一产业的产品供应。相反，服务业是以经济系统的需求分类为思想基础的，这种观点强调服务业同其他经济产业的相互依赖关系，而不是单向依赖关系。概言之，第三产业的概念隐含着传统经济思想的逻辑，而服务业的概念则体现着现代经济思想的灵光。

最后，第三产业概念的经济结构涵义主要是相对于国内经济的，而服务业概念的经济结构涵义则是面向国内和国际两个市场的。

在我国，国务院于1985年批准了国家统计局《关于建立第三产业统计的报告》，第一次对我国三大产业做出了明确的划分，并将第三产业的产值计入国民生产总值。1992年中共中央、国务院专门发出了《关于加快发展第三产业的决定》。2000年，中共十五届五中全会通过的“十五”计划建议中，开始将第三产业改为“服务业”，但在统计上仍在使用“第三产业”。因此，从1985年起，在我国国民经济核算中，第三产业一直是服务业的同义语，第三产业被称为广义的服务业，是第一产业和第二产业以外各业的统称。我国的第三产业包括四个层次：流通部门（含交通运输业、仓储业、邮电通讯业、批发零售贸易和餐饮业等）、为生产和生活服务的部门（含金融保险业、房地产业、地址勘查业等）、为提高居民素质和科学文化水平服务的部门（含文教艺术业、广播电影电视业、卫生体育和社会福利业等）和为社会公共需要服务的部门（含国家机关、政党机关和社会团体等）。

服务业的判断标准和概念的确定一直是一个存在争议的问题，同时，随着社会经济的不断发展，一些服务行业会逐步消亡，而一些服务行业又会陆续产生，因此服务业的范围和概念的确定只能是一个大概的情况，服务业是一个动态的、相对的、既抽象又具体的概念。我们要用发展的眼光看待这个行业，而不能僵化地、一成不变地理解服务业。

二、服务业的分类

同其他产业一样，服务业也可以按照一定的标准分成不同的组成部分。长期以来人们主要是按行业分类，这种分类方法是根据提供的产品不同而把服务业分成不同部门。如我国国家统计局在 1994 年的《中国统计年鉴》中首次对服务业作了两级分类。包括：

农、林、牧、渔服务业；地质勘探、水利管理业；交通运输、仓储及邮电通讯业；批发零售和餐饮业；金融、保险业；房地产业；社会服务业；卫生体育和社会福利业；科学研究和综合技术服务业；国家机关、政党机关和社会团体。这些是第一级，另外还包括许多二级部门。

2003 年，国家统计局在《行业划分规定》的通知中明确提出："第三产业是指除第一、二产业以外的其他行业。第三产业包括：交通运输、仓储和邮政业，信息传输、计算机服务和软件业，批发和零售业，住宿和餐饮业，金融业，房地产业，租赁和商务服务业，科学研究、技术服务和地质勘查业，水利、环境和公共设施管理业，居民服务和其他服务业，教育，卫生、社会保障和社会福利业，文化、体育和娱乐业，公共管理和社会组织，国际组织。"

1. 从服务消费的角度看，可以把服务业划分为生产资料服务业和生活资料服务业两大类。生产资料服务业是指那些把已经创造出来的服务产品直接加入生产性消费领域的服务经济部门，如广告业、科学研究和综合技术服务业、咨询服务业、物流运输业等。这种服务实际上是作为生产过程的一个环节发挥作用的，构成有形商品生产不可缺少的组成部分，服务产品的价值量也融入最终产品价值之中。

生活资料服务业是指服务产品主要进入生活消费领域，服务对象以居民个人为主，如旅馆业、美容业、客运业、家庭服务业、饮食业等，都归于生活资料服务业。当然，有许多服务产业既进入生产消费领域，也进入生活资料消费领域，如邮电服务业，信息咨询业等。考察某一服务业是否属于生产资料服务业，它主要是看服务消费者是什么样的市场活动主体，即是企业还是个人，用于购买服务产品的货币是资本还是个人工资收入。如果购买者是以企业为主，则属于生产资料服务业，否则就属于生活资料服务业，主要向个人提供服务。当然，生活资料服务业和生产资料服务业的划分并不是绝对的，它们也处于不断地发展变化之中。随着社会经济的发展，特别是居民个人收人水平地不断提高，消费支出结构的变动和需求偏好的变化，生活资料服务业的发展速度和发展空间也不断提升，原先只是被集团所购买的服务陆续成为个人消费的对象，在我国表现最明显的是旅游业。

2. 从服务业产生的时间顺序看，服务业又被划分为传统服务业和新兴服务业两大类。属于传统服务业的主要有：运输业、旅游业、饮食业、理发业、旅馆业、医疗卫生业等；属于新兴服务业的则主要有：咨询服务业、邮电业、计算机信息与服务业等。对不同的国家和地区来说，传统服务业和新兴服务业往往有着不同的内容，他们各自提供的服务产品质量、品种以及价格也不相同，这主要是取决于一国的经济发展水平、历史文化传统以及消费者的消费偏好等因素。

专栏1—2

美国的三次产业结构

美国三次产业结构的划分与我国的划分方法总体上看大同小异。“按照美国的产业划分，第一产业包括农业、渔业、林业及狩猎业，第二产业包括建筑、制造业（包括耐用品制造业和非耐用品制造业）、公用设施（电、气、水）以及采矿业，第三产业包括批发零售贸易、交通运输及仓储业、信息业、金融保险与房地产租赁业、专业及商业服务业、教育医疗保健及社会救助业、艺术休闲娱乐及餐饮住宿业和政府。”

第二次世界大战以后，美国经济进入后工业化时期，产业结构总体上呈现出第一产业和第二产业占GDP（Gross Domestic Product）的比重持续下降，第三产业占GDP的比重不断提高的趋势。

从二战后到21世纪的今天（2010年），美国的第一产业由200亿美元增加到1000多亿美元，增长约5倍。但第一产业占GDP的比重从8%递减到1%以下；与第一产业类似，美国的第二产业由800多亿美元增加到近30000亿美元，增长了30多倍，但占GDP的比重则由30%以上下降到20%左右；美国的第三产业总量和GDP占比均呈显著上升的趋势。从二战后至今，美国第三产业由不到1 500亿美元增加到10万多亿美元，增长约70倍。第三产业占GDP的比重由不到60%上升到80%左右。有研究显示，美国第三产业中传统服务业总体上呈周期性下降趋势，而新兴现代服务业则呈上升趋势。

第三节 国际服务贸易

服务贸易是指服务（服务产品）作为商品进行交易，以满足消费者需求的经济行为。在国际服务贸易过程中，服务作为交换对象具有有形商品的一般特征，即服务消费者能够体会到服务的效用（或使用价值），并向服务提供者支付一定的报酬。

一、国际服务贸易的含义

简单地说，国际服务贸易就是指跨越国界进行服务交易的商业行为。当一国（地区）的劳动者向另一国（地区）的消费者（法人或自然人）提供服务，并相应获得外汇收入的全过程，形成服务的出口；相对于服务的出口，一国（地区）消费者购买他国（地区）劳动者提供服务的过程，形成服务的进口。各国的服务进出口活动，便构成国际服务贸易，其贸易额为服务出口额或进口额。

国际服务贸易的定义分为狭义和广义。狭义的定义是指传统的为国际货物贸易服务的运输、保险、金融等无形贸易；广义的定义还包括现代发展起来的新的贸易活动，如承包劳务、卫星传送等。

乌拉圭回合协议把国际服务贸易定义为："（1）从一缔约方境内向任何其他缔约方境内提供服务；（2）在一缔约方境内向任何其他缔约方消费者提供服务；（3）一缔约方在其他任何缔约方境内通过提供服务的商业存在而提供服务；（4）一缔约方的自然人在其他任何缔约方境内提供服务。"

第一类国际服务贸易主要是指"过境交付"。这里"过境"的是服务，一般并不涉及资金及人员的过境流动，所以服务提供者和服务消费者都不移动，像电信服务、信息咨询、卫星影视服务等。

第二类国际服务贸易一般是指通过服务的消费者（购买者）的过境移动来实现的，这类国际服务贸易方式一般被称为"境外消费"。这是因为服务的对象是在服务提供者所在国消费的。最典型的是旅游服务，另外还有像教育培训、健康服务等。

第三类国际服务贸易主要涉及到市场准入和直接投资，即在一缔约方境内设立机构，通过提供服务取得收入，从而形成贸易活动，这种情况通常被称为"商业存在"。服务人员可以来自母国，也可以在东道国雇佣；服务对象可以是东道国的消费者，也可以是来自第三国的消费者。常见的第三类国际服务贸易形式有在境外设立服务分支机构，如银行、律师、会计事务所、维修服务站等。与第二类不同的是它强调通过生产要素流动到消费者所在地提供服务。

第四类国际服务贸易主要是缔约方的自然人（服务提供者）过境移动，在其他缔约方境内提供服务而形成贸易，这种方式通常被称为"自然人流动"。最常见的这类贸易是建筑设计与工程承包以及所带动的服务人员输出，即承包公司通过雇佣他国的服务人员，向第三国的消费者提供服务。这类国际服务贸易方式涉及几方面的问题：一是自然人的国籍在一缔约方，服务地点是在另一缔约方；二是自然人以商业目的为导向，在异国（地）提供服务，其部分收入汇回境内，用于境内消费。如果单个自然人受雇于外国机构，取得的工资用于自己的消费，一般不被视作国际服务贸易。

专栏1—3

有关服务贸易的定义

1. 联合国贸易与发展会议关于国际服务贸易定义：

联合国贸易与发展会议利用过境现象阐述服务贸易。将国际服务贸易定义为：货物的加工、装配、维修以及货币、人员、信息等生产要素为非本国居民提供服务并取得收入的活动，是一国与他国进行服务交换的行为。狭义的国际服务贸易是指有形的、发生在不同国家之间，并符合于严格的服务定义的、直接的服务输出与输入。广义的国际服务贸易既包括有形的服务输入和输出，也包括在服务提供者与使用者在没有实体接触的情况下发生的无形的国际服务交换，比如卫星传送和传播等。

2.《美加自由贸易协定》对国际服务贸易的定义：

《美加自由贸易协定》认为，国际服务贸易是指由代表其他缔约方的一个人，在其境内或进入一缔约方提供所指定的一项服务。这里所说的“指定的一项服务”包括：(1) 生产、分配、销售、营销及传递一项所指定的服务及其进行的采购活动；(2) 进入或使用国内的分配系统；(3) 奠定一个商业存在，为分配、营销、传递或促进一项指定的服务；(4) 遵照投资规定，任何为提供指定服务的投资及任何为提供指定服务的相关活动。“一个人，既可以是法人，也可以是自然人，进入一缔约方提供的服务”，包括提供过境服务。

二、国际服务贸易的特点

随着国际服务贸易的发展，其经济特征日益明显地表现出来，与商品贸易相比，国际服务贸易具有如下特点：

第一，国际服务贸易的标的物一般是无形的。因为贸易的对象——服务产品具有无形的特征，因而国际服务贸易主要表现为无形贸易，当然在物化服务的条件下，国际服务贸易可以表现为直观的、实实在在的物品。

第二，国际服务贸易生产、消费的同步性和国际性。前面讲过服务具有生产和消费的不可分离性，服务产品使用价值的生产、交换和消费是同时完成的。在国际市场上服务产品的提供和消费同样不可分离，服务提供的过程就是服务消费的过程，只不过服务提供者和服务消费者具有不同的国籍，通过商业存在或自然人的移动等形式实现了服务产品的跨国境流动。而有形商品的生产、交换和消费可以在时空上发生背离。

第三，国际服务贸易保护更具有隐蔽性和灵活性。首先是国际服务贸易的保护通常采取非关税壁垒的形式。因为贸易对象的特殊性，传统的关税壁垒不起作用，只能转而采取非关税壁垒的形式。而非关税壁垒手段是多种多样的，可以针对某种具体的产品制定规则，如技术标准、资格认证等，更具有灵活性；其次各国对国际服务贸易的限制通常采用市场准入和国内立法的形式，这种限制措施更具有刚性和隐蔽性，因为关税具有较高的透明度，可以通过贸易双方或多方的谈判达成降低关税的目的，如关贸总协定的多轮贸易谈判使成员国的关税大幅度地降低，而国内立法既不属于数量限制，也不能通过谈判来解决，因为这属于一国国内主权的范围；最后国际服务贸易的限制措施涉及到许多部门和行业，任何一种行业标准的改变都可能影响到国际服务贸易的发展。

第四，国际服务贸易管理的复杂性。主要表现在以下几个方面：一是国际服务贸易对象的范围十分庞大，涉及的行业众多，服务产品又以无形商品为主，传统的管理方式和管理手段并不适应；二是国际服务贸易管理还包括对人员流动的管理，有形商品贸易是以商品流动为主，往往不发生人员的流动，或只派生出追加的服务人员流动，界限十分明显，而国际服务贸易的生产者和消费者经常要跨国界流动，这种人员流动的规模、性质和范围与有形贸易完全不同，直接增加了管理的难度；三是管理规则复杂，往往难以适应不断发展的国际服务贸易的变化。

三、国际服务贸易的分类

根据不同的分类标准，人们对国际服务贸易进行了多种多样的分类。直到今天人们关于国际服务贸易的分类尚没有形成统一的意见。我们根据实用性和理论性两个层次，从国际服务贸易发展的历史进程，介绍追加国际服务贸易和核心国际服务贸易两种分类。

在一定时期（如一年）内某一个独立经济体系（国家或地区）内的经济增长总量，可以用商品（货物）总价值和服务总价值来表示。其形式：

$$Y = = G + S$$

公式中的 Y 代表国民总收人，G 表示有形的可以贮存的商品（货物）总价值，S 表示无形的难以贮存的服务总价值。一定时期内的国民收入可以看作是这两种经济变量之和。实际经济活动中国际服务贸易和货物贸易是相互联系、相互影响的，以国际服务贸易和货物贸易的关联程度为标准，国际服务贸易可分为核心国际服务贸易和追加国际服务贸易。

早期的国际贸易是以商品（货物）贸易为主体，货物贸易需要的一些相关的服务项目，如国际运输、国际结算等，都是伴随货物贸易的发展和需要而逐渐发展起来的，这种服务就叫作追加服务。追加国际服务贸易是同有形货物的国际贸易有着直接联系的国际服务贸易，它是有形货物的国际投资和国际贸易派生的国际服务贸易形式，它本身并不向其需求者提供直接的、独立的服务效用，而是围绕货物的核心效用而衍生或附加的派生效用。所以，追加国际服务贸易市场的需求和供给都属于派生的需求和供给。

追加国际服务贸易的产生，主要原因在于追加服务产品的形成和发展。在实际经济活动中，有形商品与服务是相互联系、不可分割的，比如，你在商店购买电器，你必然要接受商场及售货员提供的服务。无论你购买何种电器它们都有一个共同特点，就是你购买的核心效用不是服务，而是商品本身，这些服务是附加在其中的。随着企业以及人们对追加服务越来越重视，相对独立的提供追加服务的企业或其他服务提供者随之产生，追加服务的范围和程度会不断提高。比如，某公司从国外进口一批货物，该公司委托外国的企业办理出境手续、运输等并支付费用，这就是购买追加服务。由于国际贸易关系越来越复杂，国际贸易中涉及经济、法律、技术等问题很多，因此，从事这类追加服务的企业和个人应运而生，形成新的国际分工格局。

一般来说，追加国际服务贸易只有在有形货物进出口时才会发生。从跨国货物流动看，国际追加服务可分为三个阶段：（1）上游阶段，要求有先行的追加服务投入，包括可行性研究、风险资本筹集、市场调研、产品构思和设计等各项服务。（2）中游阶段，一方面要求有与有形商品融为一体的追加服务，包括质量控制与检验、设备租赁、后期供给以及设备保养和维修等；另一方面又要求与有形商品生产平行的追加服务投入，包括财务会计、人员聘用和培训、情报和图书资料等软件的收集、不动产管理、法律、保险、通讯、卫生、安全保障及职工后勤供应等诸项内容。（3）下游阶段，要求的追加服务项目包括广告、运输、商品使用指导、退货索赔保证以及供应更换零件等一系列售后服务。以上这些追加服务很难与某一特定生产阶段相脱离，只能与一定比例的生产要素相结合，从而完全附着于有形商品，没有有形商品的生产，就没有这些服务的追加。另外，追加服务虽然与有形商品有关，但可以脱离有形商品而成为独立的市场交易对象。随着社会分工的深入发展，追加服务的形式会变得越来越复杂。

从国际商品贸易的角度来看，最主要的追加服务项目仍然是运输业，包括海运、空运和陆运。随着国际贸易运输方式的发展，国际货运代理已渗透到国际贸易的每一领域，成为国际贸易中不可缺少的重要组成部分。市场经济的迅速发展，使社会分工更加趋于明显，单一的贸易经营者或者单一的运输经营者都没有足够的力量亲自经营每一项具体业务，他们需要委托代理人为其办理一系列商务手续，从而实现各自的目的。国际货运代理的基本特点是受委托人的委托或授权，代办各种国际贸易、运输所需要服务的业务，并收取一定报酬，或作为独立的经营人完成并组织货运、保管等业务，因而被认为是国际运输的组织者，也被誉为国际贸易的桥梁和国际货物运输的设计师。此外，作为国际运输服务体系的基本要素，原属于生产性服务的保险服务、银行服务以及信息服务也越来越深入地渗透到国际货物贸易，成为国际追加服务的一个组成部分。

当服务业发展到一定规模，国际分工体系中服务业分工初步形成，服务产品在国际市场中所占比重不断扩大，服务业从业人员在国际劳动力市场占有相当比例时，才出现了相对独立的国际服务贸易项目，这就是国际核心服务贸易。从这个意义上看，国际核心服务贸易和国际追加服务贸易的划分完全是符合历史发展逻辑的。

国际核心服务贸易是同有形货物的国际贸易无直接关联的国际服务贸易，在国际服务贸易市场上，这类服务是市场需求和市场供给的核心对象。原因在于这类国际服务贸易在形成初期就独立于商品贸易，而服务产品本身也具有相对独立性。因此，在国际市场上受有形商品国际贸易的影响极小，比如，国际通讯服务贸易、国际互联网服务贸易，它们的服务产品就具有相对独立性，属于国际核心服务贸易项目。国际核心服务贸易按照供需双方接触方式，一般以“远距离服务”（Long-distance Service）和“面对面服务”（Face to Face Service）两种形式存在。以存在的领域来看，一般来讲在生产领域和消费领域都存在国际核心服务贸易。按照国际核心服务贸易的特点，消费性服务、娱乐性服务、知识信息性服务等都属于国际核心服务贸易。如，国际旅游、国际文艺、体育及娱乐、金融服务、企业管理知识与技术服务、国际咨询、国际技术及人才交流培训、国际通讯、电子计算机国际网络服务、国际医疗、卫生服务等。从国际核心服务贸易发展的趋势来看，收入需求弹性大的消费性国际服务贸易发展要快于其他的消费性国际服务贸易，而在生产性的国际服务贸易中，信息知识和技术密集性的国际服务贸易发展要快于其他类型的国际服务贸易。

从国际产业结构发展趋势看，具有独立性贸易的产业最终会成为服务产业结构中的主体部分。随着国际分工的细化，国际追加服务贸易在国际服务贸易中所占比重会不断下降，国际核心服务贸易项目所占比重会不断提高。

四、国际服务贸易与相关概念的区分

1. 有形贸易和无形贸易（Visible Trade & lnvisible Trade）

不是因为实物商品的进出口而发生的收入与支出，称为无形贸易。包括：伴随着实物商品和自然人的国际间移动而发生的劳务收支项目，如货物运输费、保险费、客运费、旅游费用等；由资本的国际间移动而产生的投资收益项目，如利润、利息、红利、租金等；以及如驻外机构经费、侨民汇款、专利费等其他收支项目。

国际服务贸易与国际无形贸易大体上可以互换使用，但从严格意义上讲，国际无形贸易比国际服务贸易范围更广，它除包括国际服务贸易外，还包括国际直接投资收支、捐赠侨汇和赔款。具体包括：（1）货物进出口发生的从属费用的收支、如运输费、保险费、装卸费、商品加工费和船舶修理费等；（2）与货物进出口无关的其他收支，如国际旅游费、外交人员费、侨民汇款、专利或特许权费、国外投资汇回的股息和红利、公司或个人在外国提供服务的收支，以及驻外机构费用等，以上各项中的收入称为无形贸易的出口，支出称为无形贸易的进口。有形贸易因要结关，故其金额显示在一国的海关统计上，无形贸易不经过海关办理手续，其金额不反映在海关统计上，但显示在一国国际收支表上，构成各国国际收支的重要部分。

2. 劳务贸易（Trade in Labor）

国际货币基金组织国际收支平衡表中的劳务贸易，除包括一般意义上的国际服务贸易外，还包括各种对外投资所得的收益，无论这种收益是来源于投资货物还是服务，无论是直接投资还是间接投资。在这里，劳务贸易范畴略小于无形贸易，但比国际服务贸易范畴宽些，即包括对外投资收益。因此，严格地说，劳务贸易统计数据不等于国际服务贸易额。目前，在缺乏完整的国际服务贸易统计数据条件下，通常近似地以劳务贸易统计项作为国际服务贸易统计项。

3. 国际劳务合作（International Service Cooperation）

国际劳务合作是指劳务提供者与劳务消费者根据合作契约开展的国际交易，包括境外劳务合作与境内劳务合作两种方式。前者又称为劳务输出，指一国劳动力到他国谋取就业机会，被国外雇主雇佣而获得劳动报酬，如对外工程承包、船员输出和出国技术合作等；后者指在劳务提供者所在地进行的各种劳务输出活动，如来料加工、来样加工、来件装配以及在国内开展的国际旅游和在国内举行的国际性学术文化交流活动等。显然，国际劳务合作既包括国际服务贸易的内容，也包括国际劳动力流动的内容。在中国，国际服务贸易与国际劳动力流动共同构成国际劳务合作范畴。

4. 国际劳动力流动（International Flow of Labor）

国际劳动力流动与国际服务贸易的区别，主要表现在以下两方面：

国际劳动力流动是指劳动力在国家（或地区）与国家（或地区）之间的移动，一般涉及劳动力国籍或身份的变化，这种变化或者是永久的（如那些具有劳动能力或技能的移民），或者是暂时的（称为临时劳动力流动）。有学者主张外资企业在东道国雇佣的人员以及来料加工装配等活动，应归入国际劳动力流动，但国际上通常不将它们列入国际劳动力流动范畴。

国际服务贸易既可涉及人员流动，也可以无须人员流动（如某些国际银行业务、信息服务、通信服务等），而且一般不涉及劳动力国籍或身份的变化。例如，在国内为国外厂商加工产品属于服务出口，但服务提供者是以独立身份为顾客提供服务，劳动力国籍或身份没有变化。一般来说，国际服务贸易所导致的人员流动，不像国际劳动力流动那样涉及流动者雇佣身份的改变，服务提供者是以本国劳动力的身份对外国居民提供服务，故此时的人员流动具有业务性质。例如，一名工程师若被国外公司雇佣，出国为该公司工作，这属于国际劳动力流动，因为此时该工程师至少暂时成为外国雇佣劳动力，但是，如果该工程师是前往国内的外国公司提供咨询或技术培训服务，则属于国际服务贸易。

尽管多数国际服务贸易涉及劳动力的国际流动，但是，这种劳动力的国际流动与国际劳动力流动引起的人员的国际流动存在差别。首先，国际劳动力流动导致的人员流动是单向的，而国际服务贸易涉及的人员流动则是双向的，既可以是服务提供者到服务消费者所在地提供服务，服务消费者在本地接受服务（如歌星出国演出），也可以是服务提供者在本国提供服务，服务消费者出国消费服务

(如前往外国旅游)；其次，国际服务贸易导致的人员流动具有业务性质，这种流动持续的时间明显短于国际劳动力流动的时间，习惯认为，国际服务贸易的人员流动时间一般在六个月内，更常见的是几天或数月不等，而国际劳动力流动导致的人员流动时间一般在一年以上（这也是国际收支统计中判断“居民”与“非居民”的时间标准)。

5. 生产者国际服务贸易(Trade in Producer Services)

生产者服务是指作为货物商品和服务商品生产过程投入品的那些服务。从宏观角度分析，随着社会分工的逐步深入，制造业内部服务的外部化趋势日益明显，并逐渐从生产过程中脱离出来，从而导致生产者服务业作为一个独立部门而出现，如技术研发服务、市场推广服务等。生产者服务在相当程度上是作为生产要素的技术和社会分工扩展的结果。由于生产者服务业与贸易密切相关，所以服务也越来越成为贸易的对象，如运输、电信、批发和零售服务等。这些生产者服务在各国推进国际贸易发展过程中，起着越来越大的作用。总体来看，生产者国际服务贸易具有两个主要特征：一是大多数生产者国际服务贸易品的投入与产出具有非物质性，即含有高度的专有技术和知识内涵；二是生产者国际服务贸易具有明显的交易特点，即前面所说的生产和消费的同时进行，而不是预先生产出来以备购买。

6. 要素国际服务贸易（Trade in Factor Services）和非要素国际服务贸易(Trade in Non-Factor Services)

要素国际服务贸易是指涉及劳动力、技术和资本等生产要素跨国界移动的国际服务贸易。具体地说，对外工程承包或劳务输出涉及劳动力生产要素的国际流动，因而属于要素国际服务贸易。外国投资者投资所获利润、利息和股息等收入，国际技术转让中转让方获取的转让费等收入，也属于要素国际服务贸易收入。要素国际服务贸易与货物贸易存在本质区别，前者是提供服务所需的各种生产要素的国际交易，后者则是作为生产要素使用结果的货物商品的贸易。目前，我国一般不将国际资本流动列入国际服务贸易范畴，国际资本流动产生的利润和利息等收入被认为是提供资金的报酬。然而，美国等西方国家均将这类收入作为投资者提供金融管理等服务的收入而列入国际服务贸易统计。

不涉及生产要素的跨国界移动的国际服务贸易，称为非要素国际服务贸易，如旅游、会计、运输、保险与再保险、咨询、租赁、广告、教育、卫生等部分专业服务以及维修和政府服务等。提成费、许可证贸易使用费和其他非公开服务一般也属于非要素国际服务贸易。简单地说，非要素服务包括运输、旅游、其他私人服务和政府服务。与要素国际服务贸易相区别，非要素国际服务贸易不是涉及生产要素的国际服务贸易，而是一种无形的最终产品贸易。

在世界银行等国际机构统计中，非要素国际服务贸易与货物商品的国际贸易常常合并在一起统计。一般地，划归非要素国际服务贸易的投资收益、利息、股息、财产和服务收入没有列入国际收支账户。

7. 存在服务（Existent Services or Presence Services）

存在服务是指以货物商品形式存在的各种服务，又称为物化服务。例如，影视光盘、磁盘或磁带、电影胶卷、书籍以及计算机软件和互联网上的数据流等的国际贸易。这类物化服务品虽然也具有物质形态，但其含有的服务价值要比其载体价值高昂得多。更加重要的是，服务消费者的消费对象不是物化服务的载体或物质，而是消费包含在这些载体或物质内的服务（知识或信息）。显然，这种形式的国际服务贸易不是传统意义上的纯粹服务，而是一种物化形式的服务。习惯上，西方国家一般将纯粹服务与存在服务分别统计。例如，在英国，歌星的现场演出和版权等收入，与唱片和磁带等的销售收入是分别统计的。

五、国际服务贸易的统计分类

国际服务贸易的统计分类是一种操作性的应用分类，其根据是国际货币基金组织（IMF）统一规定和统一使用的各国国际收支帐户。这种国际收支帐户的格式和项目构成为世界上的绝大多数国家所采用，是衡量一国经济在一定时期内同世界上其他国家发生经贸往来所共同遵循的标准。

国际服务贸易统计分类的要点是将国际收支帐户中的国际服务贸易流量划分成两种类型：一类是同国际收支帐户中的资本项目相关，即同国际间的资本流动或金融资产流动相关的国际服务贸易流量，称作“要素国际服务贸易”（Trade in Factor Services）流量；另一类则是只同国际收支帐户中的经常项目相关，而同国际间资本流动或金融资产流动无直接关联的国际服务贸易流量，称作“非要素国际服务贸易”（Trade in Non-Factor Services）流量。

1. 要素国际服务贸易及其基本形式

要素服务的概念源于传统的生产力三要素理论。这种理论认为经济中所有财富的产生都是劳动、资本和土地（自然资源）提供服务的结果。劳动服务的报酬是工资，资本服务的报酬是利息及利润，而土地服务的报酬是地租。在国际经济和贸易关系中，土地由于有流动性的限制，传统观点一般认为它不能够提供跨国的要素服务，所以，国际服务贸易一般不考虑土地要素所提供的服务及报酬流量。另一方面，短期的或长期的劳动跨国服务随着经济活动的发展而不断增多，如国际工程的承包和建设、向国外提供某些专门知识的教师和专家等，这些劳动服务所得报酬自然要作为国际服务贸易流量的一个组成部分反映在国际收支的帐户中。统计分类关于“要素国际服务贸易”和“非要素国际服务贸易”的区分是以同国际收支帐户的资本项目是否直接相关为标准的。劳动要素的服务及其报酬同国际资本流动或金融资产流动只有间接的关系，没有直接的关系，因此劳动服务所引起的国际收支增减不属于国际服务贸易统计分类的“要素国际服务贸易”。这样，在国际服务贸易领域的“要素国际服务贸易”，就专门指资本服务的收益流量的跨国转移。在现代世界经济体系中，国际资本流动的基本形式是国际金融资产的跨国输出和输入，主要的实现方式有两种：国际直接投资和国际间接投资即国际信贷。

如果本国公司在外国投资设厂建立分支机构，或购买国外现有的生产经营设施，这些本国公司就通过金融资本的国外输出而对这些国外资产拥有了管理控制权。当一国居民（公司、企业或个人）因为某项海外投资而获得对国外资产的管理控制权时，我们就称这种投资为国际直接投资。严格说来，直接投资的收益流量并非单纯的资本要素报酬，对外直接投资其实是经营管理技能同金融资产跨国转移相结合的国际投资方式，因此，国际直接投资的收益流量实际包含两种成分：一种是资本要素的报酬流量——利息或股息；另一种是经营管理技能的报酬流量——利润。国际直接投资收益流量的这两部分都作为要素服务收益的内容记入国际收支帐户的国际服务贸易项目。如果在另一国的一项产权或债权的投资并不获得管理控制权，则这种投资叫做国际间接投资，也叫国际证券投资。间接投资的方式是在国际证券市场上购买外国政府发行的债券或购买外国企业发行的股票或债券。买入证券是资本流出，卖出证券是资本流入。证券投资的主要目的在于获得金融资产的利息或股息收益。因此，间接投资收益是一种较为纯粹意义上的要素服务报酬，理所当然地记入国际收支帐户的国际服务贸易项目。

国际信贷的利息收入也是一种较为纯粹的要素服务报酬。国际信贷的方式主要有3类：（1）民间国际信贷。主要有两种类型——商业信贷和银行信贷。商业信贷是企业与企业间的国际信贷往来，主要形式有进出口信贷、租赁信贷和补偿贸易信贷等。银行信贷是商业银行的国际贷款，主要有单一银行贷款和银团贷款（Consortium Loan）两种形式。单一银行贷款与一般国内贷款的形式没有多少差别，当代国际金融市场上中长期贷款的主要形式是银团贷款。银团贷款是由一家银行牵头，组织若干家银行联合起来向借款国的政府、企业、银行或某项工程项目提供大额外汇贷款。由于大型项目需要的外汇资金量大，一家银行资金有限，满足不了大额资金贷款的需要，因此组织多家银行联合起来发放贷款，一方面可以提供大额资金，另一方面多家银行共同分担贷款风险和汇率风险，风险相对小一些。（2）国际金融机构信贷，包括世界性和区域性的国际金融机构贷款。前者如世界银行、国际货币基金组织对会员国提供的信贷，后者如亚洲开发银行、拉丁美洲开发银行等对本地区国家和地区提供的信贷。（3）政府间贷款，一般由贷款国政府或政府机构，如美国的国际开发署、日本的海外经济协力基金组织以及一些国家的进出口银行等，以优惠利率对外国政府提供。这类贷款由贷款国对贷款的建设项目或专门用途进行严格审查，并由借款国政府或中央银行做担保，以保证投资安全。以上这些类型的国际信贷，其收益流量均作为金融资产的要素报酬记入国际收支帐户的国际服务贸易项目。

总而言之，一切与国际收支的资产项目直接相关的金融资产收益流量，无论其表现形式是利息、股息还是利润，在国际服务贸易操作性统计分类的标准之下，都划归国际服务贸易的要素国际服务贸易类型。

2. 非要素国际服务贸易及其基本内容

有了一个比较清楚的“要素国际服务贸易”的概念，根据国际服务贸易操作性统计分类的标准，我们不难界定“非要素国际服务贸易”的概念和范围。只是由于非要素国际服务贸易所包含的内容太过庞杂，很难用一两个尺度或标准来划分，因此在规范定义或统计分类的前提下，采用剩余法或排除法来界定“非要素国际服务贸易”或许是一种较好的选择。

我们知道，一个国家在一段时间同其他国家经济的往来可以通过国际收支帐户加以统计。国际收支帐户统计的基本流量有两类：一类是国际经济往来的金融资产方面，称作国际资本流动；另一类是国际经济往来的实际资产方面，包括商品和服务以及单方面的转移，称作国际经常项目流动。由于国际资本流动所产生的净值（或增值），即利息、股息、利润等也都在统计上记入国际服务贸易流量，因此，从统计分类的角度看，国际间所谓“非要素国际服务贸易”的流量就是国际收支统计的经常项目流量的一个剩余，即经常项目流量减去商品贸易（货物进出口）流量，再减去单方转移流量，再减去“要素国际服务贸易”流量的剩余。我们借助国际收支统计的基本结构来具体显示这个剩余。

从目前看，国际服务贸易呈现出的格局或发展的趋势是：（1）整个国际服务贸易在国际贸易中的比重越来越大；（2）在国别比重上，发达国家的国际服务贸易流量在国际服务贸易流量中占绝大部分；（3）要素国际服务贸易量大的国家往往国际服务贸易流量大；（4）资本雄厚的发达国家具有要素国际服务贸易的优势，而发展中国家在非要素国际服务贸易的某些领域具有优势；（5）一些相对独立于货物贸易和直接投资于新兴产业的国际服务贸易项目发展迅速，逐渐成为国际服务贸易的新增长点。据关税与贸易总协定（GATT）的有关统计，世界国际服务贸易总额 1970 年为 710 亿美元，1980 年为 3 830 亿美元，1990 年为 8 540 亿美元。也就是说，第一个 10 年世界国际服务贸易总额增长了 5.4 倍，第二个 10 年世界国际服务贸易总额增长了 2.3 倍。虽然其增长势头有所回落，但是进入 80 年代以来，世界国际服务贸易的增长速度却始终高于世界货物贸易的增长速度。根据世界贸易组织的最新统计，2010 年全球国际服务贸易总额已达 71 666 亿美元，美国继续蝉联全球最大国际服务贸易国桂冠，2010 年其国际服务贸易总额 8 728.84 亿美元，遥遥领先第 2 名德国。德国、英国、中国和日本分居第 2 到第 5 位，国际服务贸易总额分别为 4 861.50 亿美元、3 835.88 亿美元、3 624.00 亿美元、2 927.90 亿美元。金砖集团中，中国国际服务贸易总额居世界第 4 位，印度居第 7 位，俄罗斯居第 18 位，巴西居第 23 位，南非居第 41 位。

从要素国际服务贸易流量看，直到 20 世纪 30 年代，英国一直是世界上最大的海外投资者，1914 年第一次世界大战爆发时全世界国际直接投资存量约 143 亿美元，其中英国占 45.5%，美国占 18.5%，法国占 12.2%，德国占 10.5%。到 1938 年，全球直接投资存量约有 263.5 亿美元，其中英、美占到 67.5%。1960 年，全球直接投资存量约 660 亿美元，美国占了一半。据联合国世界投资报告，1992 年世界对外直接投资存量达 48 000 亿美元，同期的国际贸易额为 45 000 亿美元，直接投资增长快于国际贸易额增长。如果再加上国际证券市场资金的流量，整个要素国际服务贸易流量相当可观。据国际货币基金组织的统计，全世界的银行资产业已超过20万亿美元，股票市场的资本总值为100万亿美元，债券市场的资本总值为10万亿美元，保险费为20万亿美元，而外汇的交易量则每天平均高达12 000亿美元。

非要素国际服务贸易中，国际旅游和信息服务已成为新的国际服务贸易的增长点，如我国旅游出口2009年达396.8亿美元，占国际服务贸易出口总额的30.9%；2000~2008年，中国计算机与信息国际服务贸易出口额从3.56亿美元提高到62.5亿美元，年均增长44.1%，占中国国际服务贸易出口总额的比重由1.2%增长到4.3%；进口额从2.65亿美元提高到31.7亿美元，年均增长47.2%，占中国国际服务贸易进口总额的比重由0.7%增长到2.0%；2003年以来，中国计算机与信息国际服务贸易连年顺差，2009年顺差额达到32.8亿美元。非要素服务对我国国际服务贸易和国民经济的发展发挥着越来越重要的作用。

国际要素国际服务贸易和非要素国际服务贸易发展的主要原因在于：

（1）国际投资仍是当前推动世界经济发展的主要动力之一，因此，体现在要素国际服务贸易上，使整个国际服务贸易量迅速增长。由于要素国际服务贸易项目是与资本国际流动直接相联系的项目，因此，资本雄厚的发达国家必然占据主要地位。

（2）由全球经济能力迅速增长所带动的产业升级，使世界产业结构相继发生规模空前的调整。按照发展经济学的观点，三次产业随着生产力的发展依次递进，以制造业为核心的工业经济将发展到服务经济。

（3）新技术使新兴服务业的发展超过传统的服务业，使其占国际贸易的份额迅速提高。以美国为例，1991年其新兴国际服务贸易的出口总额为736.27亿美元，占国际服务贸易出口总额1 751亿美元的42%。

由上述分析，我们认为国际服务贸易的增长速度还会加快，要素国际服务贸易将持续增长，而非要素国际服务贸易中新兴服务业的贸易将成为新的增长点，并迅速扩大。

复习思考题

1. 什么是服务？服务具有哪些特征？
2. 什么是国际服务贸易？包括哪几种形式？
3. 国际服务贸易是如何分类的？

阅读推荐与网络链接

1. 何德旭、夏杰长．服务经济学．中国社会科学出版社，2009.

2. 刘东升．国际经贸理论通鉴．对外经济贸易大学出版社，2006.

3. 汪尧田、李力．国际服务贸易总论．上海交通大学出版社，1997.

4. 陈宪、程大中．粘合剂：全球产业与市场整合中的服务贸易．高等教育出版社，2001.

5. D. McKee. Growth, Development, and the Service Economy in the Third World. Praeger Publisher, 1988.

6. http：//www. mofcom. gov. cn/.

7. http：//www. stats. gov. cn/.

8. http：//www. imf. org/.

9. http：//www. wto. org/.

第二章

国际服务贸易的形成与发展

学习目标

- 掌握国际服务贸易形成的历史过程
- 清楚影响国际服务贸易发展的基本因素
- 了解当前国际服务贸易的基本特征

国际服务贸易是在各国技术进步和产业结构调整的基础上逐渐发展起来的。随着国际分工的深化和经济生活的国际化，特别是对外贸易的发展，各国经济活动相互依赖的程度不断提高，国民经济活动越来越呈现出国际化趋势，在传统的商品贸易基础上，为商品贸易服务的追加型国际服务贸易，如运输、保险等便率先发展起来，国际服务贸易开始形成和发展。国际分工和对外经济交流是导致国际服务贸易产生和发展的基本动因。社会生产力的发展引起各国产业结构的不断调整，经济发展的重心逐步从第一产业过渡到第二产业，再从第二产业过渡到第三产业，以服务业为主的第三产业的发展为国际服务贸易的发展奠定了客观基础。

第一节　国际服务贸易的产生

最早的国际服务贸易起源于原始社会末期、奴隶社会早期。简单商品经济条件下的国际贸易，以货物贸易为主，主要采取物物交换的形式。这时，也会伴随产生一些国际服务贸易，如运输、仓储、商业、饮食业等等。这些国际服务贸易在国际贸易中的比重相当小，还不能称为真正意义上的国际服务贸易。具有一定规模的国际服务贸易始于15世纪世界航运业的发展和“新大陆”的发现。从此，资本主义殖民性质的大规模移民得到进一步发展，服务输出也就主要以移民形式出现。到17世纪，欧洲殖民统治者加紧了对亚洲和非洲的商业掠夺，也加强了对美洲的开拓。殖民主义者开发新大陆需要大量廉价的劳动力，因此形成了历史上大规模的远距离劳动力移动的开端，产生了劳务输出和输入的国际服务贸易，当时的劳务贸易自然也就打上了强烈的殖民主义烙印。历史上的“三角贸易”就反映了当时以劳动力买卖为主的国际服务贸易，实际上这一时期的国际贸易带有明显的掠夺性，与我们今天所讲的国际服务贸易有着实质性的差别。

专栏 2—1

“三角贸易”

15 世纪末随着哥伦布发现美洲新大陆，欧洲美洲之间开辟了新航线。那时候，商业在发展，贸易在扩大，从世界范围来看，欧亚两洲之间的商品贸易比较发达，但对于西欧、北欧的国家来说，亚洲无疑有千里之遥，而美洲、非洲则近得多，这便为“黑三角贸易”提供了有利因素。于是，葡萄牙、西班牙、英国、法国等等开始殖民扩张。他们在美洲创建种植园，开发金银矿，由于需要大量的廉价劳动力，在利润的驱使下，殖民者于是将贪婪的目光投向未开化的非洲大陆，开始了罪恶的奴隶贸易。根据资料记载，1562 年英国的约翰－霍金斯爵士从塞拉里昂装运奴隶，在海地换取兽皮和糖，在返航之后成为朴茨茅斯最富裕的人。由于利润高得惊人，所以伊丽莎白女王和枢密院官员也对他的第二次航行进行投资。他遵循前次的步骤满载一船白银而回，成为英国最富裕的人。正是由于政府对奴隶贸易的默许，使得奴隶贸易越发猖獗，欧洲殖民国家无不参与。一些欧洲人看着有利可图，也纷纷加入这个行列。因此，三角贸易由此展开了。三角贸易其实就是奴隶贸易。

奴隶贸易给非洲带来了惨重的损失，造成非洲人口锐减。在长达 400 年的奴隶贸易中，有 1 500 万黑人被贩运到美洲。据统计，每运一个黑人到达美洲，就有五个奴隶死于猎奴战争或贩运途中。因此，加在一起，非洲丧失的精壮人口几近 1 亿，相当于 1800 年非洲人口的总和。然而，奴隶贸易利润高达百分之几百，殖民者们趋之若鹜，掠夺来的大量财富被他们在国内转化成资本，用以发展商业，建造厂房，购置机器和雇佣工人，这也是欧洲资本主义工商业得到快速发展的又一重要原因。

自 18 世纪工业革命开始到第一次世界大战之前，是服务经济发展的第二阶段，也是国际服务贸易的重要转折时期。18 世纪后期的产业革命促进了产业结构的调整，以英国为代表的早期工业化国家急需利用国际市场弥补国内市场的不足，即从国际市场获得原材料，倾销其国内相对过剩的产品，这样就刺激了国际贸易迅速发展，而运输服务业的发展就为国际贸易的发展创造了条件。如 1807 年世界上诞生了第一艘蒸汽船，给古老的海运业注入了新的活力。资本主义国家的早期工业又大多沿通航水道设厂，使得当时水运的发展对工业布局有很大的影响。同时由于国际贸易地理条件的限制（远隔重洋），加上海运运量大、成本低，当时国际贸易量的三分之二是通过海上运输的。海运服务成为国际贸易发展的重要条件。同时，国际贸易发展的另一重要条件，即国际金本位制逐渐形成，国际交换和国际支付体系逐步建立，金融服务也得到了进一步发展。当时的发达国家也都在其国内建立了更具效率的服务基础设施，促进了产业结构的调整和贸易的便利化。19 世纪初欧洲的金融服务和运输网络已初具规模，国际服务交换的内容和形式更加丰富，国际服务贸易的范围不断扩大。

专栏 2—2

国际金本位制

国际金本位制度是以黄金作为国际本位货币的制度，其特点是各国货币之间的汇率由各自的含金量比例决定，黄金可以在各国间自由输出输入，国际收支具有自动调节机制。英国于 1816 年率先实行金本位制度，19 世纪 70 年代以后欧美各国和日本等国相继仿效，因此许多国家的货币制度逐渐统一，金本位制度由国内制度演变为国际制度。国际金本位制按其货币与黄金的联系程度，可以分为：金币本位制、金块本位制和金汇兑本位制。1914 年第一次世界大战爆发后，各国为了筹集庞大的军费，纷纷发行不兑现的纸币，禁止黄金自由输出，金本位制随之告终。国际金本位制的特点为：

（1）黄金充当了国际货币，是国际货币制度的基础。其典型的特征是金币可以自由铸造、自由兑换，以及黄金自由进出口。

（2）各国货币之间的汇率由它们各自的含金量比例决定。

（3）国际金本位有自动调节国际收支的机制。为了让国际金本位发挥作用，特别是发挥自动调节的作用，各国必须遵守三项原则：一是要把本国货币与一定数量的黄金固定下来，并随时可以兑换黄金；二是黄金可以自由输出与输入，各国金融当局应随时按官方比价无限制地买卖黄金和外汇；三是中央银行或其他货币机构发行钞票必须有一定的黄金准备，这样国内货币供给将因黄金流入而增加，因黄金流出而减少。

在资本主义进入自由竞争时期，世界市场范围扩大，科技革命改变了传统服务业的内容。铁路、海运，金融、通信和教育等服务基础设施得到加强，并且发生了革命性的变化。特别是电话、电报的发明，使远距离通信成为现实，缩短了人们经济活动的时空距离。运输和通信业的发展，使国际服务贸易交换的规模变成了真正的全球性活动。可以说在这一时期，跨境交付、商业存在、自然人移动等国际服务贸易的形式已基本具备。

19 世纪 70 年代开始发生了第二次工业革命，各种新技术、新发明层出不穷，并被迅速应用于工业生产，大大促进了经济的发展。一些发达国家的工业产值开始超过农业产值，第二产业在国民经济中占据更为重要的地位，进入了所谓的工业化社会。制造业的发展使运输业，批发业、零售业、金融业、保险业和房地产业等也得到了迅猛发展。世界市场的范围和规模迅速扩展，为世界各国的经济发展提供了更广阔的场所，更丰富的资源。经济的发展和居民人均收入水平的提高，使社会成员的消费结构发生了变化，用于家庭基本生活支出的部分开始下降，服务消费逐步增加，这就刺激了为个人及家庭服务的行业的发展，如旅游业、汽车服务业、修理业及文化娱乐、医疗保健等国际服务贸易也得到了迅速发展。以国际分工为基础，一些资本主义国家借助于国际交通运输和通信工具，以国际市场为依托，通过商品输出和资本输出，把越来越多的国家卷进了世界经济运行的洪流，资本主义商品经济关系扩展到了世界各地，国际资本移动的扩大直接带动了服务的扩张，从而也就刺激了世界国际服务贸易的发展。

两次世界大战期间，由于战争的需要，出现了军需产品的生产和运输、军事培训、伤病救护、情报信息传递等多种国际服务交换，并且发展速度很快。这一时期的国际服务贸易尽管具有临时性的特征，但其交换方式却具有现代国际服务贸易的重要特征。

第二节 国际服务贸易的发展

第二次世界大战后，由于第三次科技革命的发展，劳动生产率得到了普遍提高。从 1948 年到 1973 年，世界工业生产年平均增长率为 6.1%，劳动生产率年增长率为 3%。生产力水平的提高使国际分工越来越细，混合型分工迅速发展，并带动了国际贸易的发展，国际服务贸易也随之增长。世界经济的迅速发展，个人收入水平的不断提高，使居民的消费倾向以高消费为特征，刺激了对高消费的服务产品的需求，使第二次世界大战后的国际服务贸易有了惊人的增长。到 1970 年，国际服务贸易已达 662 亿美元，占整个世界贸易总额的 17.6%。

自 20 世纪 70 年代起以美国为代表的主要资本主义国家进入了长达十多年的“滞涨”阶段。世界经济发展步履艰难，增长速度缓慢。但国际贸易，特别是国际服务贸易却保持较高的增长速度。从 70 年代开始，国际服务贸易的年平均增长速度（14%）超过了国际商品贸易的年平均增长速度（13%）。如果按照关贸总协定《1990～1991 年度国际贸易报告》，则 1980～1990 年内，货物贸易年平均增长速度仅为 5.5%，而国际服务贸易为 7.5%，1990 年达 17%。按照国际货币基金组织统计，国际服务贸易在国际贸易中的份额已从 1970 年的 29% 上升到 1987 年的 34%，而国际商品贸易的比重从 1970 年的 71% 下降到 1987 年的 66%。这期间，劳务输出、技术贸易、国际旅游、银行保险等服务部门发展速度较快，使国际服务贸易整体增长速度提高。首先在劳务输出方面，1985 年全世界劳务输出达 2 000 万人次，其中菲律宾、韩国、印度、巴基斯坦、埃及等国的劳务出口均在 140 万以上，尤其是埃及的劳务出口高达 350 万人次以上，几乎约占全国人口的 9%，巴基斯坦的劳务出口人数约占总人口的 10.7%。而发达国家输出的主要是技术人员和管理人员，虽然输出人数并不大，但劳务创收额都比发展中国家高的多。例如，在 20 世纪 80 年代，美国的劳务输出创收额达 375 亿美元，占世界国际服务贸易总额的 10% 左右。其次，技术贸易保持较快的发展速度，在 60 年代中期，全世界技术贸易总额为 27 亿美元，到了 70 年代中期已增长到 110 亿美元，10 年间平均增长 15%。到了 80 年代中期，国际技术贸易额已超过了 400 亿美元。再次，国际旅游业的发展。旅游业作为新兴的无烟产业，是许多国家和地区重点鼓励发展的行业之一，从 1950 年到 1980 年，参加国际旅游的人数由每年的 2 500 万人次猛增到 2.7 亿人次，增长了 44 倍，年均增长率在 14% 左右，大大高于世界商品贸易的年增长率。此外，世界银行业和保险业也伴随着世界经济贸易的发展而异常活跃，出现了若干个世界性的金融市场中心，如纽约、伦敦，以及我国的香港地区等。

第二次世界大战后国际服务贸易发展最为迅速并占据主导地位的是发达的工业化国家。据国际货币基金组织的统计资料显示，全世界 10 大服务出口国几乎全是发达国家，它们的国际服务贸易额约占国际服务贸易出口总额的 65%。以 1990 年的统计数据为例，美国的国际服务贸易出口额为 1 190 亿美元，加拿大为 151 亿美元，法国为 819 亿美元，德国为 518 亿美元，意大利为 408 亿美元，英国为 552 亿美元，欧共体为 3 446 亿美元。

进入 20 世纪 90 年代后，国际服务贸易继续保持增长，发达国家在世界国际服务贸易中仍占有主导地位。据世界贸易组织秘书处统计资料，全球 1994 年国际服务贸易总额为 10 800 亿美元，1996 年国际服务贸易总额达 12 600 亿美元，占世界货物贸易总额的 1/4，比 1995 年增长 5%，2006 年更高达 27 100 亿美元，占世界货物贸易总额的 23%。国际服务贸易一直是以发达国家为中心而发展的，在全球近 200 个国家和地区中，位居世界国际服务贸易前 15 名的国家和地区占世界国际服务贸易额的 80%，并且它们主要是发达国家和地区。2009 年，世界服务出口前 10 位中除中国（排第 5 位）外均是发达国家，如表 2－1 所示。

表 2－1　2009 年世界主要国家（地区）国际服务贸易占贸易总额比重

（金额单位：十亿美元）

按出口总额排名	国家/地区	国际服务贸易出口		国际服务贸易进口	
		金额	占比（%）	金额	占比（%）
1	美国	470	14.2	331	10.6
2	英国	240	7.2	160	5.1
3	德国	215	6.5	255	8.2
4	法国	140	4.2	124	4.0

续上表

按出口总额排名	国家/地区	国际服务贸易出口		国际服务贸易进口	
		金额	占比（%）	金额	占比（%）
5	中国	129	3.9	158	5.1
6	日本	124	3.8	146	4.7
7	西班牙	122	3.7	87	2.8
8	意大利	101	3.0	114	3.6
9	爱尔兰	95	2.9	104	3.3
10	荷兰	92	2.8	87	2.8
11	中国香港	86	2.6	44	1.4
12	印度	86	2.6	74	2.4
13	比利时	75	2.3	72	2.3
14	新加坡	74	2.2	74	2.4
15	瑞士	68	2.1	34	1.1

数据来源：国际贸易统计数据库（International Trade Statistics Database），WTO。

在发展中国家，亚洲尤其是东亚地区的国际服务贸易发展迅速，亚洲国家在世界服务出口中所占比重已超过所有发展中国家和地区服务出口的一半。在亚洲服务出口中，海上运输业、旅游、金融服务劳务输出等占据重要的地位。

第三节　影响国际服务贸易迅速发展的因素

首先，第二次世界大战后科技革命的发展和社会生产力水平的提高是国际服务贸易快速发展的基本动因。生产力的发展从两方面产生影响：一方面，由于物质产品生产效率的迅速提高，国际交换关系日益频繁，交换的规模、范围和方式发生巨大变化，使国际服务贸易得到快速发展；另一方面，从需求的角度而言，居民收入的增长和生活水平的不断提高，使人们对服务的社会化及国际化产生了更高的要求，要求国际服务贸易有更快的增长速度。同时在生产资料服务领域，由于市场竞争和企业生产规模的扩张，也扩大了对专门服务的需求，如会计服务、管理咨询、保险、法律和金融服务等。同时，在生产资料服务领域，市场竞争和企业生产规模的扩张，扩大了对专门服务的需求，如会计服务、管理咨询及保险、法律和金融服务等。

其次，社会分工和技术分工的不断深化为国际服务贸易的发展提供了客观基础。随着社会生产力的发展，社会分工和技术分工也不断加强和深化，生产社会化程度日益提高。原先在企业经营过程中的一些环节逐渐市场化，许多服务性机构逐步分离出来进入市场，成为社会上的专业性服务公司，如市场调查公司、市场营销公司、咨询公司、广告公司等，这些专业性公司在市场经济社会中发挥着重要的作用，也为国际服务贸易的发展提供了客观基础。

再次，跨国公司的迅速发展，加强了服务的国际化。跨国公司的发展，大大地加快了国际服务贸易的国际化进程。跨国公司在世界范围内扩张过程中所派生的大量服务产品，即使是在跨国公司内部发生的，也属于服务产品的国际贸易活动，这就促进了国际服务贸易的发展。据联合国统计，20 世纪 70 年代中叶，全世界的跨国公司有 7 000 家，到了 90 年代初，便增长到 36 600 家，海外分公司超过 17 万家。跨国公司为了促进自身发展，在海外设立为本公司服务的专业性服务子公司，这些公司在立足本公司自身需要之外，也向东道国的消费者提供服务，这样既有利于跨国公司的发展，又促进了东道国的国际服务贸易市场的发展。由于信息技术的高度发达，进入 80 年代后在世界市场上出现了大量的服务性跨国公司，如在 80 年代中叶，美国、日本和欧洲的服务性跨国公司已经有 231 家，其分支机构逾万家，这些服务性跨国公司有能力在几个不同市场提供多种服务，如银行、保险、会计、法律、咨询等。另外，他们还凭借其在金融、信息、技术等方面的优势，把商品与服务结合起来进行交易，在为客户提供商品的基础上提供更多的追加服务。此外，跨国公司的直接投资也促进了国际服务贸易的发展。随着跨国公司的直接投资、设备技术的转移，其技术人员和管理人员也随着发生转移，因而带动了服务的出口和转移，促进了国际服务贸易的发展。

最后，国际服务合作的扩大也促使国际服务贸易的发展。国际服务合作是指拥有工程技术人员及劳动力的国家和地区，向缺乏工程技术人员和劳动力的国家和地区提供所需要的服务，并由接受服务的一方支付报酬的一种国际经济合作，如国际工程承包、劳务输出等。这种合作方式扩大了国际服务市场，促进了国际服务贸易的迅速发展。

第四节　当代国际服务贸易的特征和作用

一、当代国际服务贸易的特征

1. 国际服务贸易整体发展迅速，但各主要贸易区发展不平衡

20 世纪 70 年代以来，世界国际服务贸易发展迅速，规模不断扩大，这种迅速发展的趋势一直持续到今。在 1970 年，世界国际服务贸易的出口额仅为 710 亿美元，2000 年上升到 14 350 亿美元，2010 年尽管受到金融危机的影响，也攀

升至36 650亿美元。2000～2009年期间，国际服务贸易出口额年均增长9%，超出货物贸易8%的出口增长率。国际服务贸易在整个国际贸易中所占比重，在70年代和80年代约占1/5，进入90年代后则增至1/4，进入新世纪后始终徘徊在1/5上下，2010年全球贸易中的占比为19.4%如表2-2所示。

表2-2　2000～2010年世界国际服务贸易占全球贸易的比重

年份	世界服务出口额（10亿美元）	世界货物出口额（10亿美元）	世界服务出口在全球贸易中的占比（%）
2000	1 435	6 186	18.8
2001	1 460	5 984	19.6
2002	1 570	6 272	20.0
2003	1 795	7 294	19.7
2004	2 125	8 907	19.3
2005	2 415	10 159	19.2
2006	2 755	12 083	18.6
2007	3 290	13 950	19.1
2008	3 780	16 070	19.0
2009	3 350	12 490	21.1
2010	3 665	15 238	19.4

资料来源：WTO，International Trade Statistics，2001～2010各年；WTO Press/628，World trade 2010，Prospects 2011，7 April 2011。

虽然国际服务贸易在世界范围内取得了快速发展，但是其各主要贸易区国际服务贸易发展水平并不平衡。从服务出口额来看，欧洲和北美洲仍然占据领先地位，其服务出口额远远超过世界其他地区。2010年，欧洲和北美洲服务出口额分别达到了1 724亿美元和599亿美元，2005年和2010年，年均增长率分别为6%和7%；亚洲地区近年来在服务出口上显示出强劲势头，2010年，该地区服务出口963亿美元，2005年到2010年，年均增长率达到12%；世界其他地区，如中南美洲和非洲服务出口额依然较小如表2-3所示。从服务进口额来看，同服务出口额相似，欧洲、北美洲和亚洲依然占据主导地位，其他地区，如中南美洲、非洲和中东，其服务进口总额占世界进口额的比重只有13.15%。

表2-3　2005～2010年世界主要地区国际服务贸易进出口情况

（单位：10亿美元）

	2010年出口额	出口年均增长率（%）				2010年进口额	出口年均增长率（%）			
		2005～10	2008	2009	2010		2005～10	2008	2009	2010
世界	3 665	8	13	-12	8	3 505	8	14	-11	9
北美洲	599	7	9	-8	9	471	6	9	-9	9
美国	515	8	10	-7	8	358	6	9	-8	7

续上表

	2010年出口额	出口年均增长率（%）				2010年进口额	出口年均增长率（%）			
		2005~10	2008	2009	2010		2005~10	2008	2009	2010
中南美洲	111	10	15	-8	11	135	14	21	-9	23
巴西	30	11	23	-23	32	60	20	44	-27	43
欧洲	1 724	6	12	-14	2	1 504	6	12	-13	1
欧盟27国	1 553	6	11	-15	2	1 394	5	12	-13	1
独联体	78	14	27	-17	10	105	12	26	-19	14
俄罗斯	44	10	33	-36	32	70	15	31	-34	30
非洲	86	9	14	-9	11	141	14	30	-12	12
中东	103	11	20	-12	9	185	14 -	18	-13	9
以色列	42	6	14	-9		17	6	13	-12	
亚洲	963	12	16	-11	21	961	11	16	-10	20
中国	170	16	17	-16	31	192	16	18	-11	39
日本	138	6	15	-14	9	155	5	13	-12	6
印度	110	17	30	-15	31	117	18	40	-20	25

资料来源：世界贸易组织数据库。

2. 国际服务贸易中发展中国家地位不断上升，但发达国家仍占居主导地位

由于世界经济发展的不平衡性，各主要地区的国际服务贸易额在世界国际服务贸易中的比例也有很大差别。根据WTO统计，世界最大的服务进出口地区是欧盟，这一地区绝大多数是发达国家，服务部门专业化程度高且与经济环境吻合程度较好。因此，其进口和出口在1990年分别占世界国际服务贸易进口和出口总额的48.8%和53.7%，虽然自90年代以来该地区的进出口份额都有下降，1999年进出口份额分别为44.9%和47%，但目前仍是世界国际服务贸易最大的进出口地区且长期保持顺差。2010年欧盟国际服务贸易额占世界国际服务贸易总额的41.7%。2010年在世界前十大国际服务贸易经济体中，欧盟占了五位，约占世界国际服务贸易总额的22.6%左右。

国际服务贸易第二大进出口地区为亚洲地区，除日本以外，该地区多是发展中国家，虽然总体发展水平低于西欧，但经济发展速度快，国际服务贸易的发展速度也居世界首位。1990年亚洲地区进口和出口额分别占世界国际服务贸易进口和出口总额的22.1%和16.7%，1999年则分别上升到25.2%和19.9%，地位不断上升，进入21世纪后这一比重进一步提高。在国际服务贸易进出口方面，90年代以来的大部分年份，亚洲是净进口地区，显示出发展中国家国际服务贸易的发展特征。

从单个国家来看，美国是世界上国际服务贸易的超级大国，它的进出口额均占世界第一位，1990年美国国际服务贸易进口额和出口额分别占世界国际

服务贸易进出口额的11.9%和17.3%，2010年则分别为14.1%和10.2%，服务出口大于进口，继续保持着国际服务贸易的顺差。所以说，美国的国际服务贸易竞争优势超过货物贸易的竞争优势。2010年在世界前十大国际服务贸易经济体中，有八位依然是发达国家，发达国家在世界国际服务贸易中占居着主导地位。

3. 国际服务贸易结构优化，服务贸易领域进一步扩大

第二次世界大战之前，国际服务贸易主要集中在劳务的输出输入上，传统国际服务贸易占据主导地位。二战后由于第三次产业革命的兴起，电讯、金融以及各种信息产业、高新技术产业得以迅速崛起并快速进入国际服务贸易领域，新型国际服务贸易迅速发展。在世界国际服务贸易的构成中，1970年国际运输贸易占38.5%，国际旅游占28.2%，其他服务仅占30.8%。所谓的其他服务，包括电讯服务、建筑服务、金融服务、保险服务、信息服务、专利或许可、其他商业服务和文化娱乐服务等可统计项目。新型国际服务贸易项目大都是资本密集型的服务项目，在新科技革命浪潮的推动下，增长速度很快，远远超过在国际服务贸易中一直占较大比重的运输和旅游业的增长，在世界国际服务贸易中越来越重要。1998年~2000年全球国际运输贸易平均增长率为2%，旅游国际服务贸易为6.5%，而金融、电信国际服务贸易则高达7.4%。2000年到2009年，运输、旅游年均增长率分别为8%和7%，而其他商业服务则高达12%。2010年其他商业服务在国际服务贸易中所占比重提到53%，超过了传统国际服务贸易项目如表2-4所示。

表2-4　2000~2010年世界国际服务贸易进出口情况　（单位：亿美元）

年份	进出口				出口				进口			
	总额	运输	旅游	其他	总额	运输	旅游	其他	总额	运输	旅游	其他
2000	29 718	7 683	9 197	12 838	14 922	3 485	4 778	6 659	14 796	4 198	4 419	6 179
2001	29 886	7 565	9 000	13 323	14 945	3 450	4 668	6 828	14 941	4 115	4 332	6 495
2002	31 807	7 776	9 461	14 569	16 014	3 605	4 889	7 520	15 793	4 171	4 572	7 049
2003	36 363	8 898	10 454	17 011	18 340	4 089	5 371	8 880	18 023	4 809	5 083	8 131
2004	43 123	10 955	12 284	19 884	21 795	5 056	6 339	10 400	21 328	5 899	5 945	9 484
2005	47 760	12 268	13 453	22 039	24 147	5 632	6 977	11 538	23 613	6 636	6 476	10 501
2006	53 304	13 722	14 292	25 288	27 108	6 259	7 371	13 477	26 196	7 463	6 921	11 811
2007	63 163	16 124	16 441	30 598	32 572	7 421	8 623	16 528	30 591	8 703	7 818	14 070
2008	72 003	19 484	18 326	35 581	37 317	8 727	9472	19 114	34 690	10 536	8 701	16 118
2009	64 261	15 305	16 343	32 612	33 116	7 035	8543	17 538	31 145	8 270	7 800	15 074
2010	72 037	17 460	17 860	36 720	36 935	7 854	9 384	19 681	35 112	9 602	8 476	17 035

数据来源：国际贸易统计数据库（International Trade Statistics Database），WTO。

4. 国际服务贸易呈现全球化、自由化的趋势

目前，以美国为代表的发达国家的经济结构已经基本实现服务化，服务业产值占 GDP 的比重以及服务业就业人数占总就业人数的比重均已经超过 65%，其国际服务贸易额占全球国际服务贸易总额的比重达 70% 以上。发达国家在国际服务贸易中的比较优势是国际服务贸易发展的主要动力，获取贸易利益和提高整体经济竞争能力是国际服务贸易发展的动机，他们通过世界贸易组织和区域性的贸易组织，积极倡导和推动国际服务贸易的自由化和全球化。与此同时，从人类社会产业结构的演变趋势来看，由以第一产业为主的农业经济向以第二产业为主的工业经济，再向以第三产业为主的服务经济发展是历史的必然，各国产业结构的升级，必将不断推动国际服务贸易的发展，国际服务贸易的全球化、自由化是大势所趋。

5. 国际服务贸易的发展以高新技术为核心、以技术进步为基础

高新技术的发展和应用，促进了世界经济发展中以服务生产为核心的新的国际分工格局，同时扩大了服务的领域，改变了传统的服务提供方式，在一定程度上增加了服务的可贸易性。科学技术的发展和应用，改变了国际服务贸易的方式、内容和构成。现代的电信和传递技术，使时空这样的距离概念在经济生活中逐渐失去了它们本来带有的制约性的色彩，导致服务的不可储存性和运输的传统特性发生了改变。从而，许多生产和消费原来需要同步进行的服务，现在可以实现生产与消费的分离。银行、保险、医疗、咨询和教育等原来需要供需双方直接接触的服务，现在可以采用远距离信息传递的方式。

通讯革命大大提高了服务的可贸易性，加速了生产专业化发展的进程。从而，国际服务贸易的主要内容从运输、工程建筑等传统领域转向知识、技术和数据处理等不断涌现的新兴领域。

现代科技的发展使得物质生产和服务生产中的知识、信息投入比重不断提高，从而推动了国际服务贸易结构的变化。以劳动密集为特征的传统国际服务贸易地位逐渐下降，以资本密集、技术密集和知识密集为特征的新兴国际服务贸易逐渐发展壮大。

6. 跨国公司对国际服务贸易的发展起到了重要的推动作用

首先，跨国公司在世界范围的经济扩张过程和跨国生产过程中都需要大量的服务投入；其次，跨国公司在进行全球性的投资活动、技术转让和国际性的生产专业化进程中，一方面促进了专家、技术人员和劳动力这些国际服务贸易中的劳动要素的跨国流动，另一方面也带动了金融、保险、法律、技术、运输、计算机和咨询等相关服务业的发展；最后，跨国公司为了获取高额利润越来越多地加大对服务业领域的投资，一大批服务业跨国公司纷纷兴起，直接而有力地推动了国际服务贸易的发展。

二、当代国际服务贸易的作用

1. 有助于提高贸易参加国生产要素效率、促进经济增长。资本、技术、劳动力等生产要素的数量、质量及其配置，对于一国经济发展具有决定性作用。生

产要素的流动是通过国际贸易实现的，随着国际贸易结构的变化，国际服务贸易在增加一国生产要素的数量，改善生产要素的质量，合理配置生产要素方面发挥着不可替代的作用。一方面，扩大服务产品的出口，如发展中国家的劳务输出、国际旅游、专业服务等，能够增加发展中国家外汇收入，解决资本不足的问题，同时还能改变出口商品结构，提高国际竞争力；另一方面，发展国际服务贸易，能够引进国外先进技术，改变东道国国内技术落后的现状，同时，通过出口创汇，进口更多的先进技术设备，节省研究与开发费用，加快技术进步速度，提高整体生产技术水平。

2. 有助于贸易参加国更好参与国际分工、引导经济发展和产业结构调整。传统意义上一国的主导产业部门主要以工业部门为主，但是由于各国的资源优势和相对竞争优势的不同，有些国家缺乏自然资源和加工制造能力，难以在国际货物中树立竞争优势，对这些国家来说，发展国际服务贸易，能够进一步扩大国际市场，增加贸易方式和贸易对象，有利于建立国民经济主导产业部门，引导国民经济的发展和产业结构的调整。此外，相较工业，服务业高附加值、低污染的特性使其更符合当今世界经济发展的需要，积极发展国际服务贸易，能够使一国在新一轮世界经济中占据领先地位。

3. 有助于增强一国国际竞争力，提升该国国际地位。相较国际货物贸易，一国服务的出口，如文化产品出口等，代表着该国价值观的出口。扩大国际服务贸易，有助于一国在国际上更好地推广自身价值观，增强国际竞争力，提升国际地位。

4. 有助于促进各国间经济合作，维护国际贸易秩序。国际服务贸易的发展促进了各国间的经济合作，为经济发展创造了良好的外部条件。在经济全球化浪潮中，一国的经济发展不能脱离国际市场而实行闭关自守的政策，国际市场的资源和机制更有助于一国解决其资源稀缺的问题，并帮助该国转换经济体制。第二次世界大战后亚洲“四小龙”的经济增长，东盟的经济发展，特别是中国经济体制改革的成功进行和国民经济的持续、稳定增长，证明了实行改革开放政策、发展国际服务贸易、加强与其他国际的经济合作对本国的经济发展具有重要意义。

复习思考题

1. 国际服务贸易是如何形成和发展的？
2. 影响国际服务贸易的基本因素是什么？
3. 当前国际服务贸易的基本特征是怎样的？

阅读推荐与网络链接

1. 亚当·斯密．国民财富的性质和原因的研究．北京：商务印书馆，1981.
2. 高德步、王珏．世界经济史．中国人民大学出版社，2005.
3.（英）M. M. 波斯坦．剑桥欧洲经济史．经济科学出版社，2002.
4. 刘东升．国际服务贸易概论．北京大学出版社，2008.
5. 斯坦利·L·恩格尔曼．剑桥美国经济史．中国人民大学出版社，2005.
6. http：//www. stats. gov. cn/.
7. http：//www. imf. org.
8. http：//www. mofcom. gov. cn/.
9. http：//www. wto. org.

第三章

国际服务贸易的地位与作用

学习目标

- 掌握国际服务贸易与国家竞争力的关系
- 了解国际服务贸易和经济发展的相关性
- 熟悉服务贸易和货物贸易间的关系

国际服务贸易不同于传统的国际货物贸易，货物贸易具有明显的可感知性，贸易对象、贸易结构、甚至一国的贸易条件，都可以直接认识，其作用是显而易见的。而国际服务贸易具有无形性、不可存贮性等特征，一般不记录在一国的海关统计中，如何认识国际服务贸易的作用呢？国际服务贸易发展水平其实是衡量一国对外贸易以及国民经济实力的重要标志，发展国际服务贸易对于提高一国的国际竞争能力和综合国力、促进国民经济增长和调整产业结构、推动外向型经济的发展具有重要作用。

进入21世纪后，国际服务贸易的发展速度进一步加快，在国际经济生活中占有日益重要的地位。国际服务贸易的发展能够提高贸易参加国的经济效率，促进国际分工的发展；同时，国际服务贸易的发展与经济全球化之间也存在着密切联系。

第一节 国际服务贸易与国家竞争力

国家竞争力是指一个国家在世界经济的大环境下，创造增加值和国民财富的可持续增长的综合能力。国家竞争力评价是全新的系统化概念，从现有实力和发展潜力两方面反映一个国家或地区的整体竞争力。国际上有很多评估国家竞争力的机构，这些机构对国家竞争力下的定义和评估方式都不尽相同。国家竞争力研究开始于20世纪70年代末80年代初。国家竞争力研究的产生及快速发展主要有两方面原因：其一，从微观层面来看，当时西方国家的企业尤其是跨国公司经过几十年发展，规模迅速扩张，国际间竞争日趋激烈。于是，如何提高国际竞争力，在国际市场中取得更大的份额，成为企业最为关注的问题，这在客观上形成了评价国际竞争力的需求。其二，从宏观层面来看，20世纪80年代后期苏联解体，冷战结束，世界格局发生了根本性变化，经济实力逐渐成为国家之间竞争的主导力量，这也促进了以经济为主的国家竞争力的研究。目前国际上关于国家竞争力的研究有两个最权威的机构：总部设在日内瓦的“世界经济论坛”和瑞士洛桑国际管理发展学院。

一、全球竞争力报告

世界经济论坛（World Economic Forum，WEF）是一个非官方的国际组织，总部设在瑞士日内瓦。其前身是1971年由现任论坛主席、日内瓦商学院教授克劳斯·施瓦布创建的“欧洲管理论坛”。1987年，“欧洲管理论坛”更名为“世界经济论坛”。因论坛每年的年会都在瑞士的达沃斯召开，故也被称为“达沃斯论坛”。论坛的参与者主要是各国政界和经济界的高层领导人、企业高级主管以及有关领域的专家。论坛的宗旨是通过与会者探讨世界经济领域存在的问题，促进国际经济合作和交流。随着论坛影响力的不断扩大及与会者层次的逐渐提高，达沃斯论坛被公认为是“非官方的国际经济最高级会谈”，是各国政要、企业界人士以及民间和社会团体领导人研讨世界经济问题最重要的非官方聚会场所之一。世界经济论坛自1996年以来每年发布当年年度的全球竞争力调查报告。其评价内容分为基本环境、功效提高、企业革新与成熟度等3大项。2011年的评估共包括12项大指标，下面细分为110项小指标，包括基础设施、宏观经济稳定性、卫生和基础教育、高等教育和培训、金融市场成熟度和创新等内容。

世界经济论坛于2011年9月发布了《2011～2012全球竞争力报告》，瑞士、新加坡、瑞典分列本年度全球竞争力排名前三位，美国排名连续三年下滑，今年又下降一位，排至第5位。中国在国际竞争力排名中位列第26位，比上年度上升一名。在“金砖五国”中中国的排名大幅领先，其他4个金砖国家，南非（第50位）和巴西（第53位）的排名有所上升，而印度（第56位）和俄罗斯（第66位）则略有下降。

《报告》指出，除了宏观经济越来越脆弱之外，美国制度环境的某些方面继续让一些商界领导者感到担忧，尤其是公众对政治人物的信任度较低和对政府效率低下的担心。排名结果表明，发达经济体的竞争力在过去7年间停滞不前，但很多新兴市场的竞争力却有了改善，让它们的增长更加稳健。世界经济论坛全球竞争力和表现研究中心首席经济学家布兰克说：“这反映出经济活力正在从发达经济体转至新兴经济体，新兴经济体与发达经济体的差距正在缩小。”

在欧元区，德国排名尽管下降了一位至第6位，但仍继续位居前列，法国下降三位至第18位，深陷经济泥潭的希腊则继续下降，排名第90位。《报告》指出，提升竞争力的改革将对振兴本地区的经济增长，应对财政紧缩和顽固的失业问题等方面发挥关键作用。亚洲发展中国家近年来的显著竞争力增长势头趋于放缓，包括印度尼西亚、印度和越南在内的一些国家排名止步不前。《报告》指出，正如人们所担心的，保持它们增长动力所必须的改革和投资迟迟没有到位。

二、世界竞争力年鉴

《世界竞争力年鉴》每年由洛桑国际管理发展学院（International Institute for Management Development，简称IMD）发布，该学院是全球顶尖的商业管理学院之一，坐落于瑞士西部城市洛桑，比邻美丽的日内瓦湖，距离国际组织和跨国公司云集的日内瓦仅有40分钟的路程。洛桑国际管理发展学院成立于1990年，是两所商学院合并的总称，其前身是1946年Alcan先生在日内瓦创立的国际管理学院（IMI），和1957年Nesti先生在洛桑创立的国际经济管理与发展学院（IMEDE）。

洛桑国际管理发展学院的国际竞争力理论以市场经济理论为依据，运用系统科学的统计手段，从经济运行、事后结果和未来发展的潜能出发，对一国经济运行和经济发展的综合竞争力做出系统全面的反映和评价，它把国际竞争力定义为：国际竞争力是一个国家在国际经济竞争的环境和条件下，与世界各国的竞争比较，所能创造增加值和国民财富的持续增长和发展的系统能力水平。基于这一概念，在世界整体竞争发展的基础上，共设计了包括314项计量指标的科学评价体系，以年度为单位，系统评价和反映世界各国的国际竞争力水平，为分析世界各国国际竞争力发展格局、变化趋势以及各国制定竞争发展战略提供客观依据。

国际竞争力评价和分析的314项计量指标，是经济学或管理学中的企业理论、产业理论、新经济增长理论、制度经济学理论、公共经济理论、金融理论、国际经济与发展经济学等各个具体理论的直接应用。国际竞争力系统评价设计原则之一，是要运用上述最新理论去观察、测度国际竞争力的发展、过程与趋势。国际竞争力最核心的内容建立在新经济增长理论的基础上，包括创造增加值和国民财富的生产理论，这构成国际竞争力发展的基本目标。此外就是人力资本、高技术和风险资本、社会组织资本对经济增长的作用，这构成推动国际竞争力发展的现实因素。

专栏3—1

IMD世界竞争力排名研究主要指标

洛桑国际管理发展学院世界竞争力排名研究主要指标包括经济运行状况、政府工作效率、商务活动效率、基础设施状况4个方面的内容，报告将每个部分根据内容具体细化成子项目，并赋予相应的权重打分。

经济运行状况项目下又被具体量化为国内宏观经济评估、国际贸易、国际投资、就业和物价等77个考核指标。

政府工作效率项目下被具体量化为公共财政状况、政府财政政策、社会制度框架、商务立法、社会结构组成状况以及可延伸至影响政府掌控竞争力变化的政策等73个考核指标。

商务活动效率项目下被具体量化为企业创新活动、合理的经营方式和获利状况、商务活动效益和效能、劳动力市场、金融市场、商务管理态势和管理效益等69个考核指标。

基础设施状况项目下被具体量化为是否能满足商务活动所具备的必要科技水平、基本的人力资源、基础设施、科技领域的基本投入、卫生设施、教育设施和环境保护设施等95个考核指标。

在上述314个考核指标中有128个指标的数据将直接用来作为裁定竞争力高低的主要依据，约占总分权重的2/3。其中73个指标不直接用于裁定经济体的竞争力高低，但会被用作衡量竞争力高低的背景参考，其余的113个指标与问卷调查有直接关系，将会被用于裁定竞争力高低的参考，但是在总分权重中只占1/3的比例。

国际竞争力评价体系包括两个系统结构，即关于竞争力过程的系统结构和竞争力要素整体的系统结构。从竞争力过程的系统结构评价看，它包括系统实力、运行的系统关系、发展的成长能力。一个国家的国际竞争力包括总产出、出口规模、机器设备、劳动力的技术水平、外汇储备水平、自然资源、能源动力、基础设施等经济实力的水平。但是，这些方面经济实力强，并不一定说明该国的国际竞争力就强，只有运行的系统关系合理并发挥能动作用，才能使经济实力转化为现实的国际竞争力。一国的国际竞争力不能仅仅发挥现有经济实力的水平，而且还要发展长期的国际竞争力，也就是经济实力要有长期发展的能力。这表明国际竞争力评价体系要从系统实力、运行的系统关系、发展的成长能力三个层次进行科学的评价、分析和发展。从国际竞争力中竞争力要素整体的系统结构内容看，它包括8大要素，即国家经济实力、基础设施、国民素质、企业管理、科学技术、国际化、政府管理、金融体系。每个要素又包括若干方面，每个方面由若干具体指标组成。

国家竞争力包括经济、社会、政治、文化等诸多方面，是这些要素综合作用的结果。因此，评价国家竞争力需要全面考虑各方面因素，是一项复杂的系统工程。随着国家竞争力评价研究的深入发展，人们逐渐意识到，一些因素虽然对国家竞争力的即期效果不明显，但是这些因素是增强一国竞争力的原动力，对提升国家竞争力具有根本性的作用。在这些因素中，以创新能力和高素质的人力资源最具代表性，从长期来看，只有真正具备创新能力的国家才能在竞争中取得优势，而且这种优势其他国家无法在短时间内轻易获得。通常，发达国家的创新能力强，发展中国家要增强其竞争力，提高创新能力是有效的、根本性的措施，需要持续不断地进行这方面的投入；自然资源会随着使用而逐渐耗竭，而人力资源却可以不断产生，高素质人力资源作用于国家竞争力的形式是“乘”而不是“加”，对于资源禀赋匮乏的国家来说更是如此。

目前，WEF 和 IMD 是全球最权威的国家竞争力评价机构，其团队化、组织化的研究方式已成为国家竞争力评价、研究的主流模式。他们的工作一方面从已有的国家竞争力评价理论中汲取可以借鉴、利用的部分；另一方面也不断地为国家竞争力评价研究的发展、进步做出贡献。这两家机构的工作极大地加深了人们对国家竞争力的理解，使国家竞争力这一概念在全球日益受到关注。随着对国家竞争力评价研究的逐渐深入，人们将会从更为广阔的视角来评价国家竞争力。目前，有关国家竞争力研究的最新视角较具特色：第一，从制度演化角度探讨国家竞争力评价问题，一国的竞争力与其政治、经济制度有密切联系，不同制度下，国家竞争力会具有不同的发展趋势，制度的演进会对国家竞争力产生重要影响，通过这方面的研究，可以清晰勾勒出制度变化对国家竞争力的促进或阻碍作用；第二，从博弈论的角度来评价国家竞争力，各国在国际竞争中必然会体现出一定的博弈关系，该方法以博弈论为基础框架，构建国家竞争力的评价体系，具有很好的经济方法论基础，也与国际竞争的实际情况相符合。各种视角下的评价方法将互为补充，形成更为全面的国家竞争力评价体系。

三、国家竞争优势

国家竞争优势是由经济学家波特提出的，并通过“钻石模型”描述了国家竞争优势的基本内涵。波特认为，国家竞争优势是指一个国家使其企业或产业具有并能够维持竞争优势的能力。一国的国际竞争力是其企业、产业等竞争力的综合，是一个复杂的系统，系统整体状态决定了一国竞争力的强弱。基于该思路，他建立了测度国家竞争力的钻石模型，通过生产要素、市场需求、相关产业支持、企业战略和结构四方面因素综合反映国家竞争力，并根据产业阶段演化将一国产业参与国际竞争划分为四个阶段：要素驱动、投资驱动、创新驱动和财富驱动阶段如图 3－1 所示。该模型及相关因素是波特利用 4 年时间对 8 个发达国家和 2 个新兴工业化国家进行考察后建立并确定的。

波特认为国家竞争优势受到四方面因素的影响：

一是国家拥有的生产要素条件。生产要素包括五大类：自然资源、人力资源、知识资源、资本资源、基础设施。国家储存量大的要素是国家的优势要素，成为竞争优势的一部分，如中国的劳动力资源，中东国家的石油资源等，但对于竞争优势来说，更重要的是要素的创新速度和升级速度。除自然资源之外，其他资源都是可以通过创新来改进和提高的，如教育提高劳动素质、科研成果更新知识、投资扩大资本规模和改进基础设施。

二是内部市场的需求规模和性质。它首先决定了产品的性质与结构，产品进入国际市场之后，占据的也是与国内需求类似的那部分市场，需求方能不能较早和较清楚地把需求信息传达给厂商，从而促使厂商不断改进产品，都会影响到企业的竞争力；其次是需求规模和增长模式，大规模的内部需求可以使厂商获得规模效益，从而增强竞争力，内部需求的快速增长还可以促使厂商采用新的技术；最后是内部需求的国际化途径，如果内部的买方是跨国公司，就很容易把这个产品带入国际市场，内部文化的影响力也有助于把内部需求带入国际市场，如美国好莱坞的电影把美国人的消费习惯带到了全世界。例如电视机的市场路径选择：电视机生产最早从美国起步，但后来日本产品却占领了大部分国际市场，原因在于美国家庭的住房面积大，所以美国产电视机体积也大，且是不便于移动的；日本家庭住房面积小，需要小型且易于移动的电视机，所以日本厂家在这方面下了很多功夫以满足国内市场的需要。后来事实证明大部分国际市场的需求同日本的需求一致，使日本产品获得了占领国际市场的机会。另外日本国内市场早于美国市场达到饱和，迫使日本厂家致力于降低成本，改进性能，并大举进军国际市场。

三是相关支持产业的发展程度。相关支持产业是指为出口部门提供供给或服务的产业部门，相关支持产业的竞争优势通过其供给或服务的效率、及时性和成本影响出口部门的竞争力。相关支持产业改进和创新的速度也会影响到出口部门的竞争力，当相关支持产业也具有全球竞争力时，出口部门受益最大。

四是企业战略和结构。企业位于全球竞争的最前线，国家竞争力在很大程度上体现为企业竞争力，而企业的战略选择与组织结构会影响到企业的竞争力。国内强有力竞争对手的存在是提高企业竞争力的一个重要条件；国内的制度环境也会影响到企业战略和组织结构。波特把这四方面联系在一起，构成一个菱形构架，称之为“钻石”。

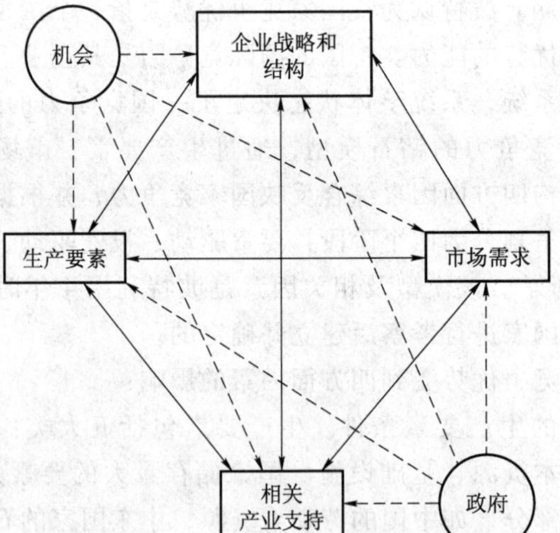

图 3-1　波特的钻石理论模型

另外，还要考虑到机遇和政府的作用。机遇是指外部的、突发性事件带来的机会，如石油危机、金融危机、战争、政治变动等，能够抓住这种机遇就会建立起本国的竞争优势，如世界市场对轮船需求的大幅度上升使得韩国的造船业乘机打入世界市场。政府可以通过教育政策、基础设施投资、对资本市场的管理等方面影响生产要素、国内需求等。

获得竞争优势战略首先要找出本国具有或潜在具有国际竞争力的产业部门，分析这些产业部门在国际竞争中面对的问题，根据钻石结构找出增强或开发这些产业竞争力的途径和办法，并通过政府的影响创造出有利于竞争优势形成和保持的内部环境。

专栏3—2

社科院的“国家竞争力蓝皮书”

2010年10月25日，由孙冶方经济科学基金会、中国社会科学院城市与竞争力研究中心、中国社会科学院财政与贸易经济研究所、社会科学文献出版社共同举办的“《中国国家竞争力报告》发布研讨暨2010年度孙冶方“青年菁英奖学金”颁奖典礼”在京举行。会上发布了由倪鹏飞博士主持完成的2010《国家竞争力蓝皮书》。

蓝皮书从国家竞争力表现的角度，分析了1990~2008年中国在全球100个主要国家的位置及其变化：中国国家竞争力由第73名上升至第17名。中国国家竞争力态势概括为：进步巨大潜力无穷，改革开放居功至伟。2008年，全球100个主要国家和地区国家竞争力排名前10名分别是：美国、欧盟、日本、韩国、新加坡、德国、英国、荷兰、瑞士、法国。

1990~2008年，中国经济效率进步较慢，仅由第79名上升至第56名。中国效率竞争力态势概括为：整体落后进步巨大，挑战严峻任重道远。2008年经济效率竞争力排名前10名分别是：挪威、新加坡、美国、瑞士、阿联酋、荷兰、瑞典、奥地利、爱尔兰、丹麦。

1990~2008年，中国经济增长由第13名上升至第2名。中国增长竞争力态势概括为：长期领先优势稳定，稳定增长潜力巨大。

1990~2008年，中国经济结构长期在末端徘徊，由第91名上升至第89名。中国结构竞争力态势概括为：低位徘徊形势严峻，提升乏力亟待调整。2008年经济结构竞争力排名前10名分别是：美国、法国、英国、比利时、荷兰、葡萄牙、丹麦、希腊、新加坡、意大利。

1990~2008年，中国创新竞争力进步较大，由第48名上升至第22名。中国创新竞争力态势概括为：先稳后升奋起直追，厚积薄发创新增强。2008年国民创新竞争力排名前20名分别是：韩国、日本、美国、新西兰、德国、芬兰、丹麦、瑞典、新加坡、挪威。

四、国际服务贸易对提高国际竞争力的作用

从以上国际竞争力分析来看，国家竞争力是包括经济、社会、政治、文化等诸多要素的复杂系统，提升国家竞争力不仅要考虑能够发挥以现有经济结构为基础的现实竞争力，而且还要考虑具有长期发展潜能的国际竞争力，我国国际服务贸易出口结构是以劳动密集型产业为主，应该看到，这既是我国的比较优势所在，又是其不足之处。世界经济结构变动趋势是由劳动密集型向知识、技术密集型转变，这就要求调整产业结构，大力发展国际服务贸易，在国际服务贸易自由化的大趋势下，采取适当措施提高与发展我国国际服务贸易竞争力。

1. 加强国际服务贸易战略研究，推进国际服务贸易发展。在确定国际服务贸易战略时，主要应处理好发挥比较优势与培养竞争优势的关系。我国国际服务贸易的现实比较优势是旅游等劳动密集型领域，根据传统的比较优势理论认为，虽然可以获得一定的贸易利益，但是不能缩短自己与发达国家的经济差距。在扩大开放的情况下，我们应该进一步发挥这方面的优势，扩大出口，但仅仅发挥比较优势是不够的，我们还应该以国际市场需求为导向，积极发展新型国际服务贸易，创造新的竞争优势，发展对我国总体国际竞争力有影响的战略性产业与行业。

2. 打破垄断，扩大对外经济交流。我国有些服务业垄断性较强，这不仅有可能破坏正常的公平竞争秩序，而且会导致服务业创新不足、效应低下和竞争力缺乏。为了切实提高我国在未来国际分工中的地位，我们必须通过制度变迁和竞争刺激信息产业、电信、保险、技术和咨询等行业的快速发展，不断提高其参与国际竞争的能力。另一方面要为我国服务业扩大对外合作提供新的机遇，加快我国服务行业利用外资、引进先进技术和管理经验的步伐，促进服务业企业的技术创新、制度创新和组织创新等。2011 年服务业利用外资首次超过了制造业，是一个可喜的变化。

3. 充分发挥政府的组织、协调功能。经济学家刘易斯说：“没有一个国家不是在明智政府的积极刺激下取得经济进步的。”在一国经济贸易发展中，政府作为生产力要素的组织协调者，首先应对我国一些缺乏竞争力的幼稚服务业、高新技术服务业和战略性服务业进行有效保护，防止因国外服务提供者强有力的竞争给国内服务业造成巨大的冲击，避免国内服务市场的动荡，保持整个经济的增长和稳定；其次要加强政府间谈判与协作，通过双边尤其是多边谈判维护我国在世界国际服务贸易中的地位和权益，在服务出口措施尤其对我国有特殊利益的服务部门出口提供方式等方面给予平等待遇，从而使我国经济更好地融入到世界经济环境中去，切实提升我国国际服务贸易的整体国际竞争力。

第二节　国际服务贸易与经济发展

一国参与和发展国际服务贸易的主要目的，是要通过国际经济资源的交换，提高本国的经济效益，促进经济发展。国际服务贸易在这一方面的作用是通过如下机制实现的。

一、提高生产要素使用效率

许多发展经济学家认为，资本、技术、劳动力等生产要素的数量、质量及其配置，对于一国经济发展具有决定性作用。而资本、技术、劳动力等生产要素的流动往往伴随着追加国际服务贸易的发展，所以国际服务贸易在要素流动过程中发挥着不可替代的作用。

1. 有利于解决东道国资本不足的瓶颈。发展经济学家普遍认为，制约发展中国家经济发展的瓶颈因素首推资本不足，钱纳里等提出的"两短口模型"描述了这种瓶颈因素。根据他们的分析：经济发展需要投资（I）和进口资本品（M），投资来源于国内储蓄（S），进口所需的外汇来源于出口创汇（X），而发展中国家普遍存在国内储蓄不足和外汇不足，即存在 $I>S$ 和 $M>X$ 这两个缺口。如何解决资本不足？一条思路是引进外资；另一条思路是扩大出口以获得更多外汇。利用外资可以采取直接投资或间接投资的形式，这两种类型的投资方式必然引起追加的国际服务贸易的发展，如相关的金融、运输等行业国际服务贸易的发展；扩大出口也包括服务产品的出口，如发展中国家的劳务输出、国际旅游、专业服务等，既增加了发展中国家的外汇收入，又能够改变它们的出口商品结构，提高其国际竞争能力。

2. 有利于提高生产技术水平。发展中国家经济落后的另一主要原因是科学技术落后。如何尽快改变科学技术落后的状况，除了加快国内技术进步之外，一种有效方法是通过国际服务贸易引进先进技术，以促进本国的技术进步。经济学家认为，国际贸易推进了国家之间的专业化分工，分工提高了工人的劳动熟练程度，提高了劳动生产率，从而带动了经济增长，在这种经济增长过程中，发展中国家通过以资源换技术、以市场换技术的形式能够获得先进技术，解决进步技术路径的依赖问题；另一方面，发展中国家还可以通过出口创汇，进口更多的先进技术设备，节省研究与开发费用，加快技术进步速度，这种技术贸易的方式既可以采用实物贸易形式，也可采用国际服务贸易的形式；再次，还可以提高企业经营管理人员的素质，培养将新产品、新技术、新市场等组合起来的企业家，国际服务贸易的方式之一是人力资源的流动，各国间人力资源的流动所形成的市场竞争的外在压力，能够迫使劳动者，特别是企业经营管理人员提高自身素质，提高企业的经营管理水平；最后是通过生产要素的重新组合，生产出适应国际市场需求的产品，促进企业经济效益的提高。

3. 有利于建立国民经济主导产业部门，引导国民经济的发展和产业结构的调整。发展经济学认为，一国需要由主导部门带动整个国民经济的增长。所谓主导部门，是指具有较强的经济辐射作用的部门，能够带动其他产业部门的发展。主导部门与其他部门间的相关性表现为前向、后向、及旁侧联系。前向联系是指某个产业能够引起它的供给品生产部门的发展；后向联系是指某个产业的产品需求会带动一大批产业的发展；所谓旁侧联系是指某个产业带动一大批相关产业的发展。如汽车工业，它的前向联系效应是带动钢铁工业、玻璃工业、电子工业、计算机工业、橡胶工业、纺织工业、塑料工业等的发展；它的后向联系效应是带动运输业、旅游业以及所有用车行业的发展；它的旁侧联系效应是带动广告业、销售业、金融保险业等的发展。发展中国家如何建立主导产业部门？一种途径是通过进口替代优先建立和发展主导部门，然后通过该产业的出口扩张，实现主导部门的规模经济，从而有力推动整个国民经济的增长；另一途径就是以国际市场为基础，发挥本国的相对优势，在优势互补的基础上使本国的优势产业部门超前发展，并带动本国相关产品国际服务贸易的发展。

传统意义上的主导产业部门主要是以制造业为主，如钢铁、汽车、建筑业等。但由于各国的资源优势和相对竞争优势不同，有些发展中国家既缺乏自然资源，又缺乏加工制造能力，在制造业方面难以形成具有较强关联效应的产业部门，在国际货物贸易中并不具有竞争优势，难以通过国际市场的资源流动和市场机制刺激本国的经济发展。国际服务贸易的发展使国际市场进一步扩大，贸易对象和贸易方增多，这些国家可以利用服务产品的进出口增加外汇收入，通过进口替代战略逐渐形成主导产业部门，以带动本国经济的发展。

二、促进经济增长

本世纪 30 年代，D. H. 罗伯逊首先提出贸易是“经济增长的引擎”的命题。所谓经济增长的引擎，是指将国际贸易视为促进经济增长的直接动力。50 年代，纳克斯根据 19 世纪英国与移民垦植型殖民地的贸易关系认为，19 世纪国际贸易具有这样的性质：欧洲中心国家经济上的迅速增长，通过国际贸易传递到外国，其传递机制如下：中心的经济增长引起中心对外围的原材料和食品的需求急剧上升，给外围地区造成增加生产的压力和动力，导致中心的资本和劳动力移到贫困地区，促进了那里的投资与生产。这样不仅保证了对扩大的市场的供应，而且提高了外围国家人民的收入，使他们享受到了海外消费增加的好处，刺激了他们对消费品的需求，从而再次推动了经济的增长。据此，他做出一个著名结论：19 世纪的贸易不仅是简单地把一定数量的资源加以最适当的配置的手段，实际上是通过国际贸易把中心国家的经济增长传递到其他国家，即中心国家经济迅速增长引起的对发展中国家初级产品的大量需求，引发了发展中国家的经济增长，因此，它是经济增长的引擎。具体表现为：

1. 较高的出口水平意味着这些国家进口水平提高，资本货物的进口对于促进经济增长具有特别重要的意义，能够节约生产要素的投入量，有助于提高经济效益。

2. 出口的扩大使一国能够取得规模经济利益，降低生产成本，提高在国际市场上的竞争能力。另外，出口的增长也趋向于使资金投向国民经济中最有效率的领域，亦即它们各自享有比较优势的领域，在具有比较优势的领域进行专业化生产，从而提高劳动生产率。

3. 国际市场上的竞争会给出口行业造成压力，并刺激制造业或服务行业等部门的发展。

澳大利亚经济学家马克斯·科登指出一国国际贸易，对本国宏观经济将发生五种积极影响：① 收入效应，即通过贸易，提高了收入水平，增加了国民收入总量；② 资本积累效应，即出口创汇用于投资，增加了资本积累；③ 替代效应，即进口较多的投资品，使其对消费品的相对价格下降，从而吸引更多的投资；④ 收入分配效应，即贸易会使出口部门生产要素的报酬提高，从而增加这些部门的储蓄和积累；⑤ 要素加快效应，即出口贸易扩大，使出口部门使用的增长较快的生产要素带动其他生产要素更快增长。所有这些效应都具有累积性，从而贸易对经济增长的作用会随着经济发展逐渐强化。

马克斯·科登的分析虽然是以货物贸易为基础，但国际服务贸易具有同样的效应。

三、实现动态比较利益

经济学家们发现，相对落后的国家如果固守绝对成本说、比较成本说或机会成本说，恐怕永远无法实现工业化。因为根据静态的成本学说，落后国家只能一直生产绝对成本或比较成本低的农产品，而不能努力建立绝对成本或相对成本高的工业制成品部门。显然，这就阻碍了发展中国家的经济发展。为此，经济学家们提出用动态、长期、发展的观点修正传统的静态比较成本说，将比较成本优势的形成与发展视作一个动态过程。

日本经济学家筱原三代平认为，一个国家应该从本国产业结构合理化的要求出发，谋求贸易结构优势。所谓产业结构合理化，就是实现产业结构转换和产业结构高度化。根据世界经济发展的经验，一个努力实现经济现代化的国家，必须使本国产业结构由第一产业为主转换为以第二、三产业为主，以劳动密集型产业为主转换为以资本密集型产业和技术（知识）密集型产业为主。也就是说，当一个国家的某些产品如农产品和其他初级产品具有比较成本优势时，就必须努力建立那些尚不具备比较成本优势的工业部门，即使这些部门的比较成本很高，从长期发展的观点来看，也应该不遗余力地去努力形成新的比较成本优势，他认为，谋求贸易结构优势是完全能够做到的。这是因为一国拥有的资源禀赋和供求关系是动态可变的，政府可以采取政策干预或各种经济手段，或者通过引进外部资源，开发本国资源，使潜在优势转换为现实优势。

随着产业结构的转化依次推进，第三产业在一国国民经济构成中占据着越来越重要的地位。第三产业的发展在一定程度上促进了国际服务贸易的发展，通过国际服务贸易的传递作用，一国可以通过利用国内外两种资源，并以国内外市场为基础，提高生产要素的组合效率，使其在国际市场上具有更强的竞争能力。通过国际服务贸易的作用，能够实现生产要素的重新整合，带动一国国际服务贸易的发展，从而能够刺激经济增长。

专栏 3—3

产业结构高度化

产业结构高度化也称产业结构高级化，指一国经济发展重点或产业结构重心由第一产业向第二产业和第三产业逐次转移的过程，标志着一国经济发展水平的高低和发展阶段、方向。产业结构高度化具体反映在各产业部门之间产值、就业人员、国民收入比例变动的过程上。

一般地说，产业结构高度化表现为一国经济发展不同时期最适当的产业结构，其主要衡量标准是：(1) 收入弹性原则（所得弹性标准），即每增加一个单位收入与增加对某商品需求量之比。如果由于收入扩大而增加的需求能转化为收入弹性高的商品，出口增长率则可随之提高，对整体经济增长则较为理想；(2) 生产率上升原则。为了使收入弹性高的商品能够出口，必须具备充分的国际竞争能力，因而最佳选择是把生产上升率高的产业或技术发展可能性大的产业作为重点；(3) 技术、安全、群体原则，即从长远观点看，经济发展的动力是技术革新，从而对于能成为将来技术革新核心部门的产业，目前虽然处于比较劣势地位，也不能轻易放弃；为了一国经济的稳定发展，事实上要求有某种程度的国家安全保障或能够保障国家威望的产业；为了产业部门之间的平衡发展，必须形成范围较广的产业群体。符合上述三条标准的产业结构状态，就可称之为一定时期一国产业结构的最适状态。

第三节 国际服务贸易与货物贸易

《货尔街日报》曾经讲述过一个“鼠标现象”的故事，这个案例不仅说明了鼠标生产链中体现自主创新价值的利益分配问题，同时也体现了货物贸易与国际服务贸易的关系。一个罗技牌鼠标从品牌研发、生产、销售到最终进入消费者手中，实现交换价值 40 美元。我们仔细分析后发现，零部件供应商获得的 14 美元和中国苏州装配厂获得的 3 美元，在整个商品的价值链中是由制造环节创造的，体现为货物贸易；而罗技公司拥有的品牌和研发获得的 8 美元以及美国批发零售商获得的 15 美元，则是在服务领域产生的，体现为国际服务贸易。

这个故事告诉我们：

一是货物贸易离不开国际服务贸易，货物贸易的生产过程必然包含国际服务贸易。作为国际贸易的商品在最终进入消费者手里时，其价值形态通常都是由货物贸易和国际服务贸易两部分价值构成，品牌、设计、零售、批发等表现为货物贸易直接相关的国际服务贸易；二是国际服务贸易往往是价值链的高端。罗技公司、分销商和零售商收益最大，而货物贸易往往是价值链的低端，生产地装配厂取得的收益最小。如果将这一案例放大到一个国家或地区的商品进入国际市场，就会发现货物贸易的比重越大就可能越被动。如中国有很强的加工制造能力，但由于中国的批发和零售企业几乎在海外没有商业存在，因此批发和零售环节基本上不是中国企业在做，中国出口商品在这方面的服务收益就很少。

因此，国际服务贸易和货物贸易的相关性表现为：

1. 国际服务贸易与货物贸易增长速度呈正相关关系。

世界国际服务贸易规模与货物贸易规模从长期发展趋势来看呈现为正相关关系，两者共同增长趋势明显。1980 ~ 2006 年间，世界国际服务贸易出口年均增长 8.7%，同期货物贸易出口 7.9%，增长速度大体相同。一些年份国际服务贸易增速略低于货物贸易，一些年份略高于货物贸易。20 世纪 70 年代，世界国际服务贸易出口与货物贸易出口均保持快速增长且大体持平，年均增长 17.8%；进入 80 年代，世界国际服务贸易出口平均增速开始高于货物贸易；到了 90 年代，国际服务贸易平均增速呈波动下降趋势，约为 6%；跨入 21 世纪后，世界国际服务贸易出口进入稳定增长期，增幅开始逐渐回升，这一期间世界国际服务贸易平均增速略低于货物贸易如图 3 - 2 所示。

图 3 - 2　2000 ~ 2010 年世界国际服务贸易与货物贸易出口增速对比

资料来源：WTO 相关统计资料。

2. 国际服务贸易与货物贸易附加值各自占比的相关性。

1990 ~ 2006 年世界货物贸易中以电信设备、集成电路和电子零件为代表的高附加值产品占比由8.7%上升至12%；以纺织品服装为代表的低附加值传统产业占比由6.2%下降到4.4%；农产品由12%下降到7.8%；燃料和矿产品占比也呈总体下降趋势。

1990～2010年国际服务贸易结构中运输和旅游服务合计占世界国际服务贸易的比重从62.5%下降到46.9%，以通讯、计算机和信息服务、金融、保险、专有权利使用费和特许费为代表的新兴国际服务贸易型占比则从37.5%逐步增长到53.1%。

上述变化在货物贸易与国际服务贸易相关性曲线中也可以充分展示出来，经过1990年到2010年变化，货物贸易和国际服务贸易中高附加值的部分占比不断加大，而低附加值的部分占比不断减少。

表3－1　各类服务占国际服务贸易的比重（%）

	2000年	2005年	2006年	2007年	2008年	2009年	2010年
世界国际服务贸易	100.0	100.0	100.0	100.0	100.0	100.0	100.0
运输	23.4	23.3	22.9	22.9	23.7	20.9	21.4
旅游	32.1	27.7	27.1	25.7	25.1	26.0	25.5
其他商业服务	44.5	49.0	50.0	51.4	51.1	53.1	53.1

资料来源：WTO，International Trade Statistics，2010；WTO Press/628，World trade 2010，Prospects 2011，7 April 2011。

3. 国际服务贸易和货物贸易微笑曲线的附加值分布都呈现明显的一致性。

附加值越高越在曲线的高端，附加值越低越在曲线的低端。货物贸易中以自动化产品、电信设备、集成电路等为代表的高附加值工业明显在货物贸易曲线的两个高端，钢铁机械、化工产品、纺织品、燃料、矿产品、农产品和服务等为代表的低附加值传统工业则在货物贸易曲线低端。国际服务贸易同样也是以通讯、计算机和信息服务、金融、保险及专有权利使用和特许为代表的高附加值的新兴国际服务贸易领域在国际服务贸易曲线的两个高端，而低附加值的运输和旅游等传统的国际服务贸易领域则在国际服务贸易曲线的低端。

专栏3—4

微笑曲线

重要科技业者宏碁集团创办人施振荣先生，在1992年为「再造宏碁」提出了有名的“微笑曲线”（Smiling Curve）理论，以作为宏碁的策略方向。经历了十年多以迄今日，施振荣先生将“微笑曲线”加以修正，推出了所谓施氏“产业微笑曲线”，以作为台湾各种产业的中长期发展策略之方向。

微笑嘴型的一条曲线，两端朝上，在产业链中，附加值更多体现在两端，设计和销售，处于中间环节的制造附加值最低。

微笑曲线中间是制造；左边是研发，属于全球性的竞争；右边是营销，主要是当地性的竞争。当前制造产生的利润低，全球制造也已供过于求，但是研发与营销的附加价值高，因此产业未来应朝微笑曲线的两端发展，也就是在左边加强研发创造智慧财产权，在右边加强客户导向的营销与服务，如图3－3所示。

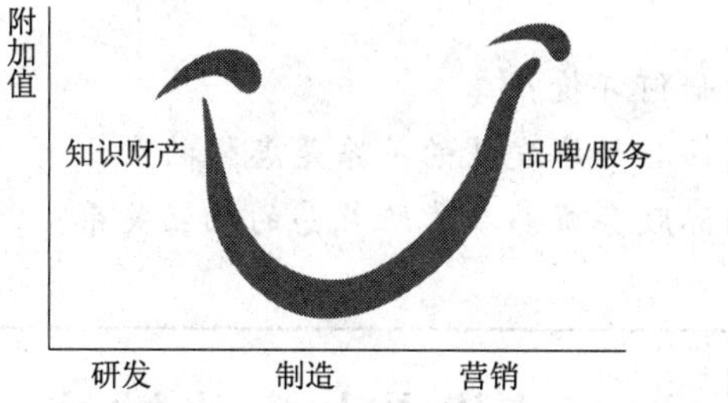

图3－3　微笑曲线

4. 货物贸易与国际服务贸易的相关度不断加大，货物贸易的附加值越高，含高附加值的国际服务贸易就越多。

现代科技的发展使得货物贸易的发展越来越依靠国际服务贸易的发展。科技革命的发展以及经济全球化使得越是高技术领域的贸易产品，越依赖高附加值的国际服务贸易。现代信息工业、航天工业越来越依靠信息服务业、金融、保险等国际服务贸易的支持，这些国际服务贸易表现为追加的服务，与商品生产和附加值分布是一种间接性关系。制造业在世界产业转移过程中形成了若干现代制造业产业集群，创造货物贸易，同时与这些制造业产业集群相伴也出现了相当多的服务业的产业集群，提供国际服务贸易。

根据以上对货物贸易与国际服务贸易相关性的分析，结合我国国情，我们可以得到以下启示：

第一，国际服务贸易在世界贸易中逐渐会处于价值链的高端。

国际服务贸易将成为世界贸易的制高点，发达国家的国际服务贸易发展和贸易结构变迁开始呈现类似的特征。中国目前的国际服务贸易在世界市场的竞争中处于不利地位，需要改善国际服务贸易结构，提高竞争力，赶上发达国家水平。

第二，国际服务贸易与货物贸易发展的相关性表明国际服务贸易在世界贸易中的地位会越来越突出。

世界贸易强国不仅是货物贸易强国，更应是国际服务贸易强国。中国今后发展对外贸易应将国际服务贸易作为发展的重点，像发展货物贸易一样发展国际服务贸易，像扶植货物出口一样给予国际服务贸易出口更多的政策。世界头号贸易大国美国，其货物贸易尽管连年逆差，但它的国际服务贸易却是世界最大的顺差国。

第三，货物贸易的附加值提高越来越依靠国际服务贸易的发展。

没有高附加值的新兴国际服务贸易的发展，货物贸易的结构调整也就难以实现。中国的外贸结构调整应将货物贸易与国际服务贸易有机地结合起来，同时积极发展高附加值的货物贸易和国际服务贸易。

复习思考题

1. 国家竞争力如何评价？
2. 国际服务贸易与经济发展的关系是怎样的？
3. 如何理解国际服务贸易和货物贸易的相互关系？

阅读推荐与网络链接

1. 薛荣久．国际贸易竞争学．对外经济贸易大学出版社，2005.

2. 迈克尔·波特．国家竞争优势．北京：华夏出版社，1997.

3. 陈宪、程大中．粘合剂：全球产业与市场整合中的服务贸易．高等教育出版社，2001.

4. 曼弗里德·诺依曼．竞争政策：历史、理论与实践．北京大学出版社，2003.

5. Poter，M. Y. Competitive Strategy. New York：The Free Press，1985.

6. http：//www. stats. gov. cn/.

7. http：//www. imf. org.

8. http：//www. mofcom. gov. cn/.

9. http：//www. wto. org.

第四章

国际服务贸易的发展环境

学习目标

- 掌握市场机制的基本功能
- 了解主要发达国家影响服务贸易的法律环境
- 熟悉影响我国国际服务贸易的相关法律和政策

在经济全球化的背景下，国际服务贸易发展迅速，贸易结构日臻完善，已经成为全球贸易的重要组成部分。如传统为货物贸易提供服务的信用保险也开始为国际服务贸易提供保障。2007年12月，商务部颁布了《国际服务贸易发展“十一五”规划纲要》，明确要求“保险公司在国家出口信用保险政策范围内，积极创造条件，为国际服务贸易出口项目提供保险支持”。

2006年8月，中国出口信用保险公司（以下简称“中国信保”）与北京华谊兄弟影业投资有限公司签下保单，为华谊兄弟公司即将在海外发行的影片《夜宴》提供了收汇风险保障。华谊兄弟公司还顺利从深圳发展银行获得了5 000万元人民币融资，解决了《夜宴》拍摄中的流动资金需求问题——这是中国信保在支持文化产品和服务出口上的首次尝试。

华谊兄弟公司总经理王中军介绍说：“《夜宴》的海外发行获得了出口信用保险的支持，就等于将海外市场风险转嫁给了中国信保，在购片方延迟付款或不付款、少报票房收入、超范围使用版权等情况下，中国信保将为华谊兄弟公司提供收汇保障。”这也说明了中国信保为华谊兄弟海外发行起到了保驾护航的作用。

资料来源：中国经济时报，2008

第一节 市场机制及其功能

一、市场机制概述

市场机制是指市场运行过程中的各个要素及其他们之间的有机联系和作用。市场机制包含两层意义：一是市场机制作用的各个要素，如价格、利率等；二是各个要素之间的互相作用过程和机理。

市场发挥调节经济运行的作用，要有三个基本构成要素：价格、供求和竞争。这三者在市场机制作用中缺一不可，它们之间的关系构成了市场机制作用的主要形式。因此，市场机制主要是依靠这三者之间的互相联系和作用过程来实现调节作用的如图 4－1 所示。

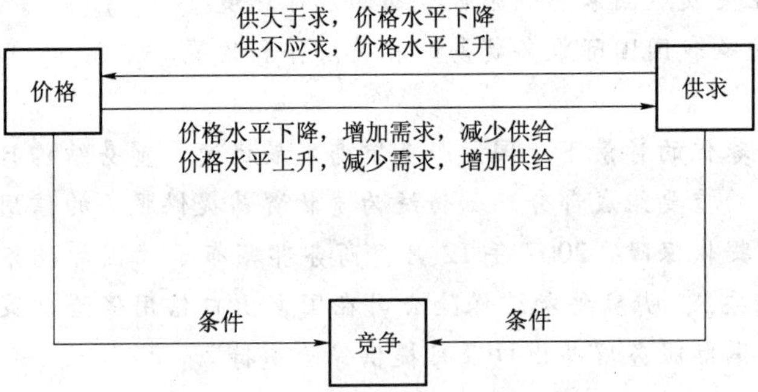

图 4－1 市场机制的三要素运作图

在市场经济中，市场机制作用的主要形式是价格。市场价格决定于价值，还受供求关系的影响。由于资源配置和消费的变化，生产和消费的商品在总量和构成上经常不平衡，就会引起价格水平的变动。供不应求时，价格水平上升；供过于求时，价格水平下降。价格水平的变化，又会向生产者和消费者发出信号，影响他们的行为。价格水平上升，既会增加供给，又会抑制需求；价格水平下降，则会增加需求，同时减少供给。这样，价格与供求就构成了市场机制中的一组联系。而价格与供求之间这种关系的实现，又必须以市场竞争为条件。价格影响供给要以生产者的相互竞争为条件，价格影响需求也要以消费者的相互竞争为条件。总的来看，价格与供求直接作用，市场竞争使这种作用得以实现。

综上所述，一个最抽象的市场机制形式，必须含有市场价格、供求关系和市场竞争这三个基本要素。它们的运动和互相关系作用的深层因素是市场价值和经济利益，而商品交换和流通过程的存在是市场机制作用的必要条件。由于价格构成了市场机制作用的中心环节，市场机制也可以归结为价格机制。

二、市场机制的功能

市场机制作用的展开，从社会经济运行和调节的角度看，会产生一些基本的、客观的和比较固定的作用，这些作用称为市场机制的功能。

1. 价格的产生功能

市场机制以价格为核心发挥作用，反映价值和供求关系变化而形成的价格水平波动，从而可以灵敏、高效地向市场中的各个参与者输出经济信息。这种信息就是以横向流动为主的价格信号，它不仅具有真实反应市场状况、灵敏反映供求关系的特点，而且通过现代信息输送手段和传递工具，可以做到传递速度快、利用率高、利用成本低。这样就可以及时地为市场主体提供一种有效的决策依据，为国家提供对市场进行宏观调控的基本参数。

市场机制的这种价格信息功能，主要得益于价格由市场真实供求关系形成的机制，在此基础上它的传递才借助现代信息手段的运用。实践证明，高度先进的电子计算机系统可以大规模提高信息处理和传递的效率，却无法形成真正反映市场各种经济关系的价格水平。过去计划经济中的“计算机乌托邦”理论，就是企图用计算机来解决前一个问题而陷于失败。价格信息既是市场机制的作用形式，也是市场机制发挥作用的条件和结果，为市场活动主体提供了一个稳定、准确的信息渠道。

2. 资源配置的导向功能

在市场机制作用的过程中，价格水平发生变化，市场参与主体就会调整自己的经济行为。在价格、供求和竞争三位一体的协同作用下，可以引导全社会的资源配置趋于优化。

社会资源是发展社会经济所需要的各种要素，如人力、物力和财力等。社会资源是有限的，只有合理分配社会资源，才能取得最佳的社会经济效益。资源合理配置的实质，就是有限的资源在不同的经济部门和行业中得到最优化的配置和最优化的运用，从而取得资源利用的最大效率。市场机制引导资源合理配置的原理在于：市场机制作用的展开，可以通过价格和供求的变化，以及市场竞争中的优胜劣汰，影响和改变市场各主体的行为。由于市场主体对于自身利益的考虑，将不断地重组和改变资源配置的增量和存量，从而自动地决定生产要素在各部门和企业的投放比重，灵活地引导资源在各部门各行业之间的自由流动，使全社会的资源配置不断地逼近优化目标，提高资源配置的效率。在市场经济中，社会资源的配置主要是通过价格—供求机制来实现的。一般来说，在市场上某种商品供不应求，就意味着投入这一部门的社会资源少了，反之，某种商品供过于求，就意味着投入这一部门的社会资源多了。市场供求的这种变化，通过价格的涨落来引导生产者扩大或缩小生产规模，或改变生产经营方向，从而促使社会资源在不同的部门和企业之间流动，把社会资源配置到经济效益好的部门和企业。

必须指出，市场经济对资源的配置功能绝不是万能的。在市场经济的调节中，越是属于竞争性的产品或行业，市场的调节作用越能充分发挥；越是属于垄断性和具有公共产品性质的产品和行业，市场的调节作用越弱，甚至会出现市场调节失灵。

3. 供求关系的平衡功能

经济运行在资源配置的基础上，由于消费的变动，使得各种商品的供给与需求在总量上和结构上经常会出现不平衡的状况。商品不平衡会使市场上的总供给与总需求在总量和结构上产生不平衡。市场机制的作用，可以通过供求与价格变动的双向影响调整供求的数量关系，实现总量和结构在动态中基本平衡的目标。虽然在现代市场经济中，长期的供求平衡还有赖于资源配置的调整和国家宏观调节政策的辅助，但由于市场机制根据价格、供求和竞争的关系，对市场主体作出的反馈具有灵活调节的特点，因此这种调节对于现代社会实现供求的对接、实现经济的平稳运行仍然具有直接的作用。

由于长期的资源配置调整和宏观调节政策的实施有赖于市场机制的基础性作用，因此市场机制具有平衡和调节供求关系的功能，从而引导企业在趋利避害的选择中使其生产经营活动符合市场需要。当市场的供求状况出现变化时，价格也会出现变化。价格的变化，一方面引导生产者转移生产资源，减少供过于求的商品生产，增加供不应求的商品生产；另一方面引导消费者的消费，增加或减少对某商品的购买。可见，一旦市场价格发生变化，生产者和消费者都会对自己的行为作出相应的调整，从而促使供求趋于平衡。

市场的调节作用要求经营者从根本上转变观念，树立以市场为导向的新观念，要拿出一定的人力和财力跟踪市场、研究市场、开拓市场，使企业的经营活动紧紧围绕市场变化从而及时作出相应的反应。

4. 经济主体的激励功能

在市场中，每个商品生产者或经营者都从自身的经济利益出发，从事生产、经营活动，只有生产的商品符合市场需求，其个别劳动才能获得社会承认，这时它的经济利益才能实现，并且还通过个别劳动时间与社会必要劳动时间的背离，增加经济利益。经济利益的实现不仅取决于生产者的努力程度，还取决于市场状况和生产者在市场上的竞争实力。面临市场竞争的压力，市场活动主体做出的普遍反应是提高竞争能力。产生这种刺激—反应效应的原理在于，市场机制的作用结果直接影响各个企业经济利益的得失。在市场机制中，符合社会需求的由社会必要劳动时间所决定的市场价值，是通过市场竞争来实现的。由于各企业的生产条件不尽相同，商品的个别价值就不可能完全等同于该商品的社会价值，而商品的价格是以由社会必要劳动时间决定的社会价值为基准的，如果企业生产产品的个别价值低于社会价值，就会实现超额利润，反之，企业则会亏损，甚至破产。这样，市场机制就在客观上产生了一种基于经济利益基础之上的动力，推动企业不断采用新技术、加强管理、拓展市场、以提高劳动生产率、降低生产成本、加强在市场上的竞争力。

这种推动企业发展和创新的激励机制，是在市场机制优胜劣汰的环境压力内在产生的，因而不可能用其他非市场力量进行替代。这是经济主体以独立的产权为基础、以追求盈利最大化为目的，在价值规律等规律的作用下，通过利益激励机制调动企业从事生产经营活动的积极性和创造性的体现。

5. 经济效益的评价功能

市场机制的综合作用，客观上要求按市场需要组织生产，通过市场实现核算企业盈利。因此企业为提高经济效益所做的所有努力，必然要由市场来评价，效益高低要看企业的市场竞争能力和产品的市场占有率等。这样，市场就对所有企业提出了一个衡量效益高低的公正和客观的评价标准。

无数微观企业提高效益的努力，以及市场机制中资源配置的导向功能，都可以促进全社会资源的合理利用，进一步优化产业机构，提高社会经济效益。因此，市场就成为评价综合经济效益的标准。这种标准既是客观的，是市场机制运作的条件和结果，又是内在的，任何其他外部力量无法替代。经营者通过自身的经济活动，在市场中赢得信誉和盈利，其实质是社会对经营者经济利益的确认。经营者生产的产品是否为社会所需要，在多大程度上为社会所需要，这些只有通过市场才能加以确认。

市场的种种功能，在传统经济学分析中是以有形商品为对象的。其实服务也是一样，提供服务的企业也面临着竞争，面临着对各自经济利益的追求，这就需要接受市场的调节，在市场活动中实现资源的优化配置。在国内市场是这样，在国际市场上也是这样。

第二节　我国国际服务贸易发展的法律环境

一、影响我国国际服务贸易发展的法律体系

随着我国经济改革和对外开放的深入发展，以及加入世界贸易组织后国际经济环境的变化，我国服务业和国际服务贸易发展迅速，同时面临越来越全面的对外开放形势。为了发展国际服务贸易，我国先后修订、颁布、实施了一系列法律、法规和条例，使我国法律法规逐步规范化。

1. 商标法。1982 年，第五届全国人民代表大会常务委员会第二十四次会议通过了《中华人民共和国商标法》，该法律为从事商品贸易的企业提供了商标注册的法律保障，而对于从事国际服务贸易的企业如何申请商标则没有涉及。因此，1993 年，第七届全国人民代表大会常务委员会第三十次会议颁布了《关于修改〈中华人民共和国商标法〉的决定》，对该法进行了第一次修正，这次修订明确指出企业、事业单位和个体工商业者，对其提供的服务项目，需要取得商标专用权的，应当向商标局申请服务商标注册。同时指出，本法有关商标注册的规定，适用于服务商标，在服务商标方面做出了贡献。然而，该法律并没有明确地

把服务商标包括在注册商标内，且在其具体申请和注册方面也不明确。

为了“入世”，我国承诺开放国际服务贸易领域。而我国1993年的《商标法》已经不能适应国际服务贸易企业商标注册的要求，于是2001年，第九届全国人民代表大会常务委员会第二十四次会议颁布了《关于修改〈中华人民共和国商标法〉的决定》，对该法进行了第二次修正，这次修订明确指出，经商标局核准注册的商标为注册商标，包括商品商标、服务商标、集体商标和证明商标。同时指出，证明商标，是指由对某种商品或者服务具有监督能力的组织所控制，而由该组织以外的单位或者个人使用其商品或者服务，用以证明该商品或者服务的原产地、原料、制造方法、质量或者其他特定品质的标志。这次商标法的修订更加明确服务商标的申请和注册，明确了服务企业的商标注册，为我国国际服务贸易发展创造了法律环境。

2. 著作权法。1991年《中国著作权法》开始生效，该法涉及了许多服务行业，如影视行业，法律行业，出版行业等，为此保障了服务性企业的著作权，使其经营利益有所保障。“入世”后，我国国际服务贸易领域开放步伐进一步加快，1991年颁布的包含服务业的著作权法已经不能适应国际服务贸易发展的要求，为此2001年第九届全国人民代表大会常务委员会第二十四次会议颁布了《关于修改〈中华人民共和国著作权法〉的决定》，对1991年《中国著作权法》进行了修正，为服务业和国际服务贸易的发展提供更加充分的权利保障。

3. 对外贸易法。1994年，第八届全国人民代表大会常务委员会第七次会议颁布了《中华人民共和国对外贸易法》，为对外贸易发展提供了法律保障。该法明确指出，对外贸易是指货物进出口、技术进出口和国际服务贸易。对于货物进出口和技术进出口这两个贸易领域，我们具有很多经验，《对外贸易法》就此作出了较为详细的规定。然而，国际服务贸易对我国则是一个新课题，是一个比较复杂的贸易领域，涉及金融、保险、运输、旅游、电信、咨询服务等许多行业和部门，这些服务都有其各自的独特性。同时，考虑到我国国际服务贸易行业还不发达，对国际服务贸易尚缺乏经验，因此，《对外贸易法》仅规定了根据我国缔结或参加的国际条约、协定，作为开展国际服务贸易必须遵循的原则。随着经济的发展，国际服务贸易逐渐成为全球贸易的重要组成部分，而与此相适应的法律则成为国际服务贸易健康发展的保障。然而，进入21世纪后，我国依然采用的是1994年《对外贸易法》，这显然已经不能保证国际服务贸易的健康发展。于是2004年，第十届全国人民代表大会常务委员会第八次会议对1994年的《对外贸易法》进行了修订，修订内容主要围绕国际服务贸易，此次修订弥补了1994年该法在国际服务贸易领域的不足，为国际服务贸易的发展创造了良好的法律环境。

4. 价格法。1997年，第八届全国人民代表大会常务委员会第二十九次会议通过了《中华人民共和国价格法》，该法明确指出，价格包括商品价格和服务价格，且给出了服务价格的定义，是指各类有偿服务的收费。然而，由于我国服务业发展相对滞后，在服务价格制定方面还不完善，有所欠缺。同时，“入世”后服务业的发展环境发生了变化，因此我国有必要对价格法进行修订，以适应全球服务业的发展，进而有利于我国服务业和国际服务贸易的快速发展。

5. 其他相关法律。国际服务贸易涉及的范围广泛，部门众多，所涉及的具体法律、法规及规章也门类繁多。在金融服务业方面，1995 年颁布了《人民银行法》、《商业银行法》，2003 年对这两部法律进行了第一次修订；在保险服务业方面，1995 年颁布了《保险法》，2002 年对该法进行了修订；在运输服务业方面，1992 年颁布了《海商法》，2004 年对其进行了修订。然而，在有些服务业方面，我国没有相关的法律，如在旅游服务业方面，没有专门的旅游法律，或者即使有，也对相关服务内涵的界定、范围等规定不明确。

与货物贸易不同，国际服务贸易无法通过关税调节，而只能通过国内法律法规加以保护，所以一国国际服务贸易法律体系对该国国际服务贸易的发展至关重要。目前，我国国际服务贸易发展滞后，国际服务贸易的立法工作也没有得到应有的重视。在国际服务贸易法制建设上，我国国际服务贸易立法应以《中华人民共和国对外贸易法》为核心，以国家颁布的外资法等作为重要的组成部分，辅之以各部门制定的具体规定。我国国际服务贸易的现行立法在国民待遇、透明度等方面与 WTO（World Trade Organization）规则仍有一定差距，这是我们应该重视的问题。需要我们通过了解发达市场经济国家有关国际服务贸易的法律法规，完善我国的国际服务贸易法规体系。

第二节 美国、日本、法国的国际服务贸易法律

美国、日本、法国等发达国家国际服务贸易的发展，与政府的重视和法律的促进是密不可分的。美国、日本、法国等发达国家国际服务贸易发展的法律较为健全，内容主要涉及三个方面：有关服务市场准入的规定；对服务提供者的资格条件的规定；对服务质量、标准和竞争行为的规定。

一、美国国际服务贸易的法律

美国的立法是为用户和市场服务的，其立法本位属于用户立法或市场立法。这种立法本位反映在立法文本中，一方面美国法律对于概念的选择、业务的分类，均以市场和用户权利为视角，而不以技术特征为视角。在美国，针对发展国际服务贸易而颁布的立法亦是如此。美国许多服务行业位居世界领先地位，拥有巨额贸易顺差，这主要是由于美国政府对服务业发展的高度重视，以及完备的国际服务贸易法律体系。在美国，关于国际服务贸易的法律法规，主要是国会立法和联邦政府的行政命令，包括对外贸易综合法案中的部分条款、各服务部门立法

的相关条款以及专门规定某些行业的市场准入及其条件和限制的法令。

1934年，美国颁布了《通信法》，该法律为通信服务发展创造了环境。然而1934年的《通信法》是经济大萧条时期的产物，因此较多地打上了凯恩斯国家干预主义的烙印。到了20世纪90年代，随着信息技术的迅猛发展和世界范围内经济竞争的明显增强，《通信法》已经越来越不能适应通信服务的发展。于是在1996年，美国对1934年的《通信法》进行了修订，这部法律修正案重新界定了政府、企业和用户之间的权利和义务，强调了政府在保障信息技术发展过程中所必需担当的责任，打破了凯恩斯主义时期所形成的技术界限、业务界限和资本界限。同时，打消了以前由立法所形成的有线电话业务市场、有线电视业务市场和无线电话业务市场之间的壁垒，从而实现了各种技术市场之间互相渗透，增强了各个业务市场之间的双向竞争。

1974年，美国颁布了《贸易法》，成为美国保护其国内利益的有利武器，对世界贸易和法律产生了重要影响。该法律建立了以商务部为核心的集中式国际服务贸易管理制度，赋予商务部、贸易委员会以及贸易代表办公室在管理国际服务贸易时必要的谈判权、促进权和报复权。除国家立法、联邦政府的行政命令以及美国参加、缔结的国际条约和双边协定外，美国各州的立法还对特定服务部门的设立资金、人员要求、审批程序、税收和业务规则等作了规定。

1985年，美国国会通过了《国际投资和国际服务贸易调查法》，明确商务部经济分析局为美国国际服务贸易的首要统计机构和信息发布机构，有权进行服务业和直接投资的强制性调查，从而保障了美国国际服务贸易统计工作的顺利进行。1988年，美国颁布了《贸易和竞争综合法》，该法律将国际服务贸易和货物贸易并列作为扩大出口的两项内容，要求外国取消“不公平”、“不合理”和歧视性的贸易措施，否则，将实行报复。1999年，美国颁布了《金融服务现代化法》，进一步巩固了美国金融法规，允许金融公司扩大金融服务的规模和经营范畴，推进了美国金融监管的进一步完善，打破了投资、银行和保险分业经营的限制。

二、日本国际服务贸易的法律

在日本，国际服务贸易发展采取的是分工协调型的国际服务贸易方式，设立了立法机构、政策制定和执行机构、统计及咨询机构和国际服务贸易促进机构四大块。这四个部门协调运作，共同促进国际服务贸易的发展。为了协调包括各省厅在内的许多国际服务贸易部门的工作，日本专门建立了“内阁会议”制度。在日本，制定和颁布贸易政策、法律的过程一般是，官、产、学一体化联合决策过程，上至内阁会议、下至经济产业省的专业小委员会都是官、产、学结合的典范，以便有效地维护决策的科学性。

三、法国国际服务贸易的法律

除美日外的大多数发达国家，它们主要采取以促进为主、管理为辅的国际服务贸易模式，尤其以法国为典型。法国通过了国际服务贸易管制立法，设立了承担跨行业政策协调职能的专门机构，该机构的成员来自经济、社会等领域，通过全社会各个利益集团的沟通、参与来辅助政府制定各服务行业的“游戏规则”。此外，法国设有专门负责服务业及国际服务贸易的数据收集、分析和信息供给的组织机构。除政府各部门对所主管领域的统计分工负责外，全国统计及经济研究所还对各部门下属统计机构的工作进行统一协调，负责统计人员的教育和培训，开展统计领域的国际合作，以便做好国际服务贸易的数据统计工作。

在国际服务贸易立法方面，西方国家对国际服务贸易的法律既各具特色，又存在一些共同特点：完善的国际服务贸易立法使国际服务贸易管理有法可依；形成了分工协作、运行高效的政府国际服务贸易管理体制；为中介机构和行业协会发挥作用提供了制度空间；构建了成熟的国际服务贸易统计制度，为管制者和被管制者获得可信的数据奠定了基础；积极推进多（双）边国际服务贸易协定的签署。

四、完善我国国际服务贸易发展的法律体系

目前，应尽快制定和完善既符合我国实际情况，又不违背 WTO 规则的法律法规体系。作为 WTO 成员，我国已按承诺的时间表逐步开放了国际服务贸易市场，同时，还应该借鉴美日等发达国家的国际服务贸易法律完善适合我国国际服务贸易发展的法律体系。

1. 提高立法的体系化、透明化

随着我国国际服务贸易的发展，有关国际服务贸易的立法应逐步健全，形成以法律为基石、行政法规为龙头、部门行政规章为骨干的规范体系。

首先，对国内服务业的管理要从管理为主转为以促进为主、管理为辅，尽快出台《国际服务贸易促进法》，作为国际服务贸易的基本法律，统领国际服务贸易的促进、监管、统计、救济等规则，推进国际服务贸易的结构优化。

其次，逐步充实国际服务贸易重点领域的行业性立法，细化产业政策、服务质量、服务标准等规范，丰富国际服务贸易制度体系。“入世”后，我国逐步开放的服务行业不断增多，每个行业又都包含了种类繁多的部门、分部门，需要有专门的行业法规加以具体规范，如出台《旅游法》、《电信法》、《服务质量法》等。

最后，建立以国务院有关部门、各省级人民政府、驻外使领馆为主体的境内外国际服务贸易支持体系，不断提高国际服务贸易管制的民主化程度，增强国际服务贸易法律、政策的透明度。法律透明度的提高，不仅包括公开相关法律、法规，更重要的是给予相关利益集团对法规草案进行评论的权利。

2. 加强贸易保护性立法

作为发展中国家，一方面要履行国际条约义务，按照 WTO 的要求完善国际服务贸易法律制度；另一方面要充分利用 WTO 的框架性、灵活性特点，采取保护性立法以最大限度地减缓外来冲击，提升国内服务业的竞争力。

首先，利用 WTO 对发展中国家的优惠、例外条款，避免承担与发达国家一

样的义务。如依据逐步自由化条款，采取“梯度开放”（梯度包括行业梯度、地域梯度、业务梯度、数量梯度、规模梯度等）的渐进策略；依据“发展中国家更多的参与”原则，要求发达国家提供一定的经济技术援助和信息资料，不强求对等开放市场，对我国服务企业提供一定的补贴以增强竞争力等。

其次，援用 WTO 关于一般义务和特定义务的区分，按照国内各服务行业的强弱现状和特点，通过双边或多边谈判来细化国民待遇和市场准入方面的具体承诺，对具有潜在竞争优势的幼稚服务业和涉及国家主权、国家经济安全、优秀传统文化的服务行业予以保护，推动技术和服务创新，在保持劳动或资源密集型行业传统优势的同时，逐步确立和发展知识技术密集型服务行业的比较优势。

最后，加强救济性立法，在 WTO 允许范围内制定主动防御性法律措施，加强赴海外从事服务业人员的权益保护，构建政府、企业、行业协会、专家之间的联动机制，以便各方及时交流和沟通信息并迅速作出分析、判断和回应。

3. 增强法律实施部门间的协调性

我国国际服务贸易发展，采取的是商务部与众多相关部委管理相结合的模式。商务部的职能，主要是进行协调，包括参加涉及国际服务贸易的国际多边谈判，管理引进外资、对外工程承包和劳务合作业务以及审批部分服务业在境外投资等，而很少与国务院其他部委协调工作，现有法律也未明确它们彼此之间应如何协作，由此导致多头管理、条块分割的现状。

“入世”后，国务院为履行承诺而颁布国际服务贸易领域对外开放的行政法规后，各部委随即颁布了有关的实施细则，而对于实施细则中的市场准入条件是否与 WTO 规则相符，以及各部委的管理内容和范围、管理方法和手段等，没有一个权威部门进行审查和管理，这样就可能会阻碍我国国际服务贸易立法在全国范围内的统一实施。因此，我国要建立以国际服务贸易主管部门为核心、各有关部门密切配合、高效协作的国际服务贸易管理机制，以真正促进服务业和国际服务贸易的快速发展。同时，我国必须建立突发贸易冲突的应急机制，以便及时有效地出台有效保护国际服务贸易的措施；构建符合 WTO 规范的国际服务贸易统计体系、分析指标体系，为国家制定国际服务贸易政策提供数据信息服务。

4. 积极参与国内法律规制的国际谈判

目前，各成员在 WTO 中的承诺已经不能反映国际服务贸易发展的需要，因此有必要启动国内（地区内）国际服务贸易的规制谈判，以更有效地促进国际服务贸易自由化的多边准则，从国际服务贸易管制法规的透明化、国际服务标准的一致性等方面，严格规范我国国际服务贸易法制，促进我国服务业具体部门的市场准入多边协议的达成。同时，积极参加 WTO 有关国际服务贸易的研讨和谈判，这样不仅可以丰富国内的法律规制理念，而且有利于我国掌握其他成员的动态，进而在谈判中争取更有利的贸易条件，使我国在 WTO 争端解决机制等国际贸易协调机制中获取更大的话语权。如在自然人流动方面，我国可以充分利用人口大国的劳动力资源优势，要求谈判对方减少“自然人流动”的壁垒限制，及时掌握和深入分析协议对方的劳动力市场供求情况，对我国外派劳务人员进行有针对性的培训，以获取更多的市场机会等。为了在国际服务贸易市场竞争中占据优势，就必须提高服务的标准，这对于我国新兴的服务行业显得尤为重要。

第三节　我国国际服务贸易的管理体制

积极参与世界经济贸易体系，按国际通行的规则和惯例开展我国对外经贸活动，是我国改革开放政策的重要内容。随着经济全球化和市场进一步开放，我国国际服务贸易的管理体制也发生了相应变化。

一、我国国际服务贸易管理体制的变化

改革开放前，我国服务业发展缓慢，这是由计划经济体制的特点所决定的。1978 年 12 月十一届三中全会确立了以经济建设为中心的政治路线，明确提出对经济管理体制和经营管理方法进行改革，标志着我国迈开了改革开放的步伐。为了促进对外经济贸易的快速发展，1979 年，我国陆续建立了经济特区、沿海开放城市、开发区等特殊经济区域，在进出口管理与经营政策、外汇政策等方面试点实行更灵活、更优惠的特殊政策，这些特殊区域对我国的外贸发展以至开放型经济的发展起到了平台、示范和辐射作用。1986 年，我国正式申请恢复关贸总协定（General Agreement on Tariffs and Trade，GATT）缔约国席位，并指出，20 世纪 70 年代以来奉行对外开放、对内搞活的经济政策，并将继续推行这一政策。1987 年，我国正式向 GATT 递交了《中国对外贸易制度备忘录》，备忘录介绍了我国的外贸制度、政策法规和经济贸易改革等等。

在提出“复关”后，我国和美国的知识产权谈判，把服务商标作为一个重点。1993 年，全国人大通过修订后的《商标法》第 4 条和第 9 条，规定了服务商标注册申请人必须是依法成立的企业、事业单位、社会团体、个体工商户、个人合伙以及外国人或外国企业。到 1993 年底，我国共受理服务商标注册申请 1.5 万件，其中包括国外企业申请的占 30%，台商申请占 11%。然而，由于计划经济体制的影响，我国服务业的支柱产业，如旅游、金融、保险、通信等，大部分企业是“官办国有”企业，行业性垄断和地区性垄断使得服务商标的竞争力不强。更为严重的是，有些民营企业根本不知道“服务商标”是什么，加之有些民营企业规模小，短期效益至上，导致他们对服务商标不感兴趣。这些都使得我国服务商标的申请意识差，进而使得我国国际服务贸易的竞争力相比其他国家弱。

1995 年 11 月，WTO 代替 GATT 成为全球性经济贸易组织，对我国来说，

"复关"变成了"入世"，国际服务贸易成为我国"入世"谈判的重要内容之一。从1996年到2001年，我国与美国等发达国家进行了多次磋商，达成了一些双边或多边协议。在国际服务贸易方面，1997年我国与日本在服务业市场准入谈判方面取得了重大进展，这表明我国和日本的双边市场准入谈判基本结束。1998年，我国政府向WTO递交了一份关税减让表，会议期间，与欧盟、美国、巴西等对我国"入世"中的关税减让和服务业市场准入问题进行了双边磋商，取得了明显进步。"入世"前，我国已经与100多个国家签订了双边经贸协定，对知识产权保护十分重视，在打击盗版产品方面取得了显著成效。

同时我国也逐步开放服务业市场。到1999年，我国已批准建立各种营业性外资金融机构191家（不含保险）；1996年底已批准建立了75个外资金融机构代表处（不含保险）等。尽管我国服务部门开放程度速度较快，但国际服务贸易中的监管和保障措施建设比较落后。长期以来，服务业在我国没有被看作是一独立的产业部门，统计工作中几乎没有包括国际服务贸易的统计数据，即使有在统计分类上与国外也相差较大。同时，我国国际服务贸易的市场准入标准含糊不清，针对国际服务贸易的保障体系缺乏，进而使得针对国际服务贸易的管理难以进行，因此对外开放服务业市场无疑面临巨大的挑战。

2001年底，"入世"后我国对外开放进程加快，对国际服务贸易既是机遇又是挑战，要求我们必须加强国际服务贸易的管理，提升在全球国际服务贸易中的竞争力。当年我国就召开了全国金融工作会议，其主题是加强金融监管、深化金融改革、防范金融风险、整顿金融秩序、改善金融服务，对今后的工作做出了具体部署。这时期我国国际服务贸易管理体制主要是以部门为核心，进行了自上而下的体制变迁。

同时国内外经济环境的变化，也使我国传统竞争优势行业受到挑战，出口压力不断增大，提升竞争力和实现经济适度增长更需要依赖产业结构的转型和高级化，在这种情况下服务业的发展就成为必然选择。2006年"十一五"规划纲要出台提出了"十一五"时期服务业发展的主要目标，到2010年，服务业增加值占GDP的比重比2005年提高3个百分点，服务业从业人员占全社会从业人员的比重比2005年提高4个百分点；大力发展生产性服务业，以发展生产服务业为重点，带动整个服务业加快发展；规范提升面向生活性的服务业，大力发展社区卫生、家政服务、养老托幼等社区服务业，有条件的大中城市形成以服务经济为主的产业结构，服务业增加值增长速度超过GDP总值和第二产业增长速度。到2020年，基本实现经济结构以服务经济为主的转变，服务业增加值占GDP的比重超过50%，服务业结构显著优化，就业容量显著增加，公共服务均等化程度显著提高，市场竞争力显著增强，总体发展水平基本与全面建设小康社会的要求相适应。

为实现"十一五"规划纲要提出的目标，2007年，国务院颁布了《关于加快发展服务业的若干意见》，以形成充满活力、适应市场、各具特色、优势互补的我国服务业发展格局；为扶持我国服务外包企业又好又快发展，2008年商务部和中国进出口银行提出《关于服务外包产业发展融资支持工作的指导意见》，支持中国服务外包基地城市、示范园区的建设；2010年，为了发展我国服务业和促进国际服务贸易，财政部、国家税务总局、商务部联合发出《离岸服务外包业务营业税政策》的通知，自2010年7月起至2013年12月，对我国服务外包示范城市的企业从事离岸服务外包业务取得的收入免征营业税。同年，按照商务部党组扩大会议和全国商务工作会议精神，在深入研究和广泛讨论的基础上，制定了《2010年国际服务贸易工作要点》。这些政策的制定，为发展我国服务业和国际服务贸易起到了很好的作用，为加强我国服务业和国际服务贸易的管理奠定了坚实的基础。

2011年"十二五"规划纲要提出，到2015年，服务业增加值占GDP比重达到50%，实现服务业增加值比重、就业比重各上升4个百分点的目标；要大力营造服务业和国际服务贸易发展的市场环境，加快完善促进服务业发展的政策体系；深化文化体制改革，积极推进经营性文化单位转企改制；大力发展文化产业，培育新型文化业态，推动文化产业成为国民经济支柱性产业。2011年，国家统计局颁布了《关于加强和完善服务业统计工作的意见》，该意见明确了服务业统计范围和统计对象，规范了服务业统计的基本内容，完善了服务业统计方法，明确了服务业统计的职责分工，提高了我国服务业统计数据的全面性和正确性。

二、我国国际服务贸易管理体制的特点

我国服务业和国际服务贸易发展相对滞后，是经济社会发展的一块"短板"。我国国际服务贸易管理体制最主要的特点就是，管理机制不顺畅，存在着多头管理以及地方性的管理相互矛盾的现象。因此，应该迅速建立和健全国际服务贸易的管理体制，提高我国国际服务贸易各项规定的透明度和权威性。

我国对外国际服务贸易的管理和综合协调主要由商务部负责，这主要表现为参加国际服务贸易的国际多边谈判，归口管理我国引进外资、对外工程承包和劳务合作业务以及审批我国部分服务业在境外投资业务等。这种管理对于改革开放以来我国对外国际服务贸易的发展曾发挥了积极的促进作用，但是就我国国际服务贸易的总体发展来讲，这种管理制度是不全面的，不能适应服务贸易总协定（GATS）体制下我国国际服务贸易发展的需要。这种管理滞后主要表现在以下几个方面：

1. 管理体制不顺畅。中央、部门、地方在有关国际服务贸易政策和规章的制定、实施方面不协调，全国缺乏统一的促进国际服务贸易发展的协调管理部门。

2. 缺乏能够规范我国服务业中各行业行为准则的法规或法律。市场经济要求有规范的游戏规则，如果没有这样的规则，我国政府关于国际服务贸易发展的政策就可能缺乏透明度，不利于服务业进出口的健康发展。

3. 国际服务贸易统计不规范。由于历史原因，我国产业划分同发达国家不

同，服务业的定义、统计范围以及划分标准与国际惯例不一致，这不仅会影响对外经济交流和政府决策，也不利于我国国际服务贸易与国际市场的接轨。

4. 服务业各有关职能部门在对外贸易管理上职责不明晰。主要表现在管理上多头、交叉和条块分割，各部门难以行使行业管理职能。例如，我国境外投资企业的审批由商务部主管，但我国金融企业在境外投资则可不经商务部审批。虽然商务部承担了我国国际服务贸易的某些管理和协调职责，但这种协调的局限性很大，国务院的其他部门似乎也有这种协调职能，责任范围不清。

5. 受传统因素的影响，服务业各部门局限于垂直管理，有些部门对直属系统实行保护主义，造成行业垄断，不利于该行业的市场培育和发展，更不利于该行业企业提高国际竞争力。随着国际服务贸易的快速发展，这种管理体制将暴露出更多的弊端，消弱我国国际服务贸易的国际竞争力。

三、发达国际和地区国际服务贸易管理的特点

世界发达经济体的国际服务贸易发展比我国早，其国际服务贸易管理已自成体系且具有一定特色，能够为我国国际服务贸易管理体制的变迁提供借鉴作用。然而由于各国和地区国际服务贸易发展状况不同，其国际服务贸易管理的方式也有所不同。

1. 美国的国际服务贸易管理

美国是世界上服务业最发达的国家，服务业的发展促进了美国国际服务贸易规模的扩大。与其他国家和地区相比，美国的国际服务贸易管理相对集中，形成了较为完善的国际服务贸易立法、管理体系和协调机制。

美国没有专门的一部国际服务贸易法，有关国际服务贸易的法规散布在国内贸易法，多变或双边国际服务贸易协定，以及服务业各个专业领域的法规。国内立法中最基本的是《1988年综合贸易与竞争力法案》，它将国际服务贸易和货物贸易并列，作为扩大出口的两项内容，从而把美国《贸易法》中的保障措施、调整援助、出口促进等规定推广到了国际服务贸易领域。如国际服务贸易同样适用于贸易保障的“201条款”、贸易报复的“超级301条款”、以及针对知识产权保护的“337条款”；为降低其他国家的国际服务贸易壁垒，美国还通过双边或多变协定对服务领域的市场准入和相关法规进行调整，如在WTO多边贸易体系中促成了《服务贸易总协定》、《金融服务协议》、《基础电信协议》等文件的签署，并分别和加拿大、墨西哥、以色列、澳大利亚等国签订了双边贸易协议；美国服务业领域的国内立法相对比较完善，有些是联邦政府立法，有些是各州具有立法权和监管权，还有些是双重监管。虽然整体开放程度较高，但依然存在着大量的市场准入限制。

专栏 4—1

"201 条款"和"301 条款"

通称的美国"201 条款"是指美国 1974 年贸易法 201～204 节，现收在美国法典 2251～2254 节，这 4 节总的题目是"受进口损害的产业的积极调整"。该条款授权总统在来自其他国家的进口产品数量给国内产业造成严重损害威胁时，就可以要求国际贸易委员会（ITC）实施补救性措施。ITC 负责确认进口增多是否造成了损害。如果委员会得出了肯定性的结论，就会向总统推荐实施紧急性的补救措施。美国总统决定是否实施补救性措施。2001 年 6 月，美国总统布什指示贸易代表办公室要求美国国际贸易委员会在"201 条款"下启动有关钢铁进口对美国国内钢铁产业影响的调查，其后决定对 10 个进口钢材品种征收 8%～30% 的关税。

"301 条款"是美国《1974 年贸易法》中第 301 条款的简称，其主旨在于保护美国在国际贸易中的利益。根据这项条款，美国可以对它认为是"不公平"的其他国家的贸易做法进行调查，并可与有关国家政府协商，最后由总统决定是否采取提高关税、限制进口、停止有关协定等报复措施。1988 年，美国国会对"301 条款"作了修改，增加了"超级 301 条款"和"特别 301 条款"。"超级 301 条款"主要针对限制美国产品和劳务进入其市场的国家，"特别 301 条款"则针对那些对知识产权没有提供充分有效保护的国家。按照两项条款规定，美国贸易代表可自行对上述国家进行认定、调查和采取报复措施。每年三、四月份，美国便会发布"特别 301 评估报告"，全面评价与美有贸易关系的国家的知识产权保护情况；并视其程度，依次分成"重点国家"、"重点观察国家"、"一般观察国家"。对于"重点国"，美国将与之谈判；若谈判未果，则实行高关税等报复手段。

专栏 4—2

"337 条款"

美国"337 条款"是美国《1930 年关税法》第 337 节的简称。美国历次贸易立法不断对该条款加以修正与发展，对确定现行"337 条款"的实体架构与程序运作影响最大的是：《1988 年综合贸易与竞争法》和《1995 年乌拉圭回合协议法》对美国法典第 28 编的修订。该条款成为美国重要的贸易保护手段之一。

"337 条款"规定：美国国际贸易委员会如发现货物所有者、进口商或承销商及其代理人（1）将货物进口到美国或在美国销售时使用不公平竞争方法和不公平行为，威胁或效果是摧毁或严重损害美国国内产业，或阻碍该产业的建立，或限制或垄断了美国的贸易和商业；或者（2）将货物进口到美国、或为进口到美国而销售，或进口到美国后销售，而该种货物侵犯了美国已经登记的有效且可执行的专利权、商标权、版权或半导体芯片模板权，并且与这4项权利有关的产品已经存在或在建立过程中的国内产业，则这些不公平竞争方法将被视为非法，美国应予以处理。

以上规定根据不公平行为的性质设立了两套标准：

(1) 如果不公平贸易行为侵犯了美国法律保护的版权、专利权、商标权、半导体芯片模板权，则申诉方只需证明美国存在相关的产业或正在建立该产业，有关不公平贸易行为即构成非法，而不是以其对美国产业造成损害为要件。在判定美国是否存在该产业时，“337条款”规定的标准是：在厂房和设备方面的大量投资；劳动力或资本的大量投入；或，在产业开发方面的大量投资，包括工程、研发或许可。

(2) 如果不公平贸易行为未侵犯上述4项权利，则申诉方必须证明：① 美国存在相关产业或该产业正在建立过程中；② 此种不公平贸易行为的影响或趋势是摧毁或实质性损害该国内产业或阻碍了产业建立，或是限制或垄断了美国的贸易和商业。

从“337条款”实践来看，绝大多数案件都涉及知识产权而非一般的不公平贸易行为。

美国参与国际服务贸易法规制定和管理的既有政府部门，又有综合性机构和民间组织。美国国会享有对外贸易的立法权，行政部门负责外贸法的实施和执行。这种执行权由美国贸易代表办公室、商务部国际贸易管理局，以及国务院、财政部等共同行使，管理体制既分散又集中。商务部是美国国际服务贸易管理的主要机构，承担着国际服务贸易战略的制定，进行国际服务贸易的统计与分析，参与国际服务贸易的双边及多变谈判，对国际服务贸易企业的海外市场开拓提供信息、金融等方面的支持，以及服务出口促进和贸易救济的具体工作。美国商务部的国际贸易管理局设有服务业司，具体负责美国服务业的管理工作。从美国的国际服务贸易立法和机构设置可以看出，美国已形成了比较完善的国际服务贸易立法、管理和协调机制，美国发展对外贸易格外重视本国产业和企业竞争力的提升和维护，贸易立法和管理的宗旨就是“美国的贸易利益高于一切”。

2. 日本的国际服务贸易管理

日本的国际服务贸易比较发达，尤其在银行、保险、航空、电信专业服务等领域具有较强的国际竞争力。日本的国际服务贸易法规体系比较健全，包括银行法、外汇及外贸易管理法、外汇管理令、公认会计师法、海上运输法等，这些法规规范了国际服务贸易行为，推动了国际服务贸易的发展。

在日本，政府的对外贸易管理结构分工非常明确，具体可分为立法结构、政策制定和实施机构、统计机构、国际服务贸易咨询及促进机构。这主要涉及日本的国会、内阁、外务省、经济产业省、日本进出口银行、日本贸易振兴会等政府组织机构。由于国际服务贸易管理部门相对比较分散，因此部门之间的协调就显得非常重要。

日本国会是国际服务贸易法律、法规的立法机构，通常制定与国际服务贸易发展相关的法律法规；外务省向相关的省厅提出制定与国际服务贸易相关的政策、法律、法规的建议，外务省经济局负责对外签署与国际服务贸易相关的多边条约和协定，处理贸易纠纷；经济产业省是日本服务产业和国际服务贸易政策的主要制定者和执行者；日本银行是日本国际金融国际服务贸易相关政策的制定者和执行者。因此，分工协调是日本国际服务贸易管理的特色。日本的"内阁会议"是协调各省厅之间关系的最高官僚机构，内阁会议的议长一般由内阁总理大臣担任，主要成员包括财务省、外务省、经济产业省、国土交通省等重点省大臣、日本银行及进出口银行总裁等。所有政策法规必须经过内阁批准后方可提交日本国会审议通过。在日本内阁会议中，与国际服务贸易相关的会议有"经济财政咨询会议"和"知识产权战略会议"。

3. 英国的国际服务贸易管理

英国政府中与国际服务贸易相关的管理工作由贸工部和外交部分别承担。贸工部作为主要的经济管理部门之一，全面负责工业和贸易、科技、国际贸易政策等，目标是通过增强竞争力和提高科技水平，不断提高英国的可持续发展能力。外交部派遣商务外交人员总体协调、参与贸工部及贸易投资署的对外重大经贸问题决策。他们在贸易促进方面的作用是主要制定相关贸易促进政策，创造高效、平等的贸易环境，并提供广泛的咨询、信息、财务协助等方面的工作。此外还包括英国贸易投资署、英国出口信贷担保署等；在贸易促进方面英国还有一些半官方的服务机构，如官方参与管理或赞助的英国小企业服务局、专门技能基金会、英国食品协会等；数量众多的商会、贸易协会等在英国对外经济活动中也发挥着重要作用，如英中贸易协会等。

英国服务业的具体管理工作以分散化为特征，每个服务行业都有不同的管理及监管机构负责本行业的贸易相关事宜。英国电信政策的制定权由电信业主管部门贸工部行使，但电信业务的具体管制权则是放在一个相对独立的机构，电信管制办公室，根据英国 1984 年的《电信法》，电信管制办公室拥有广泛而又集中的权利；英国文化、媒体和体育部及项下的机构负责制定英国的旅游政策，同时研究、发布旅游业的相关数据等；英国金融服务管理局负责管理英国金融服务业，是英国唯一授权管理、监督银行、保险和投资活动的机构。英国的国际服务贸易管理几乎包含了各个领域，各个环节，使得整个国际服务贸易发展形成了一个健全、有序的管理链。

4. 中国香港特别行政区的国际服务贸易管理

中国香港特别行政区政府非常重视贸易发展，香港国际服务贸易是由政府管理机构、法定机构（半官方机构）和行业协会等民间组织组成的三位一体进行有效的服务和管理。香港工商及科技局是政府国际服务贸易决策部门，该局下面的工业贸易署是政府国际服务贸易政策的执行部门，工商服务推广处专门负责服务业的推广。如工商服务推广处曾与商界和学术界合作制定执行“推广服务业计划”，推行了近300项措施，对提升香港作为亚太地区国际服务中心的地位发挥了积极的作用。香港贸发局、生产力促进局等机构属于法定的国际服务贸易促进机构，部分经费来源于政府，部分来源于收费服务项目。它们专门为香港制造商、贸易商及服务出口商服务，在全球各地设有超过40个办公室；香港服务业联盟为服务业和国际服务贸易专业行业协会，不仅致力于香港服务业和国际服务贸易的市场开拓，还负责把香港各服务行业的意见、要求和愿望及时传递给政府，使政府决策更加符合香港服务业和国际服务贸易发展的需要。三者之间职责各有侧重，但相互配合，有效地促进了香港服务业和国际服务贸易的发展。

从美日英和中国香港的国际服务贸易管理来看，它们都具有以下几个特点：(1) 政府各主要管理部门之间可以进行有效地分工协调；(2) 在国际服务贸易管理的协调机制中中介机构起到了重要作用；(3) 国际服务贸易统计方法的完善为国际服务贸易提供了可靠的统计数据；(4) 积极参与和推动多边、双边国际服务贸易协议的签订。

四、完善我国国际服务贸易管理体制

为解决我国国际服务贸易管理中存在的问题，促进国际服务贸易的发展，关键是要建立科学的管理体制，确定国际服务贸易政策的归口管理和综合协调部门、管理构架与产业促进机制。

1. 明确国家统一的国际服务贸易管理部门

原外经贸部作为全国对外经济贸易的综合管理部门，对我国对外贸易的发展发挥着重要作用。加入WTO后，随着经济全球化的深入和市场竞争的加剧，以及我国经济体制改革的不断推进，我国政府重新调整了对外贸易管理部门，新组建了商务部。商务部牵头拟订我国国际服务贸易发展规划；拟订技术贸易政策和促进服务出口规划、政策并组织实施；承担技术进出口管理、国际服务贸易促进和国际服务贸易统计工作。总之，商务部承担我国国际服务贸易管理和协调职能，并根据我国产业发展状况和WTO的规则，通过谈判协调与各成员方的关系，适度开放市场并争取应有的国际市场份额，促进我国国际服务贸易的发展。

2. 确定我国国际服务贸易管理范围

WTO为国际服务贸易的发展制定了多边法律框架和贸易规则，是GATT成立以来在推动世界贸易自由化发展问题上的重大突破，标志着GATT领导下的世界贸易体制已从货物贸易向国际服务贸易领域延伸。我国商务部作为服务业对外贸易政策的归口协调管理部门，其宏观管理将主要表现为规划进出口发展战略，制定或参与制定贸易法律、法规，对外协调与其他成员方的关系，并落实GATS的有关条款。在管理上可分为以下两个层次：

第一，不断完善各部门密切配合、中央和地方互动、政府和企业紧密联系的全国国际服务贸易协调管理机制，统筹宏观规划、调查统计、贸易促进、政策协调、对外谈判等工作。

第二，协调管理在进出口政策上实施部门归口管理的行业，即国际运输、国际旅游、国际电信服务、国际视听服务、国际金融和保险、国际信息处理、电脑资料服务、广告设计服务等。

我国服务业对外贸易的发展尚处于初始阶段，在此期间将会出现许多不规范的贸易行为或不合理竞争现象，因此，商务部的宏观管理还需要包括对服务业有关部门的经营协调，在国外市场准入方面尤其如此。随着国际服务贸易的不断发展和我国政府机关职能的进一步转变，经营过程中的有关协调工作将由服务业进出口商会等民间组织承担。

3. 建立我国国际服务贸易管理的组织机构和协调机制

鉴于国际服务贸易的政策协调和宏观管理，事关国家主权和国家经济安全，并涉及多个部门，应组建由现有的各有关部委参加的我国国际服务贸易协调小组，并扩大协调小组的职能，从负责国际服务贸易谈判转为国务院常设机构，负责我国国际服务贸易发展规划、立法、谈判和政策协调等重大事宜，以促进这项事业的发展。

充分发挥国际服务贸易跨部门协调机制的统筹及引导作用，建立国际服务贸易重点企业联系机制，构建由政府部门、商会、协会、促进机构以及国际服务贸易企业组成的国际服务贸易促进体系，集成政策资源，形成跨部门、跨行业、跨地区、集政府行为与市场行为于一体的国际服务贸易促进机制，建立国际服务贸易支持网络。

商务部常设的国际服务贸易专门机构管理，主要侧重于全国服务业进出口政策的协调和管理，具体包括：制定我国国际服务贸易的发展战略和规划；组织拓展我国国际服务贸易市场；协调对外谈判的立场并牵头组织对外谈判；监督检查有关国际双边和多边国际服务贸易协议的实施；审批在未建交国家和敏感地区开展国际服务贸易业务；协调对外国际服务贸易业务重大事宜等。

复习思考题

1. 市场机制是如何发挥作用的？
2. 主要发达国家影响国际服务贸易的法律有何特点？
3. 我国国际服务贸易的发展环境是怎么样的？

阅读推荐与网络链接

1. 世贸组织秘书处．乌拉圭回合导读（中译本）．法律出版社，2000.

2. 陶凯元．国际服务贸易法律的多边化与中国对外贸易法制．法律出版社，2000.

3. 罗玉中．知识经济与技术创新．北京大学出版社，2001.

4. 薛荣久．中国加入 WTO 纵论．对外经济贸易大学出版社，2001.

5. http：//www. stats. gov. cn/.

6. http：//www. imf. org.

7. http：//www. mofcom. gov. cn/.

8. http：//www. wto. org.

第五章

WTO 体制与国际服务贸易的发展

学习目标

- 掌握多边贸易谈判的基本内容
- 了解《服务贸易总协定》的基本内容
- 熟悉 WTO 体制对服务贸易的影响

2007 年 4 月 10 日，美国以中国相关法律不符合《与贸易有关的知识产权协定》为由，提起 WTO（World Trade Organization）争端解决机制项下的磋商，涉及知识产权犯罪的刑事门槛、海关处置侵权货物的措施、依法禁止出版传播作品的著作权保护等问题。日内瓦当地时间 2009 年 3 月 20 日，世界贸易组织争端解决机构会议审议通过了中美知识产权 WTO 争端案专家组报告。据介绍，中美知识产权 WTO 争端案共涉及三项争议措施，专家组分别作出裁决：（一）关于刑事门槛，专家组裁定美国没能证明中国有关刑事门槛的规定不符合 WTO《与贸易有关的知识产权协定》。（二）关于海关措施，专家组认为，虽然中国海关对进口冒牌货仅摘除非法标志的处置方式不符合《与贸易有关的知识产权协定》，但美国没能证明捐赠给社会公益机构、卖给权利人等处置方式不符合《与贸易有关的知识产权协定》，美国也没能证明中国有关拍卖的规定影响了海关销毁货物的权力。此外，专家组还认为，中国海关措施适用于出口货物，高于《与贸易有关的知识产权协定》所规定的义务。（三）关于我国著作权法，专家组认为，虽然对未能通过审查的作品、通过审查的作品中被删除的部分不提供著作权保护，不符合《与贸易有关的知识产权协定》和《伯尔尼公约》，但在从未提交审查的作品、在等待审查结果的作品、通过审查作品之未修改版本等方面，美国未能证明中国的做法不符合《与贸易有关的知识产权协定》。专家组还强调，其裁决不影响中国的内容审查权。

第一节 多边贸易谈判及其影响

目前正在进行的多哈回合谈判是指世界贸易组织成员之间的多边贸易谈判。2001年11月，世贸组织在卡塔尔首都多哈举行第四次部长级会议，启动了新一轮多边贸易谈判。人们称之为“多哈发展议程”，简称“多哈回合”。多哈回合谈判的宗旨是促进世贸组织成员削减贸易壁垒，通过更公平的贸易环境来促进全球，特别是较贫穷国家的经济发展。谈判包括农业、非农产品市场准入、国际服务贸易、规则谈判、争端解决、知识产权、贸易与发展以及贸易与环境等8个主要议题。各方原计划在2005年1月1日前结束谈判，但因分歧严重，谈判时间一再被延长，直到2011年底，谈判仍在继续。

一、GATT体制下的多轮贸易谈判概述

二次世界大战结束后，复杂的国际经济问题，特别是盛行的贸易保护主义，成为各国恢复经济所面临的首要问题。在此背景下，为了削减关税和解决其他贸易限制等问题，进行了全球性的谈判。经过多次谈判，以美国为首的23个国家于1947年10月在日内瓦签订了“关税与贸易总协定”（General Agreement on Tariffs and Trade，GATT）。GATT是一个过渡性的组织，为了适应全球性经济贸易的不断变化，多次加以修订。迄今为止，GATT总计完成了八轮多边贸易谈判如表5-1所示。

表5-1 八轮多边贸易谈判的成果一览简表

	时间（年）	主要议题
第一轮	1947	关税减让
第二轮	1949	关税减让
第三轮	1950~1951	关税减让
第四轮	1956	关税减让
第五轮“迪龙回合”	1960~1961	关税减让
第六轮“肯尼迪回合”	1964~1967	关税减让；反倾销问题
第七轮“东京回合”	1973~1979	关税减让；谈判重心从关税减让转移到非关税壁垒方面

续上表

	时间（年）	主 要 议 题
第八轮 “乌拉圭回合”	1986～1994	关税减让，市场准入，贸易竞争规则，“新领域”议题，即国际服务贸易、与贸易有关的知识产权和与贸易相关的投资措施等。首次将劳务贸易列入多边贸易谈判范围。1990 年各谈判组形成了框架协议。谈判协定，从 1995 年 1 月 1 日起，GATT 为 WTO 所取代。

GATT 体制下的八轮多边贸易谈判，前六轮谈判主要是针对各国货物贸易的关税减让问题进行的。第七轮谈判“东京回合”的内容较前广泛，谈判中心转移到各国货物贸易的非关税壁垒方面，同时，设立了专门机构以解决各国因非关税贸易壁垒所产生的问题。第八轮谈判“乌拉圭回合”涉及了前七轮谈判中未曾讨论的新问题，如国际服务贸易问题，知识产权问题等，且国际服务贸易成为各国利益较量的主题。这种谈判议题的历史变迁，一方面说明世界贸易的动态发展，另一方面也衬托出 WTO 体制形成的现实背景，即继承了以往 GATT 的多轮谈判成果。与 GATT 体制明显不同在于，WTO 体制的运行规则和法律效应平行地对待货物贸易和国际服务贸易。

专栏 5—1

关税及贸易总协定（GATT）

关税及贸易总协定（General Agreement on Tariffs and Trade，GATT）是一个政府间缔结的有关关税和贸易规则的多边国际协定，简称关贸总协定。它的宗旨是通过削减关税和其他贸易壁垒，削除国际贸易中的差别待遇，促进国际贸易自由化。关贸总协定于 1947 年 10 月 30 日在日内瓦签订，并于 1948 年 1 月 1 日开始临时适用。值得注意的是，由于未能达到 GATT 规定的生效条件，作为多边国际协定的 GATT 从未正式生效，而是一直通过《临时适用议定书》的形式产生临时适用的效力。

关贸总协定的序言明确规定其宗旨是：缔约各国政府认为，在处理它们的贸易和经济事务的关系方面，应以提高生活水平、保证充分就业、保证实际收入和有效需求的巨大持续增长、扩大世界资源的充分利用以及发展商品生产与交换为目的。通过达成互惠互利协议，大幅度地削减关税和其他贸易障碍，取消国际贸易中的歧视待遇等措施。

关贸总协定实施以后，即开始进行全球多边贸易谈判，40 多年来，经过多次关税减让谈判，缔约国关税已有大幅度的削减，世界贸易已增长十几倍，其在国际贸易领域内曾发挥过重要作用。

二、WTO 体制对国际服务贸易发展的影响

与 GATT 体制相比，WTO 体制不再是一个临时性的国际组织，而是有着良好的法律基础、完善的组织结构和管理机制的国际经济组织，因此它更有能力管理比货物贸易更为复杂的国际服务贸易。在多边贸易协定方面，对应多边货物贸易协定，乌拉圭回合形成了服务贸易总协定；在组织机构上，世界贸易组织成立了与货物贸易理事会相对应的国际服务贸易理事会。这种规范的形成和组织措施的处理都表明，WTO 体制会对国际服务贸易的发展产生深刻的影响。

专栏 5—2

世界贸易组织（WTO）

1994 年 4 月 15 日在摩洛哥的马拉喀什市举行的关贸总协定乌拉圭回合部长会议决定成立更具全球性的世界贸易组织（简称“世贸组织”，World Trade Organization），以取代成立于 1947 年的关贸总协定（GATT）。世贸组织是一个独立于联合国的永久性国际组织。1995 年 1 月 1 日正式开始运作，负责管理世界经济和贸易秩序，总部设在瑞士日内瓦莱蒙湖畔。1996 年 1 月 1 日，它正式取代关贸总协定临时机构。世贸组织是具有法人地位的国际组织，在调解成员争端方面具有更高的权威性。它的前身是 1947 年订立的关税及贸易总协定。与关贸总协定相比，世贸组织涵盖货物贸易、服务贸易以及知识产权贸易，而关贸总协定只适用于商品货物贸易。世贸组织与世界银行、国际货币基金组织一起，并称为当今世界经济体制的“三大支柱”。1995 年 7 月 11 日，中国被世贸组织总理事会会议接纳为该组织的观察员，并于 2001 年 11 月加入该组织。

世贸组织成员分四类：发达成员、发展中成员、转轨经济体成员和最不发达成员。截至 2008 年 7 月，世贸组织共有成员 153 个。2009 年 12 月 1 日，随着《里斯本条约》生效，世界贸易组织正式开始使用“欧洲联盟（欧盟）”这个名称来取代先前一直使用的“欧洲共同体（欧共体）”。作为独立关税区，欧盟自 1995 年 1 月 1 日开始就是世贸组织成员，欧盟的 27 个成员国作为个体也都是世贸组织成员，等于它们在世贸组织中共占 28 个席位。2011 年 12 月，世贸组织批准俄罗斯、萨摩亚和黑山加入，俄罗斯将在协议批准后 30 天正式成为世贸组织成员。萨摩亚和黑山立法机构被准予分别于 2012 年 6 月 15 日和 3 月 31 日前批准入世协议。两经济体将在世贸组织获知协议批准 30 天后成为正式成员。

1. 确定国际服务贸易各成员方共同遵守的国际规则

WTO 体制关于国际服务贸易的国际规则主要反映在《服务贸易总协定，GATS (General Agreement on Trade in Services)》中，该协定为国际服务贸易的发展创立了各成员方必须共同遵守的准则。长期以来，尽管国际服务贸易发展迅速，但并没

用一套参与国际服务贸易的国家或地区共同遵守的国际规则，缺乏共同的约束机制。以往各国或地区国际服务贸易政策和规则的协调主要体现出两个特点：（1）国际服务贸易政策的协调以双边和区域协调为主要形式，许多国家订立双边贸易协定，在国际服务贸易上相互给予互惠待遇；（2）国际服务贸易政策的国际协调以行业为主。因此，以往国际服务贸易规则的谈判都是在国际电讯协会、国际民航组织、国际清算银行、国际海事咨询组织等国际性行业组织的主持下进行的。显而易见，这些双边性质和行业性质的政策和规则的协调方式不能够适应国际服务贸易发展的现实，妨碍了国际服务贸易的全面自由化并减缓了国际服务贸易流量的增长。

WTO 体制完整地继承了乌拉圭回合多边谈判产生的服务贸易总协定，并在组织结构上加以保证，终于使世界贸易组织成员方有了一个共同认可和可供遵循的国际规则。由于国际贸易本身是由国际货物贸易和国际服务贸易两部分所组成的，因此，有关国际服务贸易国际规则的建立，一方面会成为促进各国国际服务贸易发展的一种重要手段，另一方面也标志着 WTO 体制较以往的国际贸易体制更为完善。

2. 推动国际服务贸易自由化

国际服务贸易自由化体现在 GATS 的基本精神中。所谓国际服务贸易自由化，就是指服务在各国或地区间没有障碍地自由流动。货物贸易可以通过减少以至最终消除关税壁垒来达到自由化的目的。国际服务贸易不存在关税问题，但却存在着同货物贸易相似的非关税壁垒。在 WTO 体制下，国际服务贸易的自由化主要是从以下几个方面来推动的：

最惠国待遇。国际服务贸易中的最惠国待遇是指，任何成员方给予另一成员方的服务或服务提供者的待遇，应无条件地以相同待遇和相同交换方式给予其他成员。无条件的最惠国待遇是 GATT 的基本原则，WTO 体制继承了这一基本原则，并将其完整地移植到国际服务贸易协定中。

透明度。GATS 规定，除非在紧急情况下，每一成员方应该迅速将涉及或影响其国内市场国际服务贸易的所有相关法律、法规和行政命令以及所有其他决定、规则和习惯做法，无论是由中央或是地方政府作出的，最迟在它们生效以前予以公布，如果它是涉及或影响国际服务贸易的国际协定签字国，则该项国际协定也必须予以公布。这一有关国际服务贸易的“透明度”条款，显示出 WTO 体制更加严格的政策监督特点。

市场准入和国民待遇。GATS 的任何参加方都应向提供服务的另一签约方开放其本国市场。一成员向另一成员开放服务市场时，应给予对方相应的待遇，创造一定的条件，并允许对方在可能范围内选择其最满意的一种提供服务方式，即各世界贸易组织成员的服务市场都不能封闭，而必须是开放竞争的。国民待遇规定要求，一方给予另一方的服务业及服务提供者在所有法律、规章、行政管理等方面的待遇应不低于给予国内的服务业和服务提供者的待遇。

发展中国家更多参与。各国都同意，发展中国家的服务业比较落后，其国际服务贸易在世界贸易中所占比重较小，应通过各种手段加强和发展服务业的效率和竞争力，扩大出口能力，开放市场。但考虑到一些国家的困难和实际情况，应作出某些具体规定，实行一些临时的例外和保护措施。

逐步自由化。国际服务贸易自由化需要一个过程，不可能一下全部放开，对发展中国家尤其如此。GATS 规定，各国应就逐步扩大国际服务贸易自由化问题进行定期谈判，逐步降低或消除实现国际服务贸易自由化的障碍；同时也指出，对个别发展中国家在开放领域及开放进度等方面要“给予适当的灵活性”。

通过以上方面可以了解，GATS 及其附件作为 WTO 体制的组成部分，构成了国际服务贸易体制的原则和行为准则，必然会推动全球国际服务贸易的自由化进程，从而对世界经济和国际服务贸易的发展产生深远的影响。

三、新体制下的国际服务贸易问题

GATS 是人类历史上第一个促进国际服务贸易自由化的国际多边协定，它在总体上明确了国际服务贸易的发展方向和必须遵循的共同准则，但它并不能解决国际服务贸易的所有问题。实际上，在 GATS 体制下，国际服务贸易的现实发展还面临着以下几个亟待解决的问题：

1. 国际服务贸易理论落后。不像商品的产生和交换，经济学中关于服务的生产和交换的理论和著述较少，已有的贸易理论可以说只是解释货物贸易产生和发展的理论。各国经济学家对国际服务贸易的成本、价格、交易方式以及比较优势等方面的探索和研究虽然取得了一些成果，但尚没有形成系统的并为各国所普遍接受的国际服务贸易理论体系。

发达国家主张，货物贸易中的比较成本优势理论同样适用于国际服务贸易，甚至认为修正的赫克歇尔—俄林模式可以说明涉及要素流动的国际服务贸易。它们认为，发达国家具有知识、技术、科学和管理的优势，在高新技术服务领域具有出口优势，但发展中国家也具有劳动力和资源的优势，因此也可以从自由贸易中获得利益。同货物贸易一样，国际服务贸易的收益来源于国际分工所导致的效率提高和国际服务贸易流量的扩大，进口提供了比国内市场更便宜、更高质量的服务，因此促进了稀缺资源在国际间更合理的配置。一成员方的服务在整体上可能处于劣势，但在某些部门会具有比较优势，实行自由贸易必然促进资源在各成员间的合理配置，形成规模效益，从而达到发达成员和发展中成员都通过国际服务贸易自由化而共同获益的理想。发展中成员不同意自由贸易理论的这种引申，它们认为自由贸易理论在实践中并非灵丹妙药，发达成员的贸易发展历史也不是依靠自由贸易发展起来的。因此，在经济发展相对落后的阶段，适当的保护主义是有利于发展中成员的经济发展的，特别是在国际服务贸易这样的新领域，理论的形成和应用必须符合经济发展的实际。

2. 国际服务贸易统计数据匮乏。国际服务贸易统计的最大困难在于服务的生产和消费所固有的同步性。这种同步性常常需要双方的行为是发生在同一时点或有某种程度的直接接触。这样就会引起生产者、消费者或者生产要素的国际移动，这些移动都可以算做国际服务贸易的基本内容，但在传统的统计指标中却很难反映出来。然而，准确、完整的国际服务贸易统计数据对于国际服务贸易理论的形成、国际服务贸易利益的谈判极其重要。相当多国家的国民账户和国际收支统计中有关服务业的信息都不完善，因此就给测量和比较各种服务活动带来了困难。这方面的问题有：现行统计一般不包括用于农业、采矿业尤其是制造业的服务性投入；一般没有与商品相联系的服务出口记录；各项服务业的分类数据不完整等。

3.《WTO 协定》的条文解释和法律效力问题。GATS 是《WTO 协定》的附录之一，其本身也有相当多的附件，因此各条文解释的统一性以及相互之间的法律效力都还有待未来的国际服务贸易实践来检验。比如说，《WTO 协定》特别是其附件协议继承了《GATT 协定》“原则当中有例外，例外之中有原则”灵活应用的特点。几乎每一个协议在涉及某项贸易规则时均列出了例外规定。这除了照顾发展中成员特殊的贸易、经济发展和金融需要之外，还有满足主要贸易大国利益要求的原因。如此多的例外规定和免责条款将严重影响新多边贸易体制及其国际服务贸易规则的有效运转，在一定程度上姑息了各种新老贸易保护主义措施的滋长蔓延。此外，由于对货物贸易、国际服务贸易和知识产权实行统一的争端解决机制，这意味着三者之间可以实行跨部门的“交叉报复”，即如果某一成员对知识产权保护不当，另一成员可以因该成员保护不当而蒙受损失，从而对该成员产品出口加以限制。“交叉报复”是发达成员在乌拉圭回合争端解决机制谈判中所追求的重要目标，这无疑对服务业欠发达和知识产权保护水平较低的广大发展中成员的贸易权益构成很大的威胁。

第二节 《服务贸易总协定》的产生

服务贸易产生的时间很早，但在漫长的历史发展过程中只是作为货物贸易的辅助项目，而没有能够形成一个独立的商业领域。直到二次世界大战后，随着社会经济的发展服务贸易在经济生活中发挥重要的作用，成为国际贸易不可或缺的重要组成部分。随着服务贸易的迅猛发展，多边贸易的谈判重点也从货物贸易逐步转向服务贸易。关贸总协定所进行的几轮多边贸易谈判中，服务贸易的自由化也成为多边贸易谈判的主要议题。

一、《服务贸易总协定》产生的背景

首先是以美国为首的发达国家积极倡导服务贸易自由化。在经历 1979 ~ 1982 年经济危机后，美国经济增长缓慢，在国际货物贸易中赤字日增，而在服务贸易领域却占据明显优势，连年顺差。以 1984 年为例，美国的商品贸易有 1 140 亿美元的逆差，而服务贸易却有 140 亿美元的顺差。作为世界最大的服务贸易出口

国，美国急切地希望打开其他国家的服务贸易市场，通过大量的服务贸易出口来弥补贸易逆差，推动经济增长；而各国对服务贸易的不同程度的限制，成为美国利益最大化的障碍。因此，美国积极倡导实行全球服务贸易自由化。

早在东京回合谈判中，美国政府根据《1974 年贸易法》的授权，试图把服务贸易作为该回合谈判的议题之一，在东京回合中所达成的海关估价、政府采购协议中写入了一些服务贸易的内容。美国国会在《1984 年贸易与关税法》中授权政府就服务贸易等进行谈判，并授权对不在这些问题上妥协的国家进行报复。发展中国家和一些发达国家抵制美国的提议，欧盟起初对美国的提议持疑虑，但经过调查发现欧共体的服务贸易出口量要高于美国，转而坚决地支持美国。日本虽然是服务贸易的最大进口国，呈逆差形势，但由于在国际贸易中呈现顺差，加之为调和与美国之间日益尖锐的贸易摩擦，也始终支持美国。

其次，发展中国家对服务贸易自由化由坚决抵制到逐步接受。当美国开始提出服务贸易问题时，绝大多数发展中国家都坚决反对服务贸易自由化，理由为：服务业中的许多部门，如银行、保险、证券、通讯、信息、咨询、专业服务（如法律、会计等），都是一些资本知识密集型行业，在发展中国家这些行业是很薄弱的，不具备竞争优势；发展中国家的服务部门尚未成熟，经不起发达国家激烈竞争的冲击，过早地实行服务贸易自由化会挤垮这些尚处于幼稚阶段的民族服务业，因此，在这些行业获得竞争力以前，不会实施开放；有些服务行业还涉及国家主权、机密和安全。随着发达国家在服务贸易谈判问题上的认识逐步统一，发展中国家坚决抵制的立场有所改变。第一，一些新兴的发展中国家和地区某些服务业已取得相当的优势，如韩国的建筑工程承包就具有一定的国际竞争力，新加坡的航空运输业在资本、成本和服务质量上也具有明显的优势，这些国家希望通过谈判扩大本国优势服务的出口。第二，大部分发展中国家一方面迫于来自发达国家的压力；另一方面也认识到如果不积极地参与服务贸易的谈判，将会形成由发达国家制定服务贸易的规则，而自己只能成为被动的接受者，其利益将会受到更大的损害。因此，许多发展中国家也先后表示愿意参加服务贸易谈判。1986 年 9 月，《埃斯特角部长宣言》中将服务贸易作为三项新议题之一列入乌拉圭回合多边贸易谈判议程，拉开了服务贸易首次多边谈判的序幕。

二、乌拉圭回合关于服务贸易的谈判的几个阶段

乌拉圭回合服务贸易谈判大体可分为三个阶段：

第一阶段从 1986 年 10 月 27 日正式开始到 1988 年 12 月中期审议前为止。谈判的主要内容包括服务贸易定义，适用服务贸易的一般原则、规则，服务贸易协定的范围，现行国际规则、协定的规定，服务贸易的发展及壁垒等。这一阶段各国的分歧很大，主要集中在对国际服务贸易如何界定问题上，发展中国家要求对国际服务贸易做比较狭窄的定义，将跨国公司内部交易和诸如金融、保险、咨询、法律规范服务等不必跨越国境的交易排除在外，而美国等发达国家主张较为广泛的定义，将所有涉及不同国民或国土的服务贸易归为国际服务贸易一类。多

边谈判最终基本采取了欧共体的折衷意见，即不预先确定谈判的范围，根据谈判需要对国际服务贸易采取不同定义。

第二阶段从中期审议至1990年6月为止。在加拿大蒙特利尔举行的中期审议会上，谈判的重点集中在透明度、逐步自由化、国民待遇、最惠国待遇、市场准入、发展中国家更多参与、保障条款和例外等服务贸易的基本原则，此后的工作主要集中于通讯、建筑、交通运输、旅游、金融和专业服务各具体部门的谈判。与此同时，各国代表同意采纳一套服务贸易的准则，以消除服务贸易中的诸多障碍。各国分别提出自己的方案，阐述了各自的立场和观点，其中1990年5月4日，中国、印度、喀麦隆、埃及、肯尼亚、尼日利亚和坦桑尼亚几个亚非国家向服务贸易谈判组联合提交了“服务贸易多边框架原则与规则”提案，对最惠国待遇、透明度、发展中国家更多参与等一般义务及市场准入、国民待遇等特定义务作了区分。后来，《服务贸易总协定》的文本结构采纳了“亚非提案”的主张，并承认成员方发展水平的差异，对发展中国家做出了很多保留和例外，这在相当程度上反映了发展中国家的利益和要求。

第三阶段从1990年7月至1993年12月。这一阶段由《服务贸易总协定》的框架内容的基本明朗到最终达成《服务贸易总协定》。1990年12月的布鲁塞尔部长级会议上，服务贸易谈判组修订了《服务贸易总协定多边框架协议草案》文本，其中包含海运、内陆水运、公路运输、空运、基础电信、通讯、劳动力流动、视听、广播、录音、出版等部门的草案附件，但由于美国与欧共体在农产品补贴问题上的重大分歧而没有能够最终结束谈判。经过进一步谈判，在1991年底形成了《服务贸易总协定》草案，该草案包括6个部分35个条款和5个附件，规定了最惠国待遇、透明度、发展中国家更多参与、市场准入、国民待遇、争端解决等重要条款，基本上确定了协定的结构框架。经过各国的继续磋商谈判，协议草案根据各国的要求进一步修改，1993年12月5日，贸易谈判委员会在搁置了数项一时难以解决的具体服务部门谈判后，最终通过了《服务贸易总协定》（General Agreement on Trade in Services，GATS）。

1994年4月15日，各成员方在马拉喀什正式签署《服务贸易总协定》，它于1995年1月1日和世界贸易组织同时生效。至此，长达8年的乌拉圭回合谈判终于告以结束，虽然有几个具体服务部门的协议尚待进一步磋商谈判，但《服务贸易总协定》作为多边贸易体制下规范国际服务贸易的框架性法律文件，它的出现是服务贸易自由化进程中的一个里程碑。

三、服务贸易自由化的后续谈判和成果

世贸组织自1995年1月1日成立以来，一直致力于继续乌拉圭回合谈判的未尽议题，其中，关于服务贸易具体部门的分项谈判是这些议题中的重头戏。目前，世贸组织已在金融服务、基础电信和信息技术三方面实现了历史性突破，取得了重要成果。世贸组织所达成的这三项关于服务贸易的协议，不仅将服务贸易自由化原则向具体成果方面推进了一大步，同时，也将对世界经济产生重要影

响。尽管这三项协议目前仅对签约方有约束力，但由于签约方所控制的有关贸易额在全球的相关贸易额中占绝大多数，因此，这三项协议所确定的内容在不久的将来也会成为世贸组织全体成员的义务和承诺。

1.《金融服务协议》

乌拉圭回合一揽子协议于1994年4月15日在马拉喀什签字后，关于金融服务的多边谈判重新开始，目的是使所有成员同意在无条件最惠国待遇基础上缔结永久性的金融服务协议，促进金融服务贸易自由化。1996年有关谈判方曾在美国宣布退出后，在欧盟的领头下达成临时协议。1997年12月13日，世贸组织70个成员提供了56份开放金融、保险市场的清单，其中34份是经过修改的金融服务市场清单。至此，总共有102个成员作出承诺，逐步实现自由化。《金融服务协议》的主要内容包括：允许外国公司在国内建立金融服务机构并享受与国内公司同等的进入市场的权利；取消对跨境服务的限制；允许外国资本在本国投资项目中所占比例超过50%等。据此，签约方将开放各自的银行、保险、证券和金融信息市场。全球95%以上的金融服务贸易将在这个协议的调整范围内，涉及18万亿美元的证券资产，38万亿美元的国内银行贷款，2.2万亿美元的保险金，由此可见，该协议对全球金融服务业有着巨大的影响。此外，从法律角度而言，这个协议同样具有深远的意义，根据该协议的规定，绝大多数世贸组织成员对开放其金融服务市场和保证非歧视经营条件做出承诺，使金融服务贸易依照多边贸易规则进行，有助于建立一个具有预见性和透明性的法律环境。《金融服务协议》于1999年3月1日开始生效。

2.《全球基础电信协议》

基础电信谈判也是作为《服务贸易总协定》谈判的遗留问题由世贸组织继续开展谈判。1994年5月，包括美国、日本、欧盟在内的成员自愿参加谈判，目的在于开放年收入达5 000万亿美元的全球基础电信市场。经过近3年的艰苦谈判，终于在1997年2月15日，69个世贸组织成员方缔结了关于基础电信服务的协议，该协议于1998年1月1日生效，被认为是推动国际电讯服务贸易发展的最有力因素。协议的主要内容是敦促各成员方向外国公司开放电信市场，并结束在国内电信市场上的垄断行为。协议涉及语音电话、数据传输、传真、电话、电报、移动电话、移动数据传输、企业租用私人线路以及个人通信等各项电信服务。世贸组织各成员方在电信服务自由化方面承担的义务依协议的规定有所不同。其中18个成员方将完全取消对外国公司进入本国市场的限制，47个成员方允许外国电信公司对本国电信企业进行控股，而印度等30个国家将允许外国资本在本国电信企业中占25%的股份。由于电信垄断将逐步取消，各成员方电信服务业的竞争必然加剧，这有利于现有通信技术的更新改造，促使电信服务部门进一步提高服务质量。正如世贸组织第一任总干事鲁杰罗所说，这是世贸组织历史上的一个里程碑，它必将给电信产业及其贸易带来极大的利益，既为发达国家也为发展中国家提供了迎接21世纪挑战的更好机遇。

3.《信息技术产品协议》

由于信息技术对电信服务业的发展产生巨大的影响，因此，将信息技术产品贸易自由化与电信服务贸易自由化联系起来，是服务贸易自由化中的一项重要内容。1996 年 12 月 13 日，世贸组织在新加坡举行部长级会议，美国和欧盟提出签订信息技术协定以消除全球信息技术产业的关税。在新加坡部长级会议结束前，世贸组织通过了关于信息技术产品的部长级会议宣言，并成立了信息技术产品贸易发展委员会以监督协议的执行，推动信息技术产品贸易的发展以及负责扩大信息技术协议的签字方。1997 年 3 月 26 日，40 个成员方在日内瓦签订了《信息技术产品协议》，决定到 2000 年以前降低或取消多项信息技术产品的关税，总值约 6 000 亿美元的信息技术产品可望实现自由贸易。《信息技术产品协议》于 1997 年 7 月 1 日生效，其涉及的范围包括：电脑、电信设备、半导体、制造半导体的设备、软件、科学仪器等 200 多种信息技术产品。协定要求到 2000 年前将信息技术产品的进口关税降为零（少数签约方如哥斯达黎加、印度尼西亚等的最后期限为 2005 年）。据统计，这些成员方的信息技术产品贸易量相当于全球同类产品贸易量的 92. 5% 。

第三节 《服务贸易总协定》的基本内容

《服务贸易总协定》是多边贸易体制下第一个有关国际服务贸易的框架性法律文件，旨在促进世界服务业市场的开放和国际服务贸易在透明和渐进自由化条件下的新发展。它由序言、六个部分（29 个条款）、8 个附录、部长会议决定和金融服务承诺谅解书组成，如表 5 – 2 所示。

表 5 – 2　　　　《服务贸易总协定》

序　言

第一部分　范围与定义	
第 1 条　范围与定义	
第二部分　普遍义务与原则	
第 2 条　最惠国待遇	第 3 条　透明度
第 4 条　发展中国家的更多参与	第 5 条　经济一体化
第 6 条　国内规章	第 7 条　认可
第 8 条　垄断和专营服务提供者	第 9 条　商业措施
第 10 条　紧急保障措施	第 11 条　支付和转移
第 12 条　确保国际收支平衡的限制措施	第 13 条　政府采购
第 14 条　普遍例外	第 15 条　补贴

第三部分 具体承诺	
第 16 条 市场准入	第 17 条 国民待遇
第 18 条 附加承诺	
第四部分 逐步自由化	
第 19 条 具体承诺义务的谈判	第 20 条 具体承诺细目表
第 21 条 细目表的修改	
第五部分 组织结构条款	
第 22 条 磋商	第 23 条 争端解决和执行
第 24 条 服务贸易理事会	第 25 条 技术合作
第 26 条 与其他国际组织的关系	
第六部分 最后条款	
第 27 条 利益的否定	第 28 条 术语的定义
第 29 条 附录	

《服务贸易总协定》附录	部长会议决定
(1) 第 2 条例外的附录	GATS 机构安排的决定
(2) 自然人提供服务的附录	GATS 争端处理的决定
(3) 航空运输服务的附录	自然人移动的决定
(4) 金融服务附录 1	服务贸易与环境的决定
(5) 金融服务附录 2	金融服务的决定
(6) 海运谈判附录	海运服务的决定
(7) 电信服务附录	基础电信谈判的决定
(8) 基础电信谈判附录	专家服务的决定

金融服务承诺谅解书

《服务贸易总协定》的内容：

（一）序言

该部分说明了缔结该协定的宗旨、目的和总原则。具体表现在：

1. 鉴于国际贸易对世界经济发展日益增长的重要性，谈判各方希望在透明度和逐步自由化的条件下，建立一个有关国际服务贸易原则和规则的多边框架，以促进贸易各方的经济增长和发展中成员的经济与社会发展。

2. 在尊重各成员政策目标的前提下，本着在互利的基础上提高各参与方利益的目的和确保各方权利和义务的宗旨，希望通过多轮多边谈判以促进国际服务贸易自由化的早日实现。

3. 希望能通过增强其国内服务业能力、效率和竞争性来促进发展中成员在国际服务贸易中的更多参与和服务出口的增长。

4. 对最不发达成员在经济、发展、贸易和财政需求方面的特殊困难予以充分的考虑。

序言用较多的篇幅和文字强调了发展中成员的积极参与和其自身的特殊情况。发展中成员应努力在今后国际服务贸易的部门开放谈判中，充分利用 GATS 的基本原则和目的，以争取对自身有利的谈判结果，从根本上改变此序言仅仅是象征性而非实质性地促进各成员，特别是发展中成员的服务水平和经济发展的状况。

（二）第一部分　范围与定义

第 1 条　范围与定义

这部分包括三层内容：第一层，说明了该协定的适用范围，即说明了 GATS 适用于成员方影响国际服务贸易的各种措施，并且确定了 GATS 适用于“服务部门参考清单”所列 12 种服务部门的国际服务贸易；第二层，界定了国际服务贸易的内涵；第三层，对“各国的措施”和“服务”作了解释性说明。

（三）第二部分　普遍义务与原则

这部分是 GATS 的核心内容之一，包括第 2 条到第 15 条共 14 条的内容，它规定了各成员必须遵守的普遍义务与原则。这部分条款是各方签约就必须普遍遵守的，这与第三部分有所不同。下面具体对主要条款进行逐一评述。

第 2 条　最惠国待遇

GATS 的最惠国待遇与 GATT 第一条最惠国待遇相似，原则上是指无条件最惠国待遇原则，而对某些国际协议予以例外处理。GATS 规定，该条不适用于有关税收、投资保护和司法或管理协助的国际协议，也暂时不适用于 GATS 附件中没有列入的而由其他国际协议管辖的具体部门。

第 3 条　透明度

GATS 在此条款中规定“任何成员除非在紧急情况下应立即并最迟在其生效前，公布所有有关或影响本协定执行的相关措施。本协定成员也应公布其签署参加的有关或影响国际服务贸易的国际协定”。

本条款还规定，应该至少一年一度地对本国新法规或现存法规的修改作出说明介绍，规定对其他成员的询问作出迅速的答复；任何成员都可以向他方通知另一成员所采取的影响 GATS 执行的任何措施；绝密信息可以不加以透露。

第 4 条　发展中国家的更多参与

此条款有三层含义：第一，有关成员应作出具体承诺以促进发展中国家国内服务能力、效率和竞争性的增强；促进其对有关技术信息的获取；增加产品在市场准入方面的自由度。第二，发达国家应在 GATS 生效后的 2 年内建立“联系点”，以使发展中国家的服务提供者更易获取有关服务供给的商业和技术方面的信息；有关登记、认可和获取专业认证方面的信息；服务技术供给方面的信息。第三，对最不发达国家予以特殊优惠，准许这些国家不必作出具体的开放服务市场方面的承诺，直到其国内服务业具有竞争力。

第5条　经济一体化

本条款的主要内容是：不阻止各成员参加有关服务协议，不阻碍国际服务贸易自由化的推进；对发展中国家之间的有关协议采取较为灵活的政策，允许其按发展水平达成某些协议；参加有关协议的各方对该协议外的国家不应采取提高壁垒的措施；任何成员决定加入某一协议或对某一协议进行重大修改时，都应迅速通知各成员，而各成员应组成工作组对其进行检查；如果某一成员认为某个协议损害了自己的利益，则按 GATS 第 21 条的程序办理。

第6条　国内规章

本条共有 5 款，首先表示对国内规定的尊重，赋予各国以一定的权利，其中包括当局引进新规定以管理服务的权利，并对发展中国家作了优惠安排。准许发展中国家设立新的规定，其中包括可以在某些部门为了实现国家政策目标而采取垄断性的授权；允许各成员对服务和服务的提供者提出要求以使其符合某些规定，但这类要求必须建立在合理、客观和非歧视的基础之上，不能给国际服务贸易带来负担和阻碍。其次，对各成员当局提出了一些义务要求。例如，要求各方建立起司法、仲裁、管理机构和程序，以便对服务消费者和提供者的要求迅速作出反应；并要求各成员对服务提供授权的申请迅速作出决定；成员不应利用移民限制措施来阻碍 GATS 的实施，涉及人员移动的有关具体承诺在 GATS 下达成，应允许服务提供人员的移动、暂时居留和工作。

第7条　认可

本条款的宗旨是有关服务的规定、标准和要求应达成一致和相互认可。本条款认为任一成员可以与其他成员就某些有关服务提供的准则达成协议，以促进国际间国际服务贸易的进行。这些协议应该可以允许别的成员加入，其执行也应建立在合理、客观和公正的基础上。另外，协议的参加方应在协议生效后的 13 个月内，就其协议内容通知各成员，而有关协议的任何重大修改也应及时通知各成员。有的成员还提出，以后采用一种国际统一的标准来处理有关部门的服务。

本条款的主要目的在于促进国际间有关服务提供标准的一致性，即国际标准化问题。我们认为这一条款的目的在于鼓励服务标准从局部扩展到全世界范围内的标准化，即从地区或局部的标准化推广到各成员全体的标准化。

第8条　垄断和专营服务提供者

该条款要求一个垄断的服务提供者，在有关市场上提供垄断服务时，其行为不能损害其他成员的服务提供者按 GATS 的第 2、16、17 条所享有的权利；还规定当一个行业的垄断服务商在其垄断权范围外的行业与其他服务提供者进行直接或间接地竞争时，不能利用其垄断地位进行竞争。而当任一成员认为别国的垄断服务提供者损害了本国服务提供者的正当权益时，举证的责任在申诉一方，但不要求其提供有关绝密的信息。本条款还对垄断服务提供者下了定义，包括寡头性质的垄断形式，但本条款对垄断服务这种形式未作褒贬评论。

第 9 条　商业措施

本条款要求限制某些企业在服务市场上实施影响竞争的做法，包括一些有关服务出口的反竞争性限制做法，任一成员在其他成员提出要求时，应与有关当局进行磋商以便取消这些做法。

第 10 条　紧急保障措施

本条款与 GATT 第 19 条“对某种产品进口的紧急措施”的原则是一致的，它准许某一成员“在由于没有遇见到的变化或由于某一具体承诺而使某一服务的进口数量太大，以致对本国内的服务提供者造成了严重损害或威胁时，此成员可以部分地或全部地中止此承诺以弥补这一损害。”而任何成员要采取这种“紧急保障措施”，应在之前或之后立即向全体成员通知这种措施并提供有关数据，且应与有关各方充分磋商；所有这些紧急措施都应受全体成员的监督，且受影响的其他成员可采取相应的措施。

第 11 条　支付和转移

本条款规定，除非出现第 12 条的情况，否则 GATS 体制下有关国际服务贸易的具体承诺的执行不能因受到支付和货币转移方面的限制而遭到阻碍，且规定 GATS 的任何条款都不能影响国际货币基金组织成员国在“基金协议条款”下的权利和义务。此条款的目的是保证 GATS 体制下的具体承诺能够在支付方面得到执行，而不致被消弱。

第 12 条　确保国际收支平衡的限制措施

本条款准许某一成员在其国际收支和金融形势严重恶化的情况下，可以对其作出具体承诺的国际服务贸易采取限制性的措施，或对与这种交易有关的支付和货币转移作出限制，尤其是金融地位比较脆弱的发展中国家为实现其发展目标而维持其外汇储备的要求应予以考虑。本条款还规定这种限制性措施要迅速通知各成员且不应超过必要的程度，不对各成员采取歧视性措施，不对其他成员带来不必要的商业和经济损失；采取限制性措施的成员应立即就其限制性措施同各成员磋商，且应用国际货币基金组织提供的有关数据资料作出判断和评价。

第 13 条　政府采购

本条规定 GATS 第 2、16、17 条“不适用为了政府使用目的而不是商业转售目的或提供服务用作商业转售之目的，约束政府机构采购的法律、法规即要求”。有关政府采购法规将通过谈判来完成，在 WTO 协议生效 2 年内，应就政府采购问题举行谈判。

第 14 条　普遍例外

本条款规定只要符合一定的条件，在一些特定的情况下成员可以采取一些与 GATS 不一致的措施。这些条件是：(1) 不得在情况相似的国家之间采取武断和不公平的歧视；(2) 不得借机为国际服务贸易设置限制。特定的情况有两种：一是出于保护公共安全、公共卫生、环境、文化、资源等目的；二是为了维护国内法律和制止欺诈行为，采取的措施要及时向各成员通知。

本条款还规定 GATS 对各成员的以下方面没有制约作用：(1) 有关国家安全

的情况；(2) 有关军事、放射性物质和战争时期等所采取的行动；(3) 为执行《联合国宪章》而采取的行动。但各成员应尽可能得到通知。

本条款与 GATT 的第 20、21 条类似，基本精神是一致的，宗旨是不干涉各国为了公共安全所采取的措施。

第 15 条　补贴

本条款规定在某些情况下，补贴会给国际服务贸易带来扭曲性的影响，故各成员应进行多边谈判并制定必要的多边规则以避免这种扭曲；谈判还应提出合适的反补贴程序，并对发展中国家补贴方面的需要予以灵活处理，而各成员应相互通报各自服务提供者的补贴问题，以便进行谈判；还规定受到某成员补贴影响的另一成员可要求就此同该成员进行磋商解决。

（四）第三部分　具体承诺

第 16 条　市场准入

本条款规定在以本协定认可的方式提供的市场准入方面，各成员应给予其他成员的服务和服务提供者以不低于其在细目表上已同意提供的待遇。若某一成员的细目表上给出了不只一种有关服务提供的准入途径，那么别的成员的服务提供者可以自由选择其所乐意的那一种。该条款要求在承担市场准入义务的部门中，原则上不能采取数量限制的措施阻碍服务贸易的发展。

第 17 条　国民待遇

本条款规定在不违反本协定的有关规定，而且在其细目表上的条件和要求相一致的条件下，一成员应该在所有影响服务供给的措施方面，给予别国的服务和服务提供者以不低于其所给予的国内服务或服务提供者的待遇。这与 GATT 第 3 条的含义相同。

第三部分具体承诺中的市场准入和国民待遇条款是 GATS 最重要的条款，也是各方争论的焦点。GATS 在结构上的一个重要特征就是将市场准入和国民待遇不是作为普遍义务，而是作为具体承诺与各个部门或分部的开放联系在一起。这样可以使分歧较小的部门早日达成协议。而发展中国家在谈判中则应以发展中国家的更多参与这一原则作为先决条件，并且发展中国家可以把互惠不局限在发达国家占优势的部门，可以谋求部门间的妥协来获取在自己较意愿开放的部门中达成有利的协议。同时，应在发达国家坚持资本在国际间流动自由时坚持劳动力的流动自由，以利于自己劳动力优势的发挥。各国在进行部门开放谈判时，应充分考虑到各国发展水平和实际情况以及各国竞争优势的不同，本着“利益互惠”的原则来达成市场准入方面的具体承诺。而“利益互惠”不是一种绝对数量上的“对等互惠”，而应该是一种“相互优惠”，这样才符合发展水平不同的国家的需要。对于部门开放谈判，发展中国家可以在其自愿的部门进行开放市场的谈判，但不应强迫某些国家开放它们难以开放的市场，不能加重发展中国家在国际服务贸易和国际收支方面的负担，更不能损害发展中国家的主权，否则就违反了 GATS 的宗旨和目的。

第 18 条　附加承诺

本条款规定各成员可以就不包括在第 16、17 条下的影响国际服务贸易的措施进行谈判。

（五）第四部分　逐步自由化

第 19 条　具体承诺义务的谈判

本条款规定，本着进一步提高国际服务贸易自由化的目标，各成员应进行多轮谈判，最晚从《世界贸易组织协定》生效后 5 年开始，并在此后定期举行谈判。这些谈判的目的是减少和消除对国际服务贸易产生不良影响的措施，以实现有效的市场准入。谈判过程应本着在互惠的基础上给各方带来利益和各方权利与义务平衡。最不发达国家可以从本协定下的任何减让中获取好处。

本条款认为应充分尊重各国政府的政策目标和各国的发展水平。对某些发展中国家应允许有一定的灵活性，允许其有选择地开放部门和交易类型，并考虑到发展中国家的发展目标。

本条款还规定了谈判时应遵守的准则和程序，而准则的确立应考虑以下因素：前一阶段谈判结果的评估、发展中国家的更多参与、自愿原则、最不发达国家的特殊困难。

第 20 条　具体承诺细目表

本条款规定各成员应将与其他成员达成的有关承诺列在其细目表中，且应指明达成协议的部门和分部门。另外，还应包含以下内容：（1）有关市场准入的任何限制和条件；（2）有关国民待遇的任何限制和条件；（3）任何未就市场准入和国民待遇达成协议的支付方式；（4）可能的话，列出承诺执行的时间表；（5）任何实现市场准入的其他措施；（6）承诺生效的时期。同时，还规定有关协议的细目表应附在 GATT 之后，使之成为 GATT 的一部分。

第 21 条　细目表的修改

本条款对成员修改和撤回自己的承诺作了规定；规定修改和撤回承诺只能在其承诺生效 3 年之后，并且应在一定的时间内与受影响的其他成员达成补偿性协议，并通告国际服务贸易理事会。其他成员在受到影响后，有权自行采取补偿性的措施对其承诺作出相应的修改和撤回，但是，都需通知国际服务贸易理事会。

（六）第五部分　组织结构条款

第 22 条　磋商

本条款规定，任何成员都有权对它认为会有损于其利益的做法，在本协定原则下向另一成员提出磋商。当任何成员对影响本协定执行的任何事项向另一成员提出磋商请求时，另一成员应给予同情的考虑，并作出积极的反应，要主动给予适当的机会予以充分的磋商。

第 23 条　争端解决和执行

第 22、23 条是 GATS 关于国际服务贸易引起争端时，所规定的争端解决机制，是建立在 GATT 第 22、23 条基础上的。所不同的是在 GATS 中，第 22、23 条并不解释和扩大到 GATT 争端解决机制所依据的、详细的争端解决程序及其谅解方面。尽管第 23 条规定了争端解决机制，并且协定本身认为它应该是不寻求 GATS 以外的争端解决机制而存在的。

第 24 条　国际服务贸易理事会

国际服务贸易理事会是为了有利于实施本协定和促进实现本协定所期望达到的目标而设立的。其职能体现在两方面：(1) 监督 GATS 的实施以促进实现其目标；(2) 设立附属机构以有效地分散其职能。第二款规定所有成员都有权向代表理事会及附属机构派驻代表。第三款认为代表理事会将选出代表理事会主席，并制定自己的工作原则和程序，理事会主席一经选出，他本身不能代表他所在成员国行使其职权。

第 25 条　技术合作

本条款要求发达成员和其他工业化成员应尽量为其他成员的服务提供者，特别是来自发展中国家或地区的服务提供者，提供服务方面的技术援助。

第 26 条　与其他国际组织的关系

本条规定国际服务贸易理事会应将不断地作出适当的安排，与联合国及其专门组织机构和其他政府间有关服务方面的组织进行合作。

(七) 第六部分　最后条款

该部分共 3 条（第 27 条到第 29 条），规定了 GATS 中利益的否定、术语的定义和附录。

第 27 条　利益的否定

本条款规定各成员可以拒绝给予那些“源于”不是 GATS 的成员，或不适用本协定的另一成员的服务或服务提供者 GATS 项下的利益。

第 28 条　术语的定义

本条款对一些术语作了解释性说明和定义。

第 29 条　附录

本条款声明本协定的附录是本协定的有机组成部分。

复习思考题

1. 《服务贸易总协定》是如何产生的？
2. 《服务贸易总协定》的主要内容是什么？
3. WTO 体制对国际服务贸易发展有哪些方面的影响？

阅读推荐与网络链接

1. 世贸组织秘书处．乌拉圭回合导读（中译本），法律出版社，2000.

2. 汪尧田、李力．国际服务贸易总论．上海交通大学出版社，1997.

3. 陈宪、程大中．粘合剂：全球产业与市场整合中的服务贸易．高等教育出版社，2001.

4. 薛荣久．中国加入 WTO 纵论．对外经济贸易大学出版社，2001.

5. http：//www. stats. gov. cn/.

6. http：//www. imf. org.

7. http：//www. mofcom. gov. cn/.

8. http：//www. wto. org.

第六章

国际服务贸易政策

学习目标

- 了解国际服务贸易政策的演变
- 掌握国际服务贸易自由化政策的正负效应，了解各国服务贸易自由化的情况
- 掌握服务贸易壁垒的分类，了解各国服务贸易保护政策

从20世纪80年代中期开始，印度政府明确将IT（Information Technology）产业发展作为战略重点，积极扶持计算机和软件产业的发展，先后制定了多项支持鼓励政策。1991年6月，印度在班加罗尔创建了全国首个计算机软件技术园区，其后又在马德拉斯、海得拉巴、孟买、加尔各答等地建立了18个具有国际先进水平的软件技术园区，并对园区的企业实行各种优惠政策，对软件和服务公司的银行贷款实施“优先权”等。1998年，印度政府还设立了风险投资基金，用于支持中小企业发展。为了保证软件公司的规范运作，印度国家软件和服务公司协会还规定，凡拥有10名员工以上的软件公司必须实行ISO 9001标准认证等。在印度政府的积极推动下，印度的软件外包服务得到了快速发展，前20家软件公司贡献了印度软件服务总出口额的42%，其平均出口额是1.66亿美元。

第一节 国际服务贸易政策的演变

国际贸易政策是以服务一国国际贸易为目的而产生的，各国制定国际贸易政策的核心是以国家利益为主导，出发点是国际贸易对一国政治、经济方面的影响。在不同时期，不同国家的国际贸易政策是极不相同的。国际服务贸易政策作为国际贸易政策的一部分，其存在的目的和产生的出发点与传统的国际贸易政策基本一致。

早期的国际服务贸易规模较小，项目单一，在全部国际服务贸易收入中，运

输服务和侨汇等相关的银行服务就占了70%以上。新型国际服务贸易，如电信、计算机软件，甚至是信息高速公路、多媒体技术、知识产权类服务及其他与现代生活相关的服务，主要都是在第二次世界大战后才出现的，有些则是在20世纪80年代末、90年代初刚刚兴起的。因此，在贸易政策上，早期的国际服务贸易限制较少，再加上当时的世界政治经济体系主要由少数几个工业发达国家所操纵，所以，在全球范围内基本上采取的是国际服务贸易自由化政策。

二战后初期，西方国家为了恢复经济，从国外大量引进服务人员，并欢迎技术转让和金融服务入境，于是，国际服务贸易进入了有组织的、商业利益导向的发展阶段。这一阶段，美国作为世界经济的“霸主”，通过“马歇尔计划”和“道奇计划”，分别对西欧和日本进行“援助”，伴随着货物输出，大量的资金和技术等服务也输往境外，并取得了巨额的服务收入。在该阶段，发达国家总体上国际服务贸易壁垒较少，但发展中国家对国际服务贸易表现并不积极，相反却设置了重重障碍，限制境外服务的输入。

专栏6—1

马歇尔计划

马歇尔计划（Marshall Plan）是第二次世界大战后美国援助欧洲的计划，也称为欧洲复兴计划。1947年6月5日，美国国务卿乔治·马歇尔在哈佛大学发表演说首先提出援助欧洲经济复兴的方案，故名马歇尔计划。他说，当时欧洲经济濒于崩溃，粮食和燃料等物资极度匮乏，而其需要的进口量远远超过它的支付能力。如果没有大量的额外援助，就会面临性质非常严重的经济、社会和政治的危机。他呼吁欧洲国家采取主动共同制订一项经济复兴计划，美国则用其生产过剩的物资援助欧洲国家。1947年7月至9月，英、法、意、奥、比、荷、卢、瑞士、丹、挪、瑞典、葡、希、土、爱尔兰、冰岛16国的代表在巴黎开会，决定接受马歇尔计划，建立了欧洲经济合作委员会，提出了要求美国在4年内提供援助和贷款224亿美元的总报告。1948年4月，德国西部占领区和的里雅斯特自由区也宣布接受1948年4月3日美国国会通过的《对外援助法案》，马歇尔计划正式执行。计划原定期限5年（1948年至1952年），1951年底，美国宣布提前结束，代之以《共同安全计划》。美国对欧洲拨款共达131.5亿美元，其中赠款占88%，余为贷款。

马歇尔计划实施期间，西欧国家的国民生产总值增长25%。马歇尔计划是战后美国对外经济技术援助最成功的计划。它为北大西洋公约组织和欧洲经济共同体的建立奠定了基础，对西欧的联合和经济的恢复起了促进作用。

20世纪60年代以后，随着世界各国医治战争创伤的结束，经济迅速发展，大家普遍意识到服务外汇收入是一项不可忽视的外汇来源。同时，基于国家安全、领土完整、民族文化与信仰、社会稳定等政治、文化及军事目标，各国均对服务的进出口制定了各种政策和措施，其中不乏有鼓励性的，但更多的是限制性的，再加上传统产业已形成的限制性经营惯例，从而极大地限制了国际服务贸易的发展。在该阶段，发展中国家对国际服务贸易的限制尤为显著。比如，秘鲁在1972年曾作出一项规定，秘鲁企业不得再从外国购买本国可以制造的船舶，任何外国船舶的采购必须经秘鲁国家工业委员会的推荐，确认对本国造船业无害后才可以得到批准，所有悬挂秘鲁国旗的船只必须在秘鲁造船厂制造，其维修也必须在秘鲁船厂进行，除非秘鲁船厂无力完成维修任务，或是在十分紧急的情况下，才可以在国外维修。同时，在该时期，发展中国家经常联合起来抵制发达国家文化、娱乐产业对各自国家的影响，并为此召开一系列的国际会议，如1973年的阿尔及尔会议等。

专栏6—2

经济合作行动纲领

一九七三年九月十日，第四次不结盟国家和政府首脑会议在阿尔及尔召开，有75个国家参加，通过了《经济合作行动纲领》，强调不结盟国家之间加强经济方面的广泛合作以减少对发达国家的依赖。

纲领说，不结盟国家国家元首和政府首脑表示“决心努力实现各别或集体的自力更生。为此，他们一致同意将继续在国家一级一致努力以减少失业、群众性的贫困、收入分配悬殊和在经济上依赖发达国家，调动各国的资源使经济的各部分得到全面和平衡的发展。”

纲领说：“为了促进发展中国家之间的贸易，每个发展中国家应该努力实现从其他发展中国家进口的商品增加一倍的目标。”

“任何发展中国家都不应当给发达国家的进口商品以比发展中国家的进口商品更优惠的待遇。”

“为便利区域间的贸易，应该认真考虑制定包括所有发展中国家的结帐和支付协定的可能性。”

“发展中国家应当建立和加强关于对世界经济有重要意义的主要商品的生产国协会，以便阻止贸易条件的恶化，消灭有害的竞争，制止多国公司的有害活动，加强它们讨价还价的力量。”

“不结盟国家之间应当通过它们的报纸、期刊、电台、电视台和新闻手段交流和传播有关各个方面的共同成就的情况。不结盟国家应当制定分享这方面的经验的计划，尤其是通过宣传方面的代表团的互访，交换电台和电视台节目、影片、书籍和图片，通过文化代表团的互访和举行艺术节。”

由于国际服务贸易对一国经济发展的巨大推动作用，加之经济全球化的影响，各国政府，特别是发展中国家政府，逐步开放国际服务贸易领域，推行国际服务贸易自由化政策。尤其是在乌拉圭回合及以后的服务谈判中，发展中国家大多在国际服务贸易领域做出了实质性的开放承诺。如在1995年7月结束的全球金融服务谈判中，多数发展中国家承诺开放本国金融服务市场，包括允许外资在本国金融机构参股，允许外资在本国建保险公司，允许外资购买本国公司或建立自己的分支机构等。不少发展中国家还对本国的有关法规进行了修改或废除，使其国际服务贸易市场出现了自由化趋势。

但是，由于国际服务贸易项目繁杂，方式多样，且对一国经济、政治、文化安全有着巨大的影响力。加之各国基于本国的发展水平和具体情况，又会实施不同的管理手段，所以更加剧了国际服务贸易政策的复杂性。目前世界上许多国家仍采用多种方式对国际服务贸易进行保护，国际服务贸易壁垒和“合法”保护之间仍存在许多“灰色区域”，国际服务贸易自由化目标的实现仍然困难重重，充满着不确定性和主观随意性。

第二节 国际服务贸易自由化政策

早期的国际服务贸易规模较小，且大多是为货物贸易服务的，在全部国际服务贸易收入中传统的国际服务贸易行业如运输服务、银行服务等占主要地位，新型国际服务贸易所占比重较小，因此在贸易政策上，早期的国际服务贸易限制较少，在全球范围内基本上采取的是国际服务贸易自由化政策。

从国家角度来看，发达市场经济国家因其国内服务业竞争力较强，一般主张国际服务贸易的自由化，要求发展中国家开放服务市场，以便它们具有优势的服务业进入发展中国家的服务市场。服务业比较落后和在某些服务部门不具备优势的发展中国家，则不得不对本国的服务产品市场进行保护，对发达国家的服务业进入本国服务市场做出各种限制性规定。但有时为了引进外资和先进的技术或服务，不仅开放某些服务项目，还常常以税收减免等优惠，鼓励外国的服务业进入本国市场，以促进本国服务业的发展。发展中国家在这种两难博弈过程中，往往会选择以促进本国经济发展为目标，开发本国的服务产品市场。

一、国际服务贸易自由化政策的理论基础

虽然货物贸易与国际服务贸易有很大的差异，但许多人还是赞成解释货物贸易的理由同样也适用于国际服务贸易。以亚当·斯密和大卫·李嘉图为代表的古典经济学家赞扬国际贸易的自由化，其理论基础为大卫·李嘉图提出的著名的比

较优势理论。该理论认为，若每个国家都专门从事对自己来说相对成本较低的商品的生产，然后再彼此交换，贸易参加方都能够获得贸易利益。将该理论推广到服务领域，赞成国际服务贸易自由化的人们就认为，那些在服务业方面拥有优势的国家应扩大其服务产品的出口，其他国家则应开放本国的服务市场，而发展其他部门的生产，以与服务出口国的出口产品相交换。或当各国在不同的服务行业享有比较优势时，各国应集中生产自己具有相对优势的服务产品，以与别国的其他服务产品相交换，实行服务业的内部贸易。如同商品的国际贸易一样，上述做法的结果必然会提高世界整体的资源配置效率，从而使有关各方均能获利。

到2002年，国际服务贸易已占世界贸易总额的25%，若再加上物化国际服务贸易（软件、音像制品等）则要占更大比重。显而易见，国际服务贸易的自由化将极大地促进国际贸易的发展，使其在世界经济中占有更重要的地位。不仅如此，国际服务贸易的发展对国际经济关系的影响要大得多，因为有许多服务如投资服务、技术服务、人员流动等要素服务，属于生产要素的国际流动，对世界经济变化有着更为深远的影响，标志着经济联系的不断加强及国际分工的进一步深化。在缺乏生产要素的国际流动之前，各国仅是凭借各自的生产要素优势生产自己有比较优势的商品并进行交换，在发生了生产要素的国际流动之后，各国可以直接拿自己具有优势的生产要素与外国交换，促进本国对外贸易的发展。即使单纯考虑商品的国际贸易，国际服务贸易的自由化也是十分重要的。许多追加型国际服务贸易，如国际运输、广告、维修服务等都是与货物贸易密切相关的，特别是在非价格竞争日益成为国家竞争主流的今天，这些服务对国际货物贸易的意义就更为重要。其他服务如金融服务、保险服务、技术服务、电力服务等则属于商品生产不可缺少的投入，直接影响着商品的生产和成本的高低，这种国际服务贸易的发展会加速资源流动，提高生产部门的效率，降低其成本，从而促进国际货物贸易的发展。

国际服务贸易自由化本应包括所有国际服务贸易形式，但由于不同国家在国际服务贸易各方面的相对优势不同，所以在实际经济活动中各自的政策核心也不尽相同。在乌拉圭回合多边国际服务贸易谈判中，以美国为首的发达国家最为关心的是国际服务贸易中增长最快的领域——生产者国际服务贸易的自由化，如银行、保险、电讯、咨询、会计、计算机软件和数据处理，以及其他专业性服务的贸易自由化。而发展中国家则侧重于劳动力的流动问题，以发挥自己的相对优势。因此在国际服务贸易领域就形成了这样一种局面，即各国都对其强势服务部门实行自由化政策，对弱势服务部门则实施保护。由于各国服务业的发展水平不一，各国的政策偏好不同，于是一场旷日持久的有关国际服务贸易自由化的谈判就不可避免了。

二、国际服务贸易自由化政策的正负效应

1. 国际服务贸易自由化政策的正面效应

自由贸易能促进国际分工，提高劳动生产率，使一国经济富有效率，这是在

古典贸易理论中早已被证实的结论。经济有效率并不要求所有国家都采用最先进的生产技术。考虑到不同国家不同的要素价格，经济效率要求各国对生产技术的选择应该反映其要素禀赋的稀缺程度。经济无效率可以指未达到最优的投入产出组合，比如不发达国家盲目投资资本技术密集型设备有可能导致低效率，因为缺乏训练有素的操作人员和充裕的资本等。

贸易自由化之所以能够提高劳动生产率，主要是因为它能够排除合格生产者进入市场的障碍，刺激那些有能力提供优质服务的厂商扩大生产规模，同时迫使那些能力有限的厂商退出市场，所以贸易自由化是实现规模经济、提高经济效率的途径之一。具体原因表现在以下几个方面：（1）贸易障碍的拆除使厂商直接面临竞争的外在压力，迫使其更加努力提高劳动生产率；（2）自由化鼓励厂商参与更为广泛的国际市场竞争，从而促进厂商或行业产出增长，降低平均成本，提高生产效率；（3）将宏观经济稳定性与自由化效应结合起来。一个稳定的宏观经济环境可以创造健康的投资环境和引发技术革新和增长，伴随更高的投资水平，出现更高的生产力增长率。通过社会稳定计划，某些贸易政策的变革可以导致更加稳定的宏观经济环境。现实中有一些事例证实了实现自由化后劳动生产率和全要素生产率都有所提高。例如，1971～1981 年智利实行贸易政策改革后，制造业平均劳动生产率提高了 42 个百分点；1986 年墨西哥贸易自由化后，制造业劳动生产率由 2% 增加到 4%。20 世纪 80 年代中期，加拿大经济学家 R·哈里斯和 D·考克斯对美加实现自由贸易后加拿大的得益进行了数量分析，他们的结论认为，实现自由贸易后，加拿大的实际收入将提高 8.6%。很明显，总体上收入的提高与生产率的提高是密切相关的。

另外，贸易自由化还能够改变厂商经营的市场条件，包括运用技术和投资的动机等，促进创新和技术变革。因为自由贸易比保护贸易提供更多的学习和创新的机会，这对企业家学习和创造新技术、新方法，为出口或与进口竞争等都提供了更大的激励。

最后，国际服务贸易自由化还能够推动服务部门专业化的发展，而服务部门专业化一方面产生规模经济效应；另一方面导致服务部门技术标准化和服务综合化。这些均构成一国服务部门竞争力的基础。政府在权衡国家安全利益和国际服务贸易利益时，有时可能更多地强调国家安全利益，有时则更多地考虑维护或提高竞争力。比如，军用信息技术往往领先于民用信息技术，一旦前者转化为后者将会极大地推动工业、服务业，特别是国际服务贸易的发展，但当国家安全的要求特别强烈时不仅限制军民两用信息技术出口，而且还限制这种转化，最终可能损害国家经济竞争力。

著名经济学家迈克尔·波特等人从不同角度对国际服务贸易自由化与国家竞争力的关系，曾给予深入的理论分析和数据论证。他们认为获得低成本优势和寻求产品差异性，是国际服务贸易自由化、提高厂商乃至国家经济竞争力的基础。

2. 国际服务贸易自由化政策的负面效应

国际服务贸易自由化不仅关系到国家经济竞争力，而且关系国家最为敏感的安全问题。国家安全涉及五种基本的国家利益，即政治利益、经济利益、军事利益、外交利益和文化利益。推行国际服务贸易自由化政策很有可能对一国的国家安全产生负面影响。

对于发达国家，国际服务贸易自由化主要从以下几方面影响国家安全：(1) 可能削弱或威胁国家现有的技术领先优势，提高竞争对手的国家竞争实力；(2) 可能造成高技术的扩散而给国家安全造成潜在威胁，因为国际服务贸易中包含大量的高技术要素或信息，一旦这些要素或信息扩散到其他国家或被恐怖组织掌握，则可能危及国家安全或民族利益；(3) 可能危及本国所在的国际政治与经济联盟的长远利益。基于这些理由，发达国家或技术领先国家认为有必要长期保持其在国际市场中的技术领先地位，以此获得最大的国家政治、经济和外交利益，并期望通过限制先进技术等服务的出口，长期保持对技术落后国的信息技术优势，于是就出台了各种限制服务出口的政策措施。

对于广大发展中国家，尽管它们迫切需要进口包含大量先进技术信息的现代服务，但又不能不考虑进口服务带来的各种可能危及国家安全的负面影响。印度学者V·潘查姆斯基将国际服务贸易自由化对发展中国家的影响概括为九个方面：

(1) 使发展中国家丧失其对经济政策的自主选择权，发展中国家目前许多通行的管制是为了加强对国内服务部门的控制，发展服务业以使服务出口多样化。

(2) 将进一步加深发展中国家对发达国家的经济依赖，使其几乎丧失执行符合本国利益的国内政策的空间。

(3) 使发达国家金融机构凭借其在金融服务和国际货币发行领域的优势，削弱发展中国家政府在金融货币管理领域发挥积极的管理作用。

(4) 由于发展中国家与发达国家在货物与服务生产率上的差距日益扩大，国际服务贸易自由化将会使发展中国家在服务领域依赖发达国家，并使发展中国家服务业的国际化程度缩小。

(5) 发展中国家不得不放弃国际服务贸易的控制权，它们的新兴服务业如银行、保险、电力、航运和航空等将直接面临发达国家厂商的激烈竞争。

(6) 作为最大服务进口者的发展中国家短期内可能以两种方式影响其国际收支，首先，可能导致在国内市场上国内服务供应商被国外服务供应商所取代，其次，可能形成以进口服务替代国内服务，使进口需求增加的局面。

(7) 可能从多方面影响国内就业，研究表明，低收入国家服务部门使用的劳动力超过发达国家的劳务部门使用劳动力的两倍，国际服务贸易自由化对发展中国家就业的影响要大大超过发达国家。

(8) 信息服务跨国流动不仅导致一种依赖，而且可能损害国家主权。信息国际服务贸易自由化的严重影响以下两点：其一，信息服务业包括信息传输网、网络终端、计算机服务和信息基础设施等，这些基础设施高度集中于发达国家，如果发展中国家通过海外信息服务业弥补国内产业结构的不足，将会造成信息资源的自由流动，这种信息的大量外流造成国家信息资源严重损失。其二，信息国际服务贸易依赖性使发展中国家更易受外国的压制，因为那些对于发展中国家经济发展意义重大的核心信息资料，可能由于政治、经济或其他原因而受到外国政府的控制。

(9) 国际服务贸易自由化可能会损害发展中国家的国家利益和消费者利益，发展中国家对服务进行管制一是为了国家安全，保护文化和减少依赖程度；二是为了保护消费者利益。

三、国际服务贸易自由化政策举例

自由化是国际服务贸易发展的最终趋势，推行国际服务贸易自由化政策有助于优化一国服务产业结构，提升服务产业竞争力，提高该国在国际分工中的地位。本书将选取印度和欧盟作为发展中国家和发达国家的代表，分析其国际服务贸易自由化政策。

1. 印度

印度作为当今世界新兴经济体之一，其服务业的发展非常迅速，2010 年，印度国际服务贸易进出口总额为 2 264. 2 亿美元，其中出口 1 095. 14 亿美元，位居世界第十位；进口 1 169. 6 亿美元，位居世界第七位。2010 年印度国际服务贸易占世界国际服务贸易进出口总额的 3%。2005 ~ 2010 年间，印度国际服务贸易年均增长率达到 17%，远超出包括中国在内的国际服务贸易发达国家。印度国际服务贸易的快速发展与其推行自由化国际服务贸易政策密切相关。

(1) 电信业

近年来，印度政府为了满足“入世”的要求和不断刺激经济发展，采取了一系列扩大对外开放的政策措施。电信服务业的开放属于其中的重要组成部分。电信业推行的自由化政策，优化了印度电信业的投资和市场结构，促进电信业的发展，增强了印度电信业的综合竞争力。其具体的开放历程为：

1991 年，印度政府决定开放增值业务市场，并承诺增值业务领域完全由私人企业竞争。

1994 年，印度政府颁布实施了《国家电信法》，允许私有资本进入电信市场，并鼓励与外资联营的民营公司向不同地区的电信产业投资，其中外资比例不得超过 49%；同年 5 月，允许私人资本进入本地基本电信业务和增值电信业务；同年 11 月，将全国划分为 21 个电信区，同时开放移动业务。至此，印度各地的基本电话业务市场全部开放。

1997 年，《基础电信协议》达成和生效，印度在《基础电信协议》中承诺，其将就开放国内长途服务和国际电信市场做出明确安排。

1999 年，印度在新的《国家电信政策》中指出，将从 2000 年开始开放国内长途市场，允许自由竞争；另准备于 2004 年在国际电信业务市场引入竞争。

2001 年 11 月，印度国内长途业务市场开始引入竞争，第一张私有牌照发放给了 BhartiTelesonic 公司，目前它已经与新加坡电信合建了国际海缆系统 i2i。

2004 年 3 月，印度电信管理局实施了一项业内兼并的新政策，要求任何兼并都必须符合某一电信服务区内至少要有 3 个运营商提供服务的条件，并且兼并后的运营商在同一电信服务区的市场份额不能超过 67%。该政策的目的有两个：一是鼓励运营商对本服务区内的竞争对手进行收购，以达到通过兼并使企业做大做强的目的；二是防止垄断的出现。

2005 年 2 月，印度政府又将国内电信行业的外国直接投资（Foreign Direct Investment，FDI）比例上限从原来的 49% 提高到 74%，财政部也简化了电信企业的税收结构。至此，印度电信服务业对外开放的力度已经超过了包括中国在内的许多发展中国家。

（2）建筑业

印度建筑工业是印度经济和印度吸引外资的重要组成部分，同时也是印度迅速实现工业化、城市化的基础。建筑业占到印度总项目预算的 40% ~50%，如高速公路建设、公路新建、铁路新建、能源、机场和移民等等。随着印度国家政策的放开和融资环境的宽松，许多建筑开发公司，建筑机械和建材厂商，其他辅助材料供应商和经销商都将扮演一个重要的角色。

2006 年伊始，印度政府就宣布开放建筑开发市场，无条件允许外资 100% 直接投资房地产市场，以刺激建筑行业的发展。

机场建设方面，印度机场管理当局允许合资经营，其他公共事业单位可以持有 26% 的股份，另外的 76% 由战略合伙人持有。新德里和孟买的国际机场通过私人经营参加，已经获得升级提高，外国直接投资机场建设已占总投资的 49%。

港口码头建设方面。根据印度政府制定的经济自由化政策，允许外国资本和私营企业参与港口码头基础设施的建设。外国企业参与印度港口码头建设和维修的投资比例最高可达到 100%。

2. 欧盟

国际服务贸易自由化是欧盟实行统一内部市场的重要组成部分。为此，欧委会于 2004 年 2 月 24 日提出了《欧洲议会和欧盟理事会关于国际服务贸易内部市场指令》（以下简称《国际服务贸易指令》）的建议。该指令是落实里斯本战略的重要经济改革措施。欧盟理事会在里斯本会议上提出的目标是，欧盟将在 2010 年成为世界最具竞争力和活力的经济地区。为实现这一目标，建成统一的国际服务贸易内部市场势在必行。

欧委会建议的《国际服务贸易指令》的宗旨是，建立一个法制环境，以实现国际服务贸易供应商在欧盟成员国的居留自由和成员国之间国际服务贸易往来的自由，消除阻碍实现国际服务贸易统一内部市场的法律障碍，向国际服务贸易供应商和国际服务贸易用户提供必要的法律保障。《国际服务贸易指令》的基本内容为：

为取消限制居留自由的障碍，指令中建议：

（1）简化行政管理。所有欧盟成员国应承认其他成员国出具的同等效力的文件，不再需要公证或者翻译。建立统一的对话窗口，国际服务贸易供应商可以在此完成所有行政管理手续；

（2）对于开展服务活动所需的批准程序和手续提出几个有约束性的原则：批准应该是客观、非歧视的、准确和清晰的，要求批准的过程和程序应该透明、公正，递交的申请应该在规定的时间内迅速和不带偏见的得到处理；

（3）成员国应该向国际服务贸易供应商清晰、明了地介绍本国从事某项服务的要求、主管和监督机构以及可以提供咨询或支持机构的联系方式、发生法律纠纷时给与协助；

（4）成员国应该最迟于2008年12月31日可以在异地通过电子系统完成所有开展国际服务贸易活动相关手续和程序；

（5）成员国不能直接或间接地由于国籍或所在地原因提出歧视性要求；

（6）为保持同指令的一致性，成员国应审查和修改各自的法律规定。

为消除成员国限制国际服务贸易往来自由的障碍，指令中建议：

（1）来源国原则，即国际服务贸易供应商只需遵守其居住国的关于国际服务贸易供应商行为、质量、内容、广告、合同和担保的相关规定，而成员国（用户国）不能限制其他成员国的国际服务贸易供应商所提供的服务。例如，一个波兰的建筑公司在德国工作，只需遵守波兰的法律。按照欧委会的建议，来源国将对在国外的本国国际服务贸易供应商行使监督权。根据这一原则，德国不能检查来自其他欧盟成员国国际服务贸易供应商的居留许可和社会保险等情况；

（2）不能向来自其他成员国的国际服务贸易供应商提出类似成立公司、提交报告和批准申请、明确地址或指定代理等限制性要求；

（3）国际服务贸易的用户有权接受其他成员国提供的服务，这一权力不能因本国的限制性措施或者官方的或私人的歧视性做法而受到影响；成员国应该关注不能对国际服务贸易的用户提出基于国籍或住址的歧视性要求；

（4）提出鼓励接受其他成员国国际服务贸易的措施；成员国应向国际服务贸易的用户通报其他成员国有关国际服务贸易消费者保护方面的规定，提供国际服务贸易供应商的详细情况并使国际服务贸易的用户方便快捷地得到这些信息，介绍国际服务贸易供应商和用户发生纠纷时应采取的法律援助信息；提供咨询机构信息，大力扩大国际服务贸易用户关于国际服务贸易活动的知情权，使得他们能够拥有决策能力；

（5）对供应商派遣人员的监督程序方面，区分国际服务贸易来源国和国际服务贸易消费国的不同任务。

为增进成员国之间在消除障碍方面的相互信任，指令建议：

（1）在重要问题上，为保护共同利益对法律规定进行协调，就国际服务贸易供应商的信息交换义务、职业担保保险、争端的解决以及国际服务贸易供应商资质信息的交换制定统一规定；

（2）加强成员国之间相互支持与合作，以确保对国际服务贸易的有效监督；

（3）采取措施，提高国际服务贸易质量，例如对国际服务贸易活动进行自愿认证、完善质量保障体系，加强贸易协会和手工业协会的合作等；

（4）支持相关利益组织制定共同的行为准则。

该指令项下的国际服务贸易包括非常广泛的经济活动，如：企业咨询、认证、审计、保养、娱乐、办公室保卫、广告、人员中介、贸易代理、法律税务咨询、房地产推销商、建筑商、设计师、贸易、展会、机动车租赁、保安服务、旅行社、领航人、运动中心、活动中心、休闲服务、保健服务、家政服务、照看老人等。

由于欧盟对某些领域已经制定了专门的法律文件，所以该指令不包括金融业、电子通信业、税收和交通等行业。

2005 年 3 月底，欧委会对指令草案进行修改，突出对社会标准的保障。2006 年 2 月 26 日欧洲议会通过了修改后的指令草案。在这次欧洲议会通过的文本中，来源国原则被取消了，即虽然国际服务贸易供应商有权不受限制的进入别国市场，但如果涉及到公共安全、公共秩序、以及健康和环保的原因，国际服务贸易消费国可以按照本国的规定要求国际服务贸易供应商遵守。消费国的劳动法和工资法也同样适用。按照现在通过的欧盟《国际服务贸易指令》，如果一个葡萄牙的建筑公司在德国工作，必须遵守德国的规定。至此，通向开放的欧盟内部国际服务贸易市场的道路已经畅通。

上文中所例举的印度和欧盟的例子代表了发展中国家和发达国家在国际服务贸易自由化方面所采取的政策。但是，我们必须意识到，国际服务贸易所涉及的较多行业，如出版业、文化产业等，对一国政治以及经济安全方面有着非常重大的影响，加之一些发展中国家的服务业仍处于起步发展阶段，出于对本国服务业的保护，目前世界上的大部分国家仍未完全开放本国的服务业，对其依旧采取保护政策。

第三节　国际服务贸易保护政策

虽然国际服务贸易自由化能够给贸易参加国带来种种好处，然而在现实经济生活中，服务的国际贸易和货物贸易相比存在着更多的障碍，服务业也成了各国国内受保护程度最高的行业。特别是 20 世纪 60 年代以后，随着世界经济的迅速发展，各国普遍意识到服务外汇收入是一项不可忽视的外汇来源。同时，基于国家安全、领土完整、民族文化与信仰、社会稳定等政治、文化及军事目标，各国均对服务的进出口制定了各种政策和措施，其中有些是具有鼓励性质的，但更多的是限制性的政策和措施。

一、国际服务贸易保护政策的成因

尽管乌拉圭回合谈判达成了《服务贸易总协定》，参加国在许多方面取得了一致，但依然存在着诸多障碍，导致这种现象的根本原因在于服务业本身的特点及其在经济中具有的重要地位。

一国采取国际服务贸易保护政策首先是维护国家经济利益，保护国家经济安全的需要，这一点和货物贸易保护的动机是相同的。因为许多服务部门在经济中具有十分重要的地位，因而各国政府对服务业有着更强烈的保护愿望，像交通运输业、通讯、电力、金融等服务行业都属于一国经济的关键部门，控制了这些部门，实际上就等于控制了这个国家的国民经济命脉，该国经济的独立性就会丧失。

国际服务贸易涉及的另外一个经济问题，即国际贸易引致的专业化利益和经济独立性问题。专业化和国际分工固然可以给各国带来一定的经济利益，但在国民经济结构中，有些部门是必不可少的，缺乏这些部门的自立能力，一国经济的独立性就会受到极大的威胁。而一国经济的基础产业和主导产业如果为外国资本所控制，则其经济结构将在很大程度上取决于外国资本的需要，这就会导致所谓"依附经济"的产生。在这种经济中，一国的经济及对外贸易的发展对本国居民来说实际利益是十分有限的，从而出现所谓的"贫困化的经济增长"或"没有经济发展的经济增长"。其次，导致国际服务贸易保护主义的另一个主要理由是政治上、文化上的考虑，这是国际服务贸易保护主义不同于货物贸易保护主义的一个很重要的方面。有一些服务部门，如教育、新闻、娱乐、影视、音像制品等，虽然并非国民经济命脉，但却属于意识形态领域。任何国家的政府都希望保持本国在政治、文化上的独立性，限制外国文化的大量进入，因此对这些部门也进行保护或设置市场进入障碍，不希望为外国资本所控制。

专栏 6—3

贫困化增长

贫困化增长是某些发展中国家发生的情况，它的含义为：当一国由于某种原因（一般是单一要素供给的极大增长）使传统出口商品的出口规模极大增长，其结果是不仅导致该国贸易条件的严重恶化，而且还导致该国国民福利水平绝对下降。贫困化增长最初是由布雷维什和辛格提出的，1991 年，彼得·林德特在《国际经济学》中归纳了贫困化增长的三个前提条件：一是该国必须是贸易大国，因为只有贸易大国的进出口数量变化才会影响世界商品价格；二是该国必须在很大程度上依赖于国际贸易，因此贸易条件的下降对福利关系重大，足以抵消因为供应更多商品而取得的利益；三是国外对本国出口商品的需求必须是价格弹性较低的，因此出口供给的扩大会导致价格的猛跌。

简单来说就是，一国因为某种商品出口量大能影响国际市场价格，出口量的增加引起出口价格下降，导致价格下跌等贸易条件恶化，从而消费水平下降。

二、国际服务贸易壁垒及其种类

所谓国际服务贸易壁垒，一般指一国政府对外国服务生产者或提供者的服务提供所设置的有障碍作用的政策措施，即凡直接或间接地使外国服务生产者或提供者增加生产或销售成本的政策措施，都有可能被外国服务厂商认为属于贸易壁垒。国际服务贸易壁垒当然也包括出口限制。国际服务贸易壁垒的目的：一方面在于保护本国服务产品市场、扶植本国服务部门，增强其竞争力；另一方面旨在抵御外国服务的进入，削弱外国服务行业的竞争力。

据 GATT 统计，目前国际服务贸易壁垒多达 2 000 多种。与货物贸易相似，国际服务贸易壁垒也大体划分为关税与非关税壁垒两大类；与货物贸易不同，非关税壁垒在国际服务贸易理论分析中占有更重要的位置。有关国际服务贸易壁垒分类的讨论有许多，下面介绍两种分类：

R·鲍德文将主要贸易壁垒分为 12 种，美国经济学家 S·本茨将其中的 11 种分成两大类别应用于服务业：

第一类是投资/所有权问题，包括以下几种：(1) 限制利润、服务费和版税汇回母国；(2) 限制外国分支机构的股权全部或部分由当地人持有或控制，这基本上等同于完全禁止外国公司进入当地市场；(3) 劳工的限制，如要求雇佣当地劳工，专业人员须经认证以及取得签证和工作许可证等；(4) 歧视性税收，如额外地对外国公司收入、利润或版税征收不平等的税赋等；(5) 对知识产权、商标、版权和技术转移等信息贸易活动缺乏足够保护。

第二类是贸易/投资问题，包括以下几种：(1) 政府补贴当地企业并协助它们参与当地或第三国市场的竞争；(2) 政府控制的机构频繁地执行一些非赢利性目标，以限制外国生产者的竞争优势；(3) 繁琐的或歧视性许可证规定、收费或税赋；(4) 对外国企业某些必要的进口物品征收过高的关税，或直接进行数量限制，甚至禁止进口；(5) 不按国际标准和惯例定义服务部门和产品；(6) 限制性或歧视性政府采购规定。

上述国际服务贸易壁垒的分类较为零散，不便于理论分析。根据世界银行的分类，对国际服务贸易的限制大致可以分为两类：一类是进入限制，指政府对外国服务的进入设置的障碍；另一类是经营限制，指对外国服务提供者在该国境内从事服务活动的阻碍。具体的表现则有以下几个方面：

(1) 政府的采购。同货物贸易一样，政府采购也是国际服务贸易领域内保护主义的一项重要内容。在当今世界，政府开支已成为一国国内总需求的重要组成部分，而其中有很大一部分构成对服务产品的需求。政府的服务开支内容十分广泛，包括公务人员的聘请、通讯、金融、交通运输、法律、文化娱乐等诸多方面。政府在采购这些服务的时候，可以对本国的服务优先予以考虑，从而造成对外国服务进入的阻碍。

(2) 政府的优惠规定。同政府的采购一样，政府补贴、税收减免、信贷优惠及保证等政府优惠措施，在国际商品和国际服务贸易中均是十分普遍的一种贸易保护主义形式。对本国国内服务业的政府优惠使外国的服务及服务提供者在该国服务业的市场竞争中处于一种十分不利的地位，因为倘若在技术水平、管理能力方面差异不大，获得政府补贴的国内服务企业就能在经营成本上较外国服务企业占有一定优势。出于同样的理由，一国政府对本国服务出口的财政补贴、减免税等鼓励措施，严格说来也是一种贸易保护主义措施。

(3) 外国投资问题。贸易和投资是密切相关的，对于国际服务贸易而言，投资的作用就更为重要。因为服务是无形的、不可贮藏和运输的，故其生产和消费在时间和空间上常常是统一的。这就要求服务交易时服务提供者和消费者直接见面，而这除了通过人员流动外，只有跨国的直接投资才能做到，即一国服务提供者通过在国外设立分支机构直接向外国消费者提供服务。在当今世界，绝大多数的国际服务都是通过国际投资实现的，即所谓的商业存在的形式。甚至少数无须提供者和消费者直接见面的服务（如通讯、信息、银行结算等可通过线路传输的服务），有许多也需要在国外设立分支机构才可能发展。因此，要实现国际服务贸易的自由化，不能不涉及外国投资的自由化问题。

(4) 知识产权问题。技术服务、技术软件和影视、音像制品等领域的国际服务贸易都涉及到知识产权的贸易问题。没有有效的知识产权保护，这些服务领域的服务提供者会遭受严重损失，正常的国际贸易就可能无法展开。与其他国际服务贸易的障碍相比，知识产权问题有其特殊性，因为其他方面的贸易障碍都表现为对外国服务或产品的限制，而知识产权的侵犯则是对外国服务的自由使用，故知识产权保护需要考虑如何使其不阻碍正常的国际服务贸易的发展。

(5) 人员的国际流动问题。如前所述，国际服务贸易大多要求服务提供者与服务消费者直接见面，这除了要通过国际投资来实现外，还可以通过人员的国际流动来实现。倘若人员在国与国之间的流动存在阻碍，国际服务贸易是不可能得到迅速发展的。因而作为生产要素的劳动力的跨国移动，也自然构成各国政府限制服务提供者进入本国或进入本国后从事经营的主要手段之一。种种移民限制和出入境繁琐手续，以及由此造成的长时间等待等，都构成人员移动的壁垒形式。在一些专业服务如管理咨询服务中，能否有效地提供高质量服务通常取决于能否雇佣到技术熟练的人员。有许多服务，如技术咨询、医疗服务、教育服务、法律服务等，是只有取得一定职业资格的人（如医生、工程师、律师等）才可以提供的。倘若各国之间相互不承认对方国家授予该国公民的职业资格，则上述类型的服务就不可能在国与国之间大量开展。比如，在美国和加拿大之间存在工作许可证制度，某个美国公司在加拿大的分公司需要维修设备，技术人员就在1公里之外的美国境内，但他们却不能进入加拿大境内开展维修业务，而是从更远的地方，或用更多的等待时间雇佣加拿大维修人员来工作。同样，若各国对外国公民的学历及职业资格不予承认，则劳动力在国外的求职就会产生阻碍。

如果按照“乌拉圭回合”谈判采纳的方案，国际服务贸易壁垒又可分为两大类：影响市场准入的措施和影响国民待遇的措施。虽存在某些无法归入以上两大类的其他措施，如知识产权等，但人们认为现在应集中探讨市场准入和国民待遇问题。市场准入措施是指那些限制或禁止外国企业进入国内市场，从而抑制市场竞争的措施。国民待遇措施是指有利于本国企业但对外国企业存在歧视的措施，包括两大类：一类为国内生产者提供成本优势，如政府补贴当地生产者；一类是增加外国生产者进入本国市场的成本，以加剧其竞争劣势，如拒绝外国航空公司使用本国航班订票系统或收取高昂使用费等。

为帮助进一步了解国际服务贸易壁垒主要种类及其在各行业的表现，表6－1列出了常见的国际服务贸易壁垒种类及内容。

表6－1　　国际服务贸易壁垒简表

服务部门 / 壁垒形式	运输		电信	数据处理	银行	保险	工程建筑	广告	影视	会计	法律	软件	旅馆
	空运	水运											
数量质量限制	√					√		√	√	√			
补贴	√		√	√			√		√				
政府采购	√	√		√		√	√						
技术标准	√		√				√						
进口许可证		√	√	√		√		√	√				
海关估价		√	√									√	
货币控制及交易限制			√		√	√	√		√				
特殊就业条件						√	√			√			√
开业权限制					√	√	√			√	√		
歧视性税收			√		√		√		√				√
股权限制			√	√	√	√		√	√				√

注："√"表示该项壁垒存在于行业中。

资料来源：戴超平：《国际服务贸易概论》，中国金融出版社，1997。

第四节　国际服务贸易的保护政策举例

当一国服务业在国际服务贸易中处于劣势时，为保护本国国际服务贸易，加快本国服务业的发展，政府必然会采取相应的保护措施。采取保护贸易政策的很多是发展中国家或最不发达国家和地区，通过国际服务贸易壁垒来保护国内幼稚服务业的建立和发展，但发达国家同样有大量保护政策，它们采取保护措施是基于提升综合竞争力，争取本国经济利益和维护国家安全。

一、OECD（Organization for Economic Cooperation and Development，经济合作与开发组织）国家服务业管制

OECD（经济合作与发展组织，简称经合组织），建立于1961年，总部设在巴黎，由包括主要西方国家在内的30个成员国组成，包括澳大利亚、奥地利、比利时、加拿大、捷克、丹麦、芬兰、法国、德国、希腊、匈牙利、冰岛、爱尔兰、意大利、日本、韩国、卢森堡、墨西哥、荷兰、新西兰、挪威、波兰、葡萄牙、斯洛伐克、西班牙、瑞典、瑞士、土耳其、英国、美国等。

OECD国家对服务业的管制主要分为两类：一般管制和行业管制。

1. 一般管制

一般管制是指那些普遍适用于所有行业的管制政策，包括企业成立之初必须履行的行政管理程序，这对中小企业的影响尤其重要。一般管制作为企业的一项固定成本，具有重要的意义，尤其是在公路运输、零售分销业和通信服务业等竞争性的服务业中更为突出。这些行业由大量中小规模的企业构成，一般具有较高的流转率，代价高昂的行政管理程序，如：复杂烦琐的企业注册登记制度就可能成为准入障碍，影响新企业的准入和成长，为市场上已有的企业提供了一种市场保护力量。由这些管制造成的市场准入障碍所导致企业固定成本增加的后果必将由消费者来承担。

OECD各国之间采用的行政管理手段也有很大差别，OECD经济部的专家曾根据以下三方面内容对OECD各国的行政管制进行了总体评估：(1) 各国对公司企业以及个体经营者开业的行政管理要求，如：必需的许可证的数量，需得到多少相关政府部门的批准，审核批准的平均耽搁期限，相关的直接和间接费用；(2) 各国注册登记系统的特征，如是否存在“默许”原则等；(3) 管制政策及原则的不透明程度。据专家估计，OECD国家中，管制最为严厉的国家所产生的相关行政成本大约是自由化程度最高的国家的6倍。同时，实施严格行政管制的国家往往也会采取较为严格的经济管制，两者均会严重束缚市场机制，给企业带来沉重的行政管理负担，不利于市场竞争，严重阻碍新企业的诞生和企业创新的动力。

2. 行业管制

行业管制主要是指针对具体行业制定的，包括准入的法律、行政障碍，许可经营的业务范围，以及垂直合并的程度。在一定程度上，行业管制会限制市场准入，影响企业的运营，增加企业的固定成本，降低企业的规模效应。许多行业管制只是对现有企业的一种保护，并没有充分的经济依据，有时甚至是不适用的政策工具。多数OECD国家已经注意到这些管制的弊端，并开始实施改革，有一些还是非常彻底的改革，其中公路运输、航空和通信改革比较广泛，而铁路运输和

电力服务业相对滞后，尽管也进行了许多改革，但网络性服务业中仍存在许多垄断的不合理现象，竞争力量微弱。

过去20年中，OECD国家都已经进行了更加市场化取向的服务业管制改革，但不同国家不同行业的管制程度仍不尽相同。OECD国家服务业管制的变化，竞争性服务业一般趋于放松管制，如公路运输业、航空旅客运输业，有越来越多的国家放松对服务提供、准入、价格的限制，网络性服务业管制放松的程度明显小于竞争性行业，而且有一些国家还加强了管制，例如，有一些国家加强了电力、铁路运输业的准入限制。

二、加拿大

根据世界贸易组织（WTO）、《服务贸易总协定》（GATS）、《北美自由贸易协定》（NAFTA）等有关规定，加拿大联邦及省区政府先后出台了很多有关国际服务贸易的法律法规，几乎涵盖了国际服务贸易的各个方面，如有关投资方面有投资法（Investment Canada Act）；金融服务方面有银行法（Bank Act）、金融管理法（Financial Administration Act）和保险公司法（Insurance Companies Act）等；电信服务方面有电信法（Telecommunications Act）、无线电信法（Radio communication Act）和电信计费规则（Telecommunications Fees Regulations）等；广播服务方面有广播法（Broadcasting Act）；运输方面有运输法（Transportation Act）；建筑方面有国家住房建筑法（National Housing Act）等等。运用上述法律法规，加拿大各级政府一方面对全国的国际服务贸易行为加以规范；另一方面出于保护本国利益的需要，对关乎国计民生和国家政治、经济、文化主权的基础电信、广播、金融等服务领域的市场准入进行限制。其国际服务贸易壁垒主要表现在两方面：一是通过立法限制外国公司的所有权；二是采取各种措施对外国投资公司的经营行为加以限制和规范。

1. 通过和审核规定

加拿大投资法规定，运输服务、金融服务以及文化产业（出版、电影、电视、音乐和广播）方面，凡是500万加元的直接收购和5 000万加元的间接收购，或是被收购企业在加资产占被收购资产总值的50%以上的500万加元的间接收购，必须通报加拿大政府并被审核。同时，所有其他在文化产业的投资务必通告加拿大政府并有可能被审核。

2. 所有权限制

航空运输方面：加拿大运输法规定，航空公司外资持股比例不得超过25%。

图书出版和发行方面：加拿大投资法及补充政策方针规定，外商投资新企业只限于加拿大控制的合资企业；外资收购现有的加拿大控制的企业在以下两个条件同时具备时才被允许：（1）企业处于明确的财务困境；（2）加企业拥有完全、平等的收购机会，间接收购经过净收益审查后可被允许。

期刊出版方面：加拿大投资法及补充政策方针规定，不允许外资收购加拿大所有或加拿大控制的期刊出版企业；如果承诺作品绝大多数为加拿大人编辑的内容，则允许外商在期刊出版领域投资，包括投资设立企业、直接或间接收购外国企业以在加出版和销售期刊和进入加广告服务市场等；关于期刊出版、发行和销售方面的外商投资需进行净收益审核。

广播方面：加拿大联邦广播法规定，广播业外商持有表决权股份的比例不得超过20%，如是母公司，则不得超过33.3%。

电影发行方面：加拿大投资法规定，外资不得收购加拿大控制的发行企业；只有在进口或发行有权商品（进口商拥有全球发行权或主要的投资方拥有全球发行权）情况下，才允许外商投资新设发行企业；只有投资者承诺将其在加所得的部分收益根据国家文化政策进行再投资时，才允许外商直接或间接收购在加境内的外国所有的外国发行企业。

金融服务方面：加拿大联邦银行法以及省级法律规定，不论任何国籍的个人持有大型银行或保险公司的表决权股份不得超过20%。根据一些省级法律，对信托、贷款公司和证券公司，单个外资持股不得超过10%，且持股总数不得超过25%。

电信服务方面：加拿大联邦电信法规定，对加拿大普通运营商，外商直接持股不得超过20%，间接持股不得超过33.3%，直接和间接混合持股不得超过46.7%。

三、日本

日本的国际服务贸易长期处于逆差地位，这就决定了日本的国际服务贸易政策选择相对有限。在服务市场开放的进程中，日本政府的态度是：一方面承诺开放市场；另一方面则坚持逐步开放的原则。但在欧美国家不断的压力之下，日本也成了少数几个承诺在100多个国际服务贸易领域放宽限制的国家之一。由于大多数民间国际服务贸易的出口竞争力较差，日本的服务业发展走的是一条渐进式的开放道路。

以商业零售为例，在商业零售领域，日本虽很早允许外商进入该领域，但这更多表现在形式上，实际情况是日本对商业零售领域采取保护措施。其对商业零售领域的保护主要体现在以下几个方面：

1. 按照日本现行法律规定，从事批发零售业可以有两种组织形式：一是公司制；二是个体经营。因此，日本政府规定，对于具备一定规模的株式会社（指股份公司性质的商业企业），法律规定必须有1 000万日元以上注册资金，而对个人从事批发、零售则没有限制。另外在经营商品范围上也有少量限制，如石油、汽油的批发、零售只能由少数指定企业经营，对大米的经营也有限制。

2. 通过《大店铺法》保护中小商业企业。战后随着大型百货公司和连锁商店的不断增加，个体商店大量倒闭。为了保护中小商店，同时也为了适应商业向外商开放的需要，日本政府一方面组织协调这些个体商店联合起来，实行规模经营，增强竞争力，以减少破产倒闭，同时制定《大店铺法》，规定无论是日本人还是外商要成立大型百货公司，必须征得所在地个体商店的同意，只有经过协商并达成协议后，地方政府才批准其成立。在1991年《大店铺法》限制放宽以前，外国人基本上难以进入日本的流通领域。1991年以后，日本才真正向外国人开放零售业，少数外商被允许建立百货商场。

在日常管理中，日本政府有关主管部门对零售业各分支行业都规定了具体的经营条件和资格，只有达到条件才允许开业。特别是对食品、药品、浴场等涉及卫生安全标准的行业，资格审查更加严格。正是这些严格的条件和标准对本国零售业起到了实质性的保护作用。

3. 建筑与工程服务。日本的《出入境管理法》规定：禁止单纯劳务进入日本市场，只允许中标的外国建筑公司的管理、技术人员赴日。此类规定使外方难以运作和管理，只能转包给日本建筑商。由于日本劳动力成本昂贵，日本分包商报价很高，使得外国中标者成本核算严重恶化，最后只能被迫退标。

4. 运输服务。（1）外方代表或外方表决权占1/3以上的公司，在利用船舶或者航空器从事国际货物运输时，适用不同于日本人或日本法人的许可制度。在航空运输方面，外方或外方表决权占1/3以上的公司拥有的飞行器不能在日本国内注册。（2）现行海运体制中，外国船公司只能租用码头，无权经营码头的装卸等业务，这给外国船公司的经营造成了障碍。（3）事前协议制度。根据日本港运协会规定，船公司在新开航线、增加停靠港和更换船名时须向该协会提出申请。该协会接到申请后与中央及地方的码头工会进行“事前协议”。这导致日本港口装卸费较高，而且船公司无法自由选择服务水平较高、费用相对较低的装卸公司。（4）中资货运代理公司签发提单问题。日本对中方独资的货代公司适用对等原则，即如果中国政府不批准日本在华独资货代公司签发提单，则日本亦不同意中国独资公司签发提单。该做法违反了最惠国待遇原则，影响了中资公司在日开展多式联运业务。

5. 金融服务。日本金融检查制度在实际运用中有时也会对外资金融企业造成实质上的影响。日本对外资银行加入日本国债托管和清算系统会员资格规定了不合理的限制，中资银行反映加入此系统需要加大中资银行对日本国债的投资。日本政府在信托管理服务领域存在非审慎性措施，如规定投资信托管理服务必须由在日本注册的法人机构提供；外资银行的分支机构吸收的存款未纳入到日本存款保险的覆盖范围内。

四、美国

美国固然是国际服务贸易自由化的倡导者和主要推动者，但是美国也是国际服务贸易政策变化多端，保护主义措施最为复杂和最多的经济体之一。

在国际服务贸易领域，美国虽然总体开放水平较高，但在某些重要领域开放度却较低，甚至不如一些发展中成员，比如银行、保险、电信业等。许多部门在州一级还存在着股权比例、服务类型、业务范围、资格要求等诸多限制和最惠国待遇方面的例外。美国在自然人移动、海运和商业卫星发射等部门中的表现也非常保守，且存在与WTO规则不符的歧视性做法。

美国最大的贸易伙伴欧盟，也对美国贸易保护主义不断提出批评。欧盟认为美国对国际服务贸易的保护主要体现在以下三个方面：

1. 治外法权（Extraterritoriality）式的制裁。即美国利用国内立法调节国际经济关系，其实是严重破坏了国际贸易秩序。1996 年，美国总统克林顿先后签署了旨在强化对古巴全面制裁的《赫尔姆斯 - 伯顿法》以及针对伊朗和利比亚的《达马托法》。这两项法案的目的都不是为了调整美国的国内关系，而是用“301 条款”和“特殊 301 条款”等国内法去处理与别国的贸易纠纷，把美国的法律扩展到美国的领土之外，对同古巴等三国做生意的主权国家及其公司实行连锁制裁。这是对世界贸易组织的自由贸易原则的公然违抗，是地地道道的治外法权。欧盟强调，美国的《赫尔姆斯 - 伯顿法》等均违背了 WTO 的自由贸易精神。

《赫尔姆斯 - 伯顿法》和达马托法不仅干涉了古巴、伊朗、利比亚的内政，而且还干涉了所有同这些国家发展经贸关系的国家的内政，引发了国际社会的极大愤慨。包括英法德日等美国的盟国在内的许多国家纷纷发表声明或谈话予以谴责。1996 年 10 月 1 日在卢森堡举行的欧盟部长理事会上，15 国外长一致决定将向世贸组织仲裁法庭起诉美国的《赫尔姆斯 - 伯顿法》。欧盟委员会副主席布里坦强调欧盟“不能容忍美国实施治外法权”。美洲国家组织第 26 届大会一致通过谴《赫尔姆斯 - 伯顿法》的决议，只有美国一票反对。面对巨大压力，美国政府不得不一再推迟《赫尔姆斯 - 伯顿法》部分条款的实施。

专栏 6—4

《赫尔姆斯 - 伯顿法》
(Helms-BurtonAct)

1996 年 3 月，美国总统克林顿签署了《古巴自由与民主声援法》(LIBERTAD)，即所谓的《赫尔姆斯 - 伯顿法》(the Helms-Burton Act，以下简称《赫 - 伯法》)，并计划于同年 8 月 1 日正式生效。

《赫 - 伯法》的核心在于其第三条和第四条。第三条规定，为“保护美国国民的财产权”，“在本条款生效后三个月，任何同古巴政府在 1959 年 1 月 1 日以后没收财产有牵连的外国人”，都负有向原先拥有这些财产的美国国民支付相应赔偿和利息的法律义务，美国国民有权根据《赫 - 伯法》向美国法庭提出上诉并要求执行判决。第四条规定，自法案生效之日起，美国国务卿有权拒绝向与被没收财产有牵连的外国人及其配偶、子女或代理人发放签证，司法部长也有权将他们驱逐出境。

美国根据该法，把同古巴有经贸关系的一些跨国公司列入了“黑名单”，意欲制裁。与古巴合作开发石油和镍矿的加拿大谢里特国际矿业公司首当其冲，于 1996 年 7 月 10 日被告知如在 45 天内拒不撤出在古巴的投资，美国将把它列入拒发签证的名单。到 1996 年 7 月底，已有 20 家加拿大公司被列为首批受到惩罚的名单之列，此外，拉美、欧洲以及亚洲的许多企业也被牵扯在内。《赫－伯法》的出台和实施在全球范围内引起了轩然大波，立即遭到了国际社会的一致反对和谴责。加拿大总理克雷蒂安谴责美国的决定，强烈反对在美国本土以外的地方实施美国的法律。1996 年 6 月 17 日，针对美国《赫－伯法》，加拿大正式提出了一项报复性立法议案，即要修改加拿大《外国治外法权应对措施法》，使加拿大人能在加拿大法院进行反控，以收回因美国法院根据《赫－伯法》所作判决而受到的损失。

美国对加拿大的激烈反应和国际社会的舆论压力显得也相对强硬，仍坚持《赫－伯法》，并认为自己才是在捍卫自由经济原则和公平原则。

2. 单边主义（Unilateralism）政策。欧盟所指的美国贸易单边主义，主要是指美国在争端冲突解决问题上启用 1974 年《贸易法》和“310 条款”单方面采取保护措施，公然违反 WTO 贸易规则。“301 条款”授权美国贸易代表采取单边的行动，以执行美国依任何贸易协定所享有的权利。“301 条款”为美国实行单边主义提供了法律保障。有了这个保障，美国在解决国际争端时，若 WTO 中的解决条款对其是有利的，美国就会堂而皇之地极力遵守，倘若 WTO 规则与它的利益相抵触，那么美国便会退而求其次以 301 条款为其行动准则。另外，还表现为美国对其他国家强制实施的单边经济制裁。自 1991 年冷战结束后，克林顿在他上任的第一期就对 35 个国家和地区实行过 61 次经济制裁。美国的对外经济制裁主要针对他所罗列出的“黑名单”国家，从“无赖国家”到“邪恶轴心”等都是美国给其他国家标榜的罪名，也为其进行经济制裁提供了前提条件。美国的经济制裁影响面非常广，有时甚至还包括法国、德国、日本等它的盟友国以及中国和俄罗斯这样的大国。

3. 无处不在的服务壁垒。美国的服务市场准入限制多种多样，例如，专业服务方面美国有些州一级政府制定了非透明和开放的政策阻碍专业服务市场公平开放；电信服务方面，美国并未按 1998 年生效的 WTO 电信协定向欧洲公司全面开放电信市场，尤其是在卫星通信方面，设置了欧洲公司无法进入美国市场的障碍；航空运输服务方面，美国以安全为由限制包括欧盟在内的外国公司在美国航空企业参股控股，引起欧盟的不满和担心；海运服务方面，境外所建的船只禁止在美国从事近海运输以及其他许多对外国船的歧视等。

五、发展中国家国际服务贸易保护措施

由于发展中国家在国际服务贸易市场处于不利的竞争地位，一旦放弃对本国服务业的保护，国内的一些重要基础性服务产业，如银行、保险、电信、航空等将面临发达国家服务提供企业的有力冲击，国内的服务企业也有被发达国家跨国机构挤垮或控制的威胁，严重者将使整个国民经济蒙受灾难性影响。另外，大量的资本或知识密集型服务的进口将加深发展中国家对发达国家的依赖，尤其是通

信、信息等服务（例如数据处理服务）将会使本国信息资料外流到发达国家，这容易导致某些潜在的危险，甚至会影响本国的国家安全。而且西方发达国家服务企业进入发展中国家新闻媒介、视听、娱乐业后，还会对其文化传统和社会秩序带来影响，由此将损及该国的长期利益。为了维护本国服务业不受冲击，大多数发展中国家对其国内一些关键性的服务部门都采取了相应的保护措施，这也反映在其有关的法律规范中。

菲律宾1950年《统一货币法》规定禁止外国人参与菲金融业；1954年的《零售商菲化法》规定菲律宾的商业零售企业不得与外国合资，更不能由外国企业独资经营；1969年《金融公司法》规定不准外国投资者投资于金融（财务）公司。印度尼西亚也禁止开设外资独资商店。墨西哥1973年《促进墨西哥对外投资和外来资本在墨西哥投资法》限制外资进入电报服务、铁路运输、广播电视等行业。秘鲁有关法令禁止外国保险公司向本国的渗入。阿尔及利亚、土耳其和坦桑尼亚等国都禁止外国机构在境内开设银行。马来西亚有关法规不允许外资银行吸引和接受马来西亚人的存款，离岸银行只可接受外币存款，与公司从事客户账户的交易仅限于非居民及国外发行的证券。印度、泰国、巴西等国对外国银行的市场准入维持数量限制，同时还对外资银行中的外资股份及高级职员的国籍进行限制，如马来西亚规定在当地商业银行中外资的持股比例不得超过30%，泰国规定外资在当地银行中的股权比例不得超过已缴注册资本的25%，印度则规定外资银行在银行体系总资产中所占比重超过15%时，其许可证可被撤销；马来西亚规定每个外资银行的外籍雇员一般限于2名，泰国要求外资财务公司和信贷公司3/4的董事须有泰国国籍，每个外国银行办事处的外国雇员人数仅为2人，获得全面许可的分部的外国雇员人数也不得超过6人。

复习思考题

1. 国际服务贸易是如何产生和发展的？
2. 推行服务贸易自由化政策的正负效应是什么？
3. 什么是服务贸易壁垒？其如何分类？

阅读推荐与网络链接

1. 李国安．WTO服务贸易多边规则．北京大学出版社，2006.
2. 沈大勇、金孝柏．国际服务贸易：研究文献综述．人民出版社，2010.

3. 石静霞、陈卫东 . WTO 国际服务贸易成案研究 . 北京大学出版社，2005.
4. 黄建忠 . 服务贸易评论 . 厦门大学出版社，2009.
5. http：//www. stats. gov. cn/.
6. http：//www. imf. org.
7. http：//www. mofcom. gov. cn/.
8. http：//www. wto. org.

第七章

当代国际服务贸易的国别格局

学习目标

- 介绍国际服务贸易在全球化形势下的发展趋势
- 了解发达国家和发展中国家服务贸易各自的发展特点
- 熟悉主要服务贸易经济体的服务贸易发展状况与政策

在世界国际服务贸易的版图中，发达国家仍然占有主导地位，世界国际服务贸易额最大的前10名国家和地区中，只有中国和印度位列其中。欧盟是世界上国际服务贸易额最大的地区，而且一直是国际服务贸易的净出口地区，其国际服务贸易的进出口额占世界总额的比例在2008年已经达到了45%，亚洲地区国际服务贸易总额占世界总额的比例位居第二，仅次于欧盟，占世界国际服务贸易的比例超过了20%，其中中国、印度、韩国、中国台湾地区、新加坡以及中国香港地区国际服务贸易的迅速发展是促成亚洲国际服务贸易发展的主要动力，但同时，这些新兴经济体的国际服务贸易发展的总体水平还不高，国际服务贸易中进口大于出口，是国际服务贸易的净进口地区。北美地区虽然国际服务贸易总量不及亚洲地区，但是美国长期以来一直是世界最大的国际服务贸易进口国和出口国，该地区是国际服务贸易净出口地区。其他地区，如拉美、独联体、非洲地区虽然发展速度也很快，但是由于其基数太小，它们的国际服务贸易占世界国际服务贸易总额的比例都还很小。

第一节 国际服务贸易的发展现状

第二次世界大战后随着科学技术的发展和产业结构的调整，国际服务贸易得到迅速发展。一方面旅游、运输等国际服务贸易中的传统项目增长速度依然很快；另一方面是电信、金融等新型服务行业增长迅速。同时随着居民生活水平的提高，人们对服务的需求更加旺盛，也促进了国际服务贸易的发展。国际服务贸易总额在1970年为700多亿美元，1980年增长到3 800亿美元，1990年达到8 660亿美元，2010年更高达36 638亿美元。2000~2009年年均增长速度超过了9%。两大传统行业的增长速度是，20世纪90年代运输服务增长率略低于旅游服务，但自2000年以来这种情况发生了逆转，运输服务增长再次高于旅游服务；国际服务贸易的行业结构中，运输行业最近几年在全球国际服务贸易中所占的比例基本保持不变，而旅游业所占的份额在逐渐减少，如表7-1和表7-2所示。

表7-1　　2000~2010年世界国际服务贸易分类别的增长情况

	2010年出口额（10亿美元）	出口年均增长率（%）					
		2000~2009	2005~2010	2007	2008	2009	2010
世界国际服务贸易	3 663.8	9	8	20	13	-12	8
运输	782.8	8	7	20	16	-23	14
旅游	935.7	7	6	15	10	-9	8
其他商业服务	1 945.3	12	9	23	13	-8	6

资料来源：WTO，International Trade Statistics，2010年；WTO Press/628，World trade 2010，Prospects 2011，7 April，2011。

表7-2　　各类国际服务贸易占世界国际服务贸易总额的比例

单位（%）	2001	2003	2005	2007	2010
世界国际服务贸易	100	100	100	100	100
旅游	32.1	29.2	27.9	26.5	25.5
运输	23.4	22.2	23.4	22.8	21.4
其他商业服务	44.5	48.6	48.7	50.7	53.1

资料来源：WTO Secretariat。

一、发达国家的国际服务贸易

1. 发达国家国际服务贸易发展概况

自20世纪70年代以来，世界国际服务贸易的格局并没有发生太大变化，排在国际服务贸易额前10位的国家和地区（特别是出口）主要还是发达国家。从表7-3和表7-4可以看出：

表 7－3　　2000 年世界国际服务贸易进出口额前十位排名

位次	出口国	出口额（10 亿美元）	占比重（%）	位次	进口国	进口额（10 亿美元）	占比重（%）
1	美国	274.6	19.1	1	美国	198.9	13.8
2	英国	99.9	7	2	德国	132.3	9.2
3	法国	81.2	5.7	3	日本	115.7	8.1
4	德国	80	5.6	4	英国	82.1	5.7
5	日本	68.3	4.8	5	法国	61.5	4.3
6	意大利	56.7	4	6	意大利	55.7	3.9
7	西班牙	53	3.7	7	荷兰	51/1	3.6
8	荷兰	52.3	3.6	8	加拿大	41.9	2.9
9	中国香港	42.1	2.9	9	比利时－卢森堡	38.3	2.7
10	比利时－卢森堡	43	2.6	10	中国	35.9	2.5

资料来源：WTO Secretariat。

表 7－4　　2010 年世界国际服务贸易进出口额前十位排名

位次	出口国/地区	出口额（10 亿美元）	占比（%）	位次	进口国/地区	进口额（10 亿美元）	占比（%）
1	美国	515	14.1	1	美国	358	10.2
2	德国	230	6.3	2	德国	256	7.3
3	英国	227	6.2	3	中国	192	5.5
4	中国	170	4.6	4	英国	156	4.5
5	法国	140	3.8	5	日本	155	4.4
6	日本	138	3.8	6	法国	126	3.6
7	西班牙	121	3.3	7	印度	117	3.3
8	新加坡	112	3.0	8	荷兰	109	3.1
9	荷兰	111	3.0	9	意大利	108	3.1
10	印度	110	3.0	10	爱尔兰	106	3.0

发达国家依然是国际服务贸易的主体，在国际服务贸易前 10 大出口国家和地区中，只有中国和印度位居其中，其余发达国家国际服务贸易出口占国际服务贸易出口总额的 43.5%；在 10 大国际服务贸易进口国中也只有中国大陆和印度属于发展中国家，其余都是发达国家，它们约占国际服务贸易进口总额

的 39.2%。

2. 发达国家国际服务贸易的发展特征

第一，国际服务贸易呈现以欧美为主的格局，美国在国际服务贸易中占最大比重。从地理分布上讲，西欧和北美的国际服务贸易较为活跃，如 2010 年，全球十大国际服务贸易出口国（地区）依次是：美国、德国、英国、法国、日本、西班牙、意大利、荷兰；十大国际服务贸易进口国（地区）依次是：美国、德国、英国、日本、法国、荷兰、意大利、爱尔兰。仅美国就占出口额的 14.1%，占进口额的 10.2%；与之相比，第二、三大出口国德国和英国所占比重分别为 6.3% 和 6.2%。

第二，区域性国际服务贸易得到迅速发展。从 20 世纪 60 年代以来，区域经济一体化理论逐渐完善，一些区域经济组织也随之建立和发展起来，比如欧洲的欧盟，北美的北美自由贸易区，东南亚的东盟等，区域经济组织内的各种国际服务贸易壁垒进一步降低甚至完全取消，使得区域内市场扩大，贸易趋势增强，贸易规模扩大，国际服务贸易也因区域组织的发展而得到了迅速发展。

第三，发达国家的国际服务贸易壁垒有所降低。近年来，在多边贸易体制的推动下，国际服务贸易壁垒有所降低。发达国家在国际服务贸易许多项目都具有绝对或相对优势，为了扫清存在于服务业的壁垒，便利其打开世界服务市场，它们率先削减了本国国际服务贸易壁垒，如在电信领域，美国已允许外国企业持有 100% 的股权，欧盟也开放了基本电话服务市场，并对雇佣人员的本地化要求降低了标准。

第四，国际服务贸易的产品结构不断发生变化，技术含量越来越高。从行业分布来讲，国际服务贸易的发展也不均衡，其中金额较大的项目有旅游、运输、保险、金融和电信等。发达国家主要是以知识、技术和资本密集型的服务产品为主。国际服务贸易的发展以高新技术为核心，以技术进步为动力，高新技术的发展和应用带动了世界经济发展中服务产品的生产和国际分工，扩大了国际服务贸易的领域，改变了传统的国际服务贸易提供方式，在一定程度上增加了服务的可贸易性，促进了国际服务贸易的发展。由于信息技术的发展，国际服务贸易在世界范围内的发展呈整体上升趋势。全球信息技术的不断发展增强了服务活动及其过程的可贸易性，通信、计算机和信息服务等新兴服务行业不断扩张，世界国际服务贸易正逐渐由以自然资源或劳动密集型为基础的传统国际服务贸易转向以知识技术密集型为基础的现代国际服务贸易。国际服务贸易竞争的重点将集中于新兴服务行业，以电子信息技术为主和以高科技为先导的一系列新兴服务将成为未来各国国民经济发展的主要支柱和强大动力。

二、发展中国家的国际服务贸易

1. 发展中国家国际服务贸易发展概况

发展中国家的服务业在近 20 年来发展迅速，许多发展中国家的服务业产值和就业人口，在国内生产总值和就业总人口中的比例已分别达到或接近 50%。

虽然其资本、技术密集型服务行业较发达国家明显滞后，但由于服务业的多样性，发展中国家在资源、劳动密集型服务领域中仍然具有一定的优势，因此发展中国家的国际服务贸易也得到了迅速发展，国际服务贸易在国民经济中的地位不断上升，服务出口占世界服务出口总值的比重不断增加。2010 年全球国际服务贸易进出口额前 30 名的国家和地区中，其中发展中国家的包括中国大陆、印度、俄罗斯、巴西、泰国、马来西亚、波兰，分别排名世界第 4、7、18、23、26、28、29。这些国家和地区是发展中国家国际服务贸易的主要承担者，在国际服务贸易中占有一定的地位。图 7 - 1 为 1997 年以来，发展中国家在国际服务贸易中所占的百分比，可以看出，发展中国家的国际服务贸易在国际服务贸易中所占百分比日益增加。

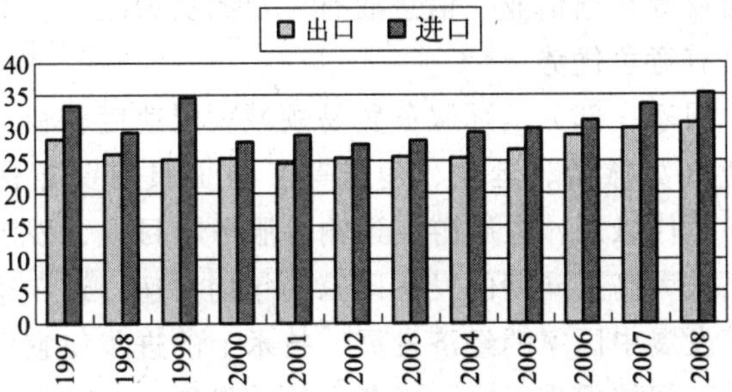

图 7 - 1　发展中国家在国际服务贸易中所占百分比

2. 发展中国家国际服务贸易发展特征

第一，发展中国家国际服务贸易的竞争力较弱，长期处于贸易逆差地位。发展中国家自 1990 年以来在世界国际服务贸易的进出口总额中所占比重一再增加，1997 年占世界国际服务贸易出口总额的 29. 3%，占进口总额的 32. 8%，到 2008 年占世界出口总额的 30. 7%，进口总额的 35. 2%，但同发达国家相比，发展中国家在世界国际服务贸易中仍处于次要地位，从净出口数额上看，发展中国家长期以来都处于贸易逆差的地位，发展中国家中处于重要地位的中国、俄罗斯、巴西、泰国一直是国际服务贸易逆差国，他们在 2010 年国际服务贸易逆差分别为：220 亿美元、261. 77 亿美元、293. 48 亿美元、114. 44 亿美元，印度由于其服务行业的迅速发展，其中软件等行业出口的增加使得它在最近几年的国际服务贸易中处于顺差地位，但 2010 年也出现了 73. 91 亿美元的逆差。

第二，发展中国家内部国际服务贸易发展不平衡。在发展中国家内部，各国的收入水平也有很大差距，一些经济水平较高的发展中国家，成为重要的国际服务贸易国，在经济发展上更接近于进入发达国家行列的水平。而大部分发展中国家，基本上仍处于服务产品销售市场的地位。这些国家由于处在国际生产与分工体系的底层，受到种种国际、国内因素的限制，因此，从国际服务贸易的发展中获得的利益是有限的。在发展中国家和地区中既有中国香港、新加坡等国际服务贸易发达，且连年顺差的国家和地区，也有像中国、俄罗斯、巴西等有较大逆差的国家，还有像乌干达、乍得、卢旺达等国际服务贸易额极小且连年逆差的国家。在服务出口的某些领域，有些发展中国家和地区取得了成功的经验，例如中国香港、新加坡的金融服务，韩国的建筑服务，印度的计算机软件服务，中国香港、巴拿马等的运输服务以及埃及等一些国家和地区的旅游服务等等。但就服务出口的规模而言，即使是实力较强的发展中国家与发达国家相比也相差甚远。

第三，发展中国家的国际服务贸易优势主要集中在传统国际服务贸易领域。从国际服务贸易商品结构方面看，发展中国家在普通劳动力输出、工程建筑承包、部分旅游服务业等领域占有较大的优势，不少发展中国家的旅游资源丰富，旅游人数和旅游收入有了较大的增长，如马来西亚、泰国等发展中国家的国际航空公司在世界优秀航空企业排名表上往往名列前茅，主要是得益于其丰富的自然旅游资源，带动了国内旅游服务业的发展；在高新技术方面，除了中国、印度、墨西哥、印度尼西亚等在通信业、信息业有一定的实力之外，其他发展中国家在新兴行业中并不具有竞争优势。

第四，发展中国家在部分国际服务贸易领域发展速度较快。由于发展中国家在一些传统服务业（如旅游、运输、建筑等）方面具有一定优势，发展速度较快，从20世纪90年代以来，在旅游、运输等服务项目上，发展中国家国际服务贸易进出口增速已大大高于同期的发达国家的年均增速，近年来，这一趋势仍在延续。同时，随着发展中国家的经济发展，技术上的进步使它们开放的国际服务贸易领域逐渐增多，间接促进了国际服务贸易的发展。

第五，发展中国家对某些服务业保护程度相对较高。由于发展中国家的一些新型服务业还不成熟，在国际市场上缺乏竞争力，从保护重点产业，幼稚产业和新型服务行业的角度考虑，对这些产业都采取了必要的保护性措施，限制外国资本的自由进出；但对某些具有竞争优势的服务行业，则降低市场准入的限制，实行自由竞争，以扩大本国优势服务业的出口。

第二节 美国的国际服务贸易

从图7-2和7-3可以看出，2000年美国占全球国际服务贸易出口总额的19.1%，占进口总额的13.8%，2008年占出口总额的14.0%，占进口总额的10.5%。虽然比例在逐渐下降，但它仍然是世界上最大的服务进出口国，同时也是世界上最大的国际服务贸易盈余国。2010年美国国际服务贸易出口额5 266亿美元，较2009年上涨了8.8%，进口总额达到3 586亿美元，增加了7.1%。自2003年以来，进出口每年均有大幅增长，出口率平均每年增长9.2%；进口率平均每年增长7.4%。美国在服务领域的贸易顺差从2003年的667亿美元增长到2010年的1 680亿美元，创历史新高。

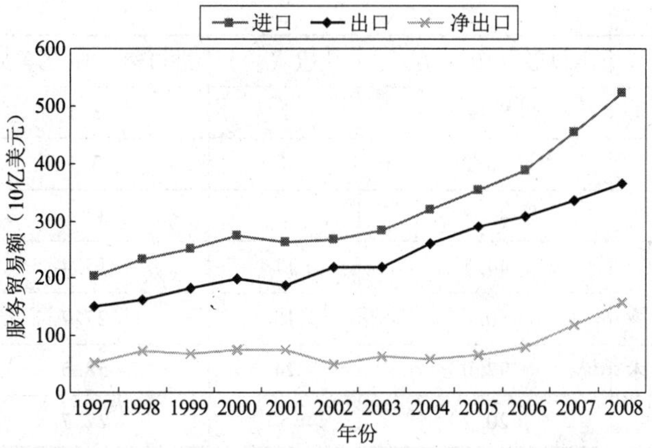

图 7－2　美国 1997～2008 年国际服务贸易额

一、美国国际服务贸易概况

从美国的产业结构来看，服务业是占 GDP 比重最大的产业，已达 75% 以上。国内服务业的发展为国际服务贸易的发展奠定了坚实的基础。

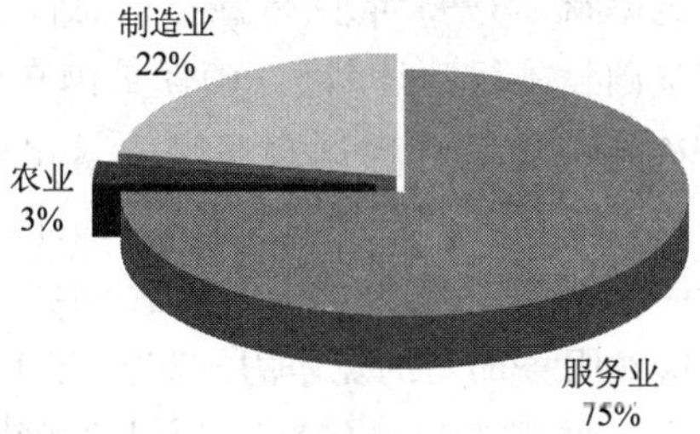

图 7－3　美国三大部门占 GDP 的比重

从国际服务贸易的地区结构来看，美国国际服务贸易最大的出口地区是欧盟，占全部出口的 32%；最大的出口对象国是英国、日本和加拿大，分别占出口的 12%、10% 和 10%。在美国国际服务贸易进口中，欧盟占 34%，英国、加拿大和日本分别占 12%、9% 和 9%。

从国际服务贸易的产品结构来看，2006 年占出口最大比例的四个部门是，旅游占 23%、运输占 21%，专利占 15%、金融占 11%、其他商业服务占 24%；进口方面，旅游、交通、保险名列前茅，分别占 23%、21% 和 11%。服务业绝大多数部门是贸易顺差，但客运费、海运、保险和一些专业服务包括会计存在逆差。2006 年美国的国际服务贸易结构如表 7－5 所示：

表 7－5　　美国国际服务贸易进出口分项目情况

项　目	出口额（10 亿美元）	比重（%）	进口额（10 亿美元）	比重（%）
交通	44.5	11	64.6	21
旅游	84.9	21	70.8	23

续上表

项　　目	出口额（10 亿美元）	比重（%）	进口额（10 亿美元）	比重（%）
通信	8.08	2	3.1	1
教育	16.2	4	3.1	1
保险	8.08	2	33.9	11
金融	44.5	11	15.4	5
专利	60.6	15	27.7	9
贸易、专业和技术	97.0	24	58.5	19
客运费	20.2	5	27.7	9
其他商业服务	20.2	5	3.1	1

资料来源：UNITED STATES INTERNATIONAL TRADE COMMISSION。

二、美国国际服务贸易的市场战略

第一，以开放国内服务业市场为基础，增强国内服务业的竞争优势，为倡导国际服务贸易自由化奠定基础。1993 年克林顿把信息高速公路建设作为优先发展项目，制定了《国家基础设施行动计划》，确保美国在未来的信息服务竞争领域的国际领先地位。1994 年克林顿在向国会递交的《出口战略实施报告》中指出：美国政府将集中力量支持国内服务业的发展。从美国国内经济和就业增长着眼，政府优先考虑对环保、信息、能源、交通运输、卫生保健以及金融等服务业提供大力支持，以增强这些服务部门的竞争力。2009 年 1 月，奥巴马在国情咨文中提出“出口倍增”计划，并把“出口倍增”计划的最终目标概括为，“确保 21 世纪仍然是美国的世纪”。

第二，通过多边贸易谈判迫使外国政府消除国际服务贸易壁垒，扩大美国进入他国服务市场的机会。为了进一步打开国外市场，美国政府以多边谈判和双边谈判为手段，迫使他国政府开放国内服务市场。在乌拉圭回合谈判中，美国与其他发达国家联手向发展中国家施加压力，最终达成的《服务贸易总协定》，不仅形成了全球性国际服务贸易自由化浪潮，而且还使美国获得了巨大收益。美国在积极推动多边谈判的同时，为了缩短谈判时间，保证率先占领外国市场的份额，还常常避开多边谈判，采用双边谈判，凭借经济实力在谈判中施压，在一定程度上改善了美国服务业进入他国服务市场的条件。

第三，通过国内立法，把国际服务贸易、货物贸易、知识产权结合在一起，实行单边报复。美国《1988 年综合贸易法》将国际服务贸易和货物贸易并列作为扩大出口的两项内容，要求外国取消“不公平”、“不合理”和歧视性的贸易措施，否则，则实行报复。国际服务贸易也同样适用于“超级 301 条款”。

第四，制定服务业出口部门战略，为服务业向外扩张提供服务。为了促进和扩大服务产品出口，一方面，美国政府以及相关部门制定各种鼓励服务产品出口的计划、政策和措施，如派高级贸易团出访、通过大使、贸易代表甚至总统进行经济外交等，扩大服务业各部门的出口；另一方面，美国政府的许多部门，包括商务部、美国贸易代表办公室、财政部、运输部、旅游管理局、进出口银行、国际开发署等机构都同服务业部门密切合作，为其提供信息服务，开拓进入他国市场的机会。另外，美国政府以及民间团体还设有许多专门的咨询机构，为服务进入他国市场提供多种帮助。

三、美国的国际服务贸易壁垒

美国是当今世界上最大的国际服务贸易进出口国，也是国际服务贸易自由化的积极推行者。美国政府在市场准入方面的立场总的来说是开放的，但是一些部门仍然存在严格的市场准入和经营业务限制，对外国经营者形成不公平竞争，集中表现在金融、海运和空运等领域。

1. 金融业

由银行业、保险业、证券业组成的美国金融服务业具有全球竞争力。到2005年12月31日，来自65个国家的包括260家分支机构、54个代理处、88个外国多数股的商业银行等的外国银行在美国经营业务，拥有1.34万亿资产，占美国商业银行总资产的18.3%，贷款的11.4%和存款的14.8%。虽然美国在1999年3月1日正式生效的金融服务协议就金融服务部门的市场准入和国民待遇做出了一些承诺，但承诺的水平有限，尤其是未禁止对金融部门的许多政策性干预，金融领域的谨慎法规仍然受到《服务贸易总协定》分立条款的保护。

经过30年代的经济危机后，美国金融业一直按照1933年《格拉斯－斯蒂戈尔法》的要求，实行投资和商业银行严格的分业经营限制；按1956年的《银行持股公司法》（the Bank Holding Company Act 1956）实行银行和保险公司的分业。20世纪90年代，经济全球化和IT业带动的美国新一轮经济增长对金融业的发展提出新的要求。在新的融资要求推动下，银行与证券业的融合以及银行从事保险业务的步伐加速。1999年生效的《金融服务现代化法》打破了投资、银行和保险的分业经营的限制，但是该法案并没有改变银行业和商业之间的壁垒，在外国银行的进入和经营上依然受到限制。

美国至今未完全履行“公开银行市场准入的资格要求、技术标准、许可条件、审批的各个环节、相关的法律法规和政策措施”的承诺，投资申请往往不能在合理的时间内得到答复。在中国的银行进入美国方面，迄今为止，中国只有中国银行在美国设立有分行，2003年10月招商银行纽约代表处正式成立。中国的银行申请在美国设立分行或代表处的过程中都遇到了众多的麻烦。中国银行提出设立旧金山分行已近10年，但至今没有结果。美国提出的理由是：其一，不符合资本充足率的要求；其二，对中国母行监管当局的监管能力表示怀疑，这其中包含明显的对中国的歧视因素。

在保险方面，由于各州立法不统一造成了保险业市场准入的一个严重障碍。在美国，保险业由州管理，没有联邦注册的或监管的保险公司。每个州有自己的保险法规结构，各州有不同的注册、偿付和运营要求。而且不是所有的州都有“进入立法终端”，外国保险公司要在没有准入立法的州经营保险业务，须先在另一个州注册后才能在该州注册。这种体制限制了外国保险公司市场准入的机会。

外国保险公司在业务经营上受到不同于美国国内机构的要求。虽然很多州规定外国公司可以分公司或子公司的形式经营，但分公司往往面临与美国保险公司不同的要求，包括注册资金、税收和管理费等。对于外国公司跨界提供保险，联邦政府征收1%的寿险税和4%的非寿险税；对外国保险商跨境提供再保险，征收1%的联邦税。有的州禁止向外国政府拥有或控股的保险公司发放营业许可证，还有的州规定已在其他州获得从事保险业务执照的外国保险公司不得在其州内再设立保险公司。

不论是由美国的还是外国的证券经纪人，都应当在证券交易委员会（SEC）注册。在SEC注册的外国证券经纪人在美国可以享受国民待遇。绝大多数州要求经纪人在州监管当局进行注册。尽管外国证券公司在美国建立分支机构从事交易、经纪业务在法律上是许可的，但操作起来却不容易。《1940年投资公司法》要求外国投资顾问在SEC注册，但SEC要求外国共同基金建立一个另外的完全相同的基金以便注册。这样，外国公司就不大可能满足要求。

2. 专业服务

GATS的实施对专业服务的市场准入产生了一些积极影响。但是由于美国的相关法规往往是由各州制定，造成了实际实施的一些严重障碍。因此美国专业服务市场的开放和透明度还有待进一步提高。在法律、咨询、会计、审计、建筑和相关工程服务、咨询等方面，美国已取得一些进展，但仍然存在大量限制。如自然人流动问题，对专业服务的监管权保留在州一级，在许可证发放和注册上存在限制。一个在国外合格的专业人员在进入某一州时，必须满足大量的当地法律和法规要求。美国各州都规定了对外国专业人员服务机构发放营业执照的法规。各州管理制度的差异和缺乏透明度对外国专业人员服务构成了障碍。此外，严重的限制还表现在当地居民要求、只有注册了的人才能合伙、跨州提供服务等方面。

3. 通信业

GATS基础电信协议自1998年实施以来已经在市场准入方面取得很大进展，但美国在市场准入方面依然存在一些限制，如投资限制、冗长的手续、有条件的市场进入、以及互惠基础上的程序。例如，美国虽然允许外国投资电信业，但是不能超过20%的股份。美国还对进入卫星通讯市场进行限制，这与美国市场准入的政策相违背。美国由联邦通讯委员会（FCC）负责通讯业的市场进入和运营，依据的主要法律有1934年通讯法（Communications Act of 1934）、1996年修订后的通讯法（Telecommunication Act of 1996）等。

4. 航空运输业

美国在航空运输业方面并未实现完全自由化，特别是对外国人拥有和经营的航空企业还是设有限制，国内航线也只限于由国内航空企业营运。

在美国的航空公司里，外国企业所有的股份不能超过25%，董事会主席和2/3以上的股东和管理者必须是美国人。但运输部可以根据个案原则，只要实际控制权保留在美国人手中并且美国和外国投资者所在国签署了开放领空协议，允许外国居民通过持有25%以上没有表决权的股份的形式来持有一个航空公司股份。外国航空公司被禁止进行国内航空运输，即不能与美国航空公司竞争提供国内航线服务。从事国内航空客运和货运服务的机组人员必须是美国公民或常驻居民等。

关贸总协定涉及了计算机存储系统服务、空运服务的销售和营销，以及当飞行结束时采取的维修与护养服务，但是交通权利以及与交通权利的实施直接相关的服务并不在关贸总协定的范围之内，尤其是把航线的维护排除在外。美国在关贸总协定中的承诺仅限于飞机的维修与维护。而且，美国制定了关于销售和营销航空运输服务以及计算机储存系统服务的运行和规范的最惠国豁免的时间表。

美国飞行法案通常要求由美国政府提供经费的货运和客运需由美国航空公司来承运。与美国航空公司分享信号的外国航空公司被认为是美国承运人。然而，法律授权美国参加双边或多边协议，如果这个协议与美国国际航空政策目标一致并且提供同等程度的权利或利益互换，将允许由外国航空公司提供这样的服务。“9·11”以后，美国总统于9月22日签署法律“空中运输安全和系统稳定法”（ATSSSA），该法案共分为六个部分：第一部分是关于航空系统稳定（Air line Stabilization）的，政府为航空企业提供50亿美元的补偿，并提供100亿美元的贷款担保；第二部分是关于航空保险的规定；第三部分是关于税收的规定；第四部分设立了“9·11受害者补偿基金”，给受害者及其家属提供正常诉讼体制之外的另外一种救济途径；第五部分针对航空运输安全规定了相应的措施；第六部分则规定了法条之间的独立原则，即某个或某些条款无效不影响其他条款的效力。

5. 海运业

海运业是美国经济中受保护程度最高的领域之一。《美国大陆架法》和《1920年商船法》（Merchant Marine Act of 1920，也称《琼斯法》）限制外国船只从事近海和美国国内运输业务，美国国内的运输只能由美国船从事。此外，联邦政府支出项目的运输也由美国船运。最近海洋安全措施对贸易的影响也引起关注，这会导致港口间和世贸组织成员间的歧视。除个别情况例外，《琼斯法》和《美国大陆架法》禁止外国制造的船只进行直接的在美国两码头之间或经过一个外国码头的沿岸贸易，与美国岛屿地区及领地的贸易也被包括在沿岸贸易内；外资企业必须得到美国的许可，方能进行深水港的开发及在美国专有经济区捕鱼。此外，外国船不允许注册进行挖泥、牵引支架和在美国捕捞。

美国有大量的法令要求政府所有或政府融资的货物必须由美国船承运。50%的政府运输（主要是农产品）、军事运输以及进出口银行提供贷款的运输必须由挂美国国旗的船只运输。外国竞标者能否用挂美国国旗的船只运输货物，只有在授予合同后才能知道。美国联邦海事委员会（FMC），按照美国《1984年航运改革法》和《琼斯法》制定出了"受控承运人"的规定。其中，对"受控承运人"下的定义为，受国家控制，或者国家直接或间接拥有运营资产的航运企业。受控承运人和其他承运人相比，有很多不公平待遇，例如30天运价生效制度。这些与世贸组织非歧视原则不一致。

第三节 欧盟的国际服务贸易

一、欧盟国际服务贸易的发展概况

联盟不仅是全球最大的商品贸易集团，而且也是世界上最大的国际服务贸易集团。因为欧盟各国的经济核心就是服务业，涵盖信息技术、咨询业务、银行业、保险、经销、运输和旅游等，是欧盟最活跃的经济领域。据欧盟统计，服务业产值占欧盟国内生产总值的70%，服务业从业人口达1.1亿。

以发达的服务业为基础，欧盟也就成为世界上主要的国际服务贸易进出口地区，欧盟国际服务贸易额将近世界国际服务贸易额的一半，成为第一大国际服务贸易进口国同时也是第一大出口国。如表7－6所示，2010年欧盟27国的国际服务贸易出口额约为15 530亿美元，占世界出口总额的42.4%，进口额约为13 940亿美元，约占世界进口总额的40%，实现顺差1 590亿美元。2005年到2010年的年均增长率为6%，这是由于金融危机的影响，2009年出现了－15%的增长。2010年尽管仍然受金融危机的影响，但仍保持了一定的发展速度，增幅为2%。另外，欧盟国际服务贸易的竞争力也不断提高，贸易顺差有持续扩大的趋势。欧盟统计局公布的数据显示，2010年欧盟成员德国、英国、法国位居世界出口额的第2、3、5名。欧盟国际服务贸易顺差的扩大首先得益于保险业国际服务贸易由逆差转为顺差，与此同时，金融服务、计算机及信息服务的顺差额也都有所上升，但在旅游等国际服务贸易方面欧盟则保持逆差。

美国、瑞士、日本、挪威、俄罗斯和中国为欧盟前六大国际服务贸易伙伴，欧盟对上述市场的服务出口额合计占欧盟服务出口总额的55%左右。欧盟国际服务贸易的前六大进口市场依次为美国、瑞士、日本、中国、土耳其和俄罗斯，欧盟自上述市场进口的服务合计占欧盟服务进口总额的55.2%。

表7－6　欧盟27国国际服务贸易年度统计表（单位：百万美元）

年份	出口总值			进口总值			进出口差额		
	全部	内部	外部	全部	内部	外部	全部	内部	外部
2004	1 072 769	628 519	444 248	981 887	589 687	392 291	90 882	38 832	52 047

续上表

年份	出口总值			进口总值			进出口差额		
2005	1 181 379	686 924	494 450	1 071 500	641 441	430 061	109 879	45 483	64 389
2006	1 329 721	772 569	557 151	1 175 483	705 523	469 964	154 238	67 046	87 187
2007	1 609 706	928 432	681 275	1 410 103	846 309	563 792	199 603	82 123	117 483
2008	1 791 777	1 028 080	763 693	1 583 535	929 377	653 561	208 242	98 704	110 132
2009	1 529 248	875 559	653 690	1 378 497	812 485	565 441	150 751	63 072	88 248
2010	1 552 577		683 637	1 393 702		597 642	158 875		85 995

资料来源：世界贸易组织数据库。

二、欧盟的国际服务贸易政策与市场准入

欧盟是一个区域化组织，截止到2007年，欧盟已经包含有成员国27个，人口达到5亿，GDP超过12.6万亿欧元。欧盟国际服务贸易涉及到欧盟内部相互间的国际服务贸易和欧盟外的国际服务贸易，这使得欧盟的国际服务贸易政策分成了两个部分：一是区域内部各国家之间的政策，另一个是区域内各成员与区域外其他国家之间的政策。由于欧洲联盟成员国之间的国际服务贸易大于它与集团外国家的国际服务贸易，欧盟就首先致力于内部国际服务贸易的自由化，经过40年的不懈努力，欧盟成员国之间基本上实现了国际服务贸易自由化。其次，为了确保在国际服务贸易中的地位、获得更多的经济利益，欧盟还积极推行全球国际服务贸易自由化，支持建立多边框架来规范和管理国际服务贸易，要求国际服务贸易自由化的多边性质应通过某种形式的最惠国待遇原则予以保障，是否存在对外国服务提供者的歧视应以国民待遇原则为尺度来检验，并以此为原则，通过双边和多边谈判，打开其他国家服务市场的大门，为其服务业的发展提供广阔的空间。

欧盟区域内的国际服务贸易政策：

1. 电信业

欧盟建立电讯服务统一大市场的目标是要为电讯设备和电讯服务创造一个自由灵活的市场，为此欧盟委员会首先致力于消减各成员国在电讯服务方面的垄断，逐步建立一个对外开放的、自由竞争的电讯服务市场。

早在1987年，欧盟委员会就颁布了《关于欧共体电信发展绿皮书》，建议各成员国将电讯业由国家垄断逐渐转向以竞争为导向，要求各国逐步放宽终端市场和设备市场，确保设备鉴定的相互认可，将管理职能和经营职能完全分开，对新的服务采取平衡措施。绿皮书提出了一种国际准入义务，对用户和服务提供者确保一致的、客观的、透明的、非歧视性的市场准入条件，并放开所有的增值电讯服务。绿皮书还要求各成员国立即取消对进入“选择性”网络（如有线电视、电气或铁道设备装置）提供电讯服务的限制，公共有声传动例外。随后，欧盟把开放领域扩大到卫星、有线和移动通讯领域。在1997年的WTO《基础电信协

议》的倡导下，欧盟全面开放了其他电信市场。

2. 金融行业

欧盟的金融服务的开放分为三个部分：银行业、保险业和证券业。

银行业：1973 年，欧共体（欧盟的前身）理事会发布指令，规定各成员国不能因申请者为非本国居民而拒绝批准新信贷机构设立的原则，虽然该指令并未得以执行，但可以看出，欧盟早就开始考虑关于银行业的开放问题。1977 年 12 月，欧共体理事会通过了“第一项银行业指令”，该指令提出了“母国控制原则”，即由特定信贷机构总部的所在成员国主管机构对该信贷机构在各成员国经营的各分支机构实行全面监督，该指令还规定，信贷机构应具有“适当的、符合最低标准”的自由资金，并建立有来自成员国银行监督机构的 3 个代表组成的顾问委员会。1989 年 12 月，欧共体又通过了“第二项银行业指令”，该指令作为共同体新银行法的核心，主要目标是制定各成员国银行监督制度，特别是协调准许营业的条件，消除共同体银行服务活动和设立分支机构的内部障碍，创建单一的银行业市场。该指令的实施，使得欧盟内部全面放松了对银行业的管制、提高了私有化、鼓励银行并购和对外扩张，促进金融监管体制的一体化。这些政策促进了各成员国银行业竞争和快速发展，提高了欧盟银行业效率和盈利，有助于降低消费者和企业的融资成本，提高欧盟银行业整体抗风险能力。

保险业：欧盟关于保险业内部方面的协议按颁布时间可分为四个阶段：

第一代指令包括非寿险第一指令和寿险第一指令。该指令排除了保险公司设立方面的种种障碍，确立了保险公司在欧盟范围内享有设立自由。

第二代指令包括非寿险第二指令和寿险第二指令。该指令致力于实现“保险服务自由流动”，即允许在任何一个成员国已经设立并受其监管的保险人，可以在任何其他的成员国进行销售保险业务，不需要进一步的监管。

第三代指令包括非寿险第三指令和寿险第三指令。该指令旨在建立单一执照制，即允许在欧盟范围内，受母国监管的保险人，在不需要任何其他成员国监管的前提下，可以在欧盟范围内自由设立分支机构或代理机构，或以提供服务的方式通过其设立的保险经营机构向任何成员国的保险消费者销售保单，以实现建立保险单一市场的目标。

第四代指令是进入 21 世纪以来，欧盟为进一步推动以“自由设立保险机构和提供保险服务”为宗旨的各个保险指令的有效贯彻，又颁布了对原保险指令的最新修订版指令。其调整思路是：统一寿险和非寿险业务中自由设立保险机构、自由提供保险服务的各单项指令。特别是将以下几方面的制度细化，使之更具操作性：有关偿付能力的监管指标体系、保单持有人和保险消费者的保护、金融混业经营方面的统一监管政策和制度。

证券业：从 20 世纪 70 年代开始，欧共体就进行有关成员国就证券领域法律规制的合作规定了三原则：相互承认原则；最低限度的协调原则以及母国控制原则。这三原则也体现在欧盟信息披露规则的一体化过程中。关于相互承认原则，欧共体特别制定了两个指令，即《第一相互承认指令》和《第二相互承认指令》。根据相关规定，如果注册地在欧盟任一成员国的公司申请在欧盟成员国发行或上市，必须遵守欧盟指令中的相互承认条款。这些条款规定了任何招股说明书文本必须被申请上市的其他成员国确认，而不需那些国家监管当局的许可。欧共体及其指令中多边性质的相互承认原则不仅适用成员国之间，在一定条件下还可能扩展适用于欧盟之外的非成员国。

除相互承认制度以外，欧盟就证券信息披露规则亦达成了较高程度协调。欧共体对证券市场进行信息披露统一二规制的过程中，重点规制证券上市，再而规制证券发售。规制证券上市的指令主要有1979年通过的《准入指令》和1980年通过的《上市说明书指令》，规制证券发售的指令主要是1989年4月通过的《公开发售指令》。考虑市场变化的需求，欧议会和欧盟理事会于2003年11月4日通过了《修改说明书指令》，该指令统一了证券公开发行招股说明书及交易招股说明书，建立了一个新的统一信息披露体制，对上市说明书不再单独立法，这是该指令的最大创新之一。应该指出的是，由于《修改说明书指令》对证券公开发行招股说明书及交易招股说明书的统一，相互承认制度将被“通知”制度取代，该制度仅要求发行人对招股说明书概要进行翻译，说明欧盟信息披露规则一体化即将超越相互适用阶段而进入普遍适用阶段即区域性的全面一体化阶段。

3. 运输服务业

陆运：为了促进欧盟范围内陆路运输服务的自由化，委员会制定了一系列法规，逐渐消除陆运货物配额限制，使各成员国允许非本国车辆运送货物和乘客。截止到1991年，欧盟各成员均取消与他国订立的双边陆运货物配额，并以许可证形式允许货物在欧盟内自由运载而不再受各国的配额检查。1992年之后通过的规定还有：统一各成员国对于以汽车提供国际性客运服务的有关规定，简化这类运输所需程序；统一公路运输危险品检查程序的规定；铁路设施业务量分配及收取设施费用的指令。

航空运输：1997年4月，欧盟宣布完全开放天空，区域内各成员国的航空公司可以在各成员国之间自由从事航空客运运输业务，可自行制定服务价格，还可开通到其他国家的航班等。但是此时各个成员国之间关于航天方面的规定还各不一样，2000年3月，里斯本欧盟峰会通过了“统一欧洲蓝天”战略，并成立了一个由各成员国军民双方高层负责人组成的高级专家小组，指派欧盟主管交通的副主席主持该小组的工作。重点是制定欧洲航空统一监控机构重建纲领，于2004年实现“统一欧洲蓝天”计划。

内河与海洋航运：欧盟在内河与海洋航运方面颁布的措施包括：成员国间提供内河和海洋服务自由化，逐步取消现存的海运货物份额安排，清除各成员国在内河和海洋航运服务方面限制的各种障碍；使有关证书的申请、核发程序和条件以及其他的有关标准统一化，这就需要各成员国对本国的有关法规进行调整；维护公平竞争，制止在内河和海洋航运方面的不正当竞争行为，保护欧盟船队不受来自第三国的不公平低价倾销行为影响。

欧盟对区域外的国际服务贸易政策：

1. 电信业

由于美国电信业竞争力极强，欧盟为了保护电信业，在开放方面一直有所保留。1997 年 2 月达成的全球基础电讯协议生效后，欧盟在语音电话、数据传输、电传、文传、移动电话、移动数据传输和个人通讯等方面开放了市场。1990 年 9 月，通过了一项协调电讯、水、能源、运输等部门政府采购的指令，规定仅采购那些定有互惠条件的商品，但对采购其他种类也适用相同规定，根据这一原则，如果第三国不从法律上承诺给予欧盟供应商有效地市场准入，则欧盟的采购实体必须拒绝接受改过 50% 以上的投标或拒绝给予低于 3% 的价格优惠。

2. 金融业

欧盟在有关金融服务的法规在对外关系方面一直体现着对等原则。1988 年 10 月，欧共体委员会在名为《欧洲 - 世界的伙伴》的文件中宣布，非成员国公司要想获得统一大市场的利益，其所在国就必须保证欧共体提供对等的，至少是非歧视的机会。1989 年的"第二项银行法令"也规定，如果一个国家未向欧共体银行提供国民待遇，则欧共体不向该国金融机构签发许可证。同样，欧盟在对非成员国的金融业政策可分为银行业、保险业和证券业三方面。

银行业：根据"第二银行指令"，如果非成员国对欧盟采取了互惠政策，使得欧盟内部成员国银行机构能享受国民待遇，则该非成员国的银行机构也能取得欧盟成员国的银行执照，但如果欧盟的机构在该国不能得到同样的竞争机会和"有效市场准入"，则不能拿到欧盟成员国颁发的执照，一旦取得银行执照，则该机构可以在欧盟区域内自由建立分公司和提供服务。

保险业：1973 年第一项非人寿保险指令和 1979 年第一项人寿保险指令均规定，成员国可根据其批准程序同意设立此类分公司。这种批准程序一般可同样适用于本国保险企业的程序或更为严格。从第一项非人寿保险指令规定看，欧盟主要是根据互惠条件向第三国开放有关的保险服务，是第三国保险机构取得欧盟内部保险机构的待遇。但通过总协定体系下的谈判，尤其是 1995 年全球金融服务谈判，欧盟承诺给予第三国保险机构全面最惠国待遇基础上的国民待遇。

证券业：如果欧盟与第三国有互惠条约，并且第三国法规给予欧盟投资者以平等的保护，欧盟可能根据与第三国的协议，相互承认根据第三国法规制定和审查的公开发行证券说明书。这样就便利了非成员国证券在欧盟市场的发行。欧盟对非成员国政权机构的市场准入也基本上是互惠的国民待遇，同样地，在全球金融服务谈判后，欧盟放宽了这一限制，承诺在全面最惠国待遇基础上给予国民待遇。

3. 运输业

海运服务：欧盟海运监管机制建立于 20 世纪 70 年代后期，在 1986 年制定了这方面的共同反倾销政策。为反对国际货运班轮中的不正当定价，理事会第 86/4057 号规定制定了关于价格承诺或补偿税款的有约束力的程序，并规定在欧盟船东和欧盟利益受到重大损失或损害威胁时，可采取必要的保障行动。另外，第 85/4058 号规则规定当其他国家用货载分摊方式限制或威胁欧盟运输货物进入该国时，欧盟可采取协调行为；若协调不成，则可采取外交措施或诸如配额、税收方面的反措施。

航空业服务：欧盟的航空运输承诺中，对计算机订票和空运服务列出了最惠国待遇例外表，涉及计算机守则中的互惠条款。如果第三国对欧盟航空公司不提供同等待遇，欧盟将解除对该国航空公司自动订票的义务。欧盟认为，运用计算机订票的多变规则不充分，例外是必要的。近年来，欧盟在对外开放领空方面取得了长足的进步，例如：2008 年 3 月，欧盟与美国签订“开放天空”航空协议，该协议的签署使得欧盟成员国航空公司的飞机从欧盟境内任何一个机场飞往美国的任何一个机场，而此前欧盟成员国航空公司通常只能经营本国机场至美国的航线。2008 年 5 月，欧盟与澳大利亚也签署了类似的协议。2008 年 12 月，欧盟与加拿大、亚美尼亚、以色列等国分别签署了航空运输合作双边协议，决定扩大航线范围，加强航空安全和保护消费者利益的合作。

第四节　日本的国际服务贸易

一、战后日本对外贸易的发展

第二次世界大战后日本的对外贸易发展经历了几个不同阶段。首先，战后经济恢复阶段，贸易额由 1946 年 4.08 亿美元增至 1955 年 44.8 亿美元，年均增速 33.5%。本期贸易以压缩国内消费为代价，通过出口换取国民经济发展必须的国际支付工具，出口商品以低附加值和劳动力价格优势的轻纺产品为主，贸易收支大幅逆差。其次，高增长阶段，贸易额由 1956 年 57.3 亿美元增至 1973 年 752.4 亿美元，年均增速 16%，对外贸易与国民经济保持高增长。贸易结构方面重化学工业取代轻纺业成为主导出口产业，钢铁、造船和汽车成为主要出口商品，对发达国家和发展中国家出口商品结构趋于一致；贸易收支开始由逆差转入顺差。再次，对外贸易稳定阶段，贸易额由 1974 年的 1 176.5 亿美元增加至 1990 年的 5 217.5 亿美元，年均增速 12.3%。对外贸易增速相应下降，出口主导产业向知识技术密集型发展，信息、机械行业成为新的出口增长点。最后，上世纪九十年代的低迷阶段，对外贸易增速明显下滑，年均增速降至 3.6%，在世界总出口所占比重自 1986 年达到 10.2% 高峰后缓慢下降，至 2001 年降至 6.6%。2003 年以后，国际服务贸易增长速度加快，从 2002 到 2008 年，国际服务贸易额翻了一翻，到 2008 年，日本国际服务贸易发展状况如图 7－4，可以看出，日本长期以来一直是国际服务贸易逆差国。

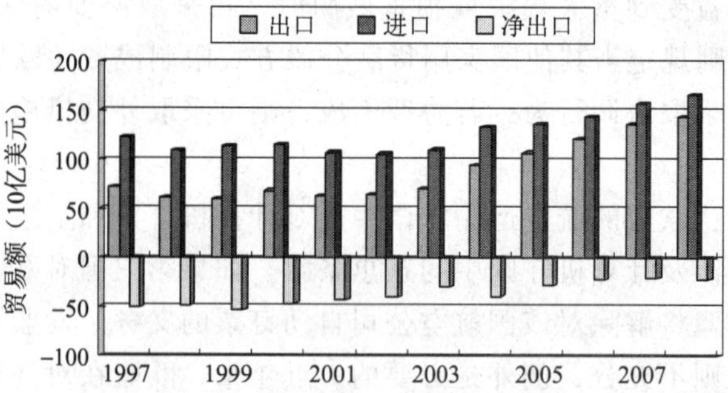

图 7－4　日本近年来国际服务贸易额

二、日本国际服务贸易的发展特点

第一，运输服务是第一大国际服务贸易行业。近年来，日本运输服务总体呈增长态势。1998～2007 年，运输服务出口在日本国际服务贸易出口总额中的年均占比达 35%，进口的年均占比为 29%。2003 年以来，运输服务出口增长较快，各年增幅均保持在 10% 以上。2006 年和 2007 年，日本运输服务进口明显加快；2007 年，日本运输服务出口 4.94 万亿日元，比上年增长 12.8%；进口 5.75 万亿日元，增长 15.6%，逆差 0.81 万亿日元，如表 7－7 所示。

第二，其他商业服务进、出口平衡发展。其他商业服务是日本国际服务贸易第二大进出口行业，2007 年该行业出口和进口在日本国际服务贸易出口总额和进口总额中分别占有 27.7% 和 24.7% 的份额。近年来，日本的其他商业服务进出口增长较快，已扭转上世纪 90 年代末下滑的局面，且出口和进口保持平衡发展。2007 年，其他商业服务出口额和进口额分别为 4.08 万亿日元和 4.09 万亿日元，分别比上年增长 14.4% 和 18.2%，逆差 88 亿日元。

第三，专有权使用费和特许费进出口呈上升趋势。专有权使用费和特许费分别为日本国际服务贸易出口和进口的第三大和第五大行业。2000 年以来，专有权使用费和特许费出口在起伏中呈上升趋势，特别是 2004～2007 年，增幅均保持在两位数以上，在服务出口总额中的占比也呈上升趋势。2007 年，日本专有权使用费和特许费出口 2.73 万亿日元，为 1999 年的 2.9 倍，占比也由 1999 年的 13.6% 上升至 18.5%。2000 年以来，日本的专有权使用费和特许费进口总体呈增长态势，在国际服务贸易进口总额中的占比缓慢提升，基本稳定在 10%～12% 之间。2007 年，日本专有权使用费和特许费进口 1.96 万亿日元，为 1999 年的 1.8 倍，所占比重为 11.8%。

第四，旅游服务是国际服务贸易第一大逆差行业。旅游为日本国际服务贸易第一大逆差行业，且长期呈现逆差，但近年来逆差规模有下降之势。1998～2007 年，日本旅游进出口逆差由 3.27 万亿日元下降至 1.53 万亿日元，降幅超过 50%，旅游进口和出口均出现显著下降。日本的旅游进口在 2004 年达到高峰之后，在 2006 年和 2007 年均出现较大幅度的下降，降幅分别为 24.4% 和 25%；而出口的降幅也分别达 28.2% 和 17.1%。2007 年，日本旅游出口额和进口额分别为0.82万亿日元和2.34万亿日元。

第五，金融服务出口增长较快，顺差规模扩大。1998~2007年，日本金融服务进出口增长较快。2007年，金融服务出口7 306亿日元（在国际服务贸易出口总额中占有5%的份额），为1998年的3.5倍，十年间的年均增长率为14.8%；金融服务进口4 235亿日元，为1998年的1.5倍，十年间的年均增长率为4.7%。由于金融服务出口的较快增长，自2000年起金融服务逆差局面得以扭转。2007年，日本金融服务进出口实现顺差3 071亿日元，为2000年的2.9倍。

表7-7　日本国际服务贸易2007年出口分项目情况

项　目	金　额（亿美元）	比　重
运输	415.9	32.5
旅游	93.3	7.2
通讯	5.5	0.4
建筑	103.2	8.0
保险	13.5	0.1
金融	62.1	4.8
计算机信息服务	9.7	0.8
专利	232.2	18.0
其他商业服务	329.0	25.5
个人、文化和娱乐服务	1.6	0.1

数据来源：国际统计年鉴2008。

与其货物贸易在国际贸易中的地位相比，日本的国际服务贸易相对落后，但国际服务贸易的总体竞争实力仍很强，发展速度较快，这与其国内发达的服务业密切相关。据日本经济企划厅公布，2000年日本的服务业占国内生产总值的64.2%，服务业就业人数占总就业的比重达61.8%。正因为日本的国际服务贸易具有较大的发展潜力，日本也积极推行国际服务贸易自由化政策。但另一方面从维护本国利益的目的出发，日本对本国的某些服务行业也严加保护，使外国服务和服务提供者在日本市场只能起补充作用，而无法占据重要地位和较大市场份额。

三、日本的国际服务贸易政策

随着世界经济全球化趋势日益加强，在国际贸易领域中，国际服务贸易的竞争占据越来越重要的地位，日本的国际服务贸易业，特别是金融国际服务贸易长期接受政府保护，缺乏国际竞争力。因此，日本以振兴国际服务贸易业为目标，对传统的贸易政策进行了重大变革，积极探索双边自由贸易的可能性，以便在新的国际贸易格局中维护日本的利益份额。

首先，表现在日本希望凭借其世界经济强国的地位主导亚洲地区的金融市场。在亚洲金融危机后相关国家金融体系十分脆弱的情况下，日本便充当“最后的贷款人”的角色，不断扩大其金融大国的影响力。日本经济虽然经历了10年的衰退，但日本的经济实力在亚洲地区还是占据首位，因此，日本希望在亚洲的金融国际服务贸易领域发挥主导作用，与其世界最大债权国、亚洲惟一的发达工业国集团成员国身份相符合。金融危机后日本政府发起了一轮又一轮的金融改革攻势：一是组建、落实“亚洲货币基金”；二是发展金融服务业依赖的信息技术，签订《电子东盟协议（E—ASEAN)》。借以扩大金融服务领域的影响力，并由此带动国内产业结构调整和金融体制改革，其贸易政策也发生了历史性转变。

日本还希望通过建立“亚洲货币基金”援助遭受危机打击的亚洲国家，扩大日本的影响力，并在此基础上由日本主导培育亚洲资本市场，缩小与欧美资本市场的巨大差距。但“亚洲货币基金”构想的实际作用与日本的希望存在很大差距。因此日本积极利用与新加坡协商金融合作的机会，共同设立基金，弥补“亚洲货币基金”的欠缺。同时还招募美国的基金进行投资，以便使其共同投资的构想具体化，同时也推动“亚洲货币基金”发挥作用。

其次，尽力提高日元作为国际货币的地位。日本大藏省组建了日元国际化推进委员会，召集政府官员、国内外产业界精英和学术界人士讨论日元国际化的可行性，为提高日元的使用率和非居民的持有率，积极推动以日元为核心货币的货币汇率政策。1984年大藏省发表了题为《关于金融自由化、日元国际化的现状和展望》的政策报告，正式拉开了日元国际化战略的序幕。其后，由于日本政府在推进日元国际化方面采取的一系列政策措施，以及日本的经济繁荣，日元国际化也出现了迅速发展的局面。1997年东亚金融危机的爆发和1999年欧元的启动，迫使日本政府开始反省以往的日元国际化进程，更加积极地探讨日元国际化的新战略。在2001年1月召开的神户亚欧财长会议上，日本大藏省再次重申了日本政府的上述观点。

最后，强调双边自由化贸易政策。根据WTO事务局统计，到目前为止，世界上已签订的区域贸易协定多达120个，但亚洲的贸易一体化组织占世界贸易额却很小，尽管亚洲有中国、日本、韩国、中国台湾和中国香港等位居世界前列的贸易区，贸易一体化程度并不发达。同时，随着世界经济的发展，亚洲国家或经济体与日本的差距逐步缩小，就不同地区对日本进口额看，1990年东亚仅占26%，1998年上升到34%，而同期来自美国和欧盟的进口额分别在25%和14%的水平上徘徊。因此日本认为，固守多边贸易自由化是不明智的，如果日本能够首先在亚洲地区分别签订双边自由贸易合作协定，日本不仅能获得更大的贸易利益，而且还可以逐步形成自已在国际服务贸易领域的竞争优势。在日本的积极推动和多方协调下，签订双边自由贸易协定或建立自由贸易区的热潮在亚洲兴起。2000年11月下旬，在新加坡召开的东盟10国及中国、日本、韩国的首脑会议上，东盟提议并就建立包括东盟10国和中、日、韩在内的“东亚自由贸易区”

达成了协议。

四、日本的国际服务贸易壁垒

近年来，日本一方面对国际服务贸易领域的管理进行改革，积极倡导贸易自由化政策，放宽进出口限制，国际服务贸易准入环境总体有所改善；另一方面又在某些行业设置国际服务贸易壁垒，影响国际服务贸易进口的发展。具体表现在：

1. 运输服务

首先，外方代表或外方表决权占1/3以上的公司，在利用船舶或者航空器从事国际货物运输时，适用不同于日本人或日本法人的许可制度。如在航空运输方面，外方或外方表决权占1/3以上的公司拥有的飞行器不能在日本国内注册。其次，在现行海运体制下，外国船公司只能租用码头，无权经营码头的装卸等业务，这给外国船公司的经营造成了障碍。另外根据日本的事前协议制度，船公司在新开航线、增加停靠港和更换船名时须向该协会提出申请。该协会接到申请后与中央及地方的码头工会进行“事前协议”，这导致日本港口装卸费较高，而且外国航运公司无法自由选择服务水平较高、费用相对较低的装卸公司。

2. 金融服务

日本政府对银行业长期以来实施保护政策，外国银行虽然可以通过与日本证券公司的合资进入日本信托资本市场，然而日本对外资银行加入日本国债托管和清算系统会员资格做了严格的限制，日本政府在信托管理服务领域存在非审慎性措施，如规定投资信托管理服务必须由在日本注册的法人机构提供，使其投资回报率极低；外资银行的分支机构吸收的存款未纳入到日本存款保险的覆盖范围内。日本制定了一系列措施保护其金融业，包括禁止外国银行作为辛迪加贷款的组织者，尽管外国银行在日本经营已经有30多年的历史，但到80年代中期，它们总的借贷资本只占日本的3%，储蓄为2%。保险服务方面，日本人寿保险和汽车保险、火灾保险和财产险等非人寿保险占了整个保险业务的95%，只有在包括意外险在内的“第三类保险市场”，外国企业才能进入，同时日本规定，保险公司不允许跨类经营，外国公司进入不了主要的保险市场。日本法律还禁止通过邮件推销保险，法规还使所有同类保险几乎一个价格，外国公司不可能通过创造性的促销手段与日本公司竞争。

3. 建筑与工程服务

建筑业是日本国民经济的支柱产业之一，日本的建筑市场是高度发达而又保守、封闭的市场。长期以来，日本的不动产业、建筑设计业、建筑公司、建材生产厂家、承包转包建筑队及用户间相互依赖相互渗透，形成了一个完整的封闭体系。行业自我封闭、自我保护色彩强烈，具有一套完整的建筑行业法规体系，手续繁杂，条件苛刻，其中包括：1. 须注册为日本当地公司，并接受日本政府的属地化管理，不论何种企业，要在日本两个以上地区设立机构，必须由建设大臣批准；2. 对企业高层及管理人员有资历及业绩要求，如果达不到，则聘请有资历的日本人经营（今后没有足够的营业额，将被吊销营业执照）；3.《出入境管理法》规定，外国公司必须至少雇佣2名当地人参与管理事务，并且实发工资，必须真正雇佣具有在日本从业资格的人充当建筑技术责任者和土木技术责任者，否则吊销营业执照，禁止单纯劳务进入日本市场，只允许中标的外国建筑公司的管理、技术人员赴日。虽然外资企业获得许可后可进入日本建筑市场，但是外资企业实际上并不能独自承包工程和大量进口使用本国建材，因此业务范围局限于建筑设计等相关产业。此类规定使外方难以运作和管理，只能转包给日本建筑商，由于日本劳动力成本昂贵，日本分包商报价很高，使得外国中标者成本核算严重恶化，最后只能被迫退标。

4. 电信业

日本政府长期以来对电信业都有着严格的管理措施，其颁布的法律有《日本电信商法》、《日本电气通信事业法》、《日本电报电话公司法》等一系列法规。日本的电信业属于垄断行业，日本电报电话公司（NTT）为其垄断企业。由于缺少竞争，日本的电信企业还无法与其他发达国家的电信同行竞争。日本邮电省为了改变这一不利局面，逐步开放了日本的电信管制，实施了一系列的措施和政策，包括取消国外企业进入电信和有线电视的管制，消除用户收费授权的办法；于2000年5月修订了《电信企业法》，其目的在于建立一个法律框架以引进长期成本增长体系；通过日美超高速国际网推动网络技术和国际联合试验的进展。尽管如此，日本的电信市场仍然还需进一步开放。

5. 旅游业

除了《旅游业法》对外国人在日本建立旅游设施有所限制外，在国民待遇和市场准入方面基本没有限制，国外公司或团体通过资格考试便可开办旅游社。日本旅游业的开放领域还包括宾馆和饭店服务、餐饮服务、旅行社和旅游经营服务、导游服务等。

第五节 印度的国际服务贸易

一、印度国际服务贸易的发展

印度与多数发展中国家不同，多年来制造业在国民经济中地位一直无明显提高，服务业却占有越来越重要的地位，其经济增长很大程度上来源于服务业的贡献。自从1997年以来，印度的服务业一直是三大产业中增长速度最快的，年均增长率达8.1%，其中以软件产业为首的信息通讯技术（Information Communication Technology，ICT）产业平均增速超过10%。而以服务业为产业基础的国际服务贸易也发展迅速，1997年以来印度国际服务贸易出口年均增长21.50%，2003年，印度的国际服务贸易出口占总出口的33.03%，而同期世界的平均水平为19%。印度的国际服务贸易增长迅速，也是发展中国家少有的国际服务贸易顺差国。运输、旅游、计算机和信息服务、其他商业服务是印度的主要服务出口项目，约占其服务出口总额的75%左右。印度的计算机和信息服务发展迅猛，2008年，印度计算机服务出口360亿美元，次于欧盟居世界第二位，占亚洲地区计算机和信息服务出口总额的71%。2005年到2010年，印度国际服务贸易出口年均增长率达17%，进口年均增长率18%，远超同期世界国际服务贸易8%的增长率。2001年，印度的国际服务贸易出口额占世界国际服务贸易出口总额的1.4%，到2010年占比已经达到了3%，国际服务贸易进口位居世界第七位，出口位居第十位。

二、印度国际服务贸易发展的特征

1. 国际服务贸易保持连续增长态势

根据UNCTAD资料，印度国际服务贸易总额一直保持增长态势，1990年以后的十年间国际服务贸易总额增长了3.34倍，1997～2003年间，印度的国际服务贸易出口平均增长率为21.50%，2005年到2010年，出口年均增长率达17%，远远超过同期世界国际服务贸易的增长水平，如图7－7所示。国际服务贸易出口的国际市场占有率也不断上升，从1995～1997年的平均0.59%上升到2009年的2.5%，2010年的3%。国际市场占有率提升速度很快。

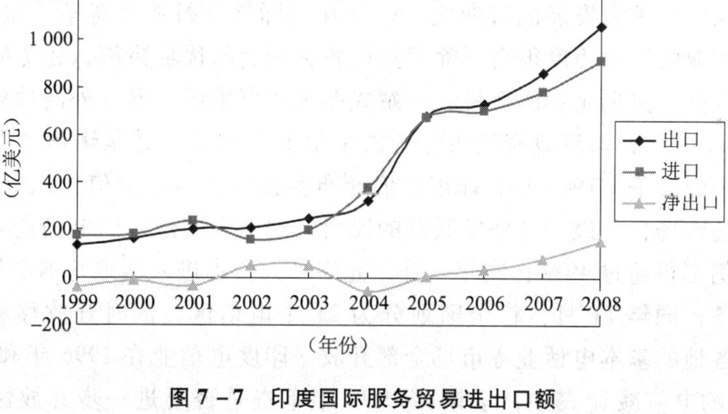

图7－7 印度国际服务贸易进出口额

2. 国际服务贸易进出口增长率表现出不同趋势

从国际服务贸易的进出口增长速度来看，1997年之前（不包括1997年）印度的进口增长率远远快于出口增长率，1997年之后印度国际服务贸易进口增长率开始低于出口增长率，1997～2008年，印度的年均出口增长率为21.5%，高于年均进口增长率6.9%近15个百分点，特别在1999年到2003年的四年间国际服务贸易进口额基本没有增加。这种进出口增长率的明显差异，使印度国际服务贸易在2002年开始出现顺差，成为国际服务贸易的净出口国，扭转了以往国际服务贸易一直处于逆差的不利状况，同时也说明印度自身的国际服务贸易竞争力在逐渐增强。2002年以来国际服务贸易基本上每年都保持一定的顺差，2008年达到150亿美元，是2002年国际服务贸易顺差50亿美元的3倍。

3. 国际服务贸易产业结构正在发生变化，知识密集型服务产品出口增长迅速

在印度国际服务贸易的出口结构中，随着社会、经济及技术的不断变化，印度的国际服务贸易结构正发生巨大的变化。劳动密集型的旅游服务在下降，从1999年的20.7%下降到2002年的12.1%，并且有不断下降趋势（仅在1980年印度的旅游还在国际服务贸易总出口中占52.2%）；资本密集型的运输变化不是很大，基本保持在10%左右；而知识密集程度相对较高的其他商业服务上升比例较快，四年间上升了13个百分点。

四、印度国际服务贸易的市场准入与壁垒

在WTO贸易开放的谈判中，印度历来都积极参与整个谈判过程，极力要求发达国家扩大对发展中国家的开放，同时印度也是在WTO国际服务贸易所做的国际服务贸易承诺最多的发展中国家，印度大力提倡工作人员的自由流动，因为印度在电信、软件等服务业的人才丰富且工资率低，所以其涉及的开放领域大多集中在这些具有竞争优势的项目上，而对于金融、法律、零售业等相对较弱的领域则持比较谨慎的态度。

第一，高度开放的行业，主要包括软件服务和电信服务两部门。软件行业是印度近年来取得重大发展的行业之一，其在国际软件行业的竞争力很强，因此，印度对软件业的开放程度很高，除了其他各种配套的优惠措施，还免除进口关税和各种地方税、减免企业所得税、一站式办理政府手续、允许外商独资等。电信行业早在1991年，印度政府就决定开放增值业务市场，并承诺增值业务领域完全由私人企业竞争，1994年，印度政府颁布实施了《国家电信法》，允许私有企业进入电信市场，并鼓励与外资联营的民营公司向不同地区的电信产业投资，其中外资比例不得超过49%；同年5月，允许私人资本进入本地基本电信业务和增值电信业务；同年11月，将全国划分为21个电信区，同时开放移动业务。至此，印度各地的基本电话业务市场全部开放。印度电信业在1996年和1997年向WTO提供的电信减让表中，承诺在1999年审查是否要进一步开放国内长途服务，在2004年审查国际服务的开放，并对各种固定设施的服务领域均允许引入一个新的经营者，其许可证由有关当局核发，期限为10年，外资股份参与的上限为26%，依范本提交有关法规环境的承诺。2005年2月，印度政府又将国内电信行业的外国直接投资（FDI）比例上限从原来的49%提高到74%，财政部也简化了电信企业的税收结构。至此，印度电信服务业对外开放的力度已经超过了包括中国在内的许多发展中国家。

第二，适度开放的部门。到2006年，银行及其他金融服务、建筑及相关工程服务业、航空运输服务业、保健服务业等服务行业都已向国外开放，但依然在很大程度上受到政府或相关法律的限制。银行及其他金融服务部门的外资准入依然存在如下限制：在股票经纪领域方面，外资股份在当地股份有限合资企业所占的股份不得超过49%，在商业银行方面，外资银行只能以持牌分行和子公司形

式经营，分行牌照的颁发数量每年不超过 12 个；外国持牌分行不得在郊区开设办事处，外国银行子公司必须符合设立城郊分行的要求；在国有银行中的外国直接和间接投资总额不得超过 20% 的法定上限；外国银行股东的股票权更是被限制在 10% 以下。保险公司则要强制承担农业保险和社会保险等。在建筑及相关工程服务部门，2006 年伊始，印度政府就宣布开放建筑服务市场，允许外资 100% 直接投资房地产市场，以刺激建筑行业的发展，同时，虽然允许进入房地产部门，但开发面积不得少于 100 英亩，开发完成后 3 年内初始投资不得撤回。在保健服务部门，对外资准入不设上限，且自动审批，但是禁止外国自然人以盈利为目的提供服务，且自然人流动须经主管部门（印度医疗、牙医和护理委员会）注册。在分销服务部门除零售业外，其他部门对外资不加限制，但佣金代理服务和特许经营服务须经 RBI（印度银行）审批，批发服务须经 FIPB（印度海外投资促进局）审批，批发服务还受制于其他相关服务，如运输和仓储服务的批准限制。在运输部门，铁路运输尚未对外资开放，航空客运市场的外资准入上限为 49%。

第三，未开放的部门。这些部门中外国服务提供商面临的主要准入壁垒有：会计服务部门不允许外国直接投资，外国服务提供商不得从事企业的审计服务；邮政市场只开放快递服务；零售业也受到高度保护。在法律服务部门，印度的《律师法》和《印度律师联合会条例》均对外国法律服务提供商实施严格限制。外国服务提供者若要注册为律师，受很多条件的限制；外资绝对禁止，也不允许设立国际性律师事务所；印度律师不得与境外律师达成利润分享协议；外国服务提供商可以为国内律师事务所雇佣为雇员或咨询人员，但他们不得成为合伙人，也不允许签署法律文件或代表客户。

复习思考题

1. 当代国际服务贸易具有哪些特征？
2. 简述发展中国家的服务贸易特点，优势和劣势？
3. 美国、欧盟、日本和印度的服务贸易壁垒各表现在哪些方面？

阅读推荐与网络链接

1. 裴长洪．经济全球化与当代国际贸易．社会科学文献出版社，2007.
2. 张幼文．经济危机冲击下的世界经济格局．上海社会科学园出版社有限公司，2010.

3.（美）亚伯勒等．世界经济贸易与金融．第七版，清华大学出版社，2009.

4. 国际货币基金组织．世界经济展望——重新平衡经济增长．中国金融出版社，2010.

5. http：//www. stats. gov. cn/.

6. http：//www. imf. org.

7. http：//www. mofcom. gov. cn/.

8. http：//www. wto. org.

第八章

中国服务贸易的发展及服务业的对外开放

学习目标

- 了解当前我国服务贸易发展特点
- 掌握我国服务贸易发展落后的原因
- 了解我国各服务行业服务贸易发展现状

国家“十二五”规划第五十一章就“十二五”时期中国国际服务贸易发展的总体目标作出了明确部署。“促进服务出口，扩大服务业对外开放，提高国际服务贸易在对外贸易中的比重。在稳定和拓展旅游、运输、劳务等传统服务出口同时，努力扩大文化、中医药、软件和信息服务、商贸流通、金融保险等新兴服务出口。大力发展服务外包，建设若干服务外包基地。扩大金融、物流等服务业对外开放，稳步开放教育、医疗、体育等领域，引进优质资源，提高服务业国际化水平。”

——《中国国民经济和社会发展十二五规划纲要》

伴随中国经济的快速发展，以及加入 WTO 后服务业的不断开放，中国服务业以及国际服务贸易近几年来取得了快速发展，国际服务贸易的国际地位不断提升，国际服务贸易对中国外贸结构升级以及推动经济发展的作用不断凸显。

第一节 中国国际服务贸易的发展

一、当前我国国际服务贸易的特点

长期以来，由于服务业在我国国民经济发展中的地位没有得到应有的重视，服务业发展严重滞后，成为制约我国国际服务贸易发展的主要原因。改革开放政策以来，特别是乌拉圭回合多边贸易谈判和我国加入世贸组织后，我国服务业发展速度加快，也在一定程度上促进了国际服务贸易的发展。

我国国际服务贸易起步于20世纪80年代，虽然起步较晚但发展速度较快。我国国际服务贸易呈现如下特点：

1. 国际服务贸易规模迅速扩大。我国国际服务贸易进出口总额从1982年的44亿美元增长到2010年的3 624亿美元，不到30年时间增长了八十余倍，比“十五”末期的1 571亿美元还翻了一番，如表8－1所示。2010年中国服务进出口世界排名双双提升至世界第四位和第三位，均比2009年上升一位。

表8－1　　2009年中国国际服务贸易发展状况

项　目	出　口			进　口		
	金额（亿美元）	比上年增长（%）	占比（%）	金额（亿美元）	比上年增长（%）	占比（%）
国际服务贸易总额	1 286	－12.2	100	1 581.1	0.1	100
1. 运输	235.7	－38.7	18.3	465.7	－7.5	29.5
2. 旅游	396.8	－2.9	30.9	437.0	20.9	27.6
3. 通讯服务	12.0	－23.7	0.9	12.1	－19.9	0.8
4. 建筑服务	94.6	－8.4	7.4	58.7	34.5	3.7
5. 保险服务	16.0	15.4	1.2	113.1	－11.3	7.2
6. 金融服务	4.4	38.7	0.3	7.3	28.2	0.5
7. 计算机和信息服务	65.1	4.2	5.1	32.3	2.1	2.0
8. 专有权利使用费和特许费	4.3	－24.8	0.3	110.7	7.2	7.0
9. 咨询	186.2	2.7	14.5	134.2	－0.9	8.5
10. 广告、宣传	23.1	5.0	1.8	19.5	0.7	1.2
11. 电影、音像	1.0	－76.7	0.1	2.8	9.2	0.2
12. 其他商业服务	246.9	－5.1	19.2	187.7	－18.2	11.9

数据来源：中国国际服务贸易统计2010。

2. 国际服务贸易增速远高于世界平均水平。20世纪80年代以来，除个别年份外，我国国际服务贸易出口增速一直高于同期世界国际服务贸易平均出口增速和全球国际服务贸易主要出口国家（地区）平均水平。1982～2005年，我国国际服务贸易进出口总额年均增长16.8%，国际服务贸易出口年均增长15.9%，均为同期世界国际服务贸易平均增速的两倍左右。2008年中国国际服务贸易进出口增速分别为22.2%和20.5%，均高于同期世界平均增长水平。2009年受金融危机的影响进出口总额下降5.8%，但到2010年重新步入上升通道，如表8－2所示。

表 8-2　　中国国际服务贸易进出口情况　　单位：亿美元

年份	中国出口额	中国出口占比	世界出口额	中国进口额	中国进口占比	世界进口额
1985	29	0.8	3 816	23	0.6	4 011
1990	57	0.7	7 805	41	0.5	8 206
1995	184	1.6	12 710	224	1.8	12 697
2000	301	2.0	14 922	359	2.4	14 796
2005	739	3.1	24 147	832	3.5	23 613
2006	914	3.4	27 108	1003	3.7	26 196
2007	1216	3.7	32 572	1293	4.2	30 591
2008	1465	3.9	38 036	1580	4.5	35 354
2009	1286	3.9	33 120	1581	5.1	31 150
2010	1702	4.6	36 639	1922	5.5	35 027

数据来源：WTO 秘书处。

3. 国际服务贸易逆差进一步下降。从 2004 年开始，中国的国际服务贸易逆差保持着持续下降的趋势。2007 年，中国国际服务贸易出口增速快于进口，逆差规模显著下降。国际服务贸易逆差 76.1 亿美元，比 2006 年下降 14.6%，比逆差最大时的 2004 年下降 20.3%。之后几年受金融危机等因素的影响，逆差额又持续扩大，2008 年到 2010 年度分别为 115.6、295.2 和 220 亿美元。分行业来看，2009 年有五个国际服务贸易行业实现顺差，其中其他商业服务、咨询、建筑服务、计算机和信息服务、广告和宣传，合计实现顺差 210.9 亿美元。其他商业服务顺差增幅最大，实现顺差 59.2 亿美元，比上年增长 1.05 倍。2009 年，中国国际服务贸易逆差主要存在于运输、专有权利使用费和特许费、以及保险服务三个行业，自 1999 年起这三个行业一直居中国国际服务贸易逆差的前三位。2009 年，运输服务逆差 230.1 亿美元，比上年同期增加了 93.3%；专有权利使用和特许费逆差 106.4 亿美元，同比增长 9.1%；保险服务逆差 97.1 亿美元，同比下降 14.5%，如图 8-1 所示。

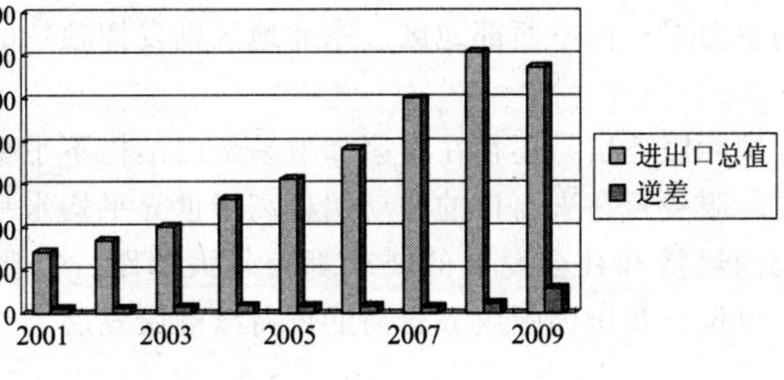

图 8-1　中国国际服务贸易总值和逆差

数据来源：中国国际服务贸易统计 2010。

4. 我国在世界国际服务贸易中的地位不断提升。1982～2005 年，我国国际服务贸易占全球国际服务贸易的比重从 0.6% 增长到 3.3%，到 2009 年更提升至 4.5%，国际服务贸易出口占全球国际服务贸易总额的比重由 0.7% 增长到 2009 年的 3.9%，出口世界排名由 1982 年的第 28 位上升到 2009 的第 5 位，进口世界排名由第 40 位上升到第 4 位，国际服务贸易规模居发展中国家之首。

5. 传统国际服务贸易进出口占比持续下降，高附加值国际服务贸易行业出口增速加快。运输和旅游是传统的劳动密集型服务行业，也是目前中国国际服务贸易进出口的主要构成。2009 年，运输和旅游国际服务贸易出口分别为 235.7 亿美元和 396.8 亿美元，分别占我国国际服务贸易出口总额的 18.3% 和 30.9%，收支合计占国际服务贸易总规模的 49.2%，创我国传统国际服务贸易出口占比的新低，如图 8－2 所示。而计算机信息服务、咨询、专有权利使用费和特许费以及广告宣传等四个高附加值服务项目出口总额为 278.7 亿美元，在我国国际服务贸易出口中所占比重提高到 21.7%。

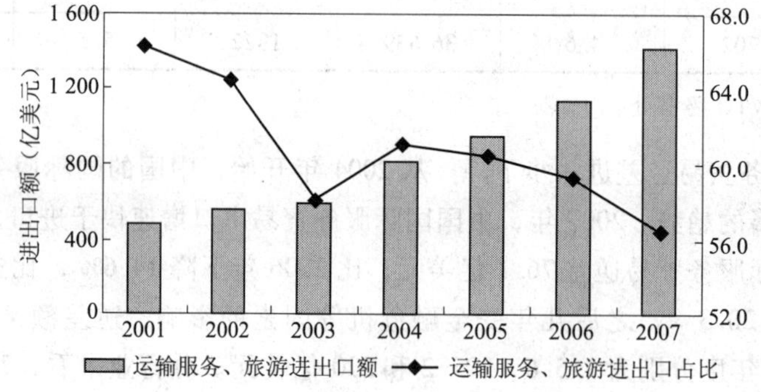

图 8－2 2001～2007 年中国运输服务、旅游进出口变动趋势图

数据来源：国家外汇管理局。

6. 我国国际服务贸易全面发展的格局初步形成。国际服务贸易结构方面，除运输、旅游等传统国际服务贸易部门继续稳步发展，通讯、保险、金融、专有权使用和特许、计算机信息服务、咨询、广告等新兴国际服务贸易部门开始兴起，并呈现较快的发展势头；在区域发展方面，北京、上海、广东、浙江、天津等东部沿海省市，发挥地理区位优势，立足于扎实的现代服务业基础，成为国际服务贸易发展的主力军；而中西部地区、东北地区则发挥独特的资源优势，不断加快发展步伐。

当然，我国国际服务贸易还存在着诸如贸易部门结构不平衡、市场和地区发展过于集中、国际服务贸易进出口的波动明显高于世界平均水平、统计体系不健全等问题，与我国经济和社会发展的要求都有较大差距，需要我们积极采取措施，妥善应对，以保证我国国际服务贸易的可持续健康发展。

二、我国国际服务贸易发展落后的原因

我国服务出口之所以在数量上和质量上与发达国家相比存在较大的差距，主

要症结在于：

1. 国内第三产业发展总体相对滞后

首先，国际服务贸易的发展与服务业具有内在联系，从总体上看，中国服务业发展滞后的状况并没有根本转变。突出问题是：总体规模小、服务水平不高、结构不合理、体制改革和机制创新滞后，与经济社会持续协调健康发展的要求还不相适应。从产业结构来看，我国第三产业占国民生产总值提升速度缓慢，2010年第三产业所占比重为43.0%，不仅远远低于发达国家70%～80%的水平，而且还低于印度尼西亚、菲律宾和印度等发展中国家约10个百分点。服务业所占比重偏低既反映我国服务业的不发达，也说明我国产业结构相对落后，社会生产力发展水平较低。

其次，我国服务业各部门间的发展严重失衡，一些部门比较发达，另一些部门则处于落后状态。例如在向外商开放市场之前，我国人寿保险市场基本是一片空白。这是因为在传统的经济体制下，物质生产部门被认为是创造价值、创造财富的主要部门，而服务业被认为是国民收入再分配的部门，尽管是社会必要劳动，但不是创造价值的劳动。

再次，我国服务业发展水平较低，不仅是由于资金短缺、技术落后，更为重要的是服务行业各部门的经济体制和经营机制。我国服务业各部门普遍面临着改革经济体制、转换企业经营机制的问题。尽管一些部门近年来发展迅速，经济效益有所提高，但面对国际市场的竞争，由于我国服务业发展落后，不熟悉国际市场竞争规则，竞争力水平低下等原因，许多部门都受到了严重冲击，甚至会难以生存和发展。

最后，国际服务市场的竞争在很大程度上是一种人力资本的竞争，我国服务业从业人员存在着文化水平较低、专业理论知识不足、服务队伍不精干、甚至语言上的障碍等问题，必然影响到服务业的发展。

2. 国际服务贸易管理体制不适应

根据《服务贸易总协定》确定的国际服务贸易存在的四种方式，人员的流动对国际服务贸易有至关重要的影响，而我国对出国人员的管理相对滞后，在一定程度上影响了国际服务贸易的发展。主要表现在：

从业人员素质差，是我国服务业落后的一个重要表现。以文化素质为例，在我国服务业就业人员中，具有高等教育文凭的人员在传统服务业中的比重较小，服务业从业人员的专业素质和品格素质与国外同行业的水准相比，差距也较大。另外由于人事管理体制的影响，也影响到国际服务贸易部门人员的素质。

部门间综合协调能力差，直接影响国际服务贸易效率。一些服务输出项目涉及方面很多，项目承包单位难以承担整个项目所需的服务工作，需要来自不同地区和单位的人员，而当前我国的人事体制不利于调动各方面的专门人才。此外，协调机制不健全，以致各对外贸易与合作公司之间削价竞争等不良现象时有发生，影响我国服务企业的国际竞争能力。

3. 信息渠道不畅通，使用率不高

我国至今还未能真正建立起一个统一、完整的搜集、传递国际服务贸易信息的网络，也没有统一的信息处理机构，有关信息主要由服务单位自己收集、处理和加工，影响到信息的利用率。由于市场经济不发达、市场功能不完善等因素的影响，我国的信息传递渠道就比较狭窄，如果获得的信息又由于缺乏统一的信息处理机构而不能充分利用，就会提高收集和使用信息的成本，在一定程度上影响我国服务出口事业的发展。

4. 服务业技术创新不足，是我国国际服务贸易落后的关键

随着服务业的发展和国际服务贸易结构的改善，新技术在国际服务贸易和服务产品竞争中所起的作用越来越大，这就要求不断进行技术创新，提升服务产品的质量，开发新型的服务产品，国际经验已经证明，服务业的发展已经与高新技术产业密不可分；另一方面，服务业与其他产业一样，也存在市场营销策略和专业技术诀窍的差异问题。由于服务生产的过程就是消费过程，因而服务人员不仅需要掌握先进的管理方法、专业技术和技能，而且要有较高的市场营销技能。技术和市场营销技能差距的缩小不可能靠自我保护来实现，必须进入国际市场，从国际市场引进、消化先进的市场营销技巧和管理方法，以提高自己的竞争力。

尽管我国国际服务贸易发展仍存在着许多问题，但这并不意味着国际服务贸易的发展前景暗淡，相反，我国发展国际服务贸易有很大潜力。一方面服务业占我国 GNP（Gross National Product）的比重会越来越大，服务业对整个国民经济的影响就愈加重要，国际服务贸易所占比重会越来越高；另一方面，生产性服务业还是其他产业赖以生存和发展的基础，如金融业、电信业、信息服务业等等，其对外开放程度和发展水平直接关系到我国投资环境，关系到国民经济和社会发展目标能否实现。因此，我国服务业市场对外开放，发展国际服务贸易是我国对外开放的内在要求和动力。

5. 我国服务业的市场发展潜力

在过去的较长一段时期以来，我国国民经济一直保持了快速稳定的发展势头，2008 年金融危机爆发，我国经济不仅避免了金融危机的冲击，继续保持对外贸易和人民币汇率的稳定，而且在危机中成为拉动世界经济增长的主要经济体之一，成为世界上经济持续增长最快的国家。制造业的迅速发展，无疑对我国生产性服务行业的发展提出了新的要求，同时也提供了良好的发展前景。我国服务业发展还相对滞后，如果我国服务业在短期内达到发展中国家的平均水平，即达到 50% 左右，那么服务业的年均增长率就要达到 10% 以上。对于像电信业、信息服务业、银行业、保险业和证券业等发展比较落后，供求矛盾突出的行业，有更大的市场发展潜力。另外我国有 13 多亿人口，生活性消费的市场规模和发展潜力巨大，同样能够为服务业和国际服务贸易的发展提供强有力的动力。

落后的服务业发展水平，服务行业企业较弱的国际竞争力，以及巨大的服务业市场发展潜力，使得世贸组织成员对我国服务业市场的开放问题提出了更高的要求，也使我国服务市场具有更大的吸引力。

第二节 中国服务业的对外开放进程

与我国改革开放的渐进性特征相对应，我国服务业开放也选择了一条先试点、后推广到加速发展的路径，完成了从封闭型经济到初步开放、继而全方位开放的格局，阶段性进程的特征十分明显。

一、改革开放初期的试点性开放阶段（1978 年 ~1991 年）

我国长期以来实行计划经济，重视物质产品生产的发展，而对服务业在国民经济发展中的地位和作用认识不足，改革开放初期相当长时间内，服务业仍未被摆放到应有的位置，在开放问题上，服务业初期开放层次不齐，个别领域开放相当早，但是更多服务业开放起步较晚。我国最早的三家中外合资企业其实都归属服务业：第一家是 1980 年中国民航北京管理局与香港中国航空食品公司合资成立的“北京航空食品公司”，拉开了中国吸引外资的大幕；第二家是中美合资的建国饭店，1980 年 6 月开工建设，1982 年 3 月底正式营业；第三家是长城饭店，创建于 1980 年，1985 年正式竣工营业。餐饮、旅游饭店、以外销为主的房地产开发是这一时期开放的主要领域。旅游饭店是服务业中最早向国际市场开放、最早与国际标准接轨的行业，所以旅游饭店业在改革开放初期一度成为外商投资的重点，投资规模甚至高于工业项目。20 世纪 80 年代初建成的北京建国饭店、广东白天鹅饭店、南京金陵饭店等 8 家合资饭店成为中国吸引外资最早、规模最大的一批项目。

八十年代后随着吸引外资、引进技术和货物进出口的发展，服务进出口的领域越来越宽，相关的货物追加服务、通信、金融、保险、技术服务、经营管理咨询、人员培训等服务进出口也随之迅速发展。1982 年，我国国际服务贸易进出口总额为 44 亿美元，1991 年增长到了 108 亿美元，其间我国国际服务贸易进出口在世界国际服务贸易中的比重较为稳定，其中出口占世界国际服务贸易总出口额的比重保持在 0.7% 至 0.8%，进口额占比为 0.4% 至 0.5%，进出口总额保持在 0.6% 至 0.7%。

二、中期的扩大开放阶段（1992 年 ~2001 年）

一是加快服务业和国际服务贸易发展的法规政策集中出台。20 世纪 80 年代以来，伴随着发达国家工业化的实现，世界经济结构加速调整，产业发展明显向服务业倾斜，其对经济发展的贡献迅速超过第一、二产业，成为推动世界经济发展的“引擎”。顺应世界经济发展这一趋势，我国开始调整产业发展战略，逐步将服务业发展摆上重要议程。1992 年 6 月 16 日，中共中央、国务院做出《关于加快发展第三产业的决定》，这是我国促进服务业发展的第一个重要文件，《决定》还提出了加快发展第三产业的十三条政策和措施。1992 年 10 月召开的党的十四大提出“大力促进第三产业的兴起”。1994 年，我国再次进行了计划、财税、金融、外汇、外贸以及投资体制等方面的重大改革，为第三产业的加快发展创造了有利条件。1994 年通过实施的《中华人民共和国对外贸易法》为国际服务贸易的发展提供了法律保障。1995 年 6 月，国务院发布了《指导外商投资方向暂行规定》和《外商投资产业指导目录》，1997 年 2 月，国务院批准《外商投资产业指导目录》修订本，1997 年 9 月召开的党的十五大对服务业开放的定调是“有步骤地推进服务业的对外开放”。

二是参与国际服务贸易谈判并做出初步承诺。在“乌拉圭回合”谈判期间，中国作为发展中国家参加了整个过程，而且参与了制定《服务贸易总协定》(GATS)。1990 年 5 月 4 日，中国联合印度、喀麦隆、埃及等发展中国家向国际服务贸易谈判组提交了对 GATS 文本结构具有重大影响的“亚非提案”。1991 年 7 月，中国第一次提交初步承诺开价单，对银行、航运、旅游、近海石油勘探、专业服务和广告等 6 个行业的市场开放做出了初步承诺。1992 年 10 月，中国又把保险、陆上石油服务、商业零售、建筑工程和计算机服务等领域列入初步承诺开价单。1993 年 4 月，中国又将开价单作了调整，初步承诺开放银行、保险、旅游（酒店、餐馆）等服务市场。1993 年 9 月，中国再次修改初步承诺开价单，进一步加大服务业对外开放程度，并于同年 11 月，提交了国际服务贸易减让表草案。1998 年 7 月，在 WTO 中国工作组第 8 次会议上，中国在服务业方面的谈判取得进展，就电信、金融、零售、法律、会计、专业服务领域的开放提出了许多实质性建议。根据 1999 年 11 月 15 日达成的中美世界贸易组织协议，中国在国际服务贸易领域市场准入范围进一步扩大。

三是试点开放向深度和广度进军，国际服务贸易进入快速增长期。1991 年到 2001 年，我国大部分服务业都在试点基础上有限度对外开放。虽然不同服务业的开放形式和力度有较大差别，但整体来看服务业市场对外商投资的限制逐步放松，外商以商业存在的方式进入中国服务业市场的部门和领域不断扩大，形成了覆盖金融、保险、交通运输、仓储、建筑业、商业、房地产、科研、教育、卫生、信息咨询等十几个部门的对外开放格局。我国对外承包工程、劳务合作、国际科技合作与交流等也不断扩大。海运运输、会计服务、零售业等已有很高的开放程度，有些部门甚至已超过承诺的初期水平，外资银行进入中国的数量也增多。但仍有一部分重要的服务业领域对外开放程度相对较低，如对金融业的业务范围和地域一直实施严格的限制；电信业在 2000 年 9 月才出台《外资电信管理规定》，容许以合资的方式进入，公路在 2001 年 11 月才发布《外商投资道路运输业的管理规定》，容许以独资方式进入货运领域，而客运仅限于合资；铁路则于 2000 年 8 月才以合资的方式开放货运。这一时期我国国际服务贸易规模迅速扩大，进出口总额从 1991 年的 108 亿美元增加到了 2001 年的 719 亿美元。除

1998 年和 2001 年外，其他年份中国国际服务贸易出口额的增长率都在 10% 以上，特别是 1991 年至 1994 年增长率在 20% 以上；国际服务贸易进口也快速增长，从 1991 年的 39 亿美元增长到了 2001 年的 390 亿美元。

三、后期履行承诺全面开放阶段（2002 年至今）

1. 加快形成服务业开放发展新战略和新的政策体系

进入 21 世纪以来，随着经济全球化的迅猛发展，服务业在世界经济中的地位持续攀升，全球经济竞争的重点从货物贸易转向国际服务贸易。国内经济结构战略性调整也进入重要时期，提高服务业在三次产业结构中的比重，加快转变经济增长方式，有效缓解资源短缺的瓶颈制约，尽快使服务业成为国民经济的主导产业，成为我国国民经济长期的战略任务。因此，这一时期服务业的开放发展遇到了前所未有的机遇和挑战。2001 年 12 月 20 日，国务院办公厅转发国家计委《关于"十五"期间加快发展服务业若干政策措施意见》，指出加快发展服务业，是国民经济持续快速健康发展的重要保障，是提高国际竞争力和国民经济整体素质的有力措施。意见提出了加快发展服务业发展的 12 个方面的政策措施，在扩大对外开放方面，提出要通过扩大开放，促进服务业管理体制、企业机制、组织形式以及服务品种的创新；促进先进服务技术和标准的引进，带动服务业整体水平的提高；促进和培育服务业比较优势的形成，增强国际竞争力，减少国际服务贸易逆差。要有步骤地进一步开放银行、保险、证券、电信、外贸、商业、文化、旅游、医疗、会计、审计、资产评估、国际货运代理等领域。鼓励有条件的企业发展服务业的跨国公司。鼓励开展设计咨询、对外工程和技术承包、劳务合作。2007 年和 2008 年，《国务院关于促进服务业加快发展的若干意见》、《国务院办公厅关于加快发展服务业若干政策措施的实施意见》又先后出台，彰显了加快服务业发展的重要性、急迫性。

2. 履行承诺逐步形成整体开放的新格局

入世时我国对各类服务业开放均做了承诺，承诺水平也较高，但各个领域对外开放的时间表和最终开放程度不完全一致，不同国际服务贸易方式的承诺内容也明显不同。关于境外消费、商业存在和自然人流动，对所有的部门至少都做出了局部的承诺；在跨境提供方面，对超过 80% 的部门做出承诺。与其他国家相比较，中国的承诺较多，但是在商业存在方面仍然有较多的限制。

入世后中国服务业对外开放的速度明显加快。首先，在清理和修订法律法规方面，采取了大规模行动，共清理与外经贸业务有关的法律法规 2 300 多件。到 2006 年，随着有关法律法规的清理告一段落，以及服务业的开放承诺基本完成，我国进入 WTO 后过渡期。按照我国加入世贸组织承诺，从 2006 年 11 月 12 日起，除了个别领域外，我国取消服务业对外资的限制，至此，我国服务业整体开放的新格局基本形成。2007 年外资对我国四大服务行业（批发和零售业、住宿和餐饮业、租赁和商务服务业、居民服务和其他服务业）直接投资企业数量合计达到 11 085 家，实际使用外资 84. 6 亿美元。入世之后我国服务业按承诺稳步开放，整体发展良好，不少服务业出现快速发展势头，规模、质量和竞争力明显扩大和提高。

3. 国际服务贸易特别是新兴国际服务贸易部门发展迅猛

2001年以来我国抓住承接国际服务业转移的历史机遇，加速发展国际服务贸易，国际服务贸易快速增长。2007年我国国际服务贸易出口突破千亿大关，达到了1 222亿美元，进口达到1 301亿美元，进出口总额达到了2 523亿美元。

我国国际服务贸易结构进一步优化，新兴服务出口增速加快，计算机和信息服务、咨询、电影和音像等新兴国际服务贸易部门的出口增长迅猛，不仅超过了其他服务部门，也超过发达国家相应部门的增长速度。2001~2007年，我国计算机和信息服务出口从4.6亿美元增长到43.4亿美元，咨询服务出口从8.9亿美元增长到115.8亿美元，电影和音像出口从2 789.5万美元提高到3.2亿美元。

4. 内地与港澳服务领域开放合作加强

大陆与港澳地区服务领域的开放合作日益紧密是这一阶段的特色。自2003年始，内地分别与香港、澳门签署了《关于建立更紧密经贸关系的安排》（简称CEPA），以及《安排》附件和五项补充协议，内地一步步扩大对港澳服务业开放的领域和程度，另外商务部还于2006年连续发布《外商投资商业领域管理办法》的补充规定和补充规定（二），专门鼓励香港、澳门服务提供者在内地设立商业企业。截至2008年9月，内地在金融、法律、会计、建筑、旅游、医疗、物流等40个领域分别对港澳实施了221项和209项开放措施，涉及内地30多个政府部门。多数行业对港澳投资放宽或取消股权限制，降低注册资本、资质条件等门槛，放宽投资地域和经营范围等。截至2008年5月底，2 322家港澳企业按照CEPA的优惠条件申请投资内地，共有51家银行能够全面办理存款、兑换、银行卡和汇款4项人民币业务，人民币存款超过800亿元人民币。内地累计赴港澳"个人游"旅客达5 508万人次，如按人均消费5 000港币计算，则为港澳带来近2 800亿港币的收入。建筑领域，内地与香港共有2 037人通过互认取得了对方的专业资格。

5. 服务外包成为我国承接国际服务业转移的新亮点

2006年以来，我国将服务外包确定为发展国际服务贸易的重要手段，鼓励承接信息管理、数据处理、技术研发、工业设计等国际服务外包业务。充分利用外资的示范效应和技术带动效应，促进现代服务业的发展，增加服务业在国民经济中的比重，增强国际竞争力。截止2009年6月底，我国已设立20个服务外包示范城市，服务外包企业共6 673家，从业人员121.5万人（其中大学以上学历占81.3%），累计承接服务外包合同执行金额142.4亿美元（其中国际服务外包占94.9%）。其中，计算机和信息服务最大程度的受惠于服务外包，主要为软件外包业务，2006年以后出口呈现大幅增长态势。

第三节　中国加入世界贸易组织的国际服务贸易谈判承诺

中国的服务业在加入 WTO 之前，已经实行了相当程度的开放，中国的服务业已经在改革开放中获得了发展，增强了竞争力，所以中国服务业开放的承诺水平较高。世界银行在关于各国对国际服务贸易所做承诺的一项研究中，分别考察了中国在加入 WTO 后 1 年内和过渡期结束后的中国服务业的开放状况。该项研究认为中国政府在加入 WTO 后，关于境外消费、商业性存在和自然人流动，对所有的部门至少都做出了局部的承诺；在跨境交付方面，对超过 80% 的部门做出承诺，与其他的国家组相比较，中国的承诺较多，但是在商业存在方面仍然有较多的限制。在过渡期结束后，中国全部的市场准入承诺的平均数是 57.4%，高于其他国家组在乌拉圭回合中的承诺（包括高收入国家组）；市场准入承诺的平均比例，中国达到了 38%，略高于高收入国家的 36%；中国在国民待遇方面的承诺平均数和平均比例分别为 57.4% 和 45%，高于其他国家组。

虽然中国对服务业各领域的开放都做了承诺，但是，服务业各领域在对外开放的时间表和最终开放程度方面并不完全一致。

一、中国金融业入世的承诺

金融业开放是中国对外开放的一部分，在加入 WTO 之前已经有步骤地实行了对外开放。入世之前，中国的金融业在商业性存在方面对外资准入资格、进入形式、股权比例和业务范围等方面还存在较多的限制。在加入世界贸易组织之时，中国政府对国际服务贸易的各方面均做了承诺，国际服务贸易将在更深层次和更广泛的领域展开。

1. 中国银行业的入世承诺

第一，中国承诺开放所有外币业务，入世即可允许外资银行对所有客户（包括中资企业和中国居民）经营所有外汇业务（包括公司业务和零售业务）。

第二，中国将在 5 年内逐步取消对外资银行的地域和客户限制，在此期间每年新增 4 座城市允许外商经营业务。中国首先开放深圳、上海、大连、天津；在 2002 年开放广州、青岛、南京、武汉。在中国加入 WTO 之后的 2 年内，允许外资银行对中国企业办理人民币业务。允许外资银行设立同城营业网点，审批条件与中资银行相同。

第三，在业务范围上，外资银行可以接受所有公众贷款、存款和其他应付基金的承兑，各种类型的贷款，包括抵押贷款（例如房屋抵押贷款）、消费信贷、信用卡信贷及金融租赁、所有支付资金的划汇及担保承兑等。

第四，在服务提供方面，外资银行可以跨境支付。在境外消费方面，主要是信用卡消费，外资银行的信用卡消费将不受国界的限制。

2. 中国保险业的入世承诺

根据《服务贸易总协定》，国际间保险服务包括 4 种方式，即：跨境交付、境外消费、商业存在和自然人流动。中国政府承诺：针对跨境交付，除国际海运、航空、货运险和再保险，以及大型商业险和再保险经纪业务外，不做承诺；针对境外消费，除保险经纪不做承诺外，其他未做限制；针对自然人流动，除跨行业的水平承诺（即包含保险行业在内的普遍承诺）外，对其他没有承诺。具体表现在以下几个方面：

第一，机构设立方面，允许外国非寿险公司在华设立分公司或合资公司，合资公司外资股比可以达到 51%；允许外国寿险公司在华设立合资公司，外资股比不超过 50%，外方可以自由选择合资伙伴，合资保险经纪公司外资股比可以达到 50%；中国入世后 3 年内，外资股比不超过 51%。

第二，地域限制方面，允许外国寿险公司、非寿险公司在上海、广州、大连、深圳、佛山提供服务，入世后 2 年内，允许外国寿险公司、非寿险公司在以下城市提供服务：北京、成都、重庆、福州、苏州、厦门、宁波、沈阳、武汉。

第三，业务范围方面，允许外国非寿险公司从事没有地域限制的“统括保单”和大型商业险保险，允许外国非寿险公司提供境外企业的非寿险服务、在华外商投资企业的财产险、与之相关的责任险和信用险服务，中国入世后 2 年内，允许外国非寿险公司向中国和外国客户提供全面的非寿险服务；中国入世时，允许外国寿险公司向外国公民和中国公民提供个人（非团体）寿险服务；允许外国（再）保险公司以分公司、合资公司或独资子公司的形式提供寿险和非寿险的再保险业务，且没有地域限制或发放营业许可的数量限制。

第四，营业许可方面，营业许可的发放不设经济需求测试（即数量限制）。申请设立外资保险机构的资格条件是：投资者应为在世贸组织成员有超过 30 年经营历史的外国保险公司；必须在中国设立代表处连续 2 年；在提出申请前一年年末总资产不低于 50 亿美元。

3. 中国证券业的入世承诺

证券业在中国仍属于幼稚产业，根据 WTO 有关保护性规定，中国对外资机构的进入可实施一定的准入限制。但在限制之前，有两个基本前提：一是允许外国的证券服务者在中国设立机构并有开业权；二是确保外国证券服务者在中国境内提供国内暂缺的任何形式的新金融服务。中国加入 WTO 议定书中，针对证券服务作出了一系列市场准入的承诺，主要内容如下：

第一，跨境交付：外国证券机构可直接从事 B 股交易。

第二，商业存在：外国证券机构在华代表处可成为证券交易所的特别会员；自加入时起，允许设立合资基金管理公司，外资最多可达 33%，3 年内可增至 49%；加入后 3 年内，允许设立合资证券公司，外资最多可达 1/3。合资公司可从事 A 股承销、B 股和 H 股及政府和公司债权的承销、交易和基金的发起。

第三，外国证券类经营机构可以从事财务顾问、投资咨询等金融咨询类业务。

入世以来，金融业的对外开放给中国金融业带来了先进的金融技术、金融服务方式和金融产品设计理念，加快推动了中国金融全方位的创新进程。在外资进入中国金融业以及国内金融机构改革的综合推动下，中国金融业充分借鉴国际先进经验，创新和完善国内金融组织体系。例如工商银行、建设银行、交通银行等商业银行设立基金管理公司，进行金融业综合经营试点等。

通过借鉴国际成功经验，中国有关商业银行发行了次级债券和金融债券，拓宽了金融机构直接融资渠道，弥补了缺乏主动负债工具的缺陷，资本充足率进一步提高。积极推出了银行业住房抵押贷款证券化（MBS）、信贷资产证券化（ABS）业务试点，国家开发银行发起的信贷资产支持证券和中国建设银行发起的个人住房抵押贷款支持证券成功发行。

金融对外开放引进了发达国家金融业的先进经验，为中国金融机构在资产负债管理、风险控制、金融服务等方面提供了大量的新理念、新技术和新方法。中国金融机构改变了过去传统的经营方式，围绕建立"以客户为中心"的经营理念和机制，创新服务体系，在金融产品、业务、流程和管理等方面，建立与国际接轨的服务机制，大大提高了服务质量和经营管理水平。中国的企业和居民在投资理财、支付结算、财务咨询等方面得到前所未有的各种金融服务，普通居民都可以享受银行卡支付、网上交易等现代化金融服务带来的便利。

二、中国旅游业入世的承诺及进展

《国际服务贸易协定》中的第九类是旅游业，包括宾馆与饭店、旅行社及旅游经纪人服务社、导游服务和其他，被称为"旅游及相关服务"。

1. 旅游业的入世承诺

中国加入世贸组织后，中国旅游业入世的承诺主要集中在饭店、餐馆及旅行社几个方面。根据承诺，符合条件的外国服务提供者可以在中国政府指定的旅游度假村区和北京、上海、广西和西安开办中外合资旅行社；不迟于 2003 年 12 月 31 日，外国服务提供者在中国建设、发展和经营饭店、餐馆将不再受企业设立形式和股权方面的限制；不迟于 2003 年 1 月 1 日，旅行社行业将允许外资控股；不迟于 2005 年 12 月 31 日，允许设立外商独资旅行社，要求满足主要从事度假旅游业务且年收入超过 5 000 万元两个条件；不迟于 2005 年 12 月 31 日，取消对合资旅行社设立分支机构的限制，但合资旅行社不能经营中国公民出境旅游。

2. 旅游业履约状况与进展

入世以来，以中国旅游业认真履行世贸规则，积极兑现入世承诺，旅游市场对外开放不断迈出新的步伐，受到了 WTO 有关成员的积极肯定和评价。当人们细察正在阔步疾行的中国旅游业，就会发现几年前中国加入世贸组织时有关旅游服务业开放的承诺已经全部提前兑现。

中国饭店业已全面开放，全球主要大型国际饭店集团都已进入中国市场。饭店业是改革开放以来中国旅游业利用外资最早、最快、最多的领域。入世以前，利用外资建设的饭店，就不仅有中方控股的合资饭店，还包括一些外方控股、外方独资的饭店。为了管理好这些外资饭店，国家允许投资者从境外聘请饭店管理集团、高级经营管理人员，以后连内资饭店也学习和采用了这一做法，实际上就等于在“商业存在”、“自然人流动”方面已无限制。入世以后，为了全面落实中国的入世承诺，针对“境外消费”没有限制的承诺内容，将涉外饭店星级标准修订为饭店星级标准，把旅游饭店的统计对象由原来的涉外饭店修改为星级饭店，实现了中国饭店统计口径与世界旅游业的接轨。到2001年底，全国共有星级饭店7 358座，其中，外商投资268座、5.82万间客房，分别占总数的3.6%和7.1%；港澳台投资的饭店有324座、6.78万间客房，分别占总数的4.4%、8.3%。而入世一年后，全国外资和港澳台投资兴建的星级饭店已达686家，实现营业收入269.73亿元，上缴营业税13.86亿元。

2003年6月12日，中国公布了《设立外商控股、外商独资旅行社暂行规定》，这标志着旅游业在加快兑现入世承诺方面又向前迈出一步，标志着我国设立外商控股，外商独资旅行社条件进一步放宽，获得《旅行社业务经营许可证》，办理工商登记，就可在中国设立中外合资和中外合作的旅行社。外资旅行社不能设立分支机构，也不能经营中国公民出国旅游业务以及中国其他地区的人赴香港、澳门和台湾地区旅游业务。除此之外，外商投资旅行社享受与内资旅行社同等待遇。外国旅行社经批准可以在中国境内设立常驻机构，但该常驻机构只能从事旅游咨询、联络、宣传活动，不得经营旅游业务。截止2005年9月，中国公民可以组团前往的旅游目的地国家和地区已达76个。

三、零售业入世的承诺及进展

零售业是服务业中的重要领域。改革开放以来，随着我国服务业的蓬勃发展，零售业的作用和地位越来越显著。就在中国加入世贸组织的前几天，全球最大的零售业巨头沃尔玛在中国挥师北上，在北京开设了5家商店。根据中国的入世承诺，率先在零售业履行部分条款，扩大开放，减少限制。

1. 中国零售业入世的承诺

入世后，中国允许外商设立从事佣金代理、批发和零售服务的合营公司，从事除烟草及其制品、食盐、书报杂志、药品、农药、农膜、化肥、原油、成品油以外商品的进口和批发、零售业务；入世3年内，逐步取消对合营公司的数量、地域、股权和企业设立方式方面的限制；入世5年内，除烟草的批发和零售、食盐的批发，逐步取消对其他商品的经营限制。对于国内零售商十分关注的市场准入限制，入世后，外国服务供应商即可在5个经济特区（深圳、珠海、汕头、厦门、海南）和北京、上海、天津、广州、大连、青岛以合资企业的方式提供服务，其中北京、上海两地不能超过4家，其他城市不能超过2家。北京4家中的2家可在同城设立分支机构。郑州、武汉两地入世即可开放设立合资零售企业。对于零售企业资本准入限制，协议规定，入世后不超过2年，合资零售企业可以由外资控股，并开放所有省会城市及重庆、宁波。5年内陆续开放书报、杂志、药品、杀虫剂、成品油、化肥等的零售。3年内取消地域、数量、股权比例、设立形式的限制。

2. 零售业履约状况与进展

总体来说，中国零售业严格按照入世的承诺进行发展。2004年6月1日，《外商投资商业领域管理办法》正式实施。从这天起，外资零售企业将获准在中国境内所有省级城市合法开设店铺，一部分中小型外资零售企业可由地方商业主管部门直接审批。《办法》特别说明，自2004年12月11日以后，商业领域的开放将全面取消地域限制。

零售业属于主动提前开放的行业，在入世前已开始对内资与外资开放。因而，零售业不仅是中国加入WTO后最先全面开放的行业之一，同时其实际开放进程也快于入世时间表，目前已形成国有、民营和外资三足鼎立的火热局面。全球50家最大的零售企业中已有40家左右在中国开设店铺。在分销领域，截至2005年8月底，就已批准设立从事分销的外资商业企业逾900家。全球大型跨国零售巨头如沃尔玛、家乐福、麦德龙等均已进入中国，并得到快速发展。

2005年底，中国政府取消了对外商投资商业企业的数量、地域和股权比例限制，全面开放市场。1992年以来，中国已累计批准设立外商投资商业企业1 341家，开设店铺5 657个；而2005年一年新设的外资商业企业数量就超过了1992年至2004年批准设立的外商投资商业企业的总和。外商投资大型连锁超市在中国的市场份额不断扩大，2005年已超过1/4，少数城市达到50%以上。中国商业领域利用外资从1992年开始，截至2003年9月，全国累计实际利用外资约30亿美元，批准设立外资商业企业264家，分店2 200多个，其中绝大部分为新型流通业态。

大批外资零售业的进入，对于提高中国流通现代化起到了重要作用。一方面，国内的流通企业学到了世界上先进的管理经验、营销技术和业态，促进了国内流通企业的发展。中国零售百强销售总额从2001年的2 342.36亿元迅速扩张到2004年的5 517亿元，国有零售企业依靠并购重组、整合行业资源的方式做大做强；另一方面民营零售企业则利用较好的市场定位和灵活的经营管理迅速崛起，在管理、技术等方面形成了自己独特的经营模式，逐渐成为国内零售业中的强势企业。

四、建筑业入世的承诺及进展

建筑业是国民经济的重要产业，是保持国民经济持续快速发展的重要经济部门。

1. 中国建筑业入世的承诺

根据WTO的分类标准，建筑业属于国际服务贸易内容。在具体谈判部门分类中，建筑业属于建筑和相关工程服务部门。中国的具体承诺内容主要包括两方面：

第一，关于市场准入

允许设立中外合资、合作建筑业企业，允许外资控股。中国加入 WTO 后 3 年内，允许设立外商独资建筑业企业。外商独资建筑业企业只允许承包以下工程：

A. 全部由外国投资或拨款资助的建设项目。

B. 由国际金融组织资助并通过依据贷款协议条款进行国际招标而授予的建设项目。

C. 外商投资等于或超过 50% 的中外合营建设项目和外商投资少于 50% 但技术上难以由中国建设企业单独执行的中外合营建设项目。

D. 由中方投资，但中方建筑企业难以单独执行的建设项目，经省级政府批准，可以由中外建设企业联合承接。

第二，关于国民待遇

中国承诺，中国加入 WTO 后 3 年内取消对合资、合作建筑业企业的非国民待遇限制，即取消对中外合资、合作建筑业企业的以下两条限制：一是合资合作建筑业企业的注册资本金与国内建筑业企业注册资本金有微小区别；二是合资合作建筑业企业有承包外资工程的义务。加入 WTO 后 5 年开始允许外商成立独资企业。

2. 建筑业履约状况与进展

建筑业是中国实行改革开放政策后最早开放的行业之一。从 1984 年开始，中国的工程建设领域开始实行招标投标制度，改变了过去由政府行政分配任务的做法，建筑市场的竞争机制开始建立。工程建设招投标制度在中国的建立和发展，为有竞争实力的境外承包商进入中国建筑市场承包工程提供了条件。在以后的十多年里，中国出台了一系列政策法规，确定了改革开放后建筑业对外开放的市场准入标准。

目前，中国建筑法规体系框架已经基本形成，《建筑法》以及相继出台的《招标投标法》、《合同法》构成了规范建筑活动的三大法律支柱。《建设工程质量管理条例》、《建设工程勘察设计管理条例》以及大量部门规章的出台，作为配套法规完善了建筑法规的内容。在境外资本进入方面，《外商投资建筑业企业管理规定》、《外商投资及中外合作工程设计管理规定》、《境外城市规划机构及个人入境从事城市规划管理规定》为境外资本进入中国建设领域构建了基本的法制框架，对外商设立企业、承揽工程进行详细的规制。

为适应入世的新形势，使中国现有的强制性行业标准符合《贸易技术性壁垒协议》（WTO/TBT）的要求，2002 年 4 月 8 日，国家经贸委对已公布的强制性行业标准进行了清理，废止建材等行业的 58 项强制性行业标准，将水泥制品能耗等级定额等 509 项强制性行业标准转为推荐性行业标准。

除了对既有标准的清理整顿，中国还面对加入 WTO 后的国际市场走向，制定了一系列符合行业发展的新标准。在绿色建筑方面，《建筑照明设计标准》、《绿色建筑评价标准》、《居住建筑节能设计标准》等一系列施行和制订中的标准就为改变中国建筑能耗严重高于世界平均水平的现状起到了积极作用。

五、信息产业入世的承诺及进展

信息产业是中国国民经济的基础产业、支柱产业、和增强综合国力的战略性产业。中国的信息技术产业将在WTO规则的规范下，进一步扩大对外开放和开展有序竞争。中国政府关于信息产业的有关承诺主要在以下几个方面：

1. 信息产业入世承诺

第一，信息技术产品2005年实行零关税

中国承诺遵守世贸组织《信息技术协议》，在2003年1月1日前，取消2/3信息技术产品的关税，到2005年1月1日，对余下的信息技术产品实行零关税，并取消所有信息技术产品配额。

第二，分步骤开放电信服务业

中国加入世贸组织文件和国务院颁布的《外商投资电信企业管理规定》，都允许外商投资电信业务，但须按照国际惯例和中国国情，分层次、分步骤、分阶段，逐步、有序地开放。

入世时，外国公司可以在北京、上海、广州成立拥有30%股权的合资公司，开展增值电信服务，一年以后股权可增至49%，2年以后可增至50%，地域限制也逐渐放开。入世一年后外国公司可以在北京、上海、广州成立拥有25%股权的合资公司，提供基础电信服务，包括移动电话和固定电话，3年后股权可增至35%，5年后增至49%，地域限制也逐渐放开。

第三，允许外国企业从事集成电路、计算机软件、硬件服务

入世时，外国服务商在中国可以不受限制地经营与计算机硬件安装、数据处理、制表服务和分时服务等相关的咨询服务。对软件提供服务的范围是系统与软件咨询服务、系统分析服务、系统设计服务、程序服务、系统支持服务、数据加工服务和投入准备服务，但在中国只能以合资企业形式提供服务。

第四，入世电信服务开放时间表

增值服务和寻呼服务加入时允许设立合资企业，外资股比可达到30%，开放城市北京、上海、广州；2002年，外资股比可达到49%，开放地域扩大至成都、重庆、大连等14个城市；2003年，外资股比可达到50%，取消地域限制。移动服务加入时，外资股比可达到25%，开放城市北京、上海 、广州；2002年，外资股比可达到35%，开放地域扩大至成都、重庆、大连等14个城市；2003年，外资股比可达到49%，取消地域限制。

2. 信息产业履约情况及进展

从20世纪90年代以来，中国电子信息产业取得了飞速的发展，以销售收入衡量的产业规模在2001年就已经跃居各产业之首，成为国民经济的重要支柱产业。截至2005年底，中国电子信息产业累计利用外资超过1 200亿美元，电子信息产业连续多年都是中国制造业中利用外资最多的部门。中国的计算机、通信设备制造业、视听产业等产品出口在全球占有较高的比例，同时仍保持了一个较

快的增长。中国的电子元器件产业尽管这几年增长较快，但在全球所占的份额十分有限，产业国际竞争力比较弱。整机产业（计算机、通信设备制业、视听）竞争力较强，而元器件产业竞争力较弱的格局客观上反映了中国电子信息产业仍处于加工组装阶段的现实。

2005年中国电信市场开放进入后过渡期，2006年进入基础电信服务业的外资比例允许达到35%，开放北京、上海、广州等14个城市。2004年4月，韩国SK电讯与中国联通合资成立了立足于增值业务领域的联通时科公司，从而成为中国入世后首家在华开展实质性业务的外资电信运营商。目前，国外运营商与国内运营商主要的合作模式是建立战略合作伙伴关系。例如，英国电信与中国网通签署战略合作协议，法国电信与中国电信共同投资在广州、北京建立研发中心，西班牙电信国际集团（Telefonica）与中国网通建立战略伙伴关系等。西班牙电信国际集团在2005年斥资2.4亿欧元收购中国网通2.99%的股份，并计划将中国网通的股权持有比重最高提升至9.9%。西班牙电信与网通的合作为其他国外电信运营商提供示范作用。

总之，中国在国际服务贸易领域的市场开放承诺通过具体服务部门的法律、法规和规章的修改和制定，一一得到了落实。外国服务提供者的市场准入水平大幅提高。在WTO分类的160多个国际服务贸易部门中，中国已经开放了100多个，占62.5%，接近发达成员水平。根据入世承诺，中国制订和完善了金融、保险、电信、外贸、商业、运输、建筑、旅游、证券、基金、中介服务等服务领域的法律法规，服务业成为外商投资的新热点。特别是中国国务院决定取消789项行政审批项目，标志着世人瞩目的中国行政审批制度改革迈出了实质性的一步。

第四节　中国服务业的对外开放战略

进入21世纪以来，随着经济全球化的迅猛发展，服务业在世界经济中的地位持续攀升，全球经济竞争的重点从货物贸易转向国际服务贸易，新型国际服务贸易在国际服务贸易总额中的占比迅速提高，国际服务贸易的附加值不断扩大。这一时期也正值我国加入世界贸易组织，服务业在新的规则约束下参与国际服务贸易的竞争。随着国内经济结构的战略性调整，尽快提高服务业在三大产业结构中的比重，促进服务业的发展，加快转变国际服务贸易增长方式，就成为我国在这一时期重要的战略任务。

一、当前我国国际服务贸易发展的国际背景

当前，服务业占世界经济总量的比重达到70%左右，国际服务贸易发展势

头强劲。进入新世纪以来，国际服务贸易在结构性调整中爆发新的增长力，显现出新的发展态势。

第一，世界国际服务贸易发展速度超过货物贸易发展速度。2000 年以来，世界国际服务贸易年均增速 9.3%，超过货物贸易 8.8% 的发展速度。

第二，新兴经济体国际服务贸易发展速度超过发达经济体。2000 年以来，新兴经济体国际服务贸易迅速增长，发展速度超过占国际服务贸易主导地位的发达经济体。金融危机之后，新兴经济体国际服务贸易恢复速度也快于发达经济体。

第三，高附加值新兴国际服务贸易比重超过传统国际服务贸易。全球计算机和信息服务、咨询服务等新兴国际服务贸易占比逐步上升，运输、旅游等传统服务占比逐步下降，2006 年首次低于 50%。云计算、物联网的发展将进一步强化该趋势。

第四，商业存在形式实现的国际服务贸易超过跨境国际服务贸易。国际产业转移的重点从制造业领域向服务业领域转移。当前，通过商业存在实现的国际服务贸易已经超过全球的一半。

2008 年国际金融危机的冲击使世界经济格局深度调整和变革，但制造业服务化、服务业信息化、服务业国际化、消费结构优化的发展趋势还将逐步强化，以服务业跨国转移和要素重组为特征的新一轮国际产业转移将不断加速，大力发展国际服务贸易将继续成为世界各国全面深度参与经济全球化的重要途径。

二、“十二五”时期国际服务贸易的发展目标

国家“十二五”规划第五十一章第三节就“十二五”时期中国国际服务贸易发展的总体目标作出了明确部署。《国际服务贸易发展十二五规划》（以下简称《规划》）对这一宏远目标做了具体细化，提出了五个方面的要求：

一是贸易规模要稳步扩大。2015 年，服务进出口总额达到 6 000 亿美元，年均增速超过 11%；国际服务贸易占对外贸易总额和全球国际服务贸易总额的比重稳步提高。

二是贸易结构要不断优化。2015 年，通信、计算机和信息服务、金融、文化、咨询等智力密集、技术密集和高附加值国际服务贸易占服务出口总额的比重超过 45%；对外工程承包、劳务合作、运输、旅游、分销等服务出口规模进一步扩大。

三是对外开放水平要日益提升。逐步提高国际服务贸易领域开放度，扩大通信、金融、计算机和信息服务、商业服务等行业的商业存在规模，提升经营服务水平，带动、培育和壮大国内产业。

四是国际竞争力要不断增强。对外承包工程、劳务合作、运输、旅游、通信、计算机和信息服务、金融、文化、咨询、分销、研发等行业服务出口规模显著扩大，培育一批拥有自主知识产权和知名品牌的重点企业，打造“中国服务”。境外商业存在数量明显增加，加快培育一批具备国际资质和品牌的服务外

包企业，国际市场开拓能力逐步提升。

五是国际服务贸易区域发展更加协调。实施区域差异化发展战略，充分发挥东、中、西部各地比较优势，国际服务贸易发展较快的地区充分发挥辐射带动作用，实现良性互动、优势互补，构建充满活力、各具特色、区域协调的国际服务贸易发展格局。

根据《规划》的具体部署，“十二五”时期，中国将坚持国际服务贸易均衡协调发展，即实现货物贸易和国际服务贸易的良性互动，以及服务进口与服务出口的均衡发展。未来五年，国际服务贸易将在扩大内需、改善民生、推动产业升级、促进结构调整、加快发展方式转变中发挥越来越重要的作用。

三、“十二五”时期国际服务贸易的七项战略任务

为确保“十二五”时期国际服务贸易发展目标的顺利实现，《规划》确定了推动中国国际服务贸易健康快速发展的七项战略任务：

一是继续推动重点行业服务出口。为了进一步扩大国际服务贸易规模、提升贸易质量和效益，要在进一步巩固运输、旅游、建筑等行业的规模优势的同时，积极推进中医药、文化艺术等有中国特色的服务出口，并重点培育计算机和信息、咨询等高附加值国际服务贸易，积极承接服务外包。

二是继续扩大服务领域对外开放。为确保“加快发展方式转变”的主线贯穿于国际服务贸易发展全过程，也为了更加充分地体现“以开放促改革、促发展、促创新”的战略要求，《规划》更加重视服务领域对外开放工作；更加重视稳步扩大现代服务进口；更加重视与重点国家和地区国际服务贸易管理机构建立联系，充分利用自由贸易协定加强与有关国家和地区的国际服务贸易交流与合作，深化“两岸四地”国际服务贸易领域的合作。

三是加快国际服务贸易企业“走出去”步伐。为更好更快地推动“中国服务”走向世界，为中国经济社会发展赢取两个市场、两种资源，《规划》就服务企业“走出去”进行了统筹规划；加强多边贸易谈判和自贸区谈判等；积极引导企业灵活运用跨国并购、绿地投资等多种方式开展海外投资活动。

四是培育具有较强国际竞争力的国际服务贸易企业。为更好地发挥企业在国际服务贸易发展中的市场主体作用，《规划》要求尽快建立符合国际市场要求的企业运营模式，鼓励企业积极开展国际合作和交流，提高自主开发和创新能力，提高自身管理水平和市场竞争能力；同时，明确在运输等具有比较优势的行业，以及计算机和信息服务、文化艺术等具有发展潜力的行业，要逐步形成一批拥有知名品牌、具有较强国际竞争力的大型国际服务贸易企业或跨国公司。

五是推进国际服务贸易领域自主创新。为更好地发挥“创新”在产业结构升级和经济结构调整中的重要作用，《规划》明确要建立以企业为主体、市场为导向的国际服务贸易领域技术创新体制，鼓励服务企业不断进行管理创新、服务创新和产品创新，积极拓展国际服务贸易领域投融资渠道，发展创业投资。

六是促进国际服务贸易区域协调发展。为更好地实现国际服务贸易区域协调

发展的目标，《规划》从东部沿海地区、中西部地区的区域特点与发展方向出发，就各区域的重点行业、重点载体、重点区域等进行了统筹安排与布局。

七是加快发展与战略性新兴产业相配套的国际服务贸易。为更好地发挥国际服务贸易在促进战略性新兴产业发展中的积极作用，《规划》提出要加快发展与战略性新兴产业相配套的国际服务贸易，着力发展金融、设计、研发等领域的国际服务贸易，进一步扩大咨询服务等前沿服务领域的对外开放。

四、“十二五”时期国际服务贸易发展的八项保障措施

一是健全法规体系。法制保障是促进国际服务贸易发展的根本保障。作为世界贸易组织大家庭中的一员，中国一直是国际服务贸易和投资自由化、便利化的坚定支持者。《规划》提出，“十二五”期间，要在符合世界贸易组织规则的前提下，制定和完善促进中国国际服务贸易发展的法律法规，明确激励措施，加强国际服务贸易管理、促进、统计等工作。

二是完善统计体系。统计分析是政策制订的重要依据，统计监督是政策执行的重要保障。2007 年，商务部、国家统计局联合发布《国际服务贸易统计制度》；中国国际服务贸易统计数据库建立。2010 年，商务部、国家统计局联合修订《国际服务贸易统计制度》。为了进一步提升国际服务贸易管理和促进工作的科学性、全局性和前瞻性，《规划》就建立健全国际服务贸易统计分析体系作出了具体规定，包括建立和完善国际服务贸易统计法规体系，包括完善国际服务贸易统计指标体系；完善国际服务贸易统计数据库，建设公共信息服务平台等等。

三是强化管理机制。当今，世界各国的政府在国际服务贸易管理和促进中的地位与作用不可或缺。2006 年，商务部成立国际服务贸易司。2007 年，商务部等 35 个部门建立了国际服务贸易跨部门联系机制。2011 年 5 月，商务部对部分司局进行机构更名和职能调整，服贸司增加了部分服务业管理职能，服务业和国际服务贸易管理体制进一步理顺。为了进一步强化国际服务贸易管理职能，《规划》提出，“十二五”期间，要不断完善各部门密切配合、中央和地方互动、政府和企业紧密联系的全国国际服务贸易协调管理机制，统筹宏观规划、调查统计、贸易促进、政策协调、对外谈判等工作。

四是构建促进体系。国际服务贸易发达国家（地区）的民间促进体系往往都十分发达，它们构成了国际服务贸易健康发展的市场基础和社会基础。《规划》提出，要研究推动建立专门的国际服务贸易促进机构；加强与境外贸易促进机构特别是专业国际服务贸易促进机构的联系沟通，建立长期合作机制；通过办好“中国国际服务贸易指南网”；加强国际服务贸易研究和人才队伍建设。需要特别指出的是，《规划》明确规定，未来五年，要为境内外企业搭建国际交易平台，开展多种形式的国际服务贸易促进活动。目前，这一项工作已经顺利开展。经国务院批准，从 2012 年开始，中国商务部将每年在北京举办中国（北京）国际服务贸易交易会（中文简称京交会，英文简称 CIFTIS）。京交会定位于一个国际性、国家级、综合型国际服务贸易交易促进平台。今后，商务部将会同各地

区、各部门以“京交会”为龙头，搭建一个全方位、广覆盖、多层次的国际服务贸易促进平台体系。

五是优化贸易环境。《规划》提出，中央和地方政府有关部门要密切配合，综合运用驻外机构、公共信息平台、多双边合作机制等渠道，为服务企业海外投资和服务出口创造良好环境，具体包括建立和完善与国际服务贸易特点相适应的口岸通关管理模式，对以实物载体形式出口的服务提供通关便利；为国际服务贸易商务签证、进出境审批提供便利；鼓励和帮助企业获得进入国际市场所必需的资质认证，推动学位、培训、执业资格认证等国家间互认，为专业人才和专业服务“走出去”提供便利等。

六是创新扶持政策。财税、金融等方面的国际服务贸易扶持政策发挥着关键的作用。今后一个时期，为了进一步巩固扶持政策成果，有效地扩大服务出口，《规划》提出了一些新的更高要求，包括制定和完善支持国际服务贸易发展的财政税收政策；引导和鼓励金融机构优化贷款审批程序，开发适合国际服务贸易企业需求的金融产品，积极搭建中小企业融资平台，完善出口信用保险机制等。

七是保护知识产权。知识产权在国际服务贸易发展中具有十分重要的导向作用，加强知识产权能力建设既有利于维护公平有序的市场秩序，为服务进口创造良好的知识产权环境，又有利于提升服务企业自主创新能力，为扩大服务出口提供必要的权益保障。《规划》十分重视这项工作，对今后五年内的工作作了总体安排，包括健全企业知识产权管理制度；鼓励和引导企业积极参与国际技术标准的制定；加强产业政策、区域政策、科技政策、贸易政策与知识产权政策的衔接，完善与国际服务贸易有关的知识产权制度等等。

八是培育行业协会。行业协会既是国际服务贸易民间促进体系的基础，又是国际服务贸易行业自律体系的核心。2007 年，国务院批准成立中国国际服务贸易协会。目前，各地也在陆续建立当地国际服务贸易协会组织。但总的来看，中国国际服务贸易领域的综合性、专业性行业协会发展都还比较有限。为了从根本上改变这一状况，《规划》把加强行业协会建设单独列为一项保障举措予以规定，要求按照市场化原则，积极培育服务中介组织；推动行业协会向政府部门反映行业、企业诉求，参与相关法律法规和产业政策的制定；建设行业公共服务平台，与国际相关行业协会建立合作机制，指导和协调企业多渠道、多层次开拓国际市场等等。

复习思考题

1. 我国服务贸易发展具有哪些特征？
2. 造成我国服务贸易逆差的原因有哪些？

3. 我国金融服务业的入世承诺包括哪些内容？

4. 我国电信业的市场开放进程是怎样的？

5. 简述“十二五”期间我国国际服务贸易的目标和措施。

阅读推荐与网络链接

1. 刘东升．国际服务贸易概论．北京大学出版社，2009.

2. 国家统计局．中国统计年鉴．（2010、2011）．中国统计出版社．

3. 黄少军．服务业与经济增长．经济科学出版社，2000.

4. （英）麦迪森．中国经济的长期表现．（修订版）．上海人民出版社，2011.

5. 厉以宁．非均衡的中国经济．中国大百科全书版社，2009.

6. 熊晓琳．新型工业化道路中的对外贸易发展战略研究．中国社社会科学出版社，2009.

7. http：//www. stats. gov. cn/.

8. http：//www. imf. org.

9. http：//www. mofcom. gov. cn/.

10. http：//www. safe. gov. cn/.

第九章

国际服务贸易外包

学习目标

- 能够掌握服务外包的概念和主要形式，并运用理论解释外包产生的动因
- 基本了解世界服务外包的现状和主要承接国的优劣分析
- 熟悉中国服务外包的发展概况以及中国迎接服务外包应采取的应对措施

引导案例

2008 年奥运会门票数据处理业务的后台设在离北京非常遥远的大庆，一个只有 1 000 人的软件公司。“为什么这么做，是因为成本问题。”据一位曾经参观过这家公司的业内人士透露，“在北京一个办公室的租金 1 平方米每天 3 块多钱，而大庆有可能 5 年内不要 1 分钱，同时大庆员工的工资水平也比北京低得多，一个月 800 元足够了；而且，大庆来做这项业务的数据处理效率也同样非常快。”这是一个典型的 BPO（Business Process Outsourcing，业务流程外包）案例，这样的案例，正开始在中国悄然生起。

海尔集团是中国最大的家用电器制造商之一，一向以高质量的产品和良好的售后服务著称。随着市场竞争的日趋激烈和用户消费观念的日趋成熟，为确保在激烈的家电市场竞争中立于不败之地，海尔集团对企业的售后服务提出了更高的要求。他们经过慎重评估，最终选择了以贝尔实验室创新技术为基础的 AvayaDEFINITY 呼叫中心解决方案在青岛总部建立一个现代化的客服中心，以实现为客户提供高水平服务的承诺。

资料来源：呼叫中心与 BPO 行业资讯网 http：//www.51callcenter.com/index.html，IT 主流资讯平台网站 http：//www.it168.com/。

第一节 服务外包简介

一、外包的概念

“外包”一词最早见于1990年加里·哈梅尔（Gary Hamel）和普拉哈拉德（Prahaoad）发表在《哈佛商业评论》题为《企业的核心竞争力》（The Core Competence of the Corporation）的一篇文章，外包的英语为“outsourcing”，是“outside source using”的缩写，可直译为外部资源利用，指企业整合利用其外部最优秀的专业化资源，从而达到降低成本、提高效率、充分发挥自身核心竞争力的一种管理模式。毕博管理咨询公司定义服务外包就是指企业为了将有限资源专注于其核心竞争力，以信息技术为依托，利用外部专业服务商的知识劳动力，来完成原来由企业内部完成的工作，从而达到降低成本、提高效率、提升企业对市场环境迅速应变能力并优化企业核心竞争力的一种服务模式。外包是什么？外包就是企业为提高核心竞争力，专注于做自己最擅长的事情，而把非核心业务委派给外部擅长做这些工作的专业组织去做。

最早应用该模式的是世界最大的IT承包公司——电子数据交换公司（EDS）的创始人罗斯·佩罗，他在20世纪70年代后半期因外包其他公司的信息系统而使公司迅速崛起，也使外包在信息产业内迅速流行起来。根据Corbett Group对全球200余家超大型企业决策人物关于外包市场的调查，结果显示外包已经成为一项企业用以提高核心竞争力、降低运营成本、巩固自己市场份额的战略性手段。美国著名的管理学者杜洛克曾预言：“在十年至十五年之内，任何企业中仅做后台支持而不创造营业额的工作都应该外包出去。”做你最擅长的（核心竞争力），其余的外包！“Do what you do best（your core competency）and outsource the rest!”已经成为一种不可逆转的趋势。外包不仅在IT业，也逐渐在生产、物流、营销等众多领域内被广泛使用。

外包根据业务领域的不同可以分为制造业外包和服务外包两大类。

1. 制造业外包

制造业外包又称为蓝领外包、生产外包，企业将生产过程中非核心生产业务或加工方式外包给外部生产企业承担，使发包企业集中于核心生产业务，从而达到降低生产成本、提高经济效益、增强竞争力的目的。

制造业外包是最基本、最常见的外包形式，出现于20世纪初工业生产进入大规模机械化时期。制造商出于降低成本的目的将产品零部件外包给接包商生产，结果促进了社会化、专业化水平的提高，从整体上提高了劳动生产率。

目前，越来越多著名的制造业公司不再拥有厂房和设备，不再在生产过程中扮演过多的角色，而是将生产环节安排到劳动力成本较低的国家，以提高生产环节的效率，他们自己则专注于新产品的开发、设计和销售上。著名的运动鞋制造商 NIKE 公司就是通过运用制造业外包获取巨额利润的典型，NIKE 公司的员工专门负责设计、监制和销售，所有产品的生产由分散在世界各地的合同制造商来完成，外包使其大大降低生产成本，快速响应市场需求。NIKE 也成为体育用品行业的著名品牌。

2. 服务外包

服务外包又称为白领外包，是指企业将价值链中原本由自身提供的非核心的 IT 业务外包给外部专业服务提供商完成的经济活动。

20 世纪 90 年代初，主要发达国家开始普及使用 IT。随着网络技术的发展和通信成本的迅速下降，远程 IT 产业应运而生，作为服务外包起源的 IT 服务外包得到了迅速发展。从全球视野看，服务外包的发展是资源要素在世界范围内优化配置的结果，即外包业务从生产成本高的地区转移到生产成本低的地区，从发达国家不断向拥有低成本、高素质人才的发展中国家转移。由于网络信息不受空间的限制，服务业比制造业更容易打破地理的界限，发展成为全球性业务，因此服务外包比制造业外包发展更为迅速。

二、服务外包的分类

服务外包根据不同的依据可以分成不同的分类。

（一）按供应商的地理分布状况划分

这种划分方式强调的是接、发包双方所处的地理位置是否来自同一个国家与地区。

1. 在岸外包（Onshore）

指外包业务的发包方和接包方同处于一个国家与地区，外包工作在国内完成。

2. 近岸外包（Nearshore）

指外包业务的发包方和接包方是地理位置相邻的国家与地区，相邻的国家与地区在文化背景等方面比较类似，因而具有一定的成本优势。

3. 离岸外包（Offshore）

指外包业务的发包方和接包方来自不同的国家与地区，外包工作跨国完成。由于劳动力成本的差异，发包商通常来自劳动力成本较高的国家，如欧美、日本等，而接包商多来自于印度、中国等。

由于离岸外包主要强调降低成本，而全球通信网络的发展和完善使得将业务外包给海外劳动力成本低廉的国家成为可能，目前的服务外包多采用离岸外包的方式。

（二）按外包业务的不同划分

1. 信息技术外包（Information Technology Outsourcing，ITO）

信息技术外包 ITO 是指服务外包商以合同的方式委托信息技术服务外包提供

商向企业提供部分或全部的信息技术服务功能。

ITO 的主要业务范围包括：

（1）系统操作服务，是指企业将系统具体操作外包。主要内容有银行数据、信用卡数据、各类保险数据、保险理赔数据、医疗/体检数据、税务数据、法律数据（包括信息）的处理及整合。

（2）系统应用服务，是指企业将其应用系统的设计、升级、维护等活动外包。主要内容有信息工程及流程设计、管理信息系统服务、远程维护等。目前在所有的 ITO 业务范围中，系统应用服务显示出最强劲的增长势头。

（3）基础技术服务，是指企业将 IT 系统技术支持工作外包。承接技术研发、软件开发设计、基础技术或基础管理平台整合或管理整合等。基础技术服务的发展是由于跨国公司越来越专注于自身的核心能力的建设。

2. 业务流程外包（Business Process Outsourcing，BPO）

业务流程外包 BPO 是指企业将自身基于信息技术的业务流程委托给专业化服务提供商，由其对指定业务进行管理、运作和维护等。

BPO 的主要业务范围包括：

（1）企业内部管理服务：为客户企业提供企业各类内部管理服务，包括后勤服务、人力资源服务、工资福利服务、会计服务、财务中心、数据中心及其他内部管理服务等。

（2）企业业务运作服务：为客户企业提供技术研发服务、销售及批发服务、产品售后服务（售后电话指导、维修服务）及其他业务流程环节的服务等。

（3）供应链管理服务：为客户企业提供采购、运输、仓库/库存整体方案服务等。

BPO 是将职能部门的全部功能（比如事务处理、政策服务、索赔管理、人力资源、财务）都转移给供应商。外包供应商根据服务协议在自己的系统中对这些职能进行管理。目前，BPO 服务的提供涉及金融、保险、医疗、人力资源、抵押、信用卡、资产管理、顾客照料以及销售和营销等领域。

目前服务外包主要集中在信息技术外包（ITO）和业务流程外包（BPO），其中 ITO 占据了超过 60% 的全球服务外包市场，而 BPO 占据将近 40% 的市场，它们都是基于 IT 技术的服务外包，ITO 强调技术，更多涉及成本和服务，BPO 更强调业务流程，解决的是有关业务的效果和运营的效益问题。BPO 往往涉及若干业务准则并常常要接触客户，因此意义和影响更重大。相对于传统的外包 ITO 来说，BPO 具有很大的增长潜力，并将成为服务外包市场发展的主要力量。

（三）按服务外包业务类型的不同划分

1. 财务外包（Finance and Accounting Outsourcing，FAO）

（1）基本概念。财务外包是发包商将财务管理过程中的某些事项或流程外包给外部专业机构代为操作和执行的一种财务战略管理模式。

（2）外包形式。财务外包根据外包形式可以分为传统财务外包和现代网络财务外包。传统财务外包主要是根据企业的需要将整个财务管理活动分解成若干个模块，如财务报表编制、应付和应收账款管理、现金和银行存款管理、薪金发放及其账册管理。纳税申报、内部审计等，将这些模块中企业不擅长管理或不具有优势的部分外包给那些在该方面具有专业水平的机构。现代网络财务外包是利用提供财务应用服务的网络公司搭建的网络财务应用平台，通过合同或协议方式，将全部或部分财务系统业务外包给服务商，由服务商通过互联网的专营网站为发包商提供专业的理财服务，并且要求服务商保证财务信息质量、及时给予必要咨询指导的一种财务外包方式。

（3）适合企业。财务外包比较适合新建企业，业务较少的企业，业务季节性较强的企业等。

企业之所以要把财务外包出去，一方面是因为自身经验不足，能力不够；另一方面是处于自身利益最大化的考虑。如今，财务外包的意义已经不仅限于降低成本，它更是一种强化企业战略管理的有力措施。很多公司自成立之日起，财务工作就委托给专业的财务公司去打理，这样做既规范了公司财务管理制度，规避了很多风险，同时，又可以从专业会计师那里获取有利于公司发展的财税信息。

2. 客户关系管理外包

（1）基本概念。客户关系外包是企业将客户关系管理等非核心业务交给专业的、具有实际操作经验的公司进行管理。

客户关系管理（Customer Relationship Management，CRM）的概念最早由Gartner Group提出，是指为企业提供全方位的管理视角，赋予企业更完善的客户交流能力，最大化客户的收益率。CRM是一种基于Internet的应用系统。它通过对企业业务流程的重组来整合用户信息资源，以更有效的方法来管理客户关系，在企业内部实现信息和资源的共享，从而降低企业运营成本，为客户提供更经济、快捷、周到的产品和服务，保持和吸引更多的客户，以求最终达到企业利润最大化的目的。

（2）优势。企业把客户关系管理外包给外包提供商后，可以省掉购买CRM系统的成本和软件维护、系统升级和聘用培训专门员工等所需费用，只需要支付服务费用就可以享受经济实惠又质量稳定的的客户关系管理方式。

面对竞争日益激烈的市场，越来越多的企业认识到，能否拥有客户将成为它们生存与否的关键，客户满意度对企业的重要性越来越突出。而客户服务的运作成本通常很高，自行实施一个客户管理系统需要的费用高、时间长，这就使得企业想要寻找更为便宜、更加专业化的外包商。雇佣客户关系外包商可以使企业享受专业化的服务，提高工作效率，降低客户关系维护和巩固的成本，同时还能腾出更多的时间来开展具有优势的业务。

3. 研发外包

（1）基本概念。研发外包是将企业价值链上研究开发这一环节外包给外部做研发更优秀的企业，以达到合理利用资源，增强企业竞争力的目的。企业能享受的服务包括：研发，产品设计、开发与测试，项目管理，设计流程管理，设计文档管理，设计分析，资本维护与管理等。

（2）研发外包的目的。企业进行研发外包是出于不同的考虑，总结起来为以下几点：第一，从新产品开发的角度，研发外包可以加快新产品开发速度，缩短新产品生命周期；第二，从技术上，研发外包可以帮助企业充分利用研发的外部力量，达到技术与知识的互补，获取新技术和新供给，实现技术追赶和技术转换；第三，在能力方面考虑，研发外包是不具备研发能力的企业的最佳选择；第四，从产品性质上看，有些产品属于高科技含量的产业，如生物技术、化学材料、制药产业等，由于其技术复杂，研发过程涉及的部门、研究主体较多，单个企业很难完成，必须外包。

研发工作一直被认为是很多企业保持生命力的重要源泉，但是在知识经济发达的今天，很多的研发项目需要丰厚的资金，专业化的人才和先进的设备支持，同时企业还要承担巨大的财务风险。在产业化分工日益完善的情况下，企业为了把精力更集中地投入于优势业务，致力于品牌形象维护和提升等，把技术性强而且给企业带来很多难题的研发工作委托给专业机构完成，能使研发更迅速，成本更低。

（3）风险。研发外包在给企业带来诸多好处的同时，也存在种种风险，是否选择研发外包，企业决策者需要进行慎重考虑。研发外包的风险主要在于，研发外包会促进新的竞争对手的出现，带来巨大的风险；同时，企业研发的相关机密信息可能会被外包承接商有意或无意地泄露，这给企业带来的损失将难以估计。

4. 人力资源外包

（1）基本概念。人力资源外包其实是将公司的人力资源管理和整个组织机构运作管理委托给人力资源外包服务提供商代为处理，从而在人事管理、企业技术资源管理、企业提供的服务等各方面大大提高运作效率，并实现降低成本。

（2）服务内容。人力资源管理服务是指那些支持核心人力资源活动与人力资源管理流程的服务，包括：工资与税收管理、医疗与福利管理、养老金与退休金管理、员工与经理自服务交付服务、员工沟通设计与管理、支持人力资源/员工门户相关的服务等。

（3）优势。人力资源外包有以下方面的优势：人力资源管理外包可以帮助企业的人力资源管理者将从日常繁琐的工作中逐步解脱出来，集中精力于企业更高层次的人力资源开发与管理工作；可以有效控制和降低运营成本，实现高效的运作和服务；提供企业接触新管理技术的机会，提高相应的速度和效率；帮助企业吸引人才和留住人才，增加员工的满意度，降低员工的流失率；引导企业专心经营核心资源，开展核心业务，发展核心竞争力。

我国许多企业尤其是一些新兴的中小企业，由于资金和规模的限制，没有系统的人事制度，不能为员工提供完备的福利待遇和培训机会，更没有战略性人力资源规划，因而难以招到优秀员工，员工满意度差，流动性高，这些都制约着企业的发展。采用人力资源外包，可以借助外部资源弥补自身的不足，大幅提高自身人力资源管理水平，增强市场竞争力。

5. 物流外包

（1）基本概念。所谓物流业务外包，就是制造企业或销售等企业为集中资源、节省管理费用，增强核心竞争能力，将其没有比较优势的物流业务以合同的方式委托给专业的物流公司（第三方物流，3PL）运作。

（2）服务内容。物流外包的业务流程可以划分为以下子流程：

订单管理。该流程包括订单获取、格式化数据、订单路由、订单确认、交易处理（借记卡或贷记卡处理与授权）。订单管理活动逐渐需要成熟的软件对顾客订单在供应链中移动时进行转化、路由和管理。

退货管理。退货管理也称为返还物流，处理产品回收，包括被退回产品的合适服务、包装和会计处理。

运输管理。这包括运输的采购、计划、优化和执行。特殊的活动有：和核心运输者进行合同谈判，建立行程安排指导，管理运输者合同，计划订单/交货的最优出货，优化出货，跟踪运输中的货物，审计和支付处理，运输者绩效监控，出货后的交货确认。

仓库、库存和订单履行管理。订单经过路由后，合适的仓库或履行中心会负责该订单的提货、包装和出货。这方面的服务包括采购订单管理、发票生成、提货/包装/出货服务等。库存管理涉及到监控库存水平、根据需要补货、将完成的产品送到合适的地点。

（3）外包目的。企业选择物流外包主要是出于以下几个方面的考虑：第一，物流外包可以使企业努力研发核心业务，提高效率，维持和提高在核心业务上的优势。第二，专业的第三方物流企业可以利用规模经营的专业优势和成本优势，通过提高各环节能力的利用率，提供更好的运输解决方案，节省费用。第三，与企业自身经营物流相比，第三方物流企业服务商在组织企业的物流活动方面更有经验、更专业化。

虽然物流外包能给企业带来许多好处，但是我国企业物流外包的发展与发达国家相比相差甚远，我国物流外包市场目前尚未成熟，供需关系极不稳定，出于对第三方物流认识上的不足，多数企业自己保留着物流业务，整个社会的物流效率较低。随着企业对第三方物流认识的加深和物流外包市场的成熟，物流外包业务必然会得到迅速发展。

6. 营销外包

（1）基本概念。营销外包是企业将营销活动尤其是渠道的开发与管理全权委托给一个拥有专门技能和网络的外部机构，企业只是在战略上进行全程监控和规定收益回报的下限，其他的营销风险全部由外包机构承担；加之将生产、人力资源管理、财务管理等价值链环节也外包给了专业的外部机构，企业可以将核心能力集中于“产品研发+品牌经营”的关键性领域，以获取巨额“净值”回报。

（2）服务内容。营销外包是信息与网络技术发展的产物，外包供应商提供的服务有：销售产品与服务、渠道开发、售后服务、客户服务、广告、品牌管理、公共关系、直接营销、促销活动、企业沟通、会议组织、业务拓展、市场研究等。

（3）外包目的。企业采取营销外包的模式，可以减少一些如专业人员的薪水等常用开支；有利于企业在资源有限的情况下，将精力集中于核心业务，取得更大的竞争优势；可以减少营销风险，节省时间成本和某些费用，减少客户流失风险等。

营销外包对企业的作用不可低估，但是对于是否将关乎企业长期利益的营销活动外包出去，许多经营者对其必要性持怀疑态度。现实中比较适宜采用营销外包的行业主要是房地产和家电行业，这两个行业由于其产品的高附加值和营销的专业化特征，是国内较早实行营销外包的行业。

7. 金融外包

（1）基本概念。金融外包是指金融企业持续地利用外包服务商（可以是集团内的附属实体或集团以外的实体）来完成以前由自身承担的业务活动。外包可以是将某项业务（或业务的一部分）从金融企业转交给服务商操作，或由服务商进一步转移给另一服务商（即“转包”）。

（2）优势。采用金融外包可以使发包商集中公司资源于自己的核心业务，扬长避短，在弥补不足的同时获得更好的发展；可以降低公司的运营成本并对成本加强控制管理；可以在进行金融外包业务的同时为公司其他项目获得免费资源；可以分散风险，降低自身所承担的特定风险等等。

金融外包初始于20世纪70年代，并在90年代迅速发展。受到利润率下降的压力，欧美等成熟市场的金融机构开始通过外包的方式降低成本，提高效率。金融服务外包主要存在于两大领域，即业务流程外包（BPO）和IT外包（ITO）。目前，外包的领域已经从IT外包扩展到业务流程外包。金融机构也逐渐形成了明确的外包战略。外包已不仅仅是一种降低成本的方法，在企业业务流程整合和转型中，也发挥着重要的作用。随着我国金融领域开放程度的不断加大，竞争的日益激烈，国内金融企业要想在激烈的竞争中站稳脚根，必须了解国际金融外包动态，借鉴国外金融外包的经验，把现有的资源集中到核心业务上去，形成自己的核心竞争力。

除了上述形式，还有文件外包、后勤服务外包、电子商务外包等。

三、外包的理论基础

近些年服务外包发展速度很快，对国民经济产生的影响也越来越显著，国际上有关外包产生的理论也是层出不穷。依据主要有以下几种：

（一）核心竞争力理论

该理论认为，企业具有各种各样的能力，也有一定的专长，但不同的能力与专长的重要性是不一样的，那些能够给企业带来长期竞争优势和超额利润的能力与专长，才是企业的核心能力。企业的竞争优势是由其能力所决定的，企业应该确定自身的核心业务或核心竞争力。核心竞争力最重要的特点是竞争对手无法仿制，或者仿制起来难度很大。如果某项业务不是自身的核心业务，但它对企业的核心竞争力也很重要，那么可以把该项业务外包给最好的专业公司，从而企业能够把更多的资源投入到核心业务，创造核心优势，最终提高企业的核心竞争力。

（二）比较优势理论

大卫·李嘉图以英国和葡萄牙进行贸易为例，提出了著名的国际分工和贸易理论——比较优势理论：如果一国与别国相比有相对优势，并实行专业化生产，无论它与别国相比是否有绝对优势，它总可以通过贸易获利。对应地，可以用该理论解释业务外包：一企业甲与另一企业乙相比在 A 和 B 业务（或职能）上都有比较优势，如果甲企业把 B 业务外包给乙企业，甲和乙都实行专业化生产，那么双方都可以通过外包交易获利。

比较优势规定了不同地区或国家进行专业化分工的结构和贸易方向，解释了世界贸易发展的原因和方向。外包战略正是这一理论在企业资源分配方面的实际应用，也就是“只做自己做的最好的，其他交给别人去做”。

（三）资源基础理论

企业是各种资源的集合体，每一个企业拥有的资源各不相同，具有差异性，企业独特的异质资源是企业的竞争力所在。首先，资源是针对特定的企业而言的，不同的企业资源是有差异的，某种资源对于一个企业而言是一种资源，但对于另外一个企业却不然。其次，资源可以是任何有形和无形的资产，例如，机器设备、资金、品牌、专利技术等。

资源基础理论认为，一个企业在其所处的行业中要赢得竞争优势和高于行业平均水平的利润就得具备卓越的产品和较低的成本，而这些优势的取得又取决于资源的优越性以及公司配置它们的方式。公司要赢得并保持这一优势就必须依据竞争战略来获取并配置其资源，有时可以通过外包来填补其实施战略所需的资源缺口。由于客观条件的限制，企业不可能获得自身所需要的所有的资源，如果通过外包能够充实并扩展公司现有的资源基础，就会出现企业间的项目合作、战略联盟、兼并等具有外包性质的经营管理行为。

（四）价值链理论

价值链理论认为，企业创造价值的过程可分解为一系列互不相同但又关联的增值活动，从而构成了一个“价值链”。价值链的各环节互相联系、互相影响，一个环节的运行质量直接影响到其他环节，并对价值链整体造成致命损伤，还可以对价值体系产生很大影响。因此企业可以把某个薄弱环节外包给擅长的企业来行使，从而根本提高价值链的活动质量。

（五）交易成本理论

所谓交易成本，简单地讲就是指人们完成一笔交易所付出的货币、时间、精力和体力等各种成本。根据一项交易由内部完成和由外部完成所产生的成本不同，可以把交易成本分为内部交易成本和外部交易成本。交易成本理论认为，如果一项业务的内部交易成本大于外部交易成本，那么这项业务就应该改用外包的方式经营；相反，则应该由内部来完成。

（六）木桶效应

经济学中著名的“木桶理论”，是指木桶的最大盛水量是由最短的木板决定的。要增加木桶的盛水量，必须增加短木板的长度。换句话说，企业竞争能力的大小并不是由其最强势环节决定，相反，它取决于企业最弱的一环。

将该原理应用于外包，就是企业资源的有限性以及成本的限制，企业要将每个薄弱的环节都做到最好是不太现实的。实施外包，就是将管理这个木桶先打散，将短板抽出来，然后用外部的长板替代短板，这样木桶的盛水量就有了提高。外包就是将自己的弱势职能外包给该领域领先的专业公司，从而提高整个企业的绩效。

四、外包的优势分析

服务外包可以提高企业绩效，增强企业核心竞争力。具体来说，将业务外包能够给企业带来如下的优势：

（一）有利于企业降低成本

大量研究表明，降低成本是企业进行外包的重要动力。服务外包实现节省成本的途径：

1. 通过供应商的规模经济获得成本节省。在服务外包中，多个客户共享生产设备，不仅节约安装和建设费用，而且提高各种设备、原材料、能源的利用率和劳动生产率。规模越大，成本越低。

2. 通过劳动力成本差异降低成本。目前由于劳动力成本的差异，外包的发包商通常来自美国、日本、欧洲等发达国家，承包商则大多来自劳动力成本较低的国家，如印度、菲律宾、中国等。利用劳动力成本差异进行外包，将生产或服务外包到劳动力价格低廉的国家或地区，是大多数跨国公司进行外包的最初动机。

3. 通过外包供应商的专业化服务降低运营成本。与企业自身运营相比，外包服务商能以更低的运营成本提高更专业化的服务，而且其运营成本更容易预测、更好控制。

（二）有利于提高或培育企业核心竞争力

企业进行外包的一个重要目的是为了使企业集中于核心业务，提高或者培育核心竞争力。所谓企业核心竞争力是指在一定的框架下，企业所拥有的、基于独特知识技术积累的一种竞争能力。

在当今如此激烈的竞争环境中，企业一旦丧失其核心竞争力则必然走向衰落，最终被市场无情地淘汰。培养企业核心竞争力是一个动态的长期过程，需要企业投入大量的时间和精力，即使是已经具备较强核心竞争力的企业也需要努力维护和不断发展核心竞争力，放弃那些自己不擅长的非主流业务，力量集中到企业的核心业务，围绕提高自己的核心竞争力分配财力、人力和精力。这已经是现代企业都纷纷采取的战略措施，因此业务外包便成为各企业广泛采用的手段，它为企业增强核心竞争力作出了的贡献，具有其他方式无法比拟的作用。

（三）有利于提高服务质量和增加顾客满意度

在日益激烈的市场竞争环境中，消费者的需求对企业的重要性更加明显，但是企业可能难以满足消费者越来越多样化的需求。而外包提供商通过自身专业化的发展，具备更多在其专业服务领域内的知识和经验，帮助客户提高服务质量。企业通过服务外包可以加快对顾客需求的响应速度，实现产品快速适应市场，从而提高顾客的满意度，以保证企业为顾客提供稳定、可靠的高水平服务。

（四）有利于企业获取业务专长

服务提供商要同多方面的客户打交道，在相关的知识、速度和效率方面有丰富的专业经验，企业在同这样的接包商建立外包关系后，可以通过交流和学习，吸取接包商的专业经验，获取更多的信息。

（五）有利于企业分散风险

企业可以通过多方外包分散风险，即将不同的业务流程外包给多个 BPO 供应商。比如说，将人力资源流程外包给最擅长此道的供应商，而将物流外包给另一个供应商，IT 开发与维护则又是一个供应商。多方外包主要是为了避免风险过高，防止套牢在一个供应商上，以达到最佳组合的优势。

第二节　国际服务外包的发展

一、国际服务外包现状

（一）国际服务外包的现状

服务外包已经有了数十年的历史，在近些年这项业务得到了突飞猛进的发展。根据印度 IT 行业组织 Nasscom 研究报告，在 2007 年，IT 服务市场和业务流程外包（Business Process Qutsourcing，BPO）在全球科技支出中仍占主导地位，总计超过 1 万亿美元，占总支出的 61% 以上。其中 IT 服务市场总支出将近 4 950 亿美元，比 2006 年的 4 670 亿美元增长了 6%；BPO 业务增长率达到 10%，支出达到 5 422 亿美元。2008 年，全球服务外包保持了平稳的增长，其中，离岸外包发展迅速，以超过20%的速度增长，半数以上的欧美公司将更多的服务外包到海外。近几年由于受欧洲债务危机、美元持续贬值和全球性通货膨胀的影响，从整体上来看，全球服务外包行业还处于不景气时期。TPI指数显示，2010年全球服务外包市场合同金额为794亿美元，同比下降11%，ITO（International Trade Organization）合同金额为624亿美元，同比下降3.7%，BTO（BVSLD TO ORDER）合同金额为170亿美元，同比下降31%。因此，全球服务外包仍然没有恢复到金融危机以前的发展水平。

从服务外包市场分布来看，当前国际上的服务外包转移方市场主要集中于北美、西欧和日本，这三个地区转移的服务外包总量约占全球的80%以上。2010年美国占了全球市场的64%，依然确保了其在服务外包市场上的领先地位，欧洲占18%，日本占10%，留给其他国家的还不到10%。全球服务外包市场严重依赖于美日欧，使产业格局呈现出一种"中心－外围"的发展格局。

根据Gartner的研究，目前服务外包承接国以发展中国家为主，其中亚洲约占45%。印度、中国、菲律宾等成为主要代表。不仅发展中国家，发达国家如加拿大、澳大利亚等国家也加入了承接国际服务外包的竞争行列。这些国家的国内服务外包行业成熟、已经形成了一定的产业规模和发展优势，但是和发展中国家相比，人力资源优势已经不复存在。由于在成本和质量上的综合优势，印度、菲律宾等国成了最受离岸外包发包方青睐的地区，成为离岸外包业务市场的领导者。如菲律宾凭借其在语言、人才、文化方面的优势，大力发展服务外包行业，2010年服务外包业务增长23%，其话务服务行业营业收入达到63亿美元，超越印度成为全球最大的话务中心服务外包国家，预计到2016年其信息技术服务外包行业年收入将翻番，达到250亿美元，占全球市场10%的份额。按照目前服务外包承接国竞争力的强弱，外包已经形成不同档次的承接国，大体上可以分三个层次：优先承接国为加拿大、印度、爱尔兰、俄罗斯、菲律宾；第二承接国为澳大利亚、新西兰、中国、马来西亚、墨西哥、西班牙；第三承接国为中东欧、印度尼西亚、以色列、泰国、巴西、埃及、巴基斯坦、南非等。另外，近几年许多中小贫困、落后国家，如柬埔寨、肯尼亚、斯里兰卡等，国内的服务外包行业得到了飞速的发展。如：2010年斯里兰卡IT与商务外包产业产值达到3.9亿美元，同比增长了25%，目前国内从业人员达到35 000人，相关企业达到150家。

（二）国际服务外包的发展趋势

二十世纪九十年代以来，随着信息技术的迅速发展，许多企业都把非核心服务活动交给外部企业执行，服务外包蓬勃发展。在美国、欧洲等发达国家和地区，从小型公司到大型跨国公司，纷纷把自己有限的资源集中于公司的核心业务而把其余业务交给外部专业公司。服务外包已经成为企业获取专业服务、减少开支、增加竞争优势的一个重要手段。近两年来，国际服务外包出现了一些新趋势：

1. 服务外包手段增多，多元化发展趋势明显

目前，全球服务外包市场多元化发展已经十分明显。虽然传统的ITO外包在

最近几年的发展依然良好，2010 年全球服务外包市场上 ITO 外包占据了 60% 以上的市场份额，但是，BPO 和 KPO（知识流程外包）正在成为发展的主流。从 ITO 发展来看，TPI 指数显示 2010 年 ITO 全球合同总额达到 624 亿美元，同比下降 3.7%，远远达不到 2000 年的 766 亿美元，这说明全球 ITO 产业仍没有走出低谷。从 BTO 发展来看，TPI 指数显示，2010 年全年的合同总额仅有 170 亿美元，同比下降了 31%，但是 2010 年第二季度 BTO 合同总额达到了 59 亿美元，同比增长了 60%，而 2011 年第一季度更是达到了 66 亿美元，同比增长 111%，因此，BTO 上升速度极为迅速。从 KPO（Knowledge Rocess Outsourcing）发展来看，作为服务外包业务新出现的发展方式，其发展前景更是不可限量。2008 年毕马威的研究报告已经把 KPO 列为现实的、主流的外包选择之一。目前其正处于发展的初期，产业规模比较小，但是，在新兴产业发展的浪潮之下，一定能成为全球服务外包行业新的推动力量，极大地促进全球经济的发展。

虽然目前信息技术外包的总体份额要高于业务流程外包，但是从发展趋势来看，业务流程外包比传统的信息技术外包的增长速度更快。

专栏 9-1

知识流程外包（KPO）

知识流程外包（KPO）是业务流程外包（BPO）的高智能延续，是 BPO 最高端的一个类别，一般来说，它是指将公司内部具体的业务承包给外部专门的服务提供商。KPO 的中心任务是以业务专长而非流程专长为客户创造价值。由此，KPO 将业务流程外包更甚至整个外包产业推向更高层次的发展，更多地寻求先进的分析与技术技能，以及果断的判断。KPO 更加集中在高度复杂的流程。这些流程需要有广泛教育背景和丰富工作经验的专家们完成。工作的执行要求专家们对某一特殊领域、技术、行业或专业具有精准、高级的知识。

知识流程外包（KPO）公司的类型包括：

商业研究/商务智能（分类市场研究，市场规模，竞争策划，创新鉴定等）

市场研究（电话调查，客户满意度研究，品牌研究，消费者倾向研究等）

股票，金融及保险研究

数据分析，财务分析，风险分析及数据挖掘等服务等

数据管理（数据录入，数据采集，数据清洗，数据集成及管理）

以及离岸外包、联合风险投资、咨询服务、战略咨询等

2. 离岸外包成为新趋势

从服务外包的范围来看，由于跨国公司战略的转变和信息技术的发展，服务外包突破国家的界限呈现离岸化趋势。离岸外包成为企业新宠是企业进行战略调

整的结果，这样更有利于企业成本节约，利用技术熟练的劳动力资源。跨国公司在选择其离岸外包承接商时，海外劳动力成本是决定性因素，技术能力、服务质量等是次要因素。

进入21世纪以来，全球服务业离岸外包不仅规模迅速扩大，业务外包领域也已经从软件、信息技术服务、医药等高技术行业延伸到商业流程、供应链管理等服务链条的各个环节。据IDC（Internet Data Center）统计，到2003年全球离岸外包占全球外包总量的50%左右，市场规模以每年30%以上的速度递增。据Gartner公司对全球市场的分析及预测，到2012年全球服务外包市场规模可达9 750亿美元。从长远来看，据印度的产业组织估计，未来全球的服务外包产业将保持30%～40%的增长率，到2020年仅IT外包的规模就将达1.5～1.6万亿美元。随着发展中国家基础设施以及服务提供能力的增强，已经成为企业外包的主要承包市场，印度、中国、爱尔兰、菲律宾、俄罗斯、新加坡、巴西等国家在服务外包领域都取得了显著的进步。为了实现发展，避免承接国之间竞争的加剧，避开同质化竞争，承接国就必须找准自身的优势和特点，把握整个行业的发展趋势，向特色化、差异化的方向发展。

3. 企业外包的动因由成本驱动向构建核心竞争能力转变

企业外包业务的动因不仅仅是降低成本，更多地为增强核心竞争力，这是新一轮服务业外包的重要特点，正是这一驱动使企业不断地外包自己不擅长的业务，专注于自己擅长的业务。外包对企业核心能力的强化主要体现在构建核心技术、突出核心业务、改善体制弊端等方面。

4. 业务流程和IT技术相结合的复合型外包发展迅速

从市场结构上看，目前，全球服务外包业务正逐渐从最基础的技术外包转向高层次的业务流程外包，为了适应企业新型业务的发展，发包商越来越倾向于将ITO和BPO业务捆绑在一起，在要求发包商提供技术性外包的同时也能提供业务流程外包。

二、国际服务外包承接市场

（一）国际服务外包承接市场现状

经济全球化的深入发展和信息技术的广泛应用，服务的可贸易成份提高，引发全球新一轮产业结构调整，发达国家跨国公司将非核心的服务职能向国外特别是新兴市场国家和地区迅速转移，而接包的竞争已在许多国家展开。

由于劳动力成本低廉、服务质量高等原因，国际服务外包的承接地大多为发展中国家，服务外包的承接地向亚洲、拉丁美洲和东欧发生了转移，其中亚洲的承接国家最多，约占45%，印度是亚洲最主要的承接国，美国的外包市场几乎被印度垄断，其次是中国和东盟；欧洲输出外包的主要承接地为爱尔兰的东欧国家；拉美的主要承接国是巴西。

服务外包能使承接方实现自身的经营服务专业化，扩大经营规模，从中获取经济利益。国际服务外包市场发展潜力巨大，在全球产值居前1 000家的企业中，有95%的企业制定了服务外包战略。为了把握这难得的历史机遇，提升自己在服务外包产业链中的地位，越来越多的国家和地区采取积极措施推动服务外包的发展。

（二）国际服务外包主要承接国优劣比较

美国知名高技术市场调研机构 Gartner 公司发布了 2008 年 IT 外包业务的 30 个首选国家排行榜。中国、巴西、俄罗斯、印度榜上有名，继续成为欧美发达国家 IT 外包业务的主要首选国家，但墨西哥、波兰和越南等新的 IT 外包业务国家也脱颖而出，向中国等国发起了强劲挑战。Gartner 此次评估了 72 个国家吸引 IT 外包的能力，其评估标准有 10 个，包括成本结构、IT 劳动力、知识产权保护法律、政府支持等因素。印度、菲律宾、爱尔兰、俄罗斯等国是当今世界上具有较高服务水平的承接国，通过对这些国家的优劣进行分析，希望对我国的服务外包产业有借鉴作用。

1. 印度

一提起印度，人们常用“世界办公室”来形容其在国际服务外包中的绝对优势地位，印度的服务外包产业起始于 20 世纪 80 年代，二十多年取得了瞩目的成就，也给印度带来了巨大的利润。目前，印度已经占有全球外包软件市场总额的 65% 以及全球服务外包市场总额的 46%，财富 500 强企业中有 1/5 在印度设立了研发中心，有 220 家从印度获得软件支持。

（1）优势：

① 人力资源丰富，人才储备量大。印度是人口大国，也是人才资本大国，拥有庞大的知识分子队伍，良好的专业化技能，印度有多所名校，每年可培育出大量专业化人才。印度高校注重培养“复合型”的软件人才，为适应软件外包业务发展需求，一方面，重视计算机学科与其他学科的交叉培养，软件工程师不仅懂得软件程序设计，而且深谙哲学、历史、艺术等学科；另一方面，重视学生语言表达能力的培养，印度软件工程师的沟通能力普遍很强。

② 政府政策的支持。印度政府高度重视软件产业和服务外包，把外包看做是印度经济结构中不可缺少的环节，设有专门为外包服务的部门。1986 年印度政府制定了《计算机软件出口、软件发展和软件培训政策》，明确了印度软件产业发展战略目标，并对从事 IT 外销的企业给予特别的优惠政策。印度欢迎外资 IT 企业，不向外包企业收取任何税收，企业在印度发展服务外包的成本比在中国低 30% 左右。

③ 服务质量高，人力成本低。印度技术型劳动者素质较高，而且在英语方面有天然的优势，整个国家语言环境好（印度曾是英国 300 年的殖民地，英语是印度的官方语言之一），这为承接欧美国家服务外包提供了重要条件。另外，印度技术人员的年薪远远低于欧美等国家同等水平技术人员。

④ 建立有效的行业协会。印度国家软件与服务外包协会 NASSCOM 成立于 1988 年，专职员工 50 人，有软件出口和外包服务企业会员 1 000 多家，是印度信息技术团体和非赢利机构，致力于把印度打造成为世界软件强国，该协会在帮助印度成为全球外包行业基地中发挥了重要作用。

⑤ 其他。印度大城市的基础设施完善；拥有质量标准体系，目前印度取得 CMM（能力成熟型认证标准）4 级以上的软件企业有 40 多家（全球 70 家）；承接服务能力高等。

（2）劣势：人力流失率高，印度技术人员薪水远低于其他国家同等水平技术人员，使得印度人才外流现象严重；大城市之外的基础设施差，印度的主要技术中心地是班加罗尔和新德里，其他偏远地区的小城市和乡村环境差。

2. 菲律宾

进入 21 世纪后，越来越多的欧美企业将部分服务和软件业务外包给成本相对低廉兼具备合格劳动力的国家和地区，在这一领域中，印度起步最早且具备语言优势，因此一直处于“领头羊”的地位。与此同时，菲律宾在全球外包领域的崛起引起了大家的关注，菲律宾位于亚洲的中心，交通便利，在国际商务中是海运、空运的必经之路。菲律宾是东西商业交流的十字路口，也是进入东盟市场的重要关口，是当前世界经济发展最快的区域。菲律宾在外包服务方面起步较早，发展十分迅速，是重要的外包服务国家之一，在外包领域，具有以下几个方面的优势。

（1）优势：

① 拥有足够的人才资源，技术人才集中。菲律宾有 7 700 万人口，有 2 900 万技术工人，其中 IT 及电脑科学专业人员 7 万名、工程师 3.5 万人、注册会计师 10 万人、商务管理人员 10 万名；此外，每年还新增加 38 万大学毕业生，补充专业人才队伍。

② 具有语言优势。菲律宾通用英语，有较大的说英语的人群，采用美国模式的教育体系，全国 94.6% 的文化普及率，72% 的人能流利使用英语，易接受外来不同文化。菲律宾曾经是美国的殖民地，与美国的文化联系密切，在政治、经济、文化、法律、社会体制等方面都与美国相通，许多专业人员曾在美国受过培训，了解美国市场。与其他国家相比，菲技术人员精通英语，熟悉国际水平的专业知识及用户服务标准，具备良好的业务能力及职业道德，容易与外包国沟通。

③ 人力成本低，基础设施完善。菲律宾普通劳动力成本为平均每月 234 美元，低于亚洲大多数国家，略高于印度、印尼；技术人员月薪在 400 ~ 800 美元之间；白领雇员平均工资水平仅为美国的 1/4；此外，服务人员精通英语，熟悉西方的专业知识，还能节省上岗前的培训费用，人才流动率低。在基础设施方面，菲律宾拥有充足的设施完备的办公区，现还有 40 万平米的接纳能力，租赁价格低廉，仅为美国、印度、香港等地的 1/4，这些办公区大多由国际房地产公司管理，有合理的租赁协议。

④ 政府支持力度大。菲律宾政府致力于信息产业的发展和商业外包服务，对外国投资采取鼓励政策。外国公司在经济特区开展业务，前 4 - 8 年为免税期，免税期后可继续享受优惠待遇，只交 5% 的营业税；公司还可免税进口特殊材料和设备、免缴码头使用费、自由使用托运设备、雇用外籍职员等。

⑤ 地理位置具战略优势。菲律宾位于亚洲的中心，交通便利，飞机行程 4

小时内能到达亚洲各大城市。该地区是当前世界经济发展最快的区域，是东西商业交流的十字路口，也是进入东盟市场的重要关口，在国际商务活动中，是海运、空运的必经之路。

（2）劣势：与其他外包承接国如印度相比，菲律宾外包的成本较高，而且服务质量不如印度。

3. 爱尔兰

爱尔兰软件产业自20世纪90年代以来快速发展，带动了爱尔兰经济十多年来的高速增长，形成了自己独特的发展模式，成为服务外包强国，赢得“欧洲软件之都”、“欧洲硅谷”、“软件王国”、“有活力的高技术国家”等美誉。

（1）优势：

① 政府的政策支持。相对于印度政府来说，爱尔兰政府实施了更多有利于服务外包发展的政策，制定了一系列的支持措施和政策，包括建立完善的法律环境、制定税收优惠政策和明确的政府企业政策。从政策咨询、制定、实施、监督、到部门协调、中介促进等各个环节，政府都设立相应部门或机构履行职责。例如，爱尔兰政府成立了专门机构（IDA：工业发展局）负责招商引资，为外国投资商提供优质服务等。

② 人才优势。爱尔兰高度重视教育培养，其公共教育开支在国民收入中所占的比例，在发达国家中位居第二位，高达14%左右。如今跨国公司之所以青睐爱尔兰，其重要原因之一就是爱尔兰拥有大量高素质的软件人才。爱尔兰的教育模式独特，软件专业前两年学习基础知识，第三年在生产一线实习，第四年进行设计，这样，大学生在毕业之后就具有了实际工作经验和项目领导能力。

③ 语言和文化优势。爱尔兰是欧盟成员国，又是英语国家，经济发展以欧洲大市场为依托，与欧美的联系使得很多欧美国家优先考虑到爱尔兰投资。另外，由于历史原因留在美国的4 000万爱尔兰侨民也促进了爱尔兰与美国IT界的联系。

④ 其他优势。爱尔兰的基础设施优良，拥有良好的品牌形象，在长期为跨国公司提供外包服务的过程中形成了自己的核心竞争力，服务质量高。

（2）劣势：爱尔兰是西欧的一个岛国，国土面积仅有七万平方公里，人口不到四百二十万人，国内市场需求很小，必须依赖于国外市场。由于近年来选择和IT相关产业的学生数目大大缩水，导致合格的IT类的毕业生数目短缺，缺乏广大的专业人士。另外，爱尔兰的人力成本相对较高。

4. 俄罗斯

近几年来，随着俄罗斯经济的迅速复苏，俄罗斯IT产业发展也以十分惊人的速度发展，俄罗斯发达的高等教育和比比皆是的未充分就业的拔尖人才，及坚实的工程技术实力和科研成果，使俄罗斯把外包的目标瞄准了高端编程业务，在世界IT外包领域迅速崛起，成为世界软件外包出口的佼佼者。

（1）优势：

① 人才优势。尽管苏联解体以来俄罗斯对科研的投入大幅减少，但是，俄罗斯高水平的基础教育，特别是数学教育，能保证每年培养出大量的优秀人才，

可以说，无论是在绝对数量上，还是在占总人口的比例上，俄罗斯的科研人员在世界上都位居前列。世界银行的资料显示，俄罗斯拥有100多万技术熟练人员，超过了美国、日本和中国，并且是印度的3倍。俄罗斯把外包的目标瞄准了高端编程业务，大型外国公司已经认识到，可以在俄罗斯找到“在美国或是印度找不到的优秀的程序员”，因此它们正在将越来越多的项目外包给俄罗斯IT企业。

② 国内需求巨大。俄罗斯联邦是世界上地域最辽阔、面积最广大的国家。俄罗斯工业基础雄厚，拥有巨大的经济潜力，随着其经济的迅速增长，无论是政府机关、企业、学校、还是单个居民，对个人电脑及其程序设计软件的需求日益增多。

③ 政府政策的支持。2004年底普金的印度之行使他认识到，发展IT技术对国家经济增长的巨大推动作用，俄罗斯发展IT产业于2004年11月18日得到政府的确认。俄罗斯计划2010年前在莫斯科、圣彼得堡、新西伯利亚和下诺夫哥罗德四个地区设立IT科技园，以更好地满足不断增长的IT行业的需要。另外，政府还设立了专门针对IT企业的风险投资基金，为IT企业融资和化解经营风险提供协助等。

（2）劣势：俄罗斯在发展IT业方面也存在许多的不足，如基础设施不足，政局不稳，沿用的过去的税收体制和法律不利于商业发展，IT产业规模不大，高科技人才流失现象严重等。

由以上对几个主要承接国的分析可以看出，政府在推动本国服务外包业发展的过程中扮演的角色相同，都制定了优惠的外资政策以增加本国服务产业的吸引力。而且，服务外包承接国积极发展本国服务外包产业目的是为了优化和提升产业结构、增加出口收入和创造就业，从而快速为本国带来巨大的经济和社会利益。

第三节　服务外包在中国的发展

一、中国服务外包发展现状

（一）中国服务外包市场发展概况

随着中国对外开放步伐的加快，经济结构的转换，特别是服务业的发展，以及政府的推动，近些年中国服务外包产业发展速度也很快。截至2010年底，中国服务外包企业承接服务外包合同金额和执行金额分别达到274亿美元和198亿美元，同比分别增长了37%和43.1%，全国有服务外包企业12 706家，从业人员232.8万人。到目前已经形成了以北京、上海、大连、成都、合肥等21个服务外包示范城市为样板，以大连软件园、安徽服务外包软件产业园等84个服务外包示范园区为主力，动漫、软件、物流、金融、生物医药等多领域同步发展的多元化、全面化发展的格局。

2010年毕马威的一份报告显示，近几年中国服务外包行业快速发展，预计未来五年中国服务外包市场将保持约26%的年复合增长率，未来三至五年或将赶超印度成为新的全球外包中心。据加拿大咨询公司XMG调查数据显示，以预计30%的增长率估算，和预计增长速度为14%的印度之间的差距将不断减小，因此很有可能逐步实现超越。

（二）中国服务外包市场的特点

在全球服务外包市场中，我国所占的份额还比较小，服务外包总体水平比较落后，多数业务处于价值链的低端，但是发展速度较快，发展潜力巨大。总体上中国的服务外包市场呈现出以下特点：

1. 服务外包发展以信息技术外包ITO为主

我国的ITO起步较早，发展日益成熟，随着全球离岸软件服务外包逐步转移到中国，离岸ITO所占比重迅速上升。根据IDC发布的《中国软件离岸外包市场2007～2011年预测与分析》，2006年中国软件离岸外包市场规模达到13.8亿美元，比2005年增长48.4%。同时IDC预测，未来五年中国软件离岸外包市场将保持37.9%的年均复合增长率，2011年的规模将比2005年增长近五倍。

业务流程外包在中国的兴起和发展是最近几年的事，其发展还不成熟，主要集中在呼叫中心、文件管理等劳动密集型领域，人力资源、金融、财务会计、研究开发等方面还处于开发阶段。但是在全球服务外包浪潮的影响下，社会各界对BPO的重视程度不断增强，产业发展环境不断增强。加上中国经济发展迅速，众多跨国公司纷纷进入中国，使得中国BPO业务的需求不断增长。但是，我国在承接BPO方面处于低端，在品牌形象、服务质量、服务经验、行业积累等方面缺乏竞争力。不过，随着中国信息技术的发展，随着ITO的发展，以信息技术为依托的BPO服务方式也会逐步发展起来。

2. 服务对象以日本为主，欧美所占比重逐渐增加

中国外包服务承接商的服务对象主要来自日本、韩国、美国、欧洲以及东南亚等。

从发包市场来看，日本仍然是最大的发包地，市场份额高达50%左右，日本庞大的制造业带来的嵌入式软件外包市场仍然是极有潜力的客户群。欧美发包市场份额为30.5%，虽然美国金融危机的影响仍然存在，但外包市场的成长性表现正常。全球著名IT和服务外包咨询公司IDC 2011年6月发布的一份报告称，今后五年中国离岸软件开发市场的增长率预计达24.2%。其中欧美市场的业务增长将快于日韩市场。中国离岸外包业务将进一步向欧美倾斜。该份名为《中国离岸软件开发市场2011－2015年预测与分析》的报告称，今后五年中国离岸外包来自欧美的业务增速为29%，来自日韩的达17.7%。

3. 承接服务外包的区域结构呈现分散化

从地域角度来看，在过去的两年，跨国企业在中国的二线城市也逐渐新设了离岸交付中心或者是开发中心，外包业务开始逐步向这些地区转移。跨国企业在二

线城市的重新布局，使我国离岸外包服务商的地域分布更为合理，缓和了离岸软件外包服务商过于集中在几个发达城市所造成的成本以及人才压力。目前，中国比较大的离岸外包服务商均在南京、西安、成都、重庆、武汉等二线城市设置了分公司或者开发中心，未来二线城市转移趋势将会更为明显。根据易观国际预计，2009 年软件外包在以大连、北京、上海为中心的东北、华北、华东三个区域市场的比重将下降到 71.2%，而 2004 年时这三个区域市场合计的比例高达 87.6%。

（三）中国服务外包前景预测

随着跨国公司的战略调整以及信息技术的快速发展，由 ITO 和 BPO 组成的国际服务外包正逐渐成为国际服务贸易的重要形式。商务部的统计显示，2008 年世界范围内的服务外包业务额超过 1.2 万亿美元，中国计划在 2013 年实现 300 亿美元国际服务外包业务的目标。以下分别对中国 ITO 市场和 BPO 市场的前景进行分析和预测。

1. 中国 ITO 市场状况

我国的信息技术外包起步较早，ITO 在中国逐渐成熟，当前正处于高速发展期。中国软件和信息服务业的发展为发展服务外包奠定了基础。2008 年我国软件与信息服务外包产业规模达到 1 567.7 亿人民币，同比增长为 41.2%；我国软件与信息服务外包企业数量达到 3 600 家，同比增长约 20.0%；我国软件与信息服务外包产业从业人员数量达到 41 万人，同比增长约 36.7%。2009 年我国软件与信息服务外包产业保持了较快发展，产业规模继续扩大，前三季度收入达到 1 463.6 亿人民币，同比增长约 24.5%，全年收入接近 2 000 亿。目前产业载体方面也基本形成了东北、环渤海、长三角、珠三角、中西部“五大集群”、“东西映射”的良好发展格局。中国外包产业已经从全球产业驱动型向本地产业自生型转变；从离岸外包主导向本土市场驱动转变，从跨国公司和“海归”创业推动，向民营资本，中国本地创业推动转变。

中国软件与信息服务外包企业现阶段以 ITO 为主，占 58.6%，BPO 业务增长迅速，占 41.4%，BPO 业务主要以操作层外包业务为主。其中，在 2008 年，ITO 和 BPO 并重的企业数量规模有明显的增长。从产业实践角度，是有部分企业从原有的 ITO 业务逐步培养能力进而承接 BPO 业务，而这类 BPO 业务的发展是在 ITO 的基础上延伸产生的，如图 9－1 所示。

预计未来 5 年，金融行业和电信行业将是 IT 外包服务最主要的应用市场。其中，电信行业 IT 外包规模年均复合增长率预计将超过 20%，而金融行业将超过 24%。此外，预计到 2010 年金融行业 IT 外包规模将超过电信行业。

中国 ITO 的市场驱动因素主要包括：

（1）很多中国企业都已经获得 CMM 认证而且还有更多的企业正在申请这一认证。

（2）一个完全的中国供应商在很多情况下并不十分成熟，但是价格不会太高。

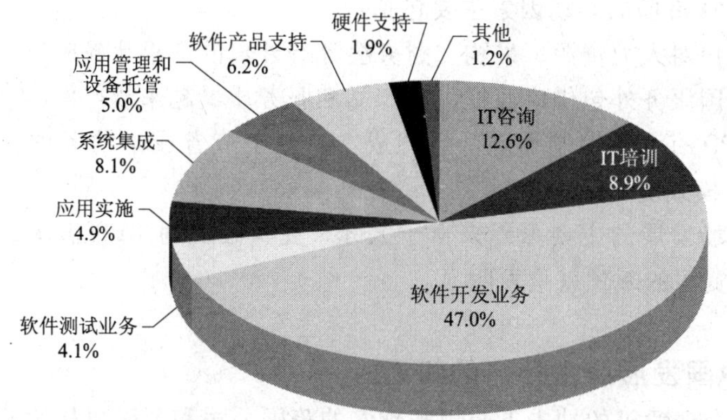

图 9-1　2008 年中国软件与信息服务外包 ITO 业务类型

数据来源：CSIP。

（3）应用系统管理增长很快，带动了 ITO 的增长。

（4）企业在全球化的大环境下面临着巨大的成本压力，越来越多的企业意识到 ITO 可以为他们节省成本、创造价值。

中国 ITO 市场面临的主要挑战是市场不够规范，规模不够成熟。

2. 中国 BPO 市场预测

2007 年，中国 BPO 市场延续了快速发展的势头，国内用户需求持续释放，尤其在金融领域增长领先。2008 年，中国 BPO 服务市场继续在快速发展的道路上，虽然市场因为外部环境的恶化而略受影响，但这种影响不完全是负面的，市场增长的根本动力没有被破坏，长期的发展仍然是可期待的。竞争格局在市场的快速扩展中保持着相对稳定，优势厂商成长迅速，份额持续上升。

IDC《中国业务流程外包（BPO）市场 2007 ~ 2012 年预测与分析》报告显示，2007 年中国 BPO 市场以 23.5% 的年增长率稳健攀升，市场规模达到 10.6 亿美元，并预测未来五年将保持 22.6% 的年均复合增长率，有望于 2012 年达到 25.3 亿美元的市场规模。如图 9-2 所示：

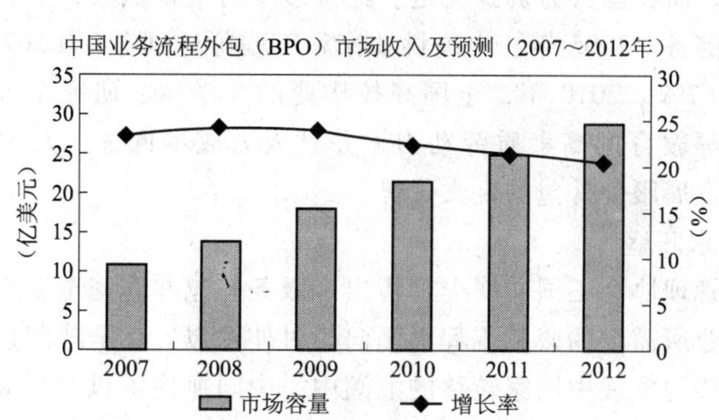

图 9-2　中国业务流程外包市场收入及预测（2007-2012）

数据来源：IDC。

中国 BPO 市场的驱动因素主要包括：

(1) 客户对人力资源、采购、财务会计等外包的需求比较旺盛。

(2) 中国服务外包供应商提供的产品和服务质量越来越好。

(3) BPO 有利于控制和降低生产成本，出于节省成本的考虑，许多企业开始采用 BPO 模式。

BPO 市场发展的主要障碍来自于人才，尤其在面对 BPO 需求最大的欧美市场时，人力资源的瓶颈就愈发明显。

二、中国发展服务外包的机遇

在全球金融危机的冲击下，越来越多的跨国公司和金融机构为降低成本，将把更多的业务外包到成本更低的国家和地区，为我国承接国际服务外包业务提供了难得的机遇。

1. 政府的支持

服务外包产业是现代高端服务业的重要组成部分，具有信息技术承载度高、附加值大、资源消耗低、环境污染少、吸纳就业（特别是大学生就业）能力强、国际化水平高等特点。近年来，我国政府高度重视服务业的发展，相继出台了一批扶持承接服务外包发展的政策措施，把承接国际服务外包作为扩大国际服务贸易的重点。

2009 年 2 月国务院办公厅下发了《关于促进服务外包产业发展问题的复函》，批准北京等 20 个城市为我国服务外包示范城市，并将在试点城市实行一系列鼓励和支持措施，从税收优惠、财政资金支持、实用人才培训、特殊劳动工时、金融支持、知识产权保护和改善投资环境等诸多方面推进服务外包产业发展。这是我国第一次从国家层面提出针对服务外包产业的扶持政策，这也说明政府已经意识到并开始重视服务外包产业对经济的拉动作用。

2. 人力资源丰富

服务外包企业需要大量的中高层次人才，如软件外包企业招聘的员工 90% 以上是本科生，而我国人力资源充足。经过多年的教育积累，中国已经形成了较大的知识人才储备。2005 年，中国科学家和工程师达到 2 560 567 人，占科技活动人员总数的 67%。2010 年，全国高校毕业的大学生、研究生近 630 万人，具有大批受过高等教育的高素质劳动力，并且人力成本低廉，人才流失率相对较低，这是我国发展服务外包的巨大优势。

3. 市场需求旺盛

美国物流管理协会王国文博士曾指出：服务外包并非完全发生于服务业，制造业和其他行业所需要的服务流程更倾向于对外发包。在全球制造向具有劳动力规模和成本优势的发展中国家转移的浪潮中，中国抓住了机会，成为全球制造中心，拥有巨大的制造业市场，大量的制造业外商直接投资为承接服务业离岸外包提供了市场需求和机会。2001 ~ 2010 年间，我国制造业实际使用外资额达 4 173. 12 亿美元，占所有行业外商实际直接投资额的 59. 61%，而截至 2010 年的累计数据表明，第二产业实际使用外资金额占比（62.85%）远大于第三产业(35.17%)。这些外商投资企业将为本土企业承接服务外包业务提供更多的市场渠道。这是中国外包服务的潜在客户，应该利用自身制造业的优势积极发展制造企业的服务外包。

4. 其他

除了上述几点，我国发展服务外包还具有许多有利条件，随着对外开放的不断深入，投资环境越来越好。如，许多城市交通通信等基础设施不断改善，产业集群迅速发展形成了较强的产业配套能力，外商投资政策环境不断完善。另外高速增长的经济环境，稳定的政治环境等，都为吸引跨国公司服务外包业务创造了条件。

三、中国发展服务外包的障碍

服务外包在我国的贸易和对外合作中占有越来越重要的地位，离岸外包已经成为推动我国服务出口的重要引擎。近年来，中国 IT 服务外包产业发展非常迅速，已涌现出一批服务外包的基地城市和龙头企业。但与印度和爱尔兰等国相比，我国的服务外包业在综合能力上还有很大的差距。

1. 专业人才的缺乏。中国虽然人力资源丰富，却缺乏大量英语优秀的专业技术人才和具有国际化水平的人才，服务外包市场对人才的国际化程度提出了更高的要求，对英语的熟练程度特别是口语水平要求更高。近年来，我国从业人员的英语总体水平虽然有大幅提高，但是直接对话能力仍相对较弱，英语应用水平较差。一方面，每年都有大量的高校毕业生找不到工作；另一方面，企业岗位空缺却找不到合适的人。另外，我国还缺乏具有国际市场运作经验和管理才能的高端人才，对国际商务运行规则、法律规则的把握和运用能力有待提高。缺乏专业化的人才直接导致我国在服务外包领域的竞争力不强。

2. 政策措施和知识产权保护力度不够。首先，我国与服务外包相关的政策远远不能满足服务外包的需要。服务外包的发展涉及到宽领域、多部门，需要完善的配套措施进行产业支持。从外包企业的工商登记政策、人才政策到税收政策、财政政策等，需要有一整套的优惠政策对服务外包进行扶持。其次，知识产权制度不完善，许多服务外包发包企业对转移目标地的知识产权保护环境要求极为严格，尤其是研发外包，研发信息一旦泄露出去，对企业造成的损失难以估计，而跨国企业对其知识产权的担忧，也影响着承包地的选择。政策措施不完善和对知识产权保护力度不够等极大地阻碍了我国服务外包的发展。

3. 服务外包承接企业实力较弱。我国承包企业对服务外包业的认知度不够，尽管服务外包行业在国际分工合作中扮演着重要角色，也有着广阔的发展前景，但是许多人对其内涵、表现形式和发展规律等缺乏深入了解，对其投入不够，未建立严格的管理制度，缺乏健全的研发和营销网络，技术人员与客户沟通能力薄弱，整体处于低端水平。以物流外包为例，目前，我国实施物流外包的企业中，有超过30%的客户对供应商不满意，主要原因有合作双方沟通不畅，信息反馈滞后，缺乏应急措施；物流供应商的信息技术系统落后，不能对物流活动进行有效跟踪和监控；缺乏标准化的运作程序，同一客户不同项目、不同环节服务水平参差不齐；缺乏持续改进机制；服务功能单一等等。而在美国，有80%的企业对物流供应商感到满意。服务外包行业的成熟度低，承接商的实力薄弱等问题影响着我国承接服务外包的能力。

4. 语言文化的差异。语言和文化的融合能力是外包中的一个重要因素。良好的语言沟通能力是外包双方合作的基础，外包过程中涉及到大量的沟通，如果没有良好的语言沟通能力，就很容易造成双方的误解和冲突。另外，相同的文化背景更容易增进双方的信任和相互理解。在不同文化背景下，人们的思维模式和行为方式是有很大区别的。发包商在寻找伙伴的时候有两个非常重要的标准，这两个标准都和文化有关，首先要看接包商的企业文化如何，其次是看接包商的企业文化是否与自己的企业文化匹配。现阶段中国IT服务外包的主要市场是日本和韩国，它们与我们具有融合的文化背景和较好的语言沟通基础。

整体上看，我国处于国际上第二层次的承接国，面临着许多的不足和挑战，相对于其他知名的服务外包目的地，我国在全球服务外包业所占比例较低。数据显示，全球离岸外包产值于2007年达到了600亿美元，而我国只占整个市场不到10%的份额。尤其在国际金融危机的背景下，作为全球服务外包市场上的参与者，我国软件服务外包产业也受到较大影响，产业的发展速度有所降低。因此，我国要想进入世界三强，在服务外包领域占据一席之地，要走的路还很长，要解决的问题也很多。但是有一点是可以确定的：中国必须清楚认识自己的长处和特点，找到一条适合自己国情的道路，并且脚踏实地、坚持不懈地走下去。

四、中国发展服务外包的应对措施

在九十年代，由于跨国公司大量把业务外包，印度软件业诞生了Infosys、Wipro、Satyam、Tata等著名企业。经过十几年的积累，印度的外包业已经形成一定规模。印度目前有软件服务企业3 000多家，从业者超过50万人，其中前10家企业的人员规模多在万人以上，最大的企业已逼近4万人。印度居全球IT服务输出的首位，比加拿大、爱尔兰、菲律宾和南非的总和还多，而且还在以每年30%的速度增长。而根据麦肯锡的调查显示，中国IT服务一年的收入还不到印度的一半，且市场零碎，缺少具有规模优势的大企业。印度人已经建立起来的信誉给中国人带来了极大的压力，中国是正在兴起的服务外包承接国，在承接服务外包业务的规模能力和质量等方面要与印度竞争，还有相当大的差距。面对全球服务外包快速增长的发展态势，要在发挥自身优势的同时，采取有效措施，积极发展有利于服务外包的环境建设，推动服务外包的发展。

1. 制定相应的优惠政策。印度、菲律宾等国家政府高度重视服务外包，为服务外包的发展制定了一系列的优惠政策。我国政府应该借鉴这些国家的经验，从战略上认识到承接服务外包的重要性，给予服务外包企业更多的政策支持和资金支持，提供具有竞争力的税收支持，优惠的土地使用政策等。

目前，承接服务业离岸外包工作在中国刚刚开始，为此，政府应制定实施战略，有步骤地推进。一是要加强宣传。在国内，外包是一个新生事物，应加强各级政府和企业的认识。二是要制定相关产业发展政策。目前，国家有关部门正在制定相关发展战略，如商务部实施的“千百十工程”等，但是，应配套相关实施细则，以保证战略的实施。三是地方政府应根据具体情况制定相应的发展战略。四是避免产业趋同化现象。由于各地区的产业结构不同，目标市场不同，制定服务外包发展的重点也应有所侧重。

2. 制定国际化人才培养计划。承接服务业离岸外包业务，人才是关键性问题。由于跨国公司外包业务的技术标准普遍要求高，技术开发周期短，同时还存在语言交流、文化背景等诸多不同因素。因此，不仅要求一批具有研发能力的技术性人才，而且需要通晓国际规则的法律人才、管理人才以及外语人才。

我国承接欧美企业服务外包的一大困难是缺少既懂技术又精通英语的有国际市场运作经验的全方位人才，所以要调整人才培养战略，根据服务外包产业所涉及专业的特点，探索多种模式培养服务外包人才。调整专业结构适应服务外包产业需要，地方所属高校的计算机科学与技术专业要以造就应用型人才为主要目标，大力培养服务外包人才，示范性软件学院以培养高端服务外包人才为主。同时可以深化高校与外包企业的合作，使“中国服务外包示范城市”地方政府、服务外包企业和高校成立服务外包企业合作联盟，加强学生实践动手能力。

3. 完善知识产权保护制度。知识产权保护是服务外包得以发展的基础，是提高外包服务的竞争力、附加值和适应高端服务委托的需求。由于外包是同一品牌产品的分包，因此，外包要求共享大批所拥有的知识产权。如，商业秘密、商标、工业品设计、专利、版权和相关权利等都渗透在不同层次的外包环节。外包过程中核心技术流失也正是许多跨国公司所担忧的，因此，只有严格保护知识产权，才能分享知识产权资产的收益。外国发包商出于自身的利益考虑，会谨慎选择知识产权保护力度不够的国家转移服务，我国虽然有保护知识产权的法律法规，但是执行力度弱，而且中国一些企业仍然缺乏知识产权保护意识，这种状况已经影响到软件、设计等外包业务的拓展。因此，政府应该进一步完善和健全知识产权保护制度，逐步建立健全有效的知识产权保护体系，为企业创造良好的法律环境。

全球经济危机也给中国服务外包企业一个突围的机会，在金融危机冲击下，越来越多的跨国公司和金融机构为降低成本，将把更多的业务外包给低成本国家和地区，为中国积极承接国际服务外包业务提供了难得的机遇。中国可以借机将自身的服务定位升级，由于中国服务外包产业仍处于初级阶段，因此承接的业务也处在整个产业链的中低端，过去危机没有到来时，我们没有时间和精力去提升自己的业务能力，但是目前的数据和信息处理压力相对减轻了，这也给了中国企业一个休养生息的机会。

第四节　服务外包成功案例

1. 惠普（HP）在中国成功实施外包服务

惠普（HP）作为一家专业 IT 公司，可为客户端的 IT 人员提供高效率的培训，以提高这些人员的工作效率和节省培训成本；可以把客户的 IT 部门有原来的成本中心变成利润中心，在外包过程中所开发的一些具有普遍意义的应用软件可以作为产品进行销售。

近十年来，惠普已经成为百余家企业的外包服务提供商，为分布在 30 多个国家的制造、电信、银行、电子等不同行业用户提供从战略规划、系统实施到运作管理的外包服务。目前，惠普在中国为客户提供的外包服务主要包括以下几种类别：

（1）战略性外包。是指企业将 IT 服务整体外包给服务提供商，企业内部不再设立全面的 IT 部门，甚至连 IT 服务人员都转移到惠普。惠普为爱立信公司提供的服务就属此类。

（2）基础平台管理，比如网络运营，服务器的管理。

（3）终端用户现场管理，即为客户维护打印机，笔记本等桌面设备，并为中断用户提供的网络配置管理。

（4）应用服务运营管理

（5）容灾服务（比如说数据备份与恢复）和业务流程外包（例如最近 HP 与宝洁签订的应收帐款处理外包合同）以及按需提供的计算机服务。

惠普（HP）将 IT 外包服务视为公司业务发展的一个重要组成部分。目前，HP 负责 IT 外包服务的管理服务部在全球共拥有 4 100 名员工，建立了三十多个运营服务和数据中心，并与全球百余家 IT 管理运营伙伴建立了长期的合作关系。

早在 7 年前，惠普就在中国开始投资于外包服务，目前在国内拥有超过 6 年的 IT 运作维护服务经验，建立了可覆盖全国的集中服务热线支持中心。

惠普已经在北京设立了其亚太区 IT 外包服务响应中心。目前，这一响应中心的服务可以覆盖整个亚太区的 300 个城市，能提供包括中、英、日、韩在内的四种语言，7×24 的 IT 支持服务。目前，它支持了 20 000 家以上的企业终端用户，每月处理 26 000 个以上电话，管理着 1 000 太以上服务器，在 HP 的服务提供方面发挥着重要的作用。除了电话响应中心，惠普还搭建了目前国内最大的 IT 服务网络。6 年来，惠普签订了总价值超过 7 500 万美元的 50 个 IT 外包合同，这些客户来自各行各业。

以爱立信为例，为了使爱立信信息系统能够更好地支持业务及地域的扩展，提高响应速度及服务质量，并同时关注于其核心业务，惠普在国内 25 个城市，帮助爱立信支持 3 000 多用户，并建立 IT 呼叫中心，进行现场支持服务及资产管理服务，帮助进行服务器管理，备份及恢复，以及爱立信进行用户培训与IT实施。

惠普的服务得到了爱立信的认同，前者帮助爱立信成功实现了成本节约，爱立信对外包服务的评价与态度体现在Gartner在1999年、2000年、2001年的三次调查结果中。具体结果见下表：

满意度调查	分数（总分5）	结　　果
第一次（1999）	3.63	高于一般公司的平均分
第二次（2000）	3.92	在Gartner数据库的101个客户调查中居亚洲第一，全球第四
第三次（2001）	4.00	>25%的服务成本节约

进入2004年，惠普又先后与国家开发银行、宝洁公司等达成战略性外包合作协议：惠普公司为国家开发银行提供包括现场支持，一站式热线电话服务，设备管理与委托采购服务，客户培训，新技术咨询，备件服务，外包服务管理和设备外包在内的七项服务。惠普与宝洁签订了为期10年，价值30亿美元的IT外包合同。为宝洁在全球160个国家的运营提供IT基础设施管理，数据中心运营，终端用户支持，网络管理，应用开发和维护支持服务，并将1 850名宝洁员工转成惠普雇员。此项合作，预计在10年内将为宝洁节省大约10%～15%的IT成本。

在中国，外包服务已经是惠普的重点业务方向之一。未来惠普将在国内继续加大对外包服务的投资，把外包服务专业人员的数量从现在的400人扩展到2005年年底的1 000人。

2. 毕博在中国建立全球开发中心

毕博全球开发中心于2003年1月在上海浦东成立，成为首个在中国对研发领域进行投资的国际性管理咨询公司，毕博又于2004年6月在大连设立了第二个全球开发中心，未来规模将超过上海。毕博建立全球开发中心，为跨国公司提供软件开发外包与信息服务外包服务，其中对复杂应用系统（SAP或Oracle ERP）的管理外包服务处于国内领先水平。

毕博全球开发中心（GDC）主要为国内外企业提供软件开发以及管理外包服务，完善毕博已经在国内提供的企业战略咨询，业务流程重组，ERP以及系统集成等服务，使毕博可以以完整的价值链涵盖客户所有的专业服务项目，实现为客户提供全方位的“端到端”的服务。

具体来看，毕博全球开发中心主要业务包括：提供软件开发外包和提供信息服务管理外包。按地区分，中国的业务量占25%，美国占40%，日本占17%，其他地区占18%。

毕博的业务中软件开发外包业务主要是为跨国公司提供内部管理服务的财务，HR，ICP等方面软件，信息服务外包则是针对这些软件的维护，支持，应用管理等来开展的，根据客户需要可以远程的，也可以是定点的。

与此同时，毕博的信息服务管理外包业务和其他的业务解决方案一样，已经扩展到全球的客户市场。而亚太市场作为新兴的和外包业务发展最快的市场，毕博管理服务的业务范围涵盖了3个方面：复杂应用系统管理外包；信息技术基础设施管理外包和业务流程外包等。到目前为止，毕博在全球向超过200家客户提供多达10几种方案的管理服务。客户中有大型企业，政府，教育机构，非盈利性组织等。

毕博的管理服务可以帮助客户将业务管理的挑战转化为具体竞争力的机遇。这就是说，由毕博的具有专业技术和领先市场的业务专家精心打制的管理服务解决方案将提供给客户一个合适的促进业务增长的机遇。而作为受用者，客户将有能力在下列领域中实现更快和更引人瞩目的价值：

（1）由于生产力的提高带来的更低的操作成本；

（2）增加财务现金流预测的准确度；

（3）有更多的精力集中于核心竞争力的开发；

（4）将IT投资与业务的重点有机的结合起来；

（5）提升内部员工的效率；

（6）减少复杂IT系统管理和运维的风险。

毕博具有灵活性的管理服务解决方案可以提供客户一个容易了解其大型、复杂的IT系统中前端、后端所发生的所有成本的机会。这就可以帮助客户在不影响IT系统的高效运转的前提下，来减少或优化相应的成本结构。而且由于毕博提供的管理服务都是基于长期合作的基础上的，我们通常都能够提供最合适于企业，成本结构最优秀的解决方案。与其他传统的服务商不同，毕博既可以在外包服务策略方面提供咨询，也可以提供端到端的运维实施，包括：

应用系统管理：为企业的核心应用系统包括旧的或定制开发的系统提供技术支持和外包服务。

业务流程外包：客户可以将企业的业务模块如财务、人力资源和客户关系管理等外包出来。

IT基础构架：提供数据中心管理、托管、服务器管理、网络设备、网络安全管理以及其他IT基础设施管理。

其中，毕博的应用系统管理解决方案是毕博管理服务的重点，这是集成了业务流程优化，专业技术实施和创新战略规划三个领域的最终结果。

例如，针对目前市场上众多的SAP和Oracle ERP用户的需求，例如：系统的监测，备份和恢复，发布和升级，安装以及系统的增强。我们拥有一套完整的解决方案模型，灵活的管理服务解决方案可以提供客户一个容易了解其大型、复杂的IT系统中前端、后端所发生的所有成本的机会。这就可以帮助客户在不影响IT系统的高效运转的前提下，来减少或优化相应的成本结构。

其中，毕博公司从2003年就开始提供SAP技术外包服务给国内最大的合资汽车制造厂商之一——华晨宝马汽车有限公司。这是一个7×24全天候的复杂应用系统的全面维护的外包项目。毕博公司负责从系统底层的硬件，从操作系统，数据库到 SAP 应用系统的全面管理和维护。从服务提供至今，毕博公司通过完善的服务流程和背后强大的应用系统服务解决方案，保证了这个生产系统的长期、高效、稳定的运行，为华晨宝马汽车有限公司的正常生产制造提供和有力保障，从而大量的降低了由于复杂信息技术系统的不稳定带来的业务损失。

同时，毕博公司借助雄厚的业务实施经验和方案知识库，也为众多的跨国企业提供包括 ERP 系统业务支持在内的全面 ERP 服务解决方案。这种服务包括业务流程咨询服务（例如 SAP 中的 FI/CO 模块，MM/PP 模块等等），应用系统技术服务，和 ERP 应用持续软件开发服务。通过服务台的集成整合，客户可以非常方便的通过一个统一接口享受到包括现场和远程方式的全面服务。这是 IT 系统外包服务的最高价值体现和最优组合方案。对客户业务的发展提供了最强大的支持。

3. 埃森哲为 NOL 提供财务外包

国际知名航运公司东方海外（NOL）和埃森哲之间签订了外包协议。根据协议，东方海外重要的财务职能将外包给埃森哲。这个为期 8 年的合同规定今后东方海外帐户资金的结存、取款、对帐都由埃森哲来处理。

协议做出创新力度最大的一面是关于东方海外授权埃森哲参与其成本控制的规定，这将有利于东方海外节省财务成本，提高营收水平。

东方海外认为，与埃森哲的协议是集团公司致力财务管理流水化作业方面前进的一大步。埃森哲的介入，将有助于提高东方海外财务处理的效率，预计东方海外集团在未来八年内财务管理的费用每年递减 30%。东方海外还认为，其核心业务是物流运输，而不是财务处理，埃森哲在财务管理方面有专业特长，把集团公司的财务管理外包给埃森哲，符合市场经济比较优势的原则，同时有利于公司把金融管理职能全部集中到为公司创造价值的核心活动上来。埃森哲则认为凭借其优秀的操作经验，为人称道的管理流程和管理工具，将有助于东方海外缩减成本，改善现金流和提高服务品质。

4. 中国软件外包的精品案例——文思与仁科

2004 年 4 月，北京文思创意软件公司通过竞标，赢得了美国仁科公司 BOT 模式软件外包项目。此项目的发包方美国仁科公司是行业领先企业，具有极高的国际知名度；项目规模大，项目模式具有开创性，项目的启动将是中国软件外包行业的一件大事，是欧美企业对华软件外包的一个大手笔。

文思 - 仁科 BOT 项目情况

文思公司是仁科公司在华传统的软件外包战略伙伴。2000 年开始为仁科公司提供软件外包服务，2001 年至今一直是仁科公司在华唯一的技术供应商。本次项目招标自仁科公司 2004 年 3 月 26 日发出标书邀请起，招标的命题为“仁科公司在华开发中心和合作伙伴”。项目核心内容是为仁科公司在华建设并运营一个成功的开发中心。经过若干家软件外包企业竞标，仁科公司实地考察，仁科公司两阶段遴选，以及招投标双方谈判，于 2004 年 5 月底结束，并正式启动外包项目。在文思公司国际化团队的努力之下，文思公司成为仁科公司最终选中的唯一一家服务提供商。

软件外包中的 BOT 模式

BOT 模式，即建设 - 运行 - 交付模式（Build-Operate-Transfer），又称交钥匙工程，是国际贸易术语，常见于路、桥、水库、场馆等大型公用工程的国际招标建设。主要特点为承包者来开发、融资、建设公共项目、运作使之盈利，并在其运转良好阶段将其交付给公共团体。

在不断演进过程中，BOT 模式已经突破了传统行业的国际贸易，也不仅限于公共事业领域的项目。国际企业在全球化经营中，常常发现当地服务商通过本土优势，提供硬件、软件、人力资源以及运营的一揽子服务能缩短本土化周期并降低风险。而这样的一种方式，正是 BOT 模式的精华所在。出于不同战略意图和不同外包国家市场的考虑，近年来欧美企业纷纷开始在软件外包领域尝试 BOT 模式。发包商通常要求承包企业根据预算在指定的期限内建立项目所需的技术团队及相应办公设施，使之正常运行并盈利。此后，承包企业将运行良好的整个团队以双方商定的合适的价格转卖给发包商。当然，最后是否或何时履行交付的环节一般可以由合作双方根据实际情况调整决定。

这种方式不仅降低了发包商的运作成本，而且为其提供了足够的时间了解当地市场以及文化状况，使之更快适应在该地区的项目运作方式。此种创新模式在欧美企业软件对印度、俄罗斯等国的外包实践中已有成功的经验。然而，在中国，在软件外包尚属新兴行业的环境之下，BOT 模式是没有先例的。此次文思 - 仁科 BOT 项目的签订是中国软件外包行业开拓的里程碑，将迅速提升其综合技术管理水平，渐次成为国际软件外包产业的一员而最终参与国际竞争。

文思创意公司

中国软件外包行业的领先企业，主营软件本地化和软件测试业务。自 1995 年成立以来发展迅速，至 2004 年第二季度，已拥有近 600 名高素质员工。公司总部设在北京，在中国上海、武汉、深圳、大连、香港，美国、日本设有办事处。文思创意公司凭借良好的企业运行机制、稳定的人才队伍、科学的管理手段、高效的工作作风、踏实负责的工作态度、丰富的跨文化沟通经验，已成为 IBM、Microsoft、HP、SUN、Oracle、EPSON、Fuji Xerox、SGI 等国际知名的 IT 企业的软件外包服务提供商，是中国最大的软件外包企业之一。

5. 索尼公司 IT 外包的成功应用

“做你做的最好的，其余的让别人去做。”——企业只关注自己的核心竞争业务，将生产和经营管理的一个或几个环节交给最擅长的企业去做，这已经成为全球企业重要的战略思想和经营管理模式。

IT 外包从美国开始流行起来，提供外包服务的厂商可以理解为明星的经纪人，帮助明星打点演出、事业及经济上的一切事务，而把真正的舞台中央留出。

索尼是日本最棒的电子产品制造商，给我们带来很多出色的产品。索尼的竞争优势主要体现在永不疲倦的创新精神和精益求精的制造工艺。这家全球化的、产品众多的跨国公司，如何证明能做得和成长过程一样好，除了继续发扬无可比拟的核心竞争力，还需适应新的变革时代。

现实中，IT 建设以高风险游弋在成功与失败之间。对于索尼这家大型跨国公司的高层管理者来说，IT 建设是达到最强的变革杠杆的支点，运用得当，可以提高劳动生产率，并且有助于推动新战略的实施。

复习思考题

1. 什么是外包？服务外包是如何分类的？
2. 外包的理论依据有哪些？
3. 国际服务外包的发展趋势是什么？
4. 世界服务外包主要承接国有哪些？它们各自有什么优势？
5. 中国承接服务外包面临哪些障碍？可以采取什么应对措施？

阅读推荐与网络链接

1. 朱晓明等．服务外包——把握现代服务业发展新机遇．上海交通大学出版社，2006.
2. 汪应洛．服务外包概论．西安交通大学出版社，2007.
3. 中国服务外包网 http：//chinasourcing. mofcom. gov. cn/.
4. 外包网 http：//www. waibao. com. cn/.
5. 中国国际服务贸易指南司 ttp：//tradeinservices. mofcom. gov. cn/index. shtml.
6. 中华人民共和国商务部国际服务贸易司 http：//fwmys. mofcom. gov. cn/.

第十章

国际运输服务贸易

学习目标

- 了解国际运输贸易的概念和主要形式，以及发展趋势
- 掌握国际海运的基本形式和作用
- 熟悉其他国际运输贸易形式，以及在运输贸易中的作用

每年9月到12月上旬，都是圣诞节前的航空货运传统旺季，2011年的行情却格外冷清，价格一路走低。作为对宏观经济尤其是国际贸易最为敏感的风向标，中国国际航空货运业已经明显感受到经济下滑带来的进出口萎缩。全行业始于2009年第四季度的反弹行情未能延续，今年一路走低，下半年以来更是急转直下，严重的供过于求催生了主流企业间不计成本的价格战。17元/公斤，是国内货物运输2011年9月在中美航线上报出的运价。在一位资深业内人士的印象中，这一价格是最近几年市场上的最低纪录。进入12月，运价尽管有所上调，但仍难以覆盖23~24元/公斤的运输成本。国家发改委、工信部等部委发布的统计数据显示，2011年以来我国进出口增速高开低走，10月份进出口总额、出口额、进口额环比分别下降8.3%、7.2%和9.5%。其中，电子信息产品出口增速逐月放缓，从1月份的增长31.7%下降到10月份的13.6%。

第一节　国际运输贸易概述

一、国际运输贸易的概念与特点

国际运输贸易是指以运输服务为交易对象的贸易活动，即贸易的一方为另一方提供运输服务，以实现货物或人在空间上的位移。

国际运输贸易按运输的对象，可分为货物运输服务和旅客国际运输贸易；按贸易主体的性质，可分为国际国际运输贸易和国内国际运输贸易。

国际运输贸易的主体是服务的需求者与提供者。运输服务的需求者是托运货物的贸易商或其他托运人，运输服务的提供者是拥有船舶、火车、汽车、飞机等运输工具

按客户的要求将货物从起运地运至目的地的承运人。国际运输贸易的主体双方构成了国际运输贸易的市场。国际运输贸易的客体不是有形的货物，而是运输服务。

国际运输贸易有以下主要特点：

（一）国际运输贸易派生于货物贸易，货物贸易是国际运输贸易的本源，国际运输贸易是为货物贸易服务的。货物贸易和技术发展到一定程度，便出现了国际运输贸易。

（二）运输服务的提供者不生产有形产品，也就无产品可以贮存，能贮存的只有运输能力。

（三）在国际运输贸易中，中介人或代理人的活动非常活跃，对贸易的开展起着很重要的作用。

根据世界贸易组织的分类，运输服务的主要形式包括海运服务；内河服务；空运服务；空间服务（包括航天发射以及运输服务，如卫星发射）；铁路运输服务；公路运输服务、客运服务；船舶服务（包括船员雇用）；管道运输，包括燃料运输和其他物资运输服务；所有运输方式的辅助性服务，包括报关行、货物处理服务、装卸、存贮与仓库服务、货运代理服务、起航或靠岸前后的查验服务及其他辅助性服务等等。

二、国际运输贸易发展概况

国际运输贸易能够为制造业、贸易和其他部门直接提供运输、装卸和中转等相关服务，对经济发展起着促进作用：一是运输是生产过程中的一种要素投入，使商品和人员能够在生产者和消费者之间流动；二是运输服务能够使生产要素尤其是劳动力转移到可以发挥最大生产效用的地方。

由图 10－1 可以看出，国际运输贸易发展的趋势与世界 GDP 总额以及世界贸易总额的变化趋势具有内在一致性。这是因为运输是经济和贸易的流动载体，

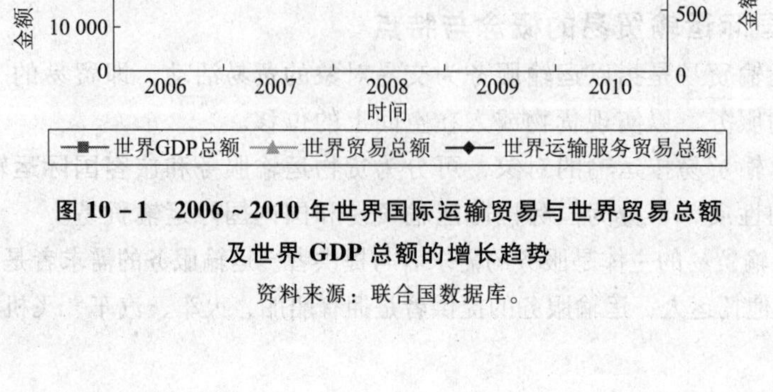

图 10－1　2006～2010 年世界国际运输贸易与世界贸易总额及世界 GDP 总额的增长趋势

资料来源：联合国数据库。

沟通生产和消费，是经济发展诸多影响因素中非常重要的一项。它能够将生产部门的各个环节和消费部门联系在一起，并能够带动其他相关产业的发展。在开放型经济中运输也是需要优先发展的部门之一，它能够为国际贸易和世界经济增长奠定基础。

就世界范围来说，2010 年全世界的国际运输贸易出口总额达到 7 850 亿美元，进口总额达到 9 600 亿美元，国际运输贸易逆差扩大；其中欧洲依然是国际运输贸易的主要力量，2010 年的国际运输贸易出口和进口分别占到世界的 47.6% 和 35.4%；亚洲的国际运输贸易增长明显，且日益在世界范围内占据重要地位，如图 10－2 所示。

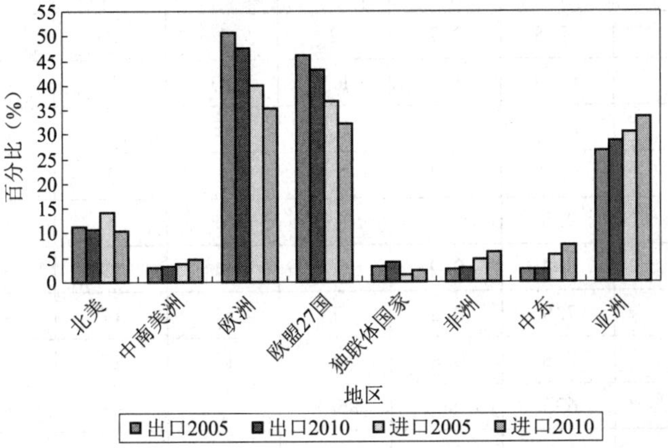

图 10－2　2005 年与 2010 年世界各地区国际运输贸易基本情况（出口）（%）

数据来源：WTO，International Trade Statistics，2010。

就国家范围来讲，2010 年国际运输贸易出口前 15 位的国家占世界国际运输贸易出口总额的 85.8%，占世界国际运输贸易进口总额的 76.2%，这一比例较 2005 年均有所下降，如表 10－1 所示。2009 年各国国际运输贸易额均有明显下降是受金融危机的影响。同时，中国现已是世界国际运输贸易出口的第六大国，进口的第四大国，在年增长率方面也领先于其他国家，充分说明了中国在世界国际运输贸易中的重要作用。但中国在国际运输贸易方面依然处于逆差状态，究其原因，主要是因为中国外贸运输服务由境外公司承运比重高而中国运输公司承运他国运输服务份额低，即运输服务进口大于出口，必然造成逆差。中国运输公司承运中国出口商品份额过低是造成国际运输贸易巨大逆差的主要原因。

表 10－1　2010 年世界国际运输贸易出口额前 15 位国家和地区　单位：十亿美元

	金额	比重		年变动率			
	2010	2005	2010	2005～10	2008	2009	2010
出口国							
欧盟 27 国	339.4	46	43.2	5	15	－23	8

续上表

	金额	比重		年变动率			
	2010	2005	2010	2005 ~ 10	2008	2009	2010
美国	71. 1	9. 3	9. 1	6	14	- 18	15
日本	39	6. 3	5	2	11	- 33	23
韩国	38	4. 2	4. 8	10	33	- 36	33
中国	34. 2	2. 7	4. 4	17	23	- 39	45
新加坡	32. 7	3. 4	4. 2	11	22	- 19	15
中国香港	30. 3	3. 6	3. 9	8	13	- 18	28
挪威	15. 8	2. 7	2	1	10	- 25	2
俄罗斯	14. 9	1. 6	1. 9	10	27	- 18	21
印度	13. 2	1	1. 7	18	28	- 5	21
加拿大	11. 7	1. 7	1. 5	4	3	- 19	25
中国台北	9. 8	1	1. 2	11	4	- 31	54
土耳其	8. 4	0. 9	1. 1	11	19	- 3	11
埃及	7. 9	0. 8	1	11	17	- 18	18
乌克兰	7. 8	0. 8	1	12	25	- 18	25
15 国总计	675	86	85. 8	—	—	—	—
进口国							
欧盟 27 国	308. 6	36. 8	32. 1	4	13	- 25	11
美国	77	11. 6	8	0	5	- 22	14
中国	63. 3	4. 2	6. 6	17	16	- 7	36
日本	46. 5	5. 9	4. 8	3	10	- 25	15
印度	46. 4	3	4. 8	18	38	- 17	31
韩国	28. 8	3	3	7	26	- 36	23
新加坡	28. 4	3	3	7	9	- 18	15
阿联酋	25. 4	1. 6	2. 6	18	33	- 10	11
泰国	22. 6	2. 1	2. 4	9	26	- 26	32
加拿大	20. 4	2. 1	2. 1	7	11	- 18	21
中国香港	14. 6	1. 5	1. 5	7	14	- 23	19
澳大利亚	13. 3	1. 6	1. 4	4	13	- 31	30
沙特阿拉伯	12. 7	0. 7	1. 3	22	71	- 27	12
俄罗斯	12	0. 8	1. 2	18	39	- 27	27
马来西亚	11. 9	1. 2	1. 2	7	4	- 19	28
15 国总计	730	79. 2	76. 2	—	—	—	—

数据来源：WTO，International Trade Statistics，2010。

第二节 国际海运服务贸易

一、海上国际运输贸易的主要业务方式

海上运输是利用船舶和其他浮运工具，在海上运送旅客和货物的一种运输方式。海运服务是指以船舶为工具，从事跨越海洋运送货物和旅客的国际性运输及相关辅助服务部门。海运按服务对象分，有旅客运输和货物运输；按航行区域分，有沿海运输、近洋运输和远洋运输。海运是我国交通运输的重要组成部分，与内河运输、铁路、公路、航空、管道运输组成统一的运输网，互为补充，密切协作。

海上国际运输贸易是国际运输服务的重要组成部分。世界上超过一半的货物都是由海上运输服务实现贸易的。海上运输服务具有自身的优点，也有其自身的不足之处。海上运输服务可以利用天然航道，不受道路、轨道的限制；载运量较其他运输方式大；所需动力和燃料消耗较其他运输方式节省，成本较低。但是海上运输受自然条件影响大，运输速度较其他运输方式慢，且风险较大。

在海上国际服务贸易出现的初期，从事运输的船舶主要是帆船，航行受气候条件的制约，很难按固定的船期表开展规律性运输。因此，当时只有不定期船运输服务一种业务。19 世纪资本主义快速发展，运输工具不断改进。1801 年英国的薛明敦（Syminton）以蒸汽机为动力，建造了世界上第一艘轮船卡洛登斯号（Harlotte Dwndas）。蒸汽机的发明使海洋运输进入了一个全新的时代。相对于帆船，使用蒸汽机的轮船的航行速度加快，受气候、风浪条件的影响程度减弱，航行时间更具可测性，这些使船舶经营者有可能从事规则的定期运输经营。于是，定期船运输业务或班轮运输业务便应运而生。

（一）航运方式

为了适应不同货物和不同贸易合同对运输的不同需要，也为了合理地利用远洋船舶的运输能力，并获得最佳的营运经济效应，当前国际上普遍采用的海洋运输船舶的营运方式可分为两大类，即班轮运输和租船运输。

世界航运市场有四种运输方式：班轮公会运输、非班轮公会运输、无船承运人运输和不定期船运输。

班轮公会是按预定的船期表在特定航线上从事营运的班轮公司的组织，具有固定的费率表和固定的挂靠港。班轮公会制度对于托运人而言，具有稳定的运费率、定期的运输服务等好处，但运费率通常较高。非班轮公会的航运公司最近几年出现在某些国际航线上。

无船承运人是指从事定期营运的承运人，不拥有经营海上运输所需的船舶。虽然对实际托运人的关系是承运人，但相对实际承运人又以托运人的身份出现。其作为委托人所起的作用有：承担海上货物运输中所产生的责任；利用海上承运人，包

括班轮公会和非班轮公会船公司提供服务；通过门到门运输扩大服务范围。

不定期船运输没有固定的航线和时间表，也没有固定的挂靠港，可以在任何航线上从事营运，运价通常按供求双方商定的运价收取。租船运价受供求关系影响极大，属于竞争性价格，一般比班轮运价低。因此，这种方式特别适合运输价值低的大宗货物，如粮食、煤炭、矿砂、化肥、石油、木材和水泥等。不定期船运输具体是采用租船业务即托运人，作为承租人从船东处租得船舶来开展的。

对于托运人而言，选择哪种运输方式一般有以下几方面考虑，作为货运代理，应非常仔细地检查有关承运人的履行情况。

第一，运输服务的定期性。若货物需要以固定的间隔时间运输出去，则选择挂靠固定港口、固定费率、严格按船期表航行的班轮。

第二，运输速度。当托运人为了满足某种货物在规定日期内运到的需求，会更加注重考虑运输速度的问题。只要能满足其要求，不会考虑费用的高低。

第三，运输费用。当运输的定期性和速度不是托运人考虑的主要因素时，运输费用就成为最重要的了。

第四，运输的可靠性。这是选择承运人时所考虑的又一重要因素。独立考察承运人的实力和信誉有助于减少海事欺诈。

第五，经营状况和责任。表面看来，某一船舶所有人对船舶享有所有权，而事实上，他可能将船舶抵押给银行并通过与银行的经营合同而成为船舶经营人。船舶经营人可能是定期租船人，按照租约，船东对于未付的租金，可以留置经营人运输的货物。

（二）租船方式

租船业务包括航次租船、包运合同、期租船和光租船四种方式。

1. 航次租船

航次租船又称程租船，是指以航次为基础的租船方式。在这种租船方式下，船方必须按时把船舶驶到装货港口装货，再驶到卸货港口卸货，完成合同规定的运输任务并负责船舶的经营管理以及航行中的一切开支费用，租船人则按约定支付运费，装卸费的负担由租船合同中的装卸条款规定。按照约定航次数来分，航次租船又可以分为单航次租船、往返航次租船、连续航次租船等。为了尽量缩短船舶在港时间，双方在签订合同时往往要约定货物装卸速度。

航次租船是租船市场上最活跃，且对运费水平的波动最为敏感的一种租船方式。在国际现货市场上成交的绝大多数货物（主要包括液体散货和干散货两大类）都是通过航次租船运输方式运输的。

2. 包运合同

根据包运合同，船东在约定的期限内在指定的港口之间用数个航次为托运人运输一批总量已定的指定货物。船东有权自由安排任何适当的船舶，至于航次数（或航次周期），一般不作约定。船东负担除装卸费之外的一切费用，托运人按实际装运货物的数量及双方商定费率支付运费。装卸费的规定与航次租船相同。

包运合同这种形式是从连续航次租船发展而来的，但两者又有区别，特别是包运合同不指定船舶，船东可自由选择安排适当的船舶，而且包运合同也不约定具体航次。

3. 期租船

期租船是指以租赁期限为基础的租船方式。船舶所有人按照租船合同的约定，将一艘特定的船舶在约定的期间，交给承租人使用的租船方式。这种租船方式不以完成航次数为依据，而以约定使用的一段时间为限。在这个期限内，承租人可以利用船舶的运载能力来安排运输货物；也可以用来从事班轮运输，以补充暂时的运力不足；还可以以航次租船方式承揽第三者的货物，以取得运费收入。当然，承租人还可以在租期内将船舶转租，以谋取租金差额的收益。关于租期的长短，完全由船舶所有人和承租人根据实际需要洽商而定，可长可短，短则几个月，长则可达五年以上，直至船舶报废为止。租金按船舶的载重吨、租期长短及商定的租金率计算。

4. 光租船

光租船不具有承揽运输性质，它只相当于一种财产租赁。光租船是指在租赁期内船舶所有人只提供一艘空船给承租人使用，而配备船员、供应给养、船舶的营运管理以及一切固定或变动的营运费用都归承租人负担。因此，一些不愿经营船舶运输业务，或者缺乏经营管理船舶经验的船舶所有人也可将自己的船舶以光租船的方式出租。虽然这样的出租利润不高，但船舶所有人可以取得固定的租金收入，对回收投资是有保证的。光租船租期较长，一般比期租船长。

（三）船舶的类型和特征

1. 集中常见的货物运输船舶的类型

（1）传统的班轮。这种类型的船舶提供定期的运输服务，通常承运零散的或小批量的货物。使用船上的吊杆或起重机装卸货物，在船上由人工进行货物积载。

（2）半集装箱船或半托盘船。这种类型的船舶承运散装货物及实现装好的集装箱或托盘上的货物，依靠叉车进行积载，也可以在敞口的货舱或甲板上装载集装箱。

（3）全集装箱船。它是专门为装载集装箱而建造的船舶。它使用自己的装卸设备或者利用岸上的起重机来装卸集装箱。集装箱船的不同类型大致分为几“代”：具有 600TEU ~ 1000TEU 载箱能力的船舶作为第一代集装箱船；具有 1100TEU ~ 1800TEU 载箱能力的船舶称为第二代集装箱船；能装载 2000TEU ~ 3000TEU 的为第三代集装箱船。达到第三代的集装箱船是宽度上能够通过巴拿马运河的巴拿马船舶。第四代及有更多载箱能力的船舶，其宽度较大，不适于通过巴拿马运河。

2. 船舶的特征

（1）船舶登记和船舶吨位。每艘船舶都应该有国籍。应在某一个国家进行船舶登记，并有权悬挂该国国旗。

（2）总登记吨（GRT）。总登记吨是按照每吨150立方英尺而测量出来的船舶总的容积。

（3）净登记吨（NRT）。净登记吨是从总登记吨中扣除机器所占空间和船员所居住的处所后测量出的容积。

（4）散装容积。它是船舶所能装货的全部空间，包括舱口和为了装卸货物而在甲板上的开口所占的容积。

（5）包装容积。它是指可用于包件货物的全部舱内空间。

（6）总载重吨（DWT）。它是以重量吨表示的船舶装载能力。装货能力应是总载重吨中扣除燃料、装备品、水和食品所占的重量。

（7）载重线。载重线标志是表示不危及船舶安全所能装载货物的最大限度。从载重线到甲板的距离被称为干舷。

（8）船级。船级对海上保险具有很重要的作用，因为船级高的船舶所缴纳的保费较之低船级的船舶要少。

二、世界海运服务业的发展

2009年间全球经济和商品贸易收缩，使海运业的图景发生了巨变，全球复苏已经开始，但却不平衡，与前几次衰退后的复苏相比，速度较慢，并且面临多种不确定性和脆弱的全球经济条件的挑战。由于海运服务需求来自全球经济增长和国际贸易的运载需求，航运业及其复苏仍然取决于更广泛的经济发展。同时，工业生产也是衡量海运服务需求情况的主要指标，2009年的下滑趋势已经扭转，这种下滑趋势抑制了对原材料和能源的需求，而原材料和能源需求是航运服务的支柱。图10－3列示了工业生产、经济增粘、全球商品贸易和海运贸易量之间的关联性。从图中可以看出，2010年有缓慢复苏的迹象，四项指标都在上升。

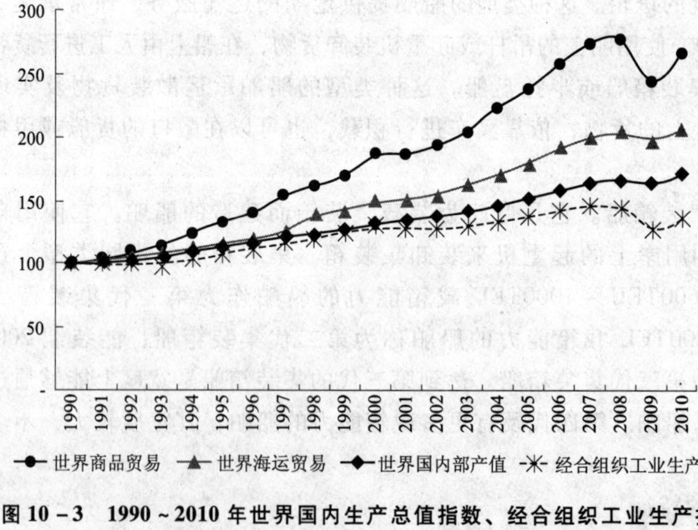

图10－3　1990～2010年世界国内生产总值指数、经合组织工业生产指数、世界商品贸易指数和世界海运贸易指数（1990年＝100）

资料来源：UNCTAD，Review of Maritime Transport，2010。

（一）全球海运地区构成

2009年发达国家的海运装载量和卸货量分别占运输总量的32.4%和44.3%（见表10-2）。2009年全球干货运输地区构成中，发达国家所占装载量占总量的39.8%，卸货量占35.9%。发展中国家的海运装载量和卸货量分别占运输总量的61.2%和55.0%，干货装载量占全球总量的54.3%，卸载量占全球的63.1%。其中亚洲国家海运发展迅速，货物装载量已占全球总量的39%，卸货量占45.3%。

表10-2　　2009年全球海上贸易装载量和卸货量的地区构成

	世界	发达国家	发展中国家
货物装载量（百万吨）	7 842.8	2 540.1	4 800.8
货物卸载量（百万吨）	7 908.4	3 499.8	4 348.1
货物装载量（%）	100	32.4	61.2
货物卸载量（%）	100	44.3	55

数据来源：UNCTAD，Review of Maritime Transport，2010。

专栏10-2

2009年世界十大港口

2009年世界十大最繁忙的港口中，中国港口占据5席（见表10-3），而美国洛杉矶港和德国汉堡港分别在2007年和2008年跌出全球十大港口之列。

表10-3　　2006～2009年世界十大港口

世界排名				港口名	国家和地区	贸易地区	2009年TEU
2006	2007	2008	2009				
1	1	1	1	新加坡	新加坡	东南亚	25 866 400
2	2	2	3	上海	中国	东亚	25 002 000
3	3	3	2	香港	中国香港	东亚	20 983 000
4	4	4	4	深圳	中国	东亚	18 250 100
5	5	5	5	釜山	韩国	东亚	11 954 861
6	8	12	15	广州	中国	东亚	11 190 000
7	6	7	8	迪拜	阿联酋	西亚	11 124 082
8	7	11	13	宁波	中国	东亚	10 502 800
9	10	10	11	青岛	中国	东亚	10 260 000
10	9	6	7	鹿特丹	荷兰	欧洲	9 743 290

数据来源：UNCTAD。

（二）全球海运载货量

根据联合国贸易发展组织统计，2009 年全球装货总量为 78.43 亿吨，比上年下降约 4.5 个百分点，这是因为受到金融危机的影响较大。但从总体趋势上，20 世纪 70 年代以来，海运贸易，特别是大宗物品和干货运输量增长幅度明显（见表 10－4）。

表 10－4　特定年份国际海运贸易发展（装货量，百万吨）

年份	石油	主要散货	其他干货	总计（所有货物）
1970	1 442	448	676	2 566
1980	1 871	796	1 037	3 704
1990	1 755	968	1 285	4 008
2000	2 163	1 288	2 533	5 984
2006	2 698	1 849	3 135	7 682
2007	2 747	1 972	3 265	7 983
2008	2 732	2 079	3 399	8 210
2009	2 649	2 113	3 081	7 843
增长率	－3.03%	1.64%	－9.36%	－4.47%

数据来源：UNCTAD，Review of Maritime Transport，2010。

（三）全球海运船队

随着海运市场的不断发展，世界商船队更新速度加快，规模不断扩大。截止 2010 年初，全球船队总载重量为 12.76 亿吨，比 2009 年初增长了 7%。其中油轮、散货船和集装箱船合计占总载重吨位的 84.4%，比 2009 年初的 83.8% 略有上升（见表 10－5）。

表 10－5　2009～2010 年世界主要船只种类及数量（年初数据，千载重吨）

主要船只种类	2009	2010	2010/2009 变动率
油轮	418 266	450 053	7.6
	35.1	35.3	0.2
散货船	418 356	456 623	9.1
	35.1	35.8	0.7
杂货船	108 881	108 232	－0.6
	9.1	8.5	－0.7
集装箱船	161 919	169 158	4.5
	13.6	13.3	－0.3

续上表

主要船只种类	2009	2010	2010/2009 变动率
其他船只	84 895	92 072	8.5
	7.1	7.2	0.1
液化气船	36 341	40 664	11.9
	3	3.2	0.1
化学品灌装船	8 141	7 354	-9.7
	0.7	0.6	-0.1
近海供给船只	22 567	24 673	9.3
	1.9	1.9	0
轮渡和客运船	6 083	6 152	1.1
	0.5	0.5	0
其他	11 762	13 229	12.5
	1	1	0.1
总计	1 192 317	1 276 137	7
	100	100	

数据来源：UNCTAD，Review of Maritime Transport，2010。

2010 年集装箱船队不论在数量上还是标准集装箱运载能力上都有了进一步的增长，2010 年初集装箱船只数量为 4 677 艘，运载能力为 12 824 648 标准集装箱，比上年分别增长 0.84% 和 5.62%。平均单船运输能力从 2009 年的 2 618 标准集装箱提高到 2010 年的 2 742 标准集装箱（见表 10－6）。未来的发展趋势将朝着建设大型集装箱船只发展。

表 10－6　　蜂窝式集装箱船增长态势

世界总数	1987	1997	2007	2008	2009	2010	2010/2009 增长率（%）
船只数量	1 052	1 954	3 904	4 276	4 638	4 677	0.84
TEU 容量	1 215 215	3 089 682	9 436 377	10 760 173	12 142 444	12 824 648	5.62
平均船只容量（TEU）	1 155.15	1 581.21	2 417.10	2 516.41	2 618.03	2 742	4.74

数据来源：UNCTAD，Review of Maritime Transport，2010。

中国在航运服务供需方面的走势也很值得关注。在供需方面，中国的集装箱化出口量占全世界总量的四分之一。在供应方面，中国的航运公司成长很快，同时中国也是重要的集装箱和起重机制造国。2008～2009 年，中国超过德国，成为第三大船主国；超过日本，成为第二大造船国；超过印度，成为最繁忙的船舶回收国。

三、国际航运业的发展趋势

（一）各大船公司的兼并、联营

国际班轮运输业作为一种国际性的竞争行业，近几年来由于面临着集装箱运力过剩、运价下跌、盈利出现危机等种种不利状况，世界班轮运输的经营方式和格局发生了深刻的变化，联盟与并购愈加盛行。各大船公司的兼并、联营浪潮不断，全球经济一体化和信息化进一步推动了这种趋势的发展。

这种全球联运体以世界航运市场作为自己的活动舞台，将联营范围从海上延伸到港口及陆上设施，联营体的发展不但改变了运输市场的格局，而且对于港口的发展也产生了重大影响。这一发展趋势产生的直接后果就是加强了其在与港口谈判中的整体实力，打破了以往单个航运公司与单个港口之间的平衡关系。港口的客户不再是货主，而是这些大的班轮联营体。航线的规划，沿途港口的挂靠，往往都不再全是单个航运公司自身能决定，在更大程度上取决于其合作伙伴或联盟整体的协调安排。

（二）国际班轮业经营模式变革与船舶大型化

近代世界班轮运输的发展过程改变了“船舶－船舶”换装模式，变革了“船舶－铁路”的换装模式，出现了集装箱多式联运，改进了“船舶－船舶”的转运，实现了中转运输革命。新一轮的变革将导致服务模式和船舶运输模式变化。端对端航线、钟摆式航线和传统的环球航线将转变为赤道环球航线。如果将班轮运输系统定义为一个节点和链路网络，港口即为节点，航线即为链路。赤道环球航线能实现多节点服务模式下箱流蓄积经济的优势，又可克服因传统链路非连续下船舶舱容利用率低的劣势。但需要有大型船舶和特大型中转港口配套。因此，可以预见的是，在沿赤道附近将出现为数不多、但吞吐量极大的纯中转型的全球枢纽。

（三）后工业社会物流与班轮运输

今天的国际物流中，在生产商的生产线中间流转的零部件等占据了大部分。虽然，这些货物的共同特性是单个体积很小，但按不同类别呈现高度集中的流转，且要求一定的流转速度，这就是典型的簇集货物。由此，导致了海运市场的进一步细分。在传统的市场中，主要根据货物的数量、体积、价值和运输速度分为大宗散货（数量大、价值低）、标准适箱货（体积较小、价值较低）和航空货（体积很小、运输速度要求高）。但现在从中衍生出来的簇集货物呈现体积较航空货物大、价值较适箱货高、运输速度要求也较高的特点。加之，后工业社会国际物流的多货种、小批量、多票数、短周期的特点，由此，国际班轮业面临客户对运输速度、班期密度、可靠性的更高要求。

综上所述，从规模经济到多元经济，从实物分配到供应链管理，国际物流正在经历一场深刻的变革。

第三节 其他运输服务贸易

一、航空国际运输贸易

（一）航空运输的特点

航空运输服务使用飞机作为运输工具，具有以下特点：

1. 运送速度较其他运输方式快，最适合鲜活商品、易腐商品、季节性商品的运输，与此同时为高价商品的快速运达，减少在途资金积压提供了可靠的保证。

2. 航空运输安全可靠，按照固定的班期，固定时点达到目的地，并且货损货差率低。

3. 航空运输的航线也不受地形条件的影响限制，有助于开拓陆地运输路线不便的新市场。

4. 航空运输的成本高于其他运输方式，并且载货的体积重量具有一定的限制。

综合以上特点，航空运输适合于价值昂贵、时间季节性强、体积小的高价货物和追求时效性的顾客。

（二）航空运输的主要业务形式

航空国际运输贸易的主要业务形式包括班机运输、包机运输、集中托运、航空快递、送交业务和货到付款等。

1. 班机运输

班机运输是指定期开航的定航线、始发站、到达站和途经站的航空运输。班机能安全、迅速并准确地到达世界上各通航地点，使收、发货人能掌握货物起运和达到的时间与地点。一般航空公司都使用客货混合型飞机。一方面搭载旅客，一方面又运送少量货物。但一些较大的航空公司在一些航线上开辟定期的货运航班，使用全货机运输。

2. 包机运输

包机运输可以分为整架包机和部分包机两种。整架包机是指航空公司或包机代理公司，按照与租机人事先约定的条件和租机费用，将整架飞机租给包机人，从一个或几个航空站装运货物运至指定目的站的运输方式。它适合于运输大宗货物。包机的费用是一次一议，随市场的供需情况而变化，一般来说，低于班机运输。部分包机是指由几家航空货运代理公司或发货人联合包租一架飞机，或者是由包机公司把一架飞机的舱位分租给几家货运代理公司，它适合于不足整机的货物运输。

包机与班机相比，时间比班机长，尽管部分包机有固定的时间表，往往因其他原因不能按时起飞；同时比班机运输有更多的限制。如包机的活动范围比较狭窄，降落地点受到限制等。但是，包机也有班机没有的特点，比如弥补没有直达航班的不足，且不用中转；减少货损、货差或丢失的现象等。

3. 集中托运

集中托运方式是将若干票单独发运的、发往同一方向的货物集中起来作为一票货，填写一份总运单发运到同一到站的做法。航空货运代理公司对每一委托人另发一份代理公司签发的运单，以便委托人转给收货人凭以提取货物或收取价款。这种方式可以争取较低的运价，在国际航空运输中比较普遍。

4. 航空快递

航空快递业是一项伴随国际贸易和信息全球化的发展而迅速兴起的现代快递运输服务方式。航空快递主要有三种方式：一是从机场到机场，是发货人在飞机始发机场将货交给航空公司，然后发货人打电话通知目的地收货人到机场取货的一种做法；二是桌到桌服务，发货人在发货时打电话给快运公司，快运公司立即派人到发货人办公室取货，直接送到机场交航空公司，然后电传通知目的港的快运公司（或其代理）按时接货。货物到达目的地机场后按要求的时间送交收货人手中。之后，立即将有收货人签字的回执送回发货人，或向发货人回电传详告货物交接时间以及收货人签收姓名等；三是派专人送货，由快递公司派专人随机同行，直至安全送达收货人手中。比较上述三种形式，第一种形式比较简单，收费较低，但发件人和收件人均感不方便；第三种形式服务周到，但费用较高；第二种形式综合了上述两种形式的优点，为大多数货主、航空公司、货运代理公司、快运公司所热衷。

5. 送交业务

在国际贸易往来中，出口商为了推销商品、扩大贸易，往往向推销对象赠送样品、商品目录、宣传资料、刊物、其他印刷品等。这些物品航空运达推销对象所在国后，就委托当地的航空运输代理办理进口报关、提取、转运等工作，最后送交指定的收件人。航空货运代理先行垫付的报关手续费、税金、运费、劳务费等一切费用，再集中向委托人收取。

6. 货到付款

货到付款业务是由发货人与承运人事先达成协议，请承运人在货物到达目的地后交与收货人的同时，代收航空运单载明的货款，然后寄给发货人，承运人收取劳务费。

（三）我国航空运输服务的发展

航空运输由于其不可替代的特点，已经成为引导国际服务贸易的重要动力之一。经过数十年的发展，我国航空运输也已经取得了巨大成就。《国际服务贸易发展“十二五”规划纲要》为民航设定的发展目标是：完善现有民用航空体系，扩大我国航空运输服务规模，提高服务质量，实现航空运输服务又好又快发展。到 2015 年，我国国际航空运输市场将达到 360 亿吨公里的规模，力争我国承运人份额将达到 34%。为此，《规划纲要》确定了完善国际竞争的政策体系。首先要认识到掌握国际规则是关键。当前，新型国际服务贸易迅速发展，传统国际服务贸易结构持续改变，中国经济发展与贸易战略正在作出积极反应。民航作为国际服务贸易的先导，不能仅限于世界贸易组织所做的“销售”、“维修”和“订座”3项基本承诺，而应当深刻掌握国际服务贸易游戏规则，熟悉掌握国际服务贸易的相关协定和国际惯例。其次，要完善企业制度，制定激励措施是增强竞争力的核心。营造有利于航空租赁发展的政策环境，就必须引导和鼓励金融机构在风险可控的情况下，优化贷款审批程序，积极推动金融创新，开发适合航空国际运输贸易需求的金融产品。要让我国航空运输企业“走出去”，增强航空公司的国际竞争力，培育具有国际竞争力的大型航空公司，就必须鼓励企业积极开展国际合作和交流，通过兼并、联合、重组、上市等多种方式，扩大企业规模，引进和采用先进技术和管理经验，提高自主开发和创新能力，提高自身管理水平和市场竞争能力。最后还要加强国际航空通道建设，优化国际航线网络，提高国际市场占有率。

二、公路运输服务

国际公路货物运输是指国际货物借助一定的运载工具，沿着公路作跨及两个或两个以上国家或地区的移动过程，起重要的衔接作用。

1. 公路运输最适合于短途运输。它可以将两种或多种运输方式衔接起来，实现多种运输方式联合运输，做到进出口货物运输的“门到门”服务。

2. 公路运输可以配合船舶、火车、飞机等运输工具完成运输的全过程，是港口、车站、机场集散货物的重要手段。尤其是鲜活商品、集港疏港抢运，往往能够起到其他运输方式难以起到的作用。可以说，其他运输方式往往要依赖汽车运输来最终完成两端的运输任务。

3. 公路运输也是一种独立的运输体系，可以独立完成进出口货物运输的全过程。公路运输是欧洲大陆国家之间进出口货物运输的最重要的方式之一。我国的边境贸易运输、港澳货物运输，其中有相当一部分也是靠公路运输独立完成的。

4. 集装箱货物通过公路运输实现国际多式联运。集装箱由交货点通过公路运到港口装船，或者相反。美国陆桥运输，我国内地通过香港的多式联运都可以通过公路运输来实现。

公路运输也有不适宜大批量运输、易污染环境等弊端。

三、铁路运输服务

铁路运输是利用铁路设施、设备运送旅客和货物的一种运输方式，在国际货运中的地位仅次于海洋运输。铁路运输与海洋运输相比，一般不易受气候条件的影响，可保障全年的正常运行，具有高度的连续性。铁路运输还具有载运量较大、运行速度较快、运费较低廉、运输准确、遭受风险较小的优点。但是铁路运输需要铺设轨道，工程艰巨复杂且耗费巨大，而且对于跨洋运输来讲作用不大。

国际铁路联运是指由两个或两个以上不同国家铁路当局联合起来完成一票货物从出口国向进口国转移所进行的全程运输。它是使用一份统一的国际联运票据，由铁路部门以连带责任负责办理货物的全程运输，在由一国铁路向另一国铁路移交货物时无需发货人、收货人参加的运输方式。国际铁路货物联运主要依据《国际铁路货物运送公约》和《国际铁路货物联运协定》为框架进行。《国际货协》是各参加国铁路和发、收货人办理货物联运必须遵守的基本文件，具体规定了货物运送条件、运送组织、运输费用计算核收办法，以及铁路与发、收货人之间权利与义务的问题。我国是《国际货协》的成员国。

随着现代物流的发展，各国经济交往更加密切，国际间的货物运输日益频繁，国际铁路货物运输起到越来越重要的作用，概括起来如下：

1. 有利于发展同欧亚各国的贸易

通过铁路把欧亚大陆联成一片，为发展中、近东和欧洲各国的贸易提供了有利的条件。在建国初期，我国的国际贸易主要局限于东欧国家，铁路运输占我国进出口货物运输总量的50%左右，是当时我国进出口贸易的主要运输方式。

2. 有利于开展同港澳地区的贸易，并通过香港进行转口贸易

铁路运输是我国联系港澳地区，开展贸易的一种重要的运输方式。港澳地区所需的食品和生活用品多由内地供应，随着内地对该地区出口的不断扩大，其运输量逐年增加。香港是世界著名的自由港，与世界各地有着非常密切的联系，海、空定期航班比较多，作为转口贸易基地，开展陆空、陆海联运，为我国发展与东南亚、欧美、非洲、大洋洲各国和地区的贸易，对保证我国出口创汇起着重要作用。

3. 有利用欧亚大陆桥运输的发展

大陆桥运输是指以大陆上铁路或公路运输系统为中间桥梁，把大陆两端的海洋连接起来的集装箱连贯运输方式。大陆桥运输一般都是以集装箱为媒介，采用国际铁路系统来运送。我国目前开办的西伯利亚大陆桥和新欧亚大陆桥的铁路集装箱运输具有安全、迅速、节省的优点。这种运输方式对发展我国与中、近东及欧洲各国的贸易提供了便利的运输条件。为了适应我国经济贸易的发展需要，利用这两条大陆桥开展铁路集装箱运输也是必经之道，将会促进我国与这些国家和地区的国际贸易发展。

四、管道运输服务

管道运输相对于其他的运输方式来说比较特殊，是指把货物置于管道内借助气泵的压力输往目的地的一种运输方式。管道既是运输通道又是运输工具，管道运输把这两者合二为一。管道运输就运输对象的不同，可以分为气体管道、液体管道、水浆管道和压缩空气管道等；根据其铺设的位置不同，可以分为架空管道、地面管道和地下管道。世界上第一条运输原油的管道于1861年建成于美国。

管道运输适合于运输液体和气体货物。管道运输的缺点在于，它的起点和终点是固定不变的，是单向运输，并不像铁路运输或者航空运输一样是双向运输。管道运输固定投资大，铺设工程大，但是建成后的经营和操作比较简单。

五、国际多式联合运输服务

国际多式联合运输是指由多式联运经营人，使用至少两种不同的运输方式，将货物从一国境内接管货物的地点运至另一国境内指定交付货物的地点。国际多式联运通常以集装箱为运输单元。国际多式联运通常由富有履行多式联合运输合同责任的人经营。该国际多式联运经营人是指其本人或通过其代表与货主订立多式联运合同的任何人。在国际多式联运中通常有一份多式联运单据，它是证明多式联运合同及证明多式联运经营人接管货物，并将负责按照合同条款交付货物的全程运输单据。同时，多式联运合同中所涉及货物的接管和交付必须发生在两个国家的国境内。在签订多式联运合同时，多式联运经营人根据货物种类、去向，向托运人报出一个全程单一的运费费率。国际多式联运还必须包括两种以上的运输方式。总之，国际多式联运具有“一人、一票、两国、一个费率、两种方式”的特点。国际多式联运的上述特点，使其具有关系简单、结算方便、货主提前收汇、运送准确、运输线路更加合理等优越性，因此有着强大的生命力。

第四节 我国运输服务业的“入世”承诺及对策

一、中国入世对运输服务部门开放的承诺

我国入世承诺涉及公路运输、水路运输、仓储、船舶检疫、交通基础设施建设等多个领域，其中在公路货运、仓储、海上班轮运输、船舶代理等方面做出了进一步开放市场的承诺。具体为：

在我国加入 WTO 的谈判中海运服务业是一些主要谈判国家较为关注的国际服务贸易部门。海运服务业谈判的宗旨：在 GATS 原则和框架下，逐步取消一切限制进入海运市场的措施；允许外国资本在本国自由实现商业性存在；给予外国海运服务机构以国民待遇，最终实现海运市场的自由化，以扩展海运贸易，从而促进各国经济的发展。我国在加入 WTO 谈判中承诺的基本内容是：无货载方面的限制；允许外商在华设立中方控股的合资船公司并可享受国民待遇；允许外商设立合资企业从事海运附属服务并享受国民待遇；保证外国船舶可在不受歧视和合理的条件下使用港口服务。

中国运输服务领域加入世贸组织时的承诺主要如下：

1. 海运（包括国际运输的货运和客运，不包括沿海和内水运输。）：允许设立合资船运公司经营悬挂中华人民共和国国旗的船队，外资比例不应超过合营企业注册资本金的49%，合资企业董事会主席和总经理应由中方任命。

（1）辅助服务：包括海运理货和海运报关，允许建立合资企业，外资可占大股。

（2）集装箱堆场：仅限于建立合资企业，外资可占大股。

（3）海运代理：仅限于建立合资企业，外资不超过49%。

2. 内水运输（货运）：允许在对外国船舶开放的港口从事国际运输。

3. 航空运输（航空器的维修）：允许设立合资公司，要求中方控股或处于支配地位。合资或合作的航空器维修企业有义务承揽国际市场业务。

4. 铁路运输（铁路货运）：允许建立合资企业，外资比例不超过49%。加入后3年内，允许外资控股；加入后6年内，允许设立外商独资子公司。

5. 公路运输（公路卡车和汽车货运）：加入后1年内，允许外资在公路货物运输合资企业控股；3年内允许设立外商独资企业。

6. 所有运输方式的辅助服务：

（1）仓储服务：加入时允许建立合资企业，外资不超过49%，加入1年内外资可占大股，加入3年内允许外方建立独资子公司。

（2）货物运输代理服务（不包括货检服务）：加入时允许外国货运代理（至少有3年经验）在华设立合资货运代理企业（经营期限不超过20年），合资企业的最低注册资本应不少于100万美元，外资比例不超过50%；加入后1年内，允许外资控股；加入后4年内，允许外方设立独资子公司；经营1年且双方注册资本到位后，可设立分支机构，原注册资本增加12万美元。外国货运代理公司在其第一家合资企业经营5年后，可设立第二家合资企业，加入2年后，这一要求减到2年。加入2年内，为设立分支机构增加额外注册资本在国民待遇基础上实施，加入4年内，注册资本方面享受国民待遇。

中国对航运、公路运输等方面的承诺已兑现。从2005年1月1日起，中国允许开办外商独资道路货物运输企业。

二、我国运输服务业入世后的应对措施

（一）加强政策法规建设，加大执法力度，夸大政策与法规透明度

WTO要求各成员保证各自法律法规及具体操作方法的透明度。今后我国必须加大力度通过法律手段建立港、航、货市场的公平、公开、公正的竞争环境，避免政出多门的纷争干扰，进一步完善我国空运、海运和水运法律法规体系及海事司法体系，减少法律和政策执行过程中的长官意志和人为因素干扰，使我国的海运服务环境达到国际化，具有稳定性和可操作性。

（二）统一税赋，实行国民待遇，使国内运输企业参与公平竞争

国际服务贸易中的国民待遇原则，要求各成员给予境外服务提供者不低于境

内服务提供者的待遇。我国为了扩大对外开放、吸引外资，目前在税收方面给予外商多种优惠或减免税，而国内企业相比税赋较重，成本过高，直接影响了国内企业的市场竞争力。我国是以发展中国家身份加入WTO的，应充分利用好发展中国家的保护性条款，根据我国经济发展阶段积极引导和利用外资，利用法律对我国航运企业进行保护，制定有利于航运企业技术进步、提高市场竞争实力的政策，确定开放步骤，扶植本国港、航、货企业发展，促进我国国际航运业集约化经营，为国内运输服务企业平等参与市场竞争创造良好条件。

（三）大型运输企业要改变经营理念和机制，提高服务质量，实现营销网络化

国际大型海运公司联合、兼并的浪潮近几年愈演愈烈，出现超大规模承运人，其所占市场份额增大，国际海运市场竞争态势严峻。因此，国内大型航运企业必须建立全球服务网络、提高服务效率和服务质量、树立以客户为中心的经营机制，增强竞争实力。因此，国际行业主管部门应根据我国国情，逐步开放，保护民族产业，并制定反垄断法规，有关企业应转变经营理念，提高运输效率，建立现代化物流中心，形成多式联运网络，增强市场竞争力。

（四）以市场为导向，进行结构化调整，提高技术和管理水平

由于运输理念的变化，水上企业向内陆延伸，内陆运输和多式联运在运输结构上的比重日益加大。我国内陆辽阔，改革开放正逐步向中西部推进，中央政府也加大了中西部开发的力度，因此，国内物流、货运、航运企业必须调整结构，加强内陆和水陆揽货体系，采用高科技手段，提高技术和管理水平。

（五）运用现代科技，不断创新物流服务

现代科学技术为物流的发展提供了良好的条件，现代科技手段的应用极大地提升了物流的运作效率。作为第三产业的物流，服务创新显得极为重要。为此，物流企业应充分运用现代科学技术为客户提供具有专业性、综合性、高效率的物流服务，同时，根据市场需要，拓展业务范围，以客户增效为己任，发展增值服务。需要建立由交通运输、贸易、海关、工商、税务等政府职能部门和行业协会参加的统一协调的管理机构，专门负责研究、制定和协调物流产业发展的各项法规和政策，加强推进对我国现代物流产业发展的领导。

复习思考题

1. 试述国际运输的特点和发展趋势？
2. 简述国际海运服务的形式和特性。

3. 我国运输服务业的入世进程和应对措施怎样？

阅读推荐与网络链接

1. 姚新超．国际贸易运输与保险．对外经济贸易大学出版社，2010.

2. 郑兴无．国际航空运输服务贸易的理论、政策与实证研究．中国经济出版社，2010.

3. 李永生等．运输经济学．机械工业出版社，2011.

4. （美）巴蒂．运输管理．机械工业出版社，2009.

5. 中国国际货运代理协会 http：//www. cifa. org. cn/.

6. 中国国际服务贸易指南司 http：//tradeinservices. mofcom. gov. cn/index. shtml.

7. 中华人民共和国商务部国际服务贸易司 http：//fwmys. mofcom. gov. cn/.

第十一章

国际旅游服务贸易

学习目标

- 了解国际旅游服务贸易概念和主要作用
- 熟悉国际旅游服务的状况和发展趋势
- 掌握我国旅游服务贸易的开放进程和发展前景

罗马尼亚的木偶剧非常活跃，坦达瑞卡（Tandarica）剧团是其最重要的木偶剧团之一，1945 年成立于布达勒斯特，1949 年被宣布为国家剧团。现在，坦达瑞卡剧团有 80 多员工，每年在两个剧场保持 300 场左右的演出。自剧团成立以来，共编排了 200 多个剧目，所有剧目内容都源自于罗马尼亚的惊奇传说或者是地方文化。坦达瑞卡为孩子和成人提供各种年龄段的适宜剧目，绝大多数既在罗马尼亚演出，也在世界各大洲表演，共在 40 多个国家进行了 100 多次巡回演出。木偶剧团共组织了 6 个国际木偶剧节和 2 个国内木偶剧节，参加了 20 个国内庆祝活动以及 40 个国际庆典活动，成为最著名的剧团受到世界广泛的赞誉。事实证明，木偶剧不仅是文化传播使者，对文化、旅游国际服务贸易也能发挥重要的作用。

第一节　国际旅游服务贸易

一、旅游服务的含义

旅游服务是指为了实现一次旅游活动所需要的各种产品与服务的组合。这些服务包括咨询服务、交通服务、住宿服务、餐饮服务、导游服务、购物服务、文体娱乐服务、手续服务、专项服务以及零星委托服务等。旅游服务产品的概念和一般产品的概念不同，它是指在旅游者从离家开始到结束旅游回家过程中，为其提供的娱乐、休息、餐饮、行动等各种服务的总和。国际旅游服务贸易是指一国（地区）旅游从业人员向其他国家（地区）的旅游消费者提供旅游服务并获得报酬的活动，既包括外国旅游者的入境游（国际收入游），又包括本国旅游者的出境游（国际支出游）。旅游服务产品有如下特点：

（一）无形性。旅游产品是旅游者向旅游商购买的一种特殊产品，它是各种旅游企业借助一定的设施、设备或条件，向旅游者提供的服务。这种产品在购买前是看不见、摸不着的，只有在进行消费时才能感受到有关旅游部门或行业提供的服务。

（二）综合性。旅游产品是由多种资源、设施、设备和服务构成的，是物质的和非物质的多种产品的组合。提供服务的旅游部门需要与其他相关部门、行业配合，而且要求结构合理，比例适当，因而旅游产品具有综合性。

（三）时间性。旅游产品一般在旅游者来到旅游目的地时才生产和加工，其生产和消费是在同一地点同时发生的。这一特点决定了旅游产品不能贮存，时间性极强。此外，季节对旅游产品的影响也很大，旅游需求在不同时间有很大差异。

（四）不可转移性。旅游产品无法运输，旅游者只能到旅游目的地进行消费，在旅游者购买旅游产品后，也不发生所有权转移。旅游活动结束后，旅游产品的价值随之消失，旅游者得到的不是具体的物品，而是一种经历和感受。

二、旅游国际服务贸易的特点

旅游国际服务贸易是指一国（地区）旅游从业人员向其他国家（地区）的旅游服务消费者提供旅游服务并获得报酬的活动，既包括本国旅游者的出境旅游，即国际旅游支出，又包括外国旅游者的入境旅游，即国际旅游收入。旅游国际服务贸易与传统货物贸易相比，其最大特点是就地货物出口和就地服务出口。其运行又具有综合性和整体性。

（一）就地货物出口。国际旅游者到旅游产品生产地进行消费，出口方就地输出产品，即通过旅游服务而获得外汇收入。这种出口不存在产品的包装、运输、仓储、保险以及关税等开支，也不存在外贸出口业务中有关手续费、换汇比率较高。此外，旅游服务产品基本以自然资源为主，几乎不存在传统货物贸易的成本问题。

（二）就地服务出口。旅游接待国或地区向旅游者提供无形的服务产品，也提供其他实物产品，无论哪种产品都要消耗大量活劳动。旅游者到该国用外汇支付旅游服务费用，这样就使旅游服务劳动具有就地服务出口的性质，通过这种方式能换取大量服务费外汇收入，这也与传统货物出口不同。

（三）旅游国际服务贸易的运行具有综合性和整体性。旅游国际服务贸易运行的综合性是指旅游者在旅游过程中，支付外币购买旅游商品，以满足旅游消费的需要。旅游消费包括住宿、饮食、交通、游览、娱乐等，是物质和非物质的多种产品的组合，是综合性的消费，因此提供的服务也是综合性的服务。整体性是指尽管旅游经济部门和行业提供的服务内容各不相同，但是提供服务的过程却是整体性的，例如交通运输部门提供地区转移服务，旅行社提供信息和组织旅游等服务，这些不同性质的服务必须从质量和内容上满足消费者的需要。

三、旅游国际服务贸易的作用

旅游国际服务贸易是国际服务贸易的组成部分，对发展国民经济起着十分重要的作用。

（一）增加外汇收入。国际旅游服务收入是指向来访的旅游者在一国逗留期间购买商品和消费服务所收取的外币款项，这种收入实质上是外国社会财富转移到旅游接待国或地区，它直接导致接待国或地区财富的增加。旅游创汇收入可使资金迅速周转、增值，且换汇成本低，是国家非贸易外汇收入的主要来源，对支援国民经济建设，弥补贸易逆差，平衡国际收支起到了特别重要的作用。同时外汇收入也减轻了由本国旅游外汇支出给国家外汇储备带来的压力，增加国民出国旅游的支付能力。

（二）加快资金回笼。旅游国际服务贸易的发展有利于拓宽货币资金回笼渠道，加速回笼速度，增加回笼货币量。旅游国际服务贸易通过提供多样化的旅游产品、别具特色的旅游项目吸引广大的旅游者，鼓励旅游者在当地进行消费，从而促进货币资金的回笼。从宏观角度看，旅游国际服务贸易的发展，还能减少人们持币待购而造成的市场压力和风险，促进市场的稳定和繁荣，使经济健康运行。

（三）增加就业机会。作为一项典型的劳动密集型产业，旅游业创造了大量直接和间接的就业机会，容纳了大批具有各种技能和水平的劳动力。根据世界旅游及旅行理事会发布的《Progress and Priorities 2009～2010》指出，旅游服务业对全球 GDP 的贡献将从 2010 年的 9.2% 上升至 2020 年的 9.6%，而对就业的贡献将从 2010 年的 8.1% 上升至 2020 年的 9.2%，即从 235 758 000 上升到 303 019 000。

（四）优化产业机构。旅游服务业能够引导产业结构适应旅游者的消费需求与市场状况，起到改善和调整国民经济结构的作用。由于其综合性和整体性的特征，与其他行业之间有很强的相互关联性，并且在联系相关行业中起到了带动作用。因此旅游服务业的重点发展也有利于带动相关产业的发展和结构升级，促进经济结构和产业布局的调整。

（五）提高区域经济水平，缩小地区差异。旅游国际服务贸易的发展能带来财产再分配，促进经济发达地区的财富向欠发达地区转移，促进区域间经济和社会的协调发展。以我国为例，多数贫困地区由于交通不便、产业基础薄弱等客观原因，保存了较为原始的地形地貌、人文景观和特色鲜明的风土人情，蕴藏了丰富的旅游资源，因地制宜地发展贫困地区的旅游国际服务贸易，以其得天独厚的自然资源和独具特色的旅游服务项目吸引广大的旅游者，不仅能大大改善当地的投资环境，还能创造出很好的经济效益，提高当地的经济发展水平，缩小普遍存在的地区差异。

当然，旅游国际服务贸易也有消极作用，如：旅游国际服务贸易的发展通常会引起旅游目的地国家或地区通货膨胀；旅游国际服务贸易的过度发展也会使旅游目的地环境遭到破坏，经济向单一方向发展，导致经济结构失衡等。因此，需要扬长避短，提高旅游服务对国民经济的促进作用。

第二节　国际旅游服务贸易发展状况

旅游经济作为世界经济的重要组成部分，在第二次世界大战以后经历了一个向全球化发展的过程，在此过程中旅游业的发展显示了其自身的特点：1950 年，世界国际旅游人数 2 500 万人次，国际旅游收入仅 21 亿美元。经过 50 年的发展，世界国际旅游业已经成为庞大的产业，形成了巨大的收入流量，产生了重要的社会影响。尽管各国的政治、经济情况以及旅游业的发展模式不同，但就整个国际旅游业来看，有下列发展趋势：

一、国际旅游业区域的重心向东转移

欧洲和北美是现代旅游业的两大传统市场，在 20 世纪 80 年代以前，几乎垄断了国际旅游市场，接待人数和收入都占世界总数的 90% 左右。20 世纪 80 年代以后，经济全球化和区域经济一体化的进程深刻地影响着世界旅游业的发展轨迹，打破了原有的旅游市场格局。东亚太经济的崛起，为世界旅游热点向亚太转移创造了经济平台。现在已经运行的中国—东盟自由贸易区，将出现一个拥有 17 亿消费者、近 2 万亿美元国内生产总值、1.2 万亿美元贸易量的经济区。东亚太地区接待国际旅游人数占世界的份额将从 1995 年的 14.2% 上升为 2020 年的 27.3%，超过美洲（2020 年为 17.8%），位居世界第二。欧、美主宰世界旅游市场的局面已被打破，全球旅游市场已形成欧、亚、美三足鼎立的新格局（见表 11－1）。

表 11－1　　2010 世界旅游贸易概况（按地区划分）

	金额（十亿美元）	比重（%）		年变化率（%）			
	2010	2005	2010	2005－10	2008	2009	2010
出口							
世界	940	100	100	6	10	－9	8
北美	161	18.5	17.1	5	11	－11	10
中南美	43	4.5	4.6	7	8	－6	9
欧洲	385	48.8	41.1	3	8	－13	－1
欧盟 27 国	332	42.8	35.4	2	7	－13	－2
独联体国家	17	1.6	1.8	9	23	－22	2
非洲	42	4.2	4.5	8	7	－5	9

续上表

	金额（十亿美元）	比重（%）		年变化率（%）			
	2010	2005	2010	2005－10	2008	2009	2010
中东	43	3.3	4.6	13	16	4	18
亚洲	248	19.1	26.4	13	12	－3	25
进口							
世界	850	100	100	6	8	－9	7
北美	119	15.5	14.1	4	6	－9	7
中南美	34	2.6	4	16	16	－1	26
欧洲	361	50.2	42.6	2	8	－13	－1
欧盟 27 国	327	46.4	38.6	2	8	－14	－2
独联体国家	35	3.5	4.1	9	13	－12	24
非洲	25	1.9	2.9	15	28	－21	11
中东	64	5.3	7.6	14	0	5	10
亚洲	210	20.9	24.7	9	10	－2	19

数据来源：WTO，International Trade Statistics，2010。

在旅游业不断的发展中，旅游重心逐渐由传统市场向新兴市场转移，亚洲地区对世界旅游业发展的贡献率不断提高。随着发展中国家和地区经济的持续增长和繁荣，区域性国际旅游也将大大发展。

二、国际旅游客源市场趋向分散化

长期以来，国际旅游的主要客源市场在地区结构上一直以西欧、北欧和北美为主。这两个地区作为现代国际旅游的发源地，其出国旅游人数几乎占国际旅游总人数的四分之三左右。目前世界上最重要的旅游客源国中，除亚洲的日本、大洋洲的澳大利亚外，其余大都集中在上述两个地区，其中仅德国和美国两个国家，就占国际旅游消费总支出的三分之一以上。国际旅游客源市场在地区分布上畸形集中的局面，同样也面临着严重的挑战，特别是当代世界经济正在迅速分化和重新改组，直接影响各地区国际旅游客源的发生、发展、消长和转移，从而导致客源市场分布格局由目前的集中渐渐走向分散。到 21 世纪初，亚洲、非洲和拉丁美洲的一些脱颖而出的新兴工业国，随着人均国民收入的增加，逐渐取代传统的旅游客源国，而成为国际旅游的主体市场。中国目前私人出境旅游人数较少，但增长速度较快，出境旅游正在逐渐形成规模。

区域经济一体化的推进加速了区域旅游的发展，使世界各大洲内部的区域性旅游成为国际旅游的主体。据世界旅游组织预测，从 2005 年到 2010 年，亚洲地区旅游出口占比从 19.1% 提升至 26.4%，而同期欧洲则从 48.8% 降至 41.1%，北美也呈下降趋势。2020 年世界各主要旅游区内部的国际旅游者将占其国际客源的份额分别为：非洲为 70.5%，美洲为 71.0%，东亚太为 78.5%，欧洲为 84.8%，中东为 73.0%。

三、国际旅游方式趋向多样化

从近年来国际旅游业发展的特点看，随着世界各国经济的发展与生活水平的提高，众多旅游者越来越不满足多年一贯制的观光旅游，而希望能够在旅游中结合自己的兴趣爱好，进行积极的探索、参与和休息，人们将更加重视精神疲劳的消除，这样就要求旅游企业推出丰富多彩的旅游产品。国际上传统的旅游方式分为四种，即娱乐型、观光型、疗养型和商务型，大多数旅游活动更多的是各种方式特征兼而有之。一个国家或地区的旅游方式是由其资源条件、地理位置、市场条件等多方面因素决定的，不同的旅游方式也有不同的产品、价格、市场对策等，同时旅游者也有不同的消费要求和消费特点。当今，国际旅游消费动向的重大变化是消费由“目的”变为“手段”，人们消费是为了实现自我爱好，为了自由娱乐，表现丰富的感情等。传统的观光、娱乐等旅游方式已不能满足旅游者的需求。旅游方式朝着个性化、多样化、文化化的方向发展，各种内容丰富、新颖独特的旅游方式和旅游项目将应运而生。

随着世界各地旅游设施的建立健全，世界性预订服务网络的普及完善，使散客旅游越来越方便。在追求个性化的浪潮下，目前世界上散客旅游人数已超过旅行社固定包价的旅游人数，散客旅游和中短距离区域内的家庭旅游在旅游者人数中所占比例将逐渐增加，小包价、个人委托代办服务也占有越来越重要的市场份额。在旅游中追求更多的参与性和娱乐性。旅游者将转向追求那些富有活力、情趣、具有鲜明特点的旅游场所，喜欢那些轻松活泼、丰富多彩、寓游于乐、游娱结合的旅游方式。能亲身体验当地人民的生活，直接感受异国的民族文化风情，通过参与和交流得到感情的慰藉和心灵的撞击。因此，旅游产品设计开发将更加注重民族风情、地方特色、游娱结合。

“银色市场”不断扩大。按照世界现行标准，一个国家老年人人口比例超过总人口比例的 7% 即为老年型国家，这个比例仍在增加。西方主要客源国大都进入老年型国家，其中英国、德国、瑞士等国老年人比例已超过总人口的 14%。现代的老年人是一个有钱、有闲、健康活跃的阶层，在退休后开始人生的第二个春天，对异国的古老传统文化比年轻人更感兴趣，对旅游休闲度假更有兴趣。同时在美国“9.11 事件”之后，欧美出现了携孙辈一起出游的现象。“银色市场”越来越被各旅游接待国所重视，将来会成为一个很重要的市场面。

四、旅游业对国民经济增长的贡献率会不断提高

世界旅游业在过去的 50 年得到了长足的发展，形成了较大的旅游产业规模，对许多国家而言，旅游业已经成为增加出口收入和为大量的非技术劳动力

创造就业机会的一种有吸引力的方法，其对经济总量的贡献也在日益提高（见表11－2、图11－1）。

表11－2　2000～2010年各地区旅游服务业对GDP的贡献率

旅游国际服务贸易对GDP的贡献率（%）	欧洲	欧盟27国	北美	东南亚	OECD国家	世界
2000	9.8	10	9.4	12.9	9.1	10
2001	9.6	9.7	9	12.8	9	9.9
2002	9.2	9.4	8.7	12.8	8.7	9.6
2003	8.8	8.8	8.6	11.7	8.5	9.4
2004	8.9	9	9	12.5	8.7	9.6
2005	8.7	8.8	9.1	12.3	8.7	9.6
2006	8.5	8.6	9.1	12.2	8.6	9.6
2007	8.1	8.3	9.1	12.4	8.5	9.6
2008	8	8.1	9.1	12	8.4	9.4
2009	8	8.1	8.8	11.6	8.3	9.3
2010	7.7	7.8	8.6	10.9	8.1	9

数据来源：WTTC。

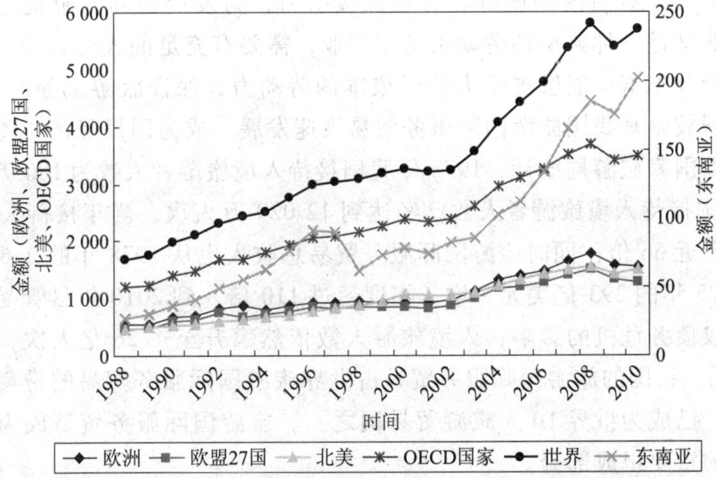

图11－1　1988～2010年世界各地区旅游服务对GDP的贡献额（十亿美元）

资料来源：WTTC。

在现代市场经济条件下，随着一国的经济增长和产业结构的调整，旅游业在经济结构中的比重不断提高，对国民经济的支撑和带动作用日益明显。如日本在20世纪70年代完成了工业化以后，产业结构发生重大调整，第三产业成为经济的最大组成部分，旅游业在此期间飞速发展，新世纪之初，日本提出了观光立国战略；我国国内旅游市场潜力很大，刺激经济、扩大内需的作用也非常明显。2008 年国内旅游总消费 8 749 亿元，超过居民总消费的 8%，在居民消费中占据相当重要的位置。并且国内旅游消费增长率一直高于居民消费性支出增长率，旅游消费弹性远远大于 1。按照这一趋势，旅游消费未来很可能成为居民食品、住房、教育消费之外的最大消费项目，对拉动内需和刺激经济增长发挥重要作用。

旅游业不仅与交通、餐饮、住宿、零售业、景区景点等行业直接相关，还与工业、农业以及信息、金融、保险、医疗、咨询、环保等产业关联，其直接和间接影响的细分行业多达 100 多个，因此其拉动内需、缓解就业压力、平衡国际收支、提高收入等方面的作用十分明显。因此，世界各国都注重抓住时机，开拓旅游市场，加快发展旅游业，有些国家就是依靠旅游来推动国民经济大发展的。例如，战后西班牙由于旅游业的发展，在 19 年国民生产总值翻了两番，成为旅游强国之一。

第三节　我国旅游贸易的发展

一、我国国际旅游服务贸易的发展

我国幅员辽阔、历史悠久、民族众多，拥有许多独特的自然景观和历史文化遗产。这些资源对国内外旅游者有较强吸引力，为发展国际旅游奠定了客观基础；旅游业又是一种典型的劳动密集型产业，需要有充足的人力资源，我国劳动力资源也十分丰富，能够提供大量低成本的劳动力，保证旅游服务的竞争优势。所以改革开放以来我国旅游国际服务贸易飞速发展，成为国民经济中的支柱产业之一。根据国家旅游局统计，1978 年我国接待入境旅游者人数为 180 万人次，到 2005 年我国接待入境旅游者人数已经达到 12 029 万人次，当年接待人数比 1978 年前增长了近 66 倍；同时旅游国际服务贸易总收入也从 1978 年的 2.63 亿美元，增长到 2005 年的 293 亿美元，增长幅度超过 110 倍。到 2010 年尽管受金融危机和欧洲主权债务危机的影响，入境旅游人数依然攀升至 1.26 亿人次，外汇收入 397 亿美元。我国的旅游国际服务贸易占世界旅游国际服务贸易的份额也呈逐年上升趋势，已成为世界 10 大旅游贸易国之一，旅游国际服务贸易成为中国国际服务贸易的重要组成部分。

根据 2009 年中国旅游业统计公报，我国 2009 年全年共接待入境游客 1.26 亿人次，实现国际旅游（外汇）收入 396.75 亿美元，分别比上年下降 2.7% 和 2.9%；中国公民出境人数达到 4 765.63 万人次，比上年增长 4.0%；旅游业总收入 1.29 万亿元人民币，比上年增长 11.3%。2009 年，因我国入境外国客源市场受各方面因素的影响，入境外国游客人数 2 193.75 万人次，同比下降 9.8%（见表 11－3）。亚洲市场份额增大，占入境外国人总数的 62.8%，比上年提升

2.9 个百分点，亚洲各国入境总人数比上年下降 5.4%。

表 11－3　　外国入境旅游人数　　单位：万人次

地区	1995 年	2000 年	2005 年	2006 年	2007 年	2008 年	2009 年
总计	588.67	1 016.04	2 025.51	2 221.03	2 610.97	2 432.53	2 193.75
亚洲	338.26	610.15	1 249.99	1 358.82	1 606.12	1 455.10	1 377.93
欧洲	159.06	248.90	479.14	527.96	621.68	612.33	459.11
北美洲	64.36	113.28	198.53	221.00	256.15	232.12	226.01
大洋洲及太平洋岛屿	15.85	28.18	57.36	63.86	72.85	68.88	67.24
拉丁美洲	5.37	8.29	16.05	19.58	24.26	26.03	23.10
非洲	4.08	6.56	23.80	29.38	37.91	37.84	40.12
其他	1.69	0.68	0.65	0.43	0.31	0.23	0.22

数据来源：《中国统计年鉴 2011》。

就单个国家或地区而言，日本是我国的第一大入境客源国，其次是韩国、俄罗斯、美国和马来西亚等（见图 11－2）。2009 年外国入境过夜旅游者在我国境内平均停留时间为 7.6 天，比上年增加 0.6 天，增长 8.6%；人均天花费为 192.93 美元，比上年减少 7.5 美元，下降 3.7%。

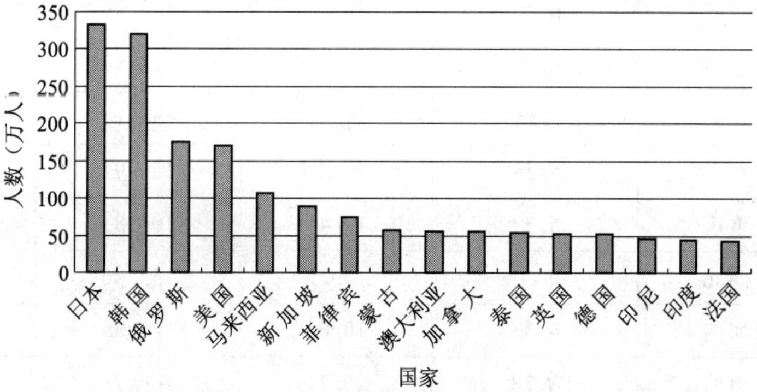

图 11－2　2009 年 16 个主要客源国的入境旅游人数（万人次）

数据来源：国家旅游局《2009 年中国旅游业统计公报》

就国内旅游目的地而言，不同省市因旅游资源禀赋、旅游市场开发、旅游接待能力、以及旅游设施等方面因素的影响，也呈现较大差别。2009 年，全国各省、自治区、直辖市接待的入境旅游者总计为 8 039.19 万人次，比上年增长 7.2%。2009 年，全国各省、自治区、直辖市接待的外国旅游者总计为 4 419.88 万人次，比上年增长 3.0%。广东省在接待入境旅游者、外国旅游者以及旅游（外汇）收入方面均位列全国第一位（见表 11－3）。

表 11-3　　2009 年 31 个省、自治区、直辖市按国际旅游（外汇）收入排列情况

序号	地区	国际旅游（外汇）收入（亿美元）	增长（%）	接待入境旅游人数（万人次）	增长（%）
1	广东	100.28	9.3	2 747.8	7
2	上海	47.44	-4.58	533.39	1.3
3	北京	43.57	-2.3	412.51	8.8
4	江苏	40.16	3.5	556.83	2.3
5	浙江	32.24	6.6	570.64	5.7
6	福建	25.99	8.59	312.03	6.4
7	辽宁	18.56	21.62	293.2	21.2
8	山东	17.65	26.9	310.04	22.2
9	天津	11.83	18.1	141.02	15.6
10	云南	11.72	16.34	284.49	13.7
11	陕西	7.71	16.81	145.08	15.4
12	湖南	6.73	8.95	130.87	17.9
13	广西	6.43	6.93	209.85	4.4
14	黑龙江	6.39	-26.58	142.51	-29
15	安徽	5.66	24.51	156.16	18.2
16	内蒙古	5.58	-3.27	128.96	-16.8
17	重庆	5.37	19.44	104.81	20.2
18	湖北	5.1	15.29	133.46	12.4
19	河南	4.33	15.65	125.85	20.6
20	山西	3.78	25.71	106.78	13.7
21	河北	3.08	12.36	84.22	12.3
22	江西	2.9	15.12	96.43	20.2
23	四川	2.89	25.42	84.99	21.5
24	海南	2.77	-11.86	55.15	-21.9
25	吉林	2.43	14.9	68.05	10.2
26	新疆	1.37	0.63	35.49	-2.3
27	贵州	1.1	-5.58	39.95	1
28	西藏	0.79	152.99	17.49	157.2

续上表

序号	地区	国际旅游（外汇）收入（亿美元）	增长（%）	接待入境旅游人数（万人次）	增长（%）
29	青海	0.15	52	3.61	20.9
30	甘肃	0.13	-21.8	6.07	-27
31	宁夏	0.04	47.16	1.45	25.3

数据来源：国家旅游局《2009 年中国旅游业统计公报》。

2009 年，我国公民出境旅游市场继续快速发展，旅游目的地不断增加，我国公民出境人数达到 4 765.63 万人次，比上年增长 4.0%。出境第一站按人数排序，列前十位的国家和地区依次是：中国香港、澳门、日本、韩国、越南、中国台湾、美国、俄罗斯、新加坡和泰国。2009 年，经旅行社组织出境旅游的总人数为 1 234.68 万人次，增长 13.2%。

为满足我国旅游贸易的发展，旅游服务部门也不断发展。2009 年，全国星级饭店的总体规模继续稳步增长，全国共有星级饭店 14 237 家，比上年末增加 138 家，增长 1.0%；拥有客房 167.35 万间，比上年末增加 8.21 万间，增长 5.2%；拥有床位 306.47 万张，比上年末增加 12.99 万张，增长 4.4%。到 2009 年末，全国星级饭店共拥有固定资产原值 4 442.98 亿元，比上年末增加 89.73 亿元，增长 2.1%。2009 年，全国星级饭店营业收入总额为 1 818.18 亿元，比上年末增加 56.17 亿元。全国外商和港澳台投资兴建的 574 家星级饭店，2009 年共实现营业收入 236.83 亿元；上缴营业税 15.50 亿元。

到 2009 年末，全国纳入统计范围的旅行社共有 20 399 家，比上年末增加 289 家。到 2009 年末，全国旅行社资产总额 585.96 亿元，比上年增长 12.3%；各类旅行社共实现营业收入 1 806.53 亿元，比上年增长 8.6%。

二、中国旅游业的入世承诺及对策

(一) 中国政府对旅游及相关服务的承诺

1. 饭店（包括公寓楼）和餐馆

(1) 外国服务提供者可以通过合资企业形式在中国建设、改造和经营饭店和餐馆设施，允许外资拥有多数股权。中国入世后 4 年，取消限制，允许设立外资子公司。

(2) 在自然人流动方面，允许外方经理、专业人员包括厨师和高级行政管理人员在与中国境内合资饭店、餐馆签订合同之后，在中国提供服务。

2. 旅行社和旅游经营者

(1) 旅行社在入世后 3 年内允许外资在合资旅行社中占有多数股权；6 年内允许外国设立独资旅行社，并取消地域限制和对成立分支机构的限制。

(2) 满足以下条件的外国服务提供者可以自加入时以合资旅行社/旅游经营者的形式在中国政府制定的旅游度假区以及北京、上海、广州和西安提供服务：

a. 旅行社/旅游经营者主要从事旅游业务。

b. 每年全球收入超过4 000万美元。

（二）中国旅游业的入世承诺的实现

入世以来，中国旅游业认真履行世贸规则，积极兑现入世承诺，旅游市场对外开放不断迈出新的步伐，受到了WTO有关成员的积极肯定和评价。认真分析中国旅游业的履约进程，就会发现，中国加入世贸组织时有关旅游服务业开放的承诺已经全部提前兑现。

中国饭店业已全面开放，全球主要大型国际饭店集团都已进入中国市场。饭店业是改革开放以来中国旅游业利用外资最早、最快、最多的领域。入世以前，利用外资建设的饭店，就不仅有中方控股的合资饭店，还包括一些外方控股、外方独资的饭店。为了管理好这些外资饭店，国家允许投资者从境外聘请饭店管理集团、高级经营管理人员，以后连内资饭店也学习和采用了这一做法，实际上就等于在“商业存在”、“自然人流动”方面已无限制。入世以后，为了全面落实中国的入世承诺，针对“境外消费”没有限制的承诺内容，将涉外饭店星级标准修订为饭店星级标准，把旅游饭店的统计对象由原来的涉外饭店修改为星级饭店，实现了中国饭店统计口径与世界旅游业的接轨。到2001年底，全国共有星级饭店7 358座，其中，外商投资268座、5.82万间，分别占总数的3.6%和7.1%；港澳台投资的饭店有324座、6.78万间，分别占总数的4.4%、8.3%。而入世一年后，全国外资和港澳台投资兴建的星级饭店已达686家，实现营业收入269.73亿元，上缴营业税13.86亿元。

入世以来，旅行社业开放进程明显加快。2003年7月18日，中国国家旅游局提前4年多兑现入世承诺，批准成立了中国第一家外商独资旅行社——日航国际旅行社（中国）有限公司；中国共有11家中外合资旅行社和7家外资独资旅行社得到了经营许可。中国还积极推动有实力的中国旅游企业到国外拓展业务。

2003年6月12日，中国公布了《设立外商控股、外商独资旅行社暂行规定》，这标志着旅游业在加快兑现入世承诺方面又向前迈出行政管理部门的双重审批，获得《旅行社业务经营许可证》，办理工商登记，就可在中国设立中外合资和中外合作的旅行社。根据有关规定，投资中国旅游业的外国旅游经营者应当为旅行社或者主要从事旅游经营业务的企业，年旅游经营总额须在4 000万美元以上并且是其本国旅游行业协会的会员，其注册资本最低限额为人民币400万元。外资旅行社不能设立分支机构，也不能经营中国公民出国旅游业务以及中国其他地区的人赴香港、澳门和台湾地区旅游业务。除此之外，外商投资旅行社享受与内资旅行社同等待遇。外国旅行社经批准可以在中国境内设立常驻机构，但该常驻机构只能从事旅游咨询、联络、宣传活动，不得经营旅游业务。截止2005年9月，中国公民可以组团前往的旅游目的地国家和地区已达76个。

（三）促进中国旅游业发展的政策选择

1. 加快旅游立法进程。加快旅游立法是应用科学发展观来保护旅游者和旅游经营者的有效手段，是解决行业管理中出现的难点、困难的必然要求。

2. 加大旅游基础设施建设。基础设施建设是加快旅游开发的前提和基础，应把基础设施建设作为调整产业结构、发展旅游、增加收入的“基础工程”来抓，并作为营造良好投资环境、改变生产条件、改善生态环境、实现可持续发展的“长效工程”来抓。

3. 健全旅游产业政策体系。综合利用产业政策及规划、财税、信贷、土地等手段对旅游产业进行扶持；将政策扶持与统筹协调旅游产业、重点区域和重大项目建设结合起来，积极引导食、住、行、游、购、娱六要素的相关企业和单位旅游产业集群；完善已出台的行业扶持政策，明确具体使用范围和实施细则；优先支持旅游业重点区域的发展，支持具有显著经济拉动作用的旅游项目建设。

4. 完善旅游协调机制。当区域各行政区的旅游可持续发展和旅游目的地的竞争力都依赖区域的整体形象和公共资源时，如果各个行政区都只顾自己的利益，公共资源特别容易受到破坏。因此，统一认识，协调开发，避免资源和财政浪费，从更高的层面上管理旅游所依赖的区域公共品牌和公共资源是解决问题的关键。

专栏 11－1

关于旅游国际服务贸易壁垒

旅游国际服务贸易壁垒主要包括移民和安全管制，证明文件的要求，以及对个人旅游或旅游企业货币流通的任何限制。适用于旅游部门的特别规定，如保护消费者、担保财务责任，或发展地方经济和国内旅游业的目标等，缺乏法规透明度，或拒绝国民待遇也可能成为国际旅游服务贸易的一般障碍。

目前，很多国家或地区在旅游国际服务贸易都存在着一定的贸易壁垒，特别是以美国最为明显，详情见表 11－4。

表 11－4　　主要的旅游国际服务贸易壁垒

序号	贸易壁垒的形式	国家/地区
1	对于出境旅客离开国境课以过多离境费用或税金或类似限制	美国
2	缺乏旅客在国外购买个人或家庭用商品免税优惠的信息	美国
3	对外国股东数目上限的限制，或个人或外国投资的总资产的限制	美国、日本、加拿大

续上表

序号	贸易壁垒的形式	国家/地区
4	对观光旅游导游及服务生的国籍限制	日本、加拿大
5	对法人组织、合伙公司或其他商业组织架构的限制或要求特殊形态的措施	美国、加拿大
6	房地产购买或租赁的限制	美国
7	对旅馆或提供住宿服务从业者的经济需求测试	美国、加拿大
8	要求在市场使用当地合伙人的措施	瑞士
9	当须政府核准时，除常见的长期拖延外，若申请被拒绝，往往未述明理由，且未提供信息说明如何补救，以期于未来获得核准	哥伦比亚
10	旅馆及住宿地方的建筑及营业的融资规定不符合国民待遇	美国
11	无法在合理及非歧视性条件下使用公共服务	美国
12	相对于国内服务提供者，外国服务提供者无法参与政府相关计划	美国
13	对外国服务提供者在赋税上的不公平待遇	美国
14	对外国服务提供者在商业组织的选择上具不公平待遇	美国
15	对合资企业中外国伙伴的歧视	美国
16	对经销权及其他商业组织形式的歧视	美国
17	对外国经销权具歧视性待遇	美国
18	缺乏现有城市区域划分信息及没有与当地政府官员及社区代表讨论选定场所的机会	美国
19	国内法规不具透明性，且管理不具公平性	美国
20	不允许消费者完全通过电子管道预订旅馆	美国
21	服务提供者无法自由提供奖励、奖赏及办理其他促销活动	美国
22	对于雇用当地人所设的高门槛，引起营运不经济的状况	美国
23	缺少方法以协助专门技术人员短期进出	美国
24	国际货币交易的限制或过高的手续费及赋税	美国
25	缺乏对主办国际会议或比赛人员或专门技术人员临时出入境措施	美国
26	对许可证法发放或专利使用的限制或过高的手续费及赋税	美国
27	缺乏对参加国际会议或比赛人员临时的出境措施	美国
28	缺乏国际会议或比赛使用的设备及相关器材临时出入境规定	美国

复习思考题

1. 什么是国际旅游服务贸易？具有哪些方面的作用？
2. 当代国际旅游服务贸易具有哪些特点？
3. 促进我国国际旅游服务贸易应采取哪些措施？

阅读推荐与网络链接

1. 罗明义．国际旅游发展导论．南开大学出版社，2002.
2. 张凌云．世界旅游市场分析及统计手册．中国旅游出版社，2008.
3. 魏小安．新时期中国旅游发展研究战略．中国旅游出版社，2010.
4. 杨森－弗比克等．旅游文化资源：格局、过程与政策．中国环境科学出版社，2010.
5. 中国旅游网 http：//www. cnta. com/.
6. 中国国际服务贸易指南司 ttp：//tradeinservices. mofcom. gov. cn/index. shtml.
7. 中华人民共和国商务部国际服务贸易司 http：//fwmys. mofcom. gov. cn/.

第十二章

国际金融服务贸易

学习目标

- 了解国际金融服务贸易的内容和发展
- 熟悉国际银行服务贸易的基本内容
- 掌握我国入世以来的金融服务贸易发展

随着中国金融领域开放程度的不断加大，竞争日益激烈，越来越多的国内金融企业借鉴国外金融机构的经验，通过外包与共享服务的方式，把现有的资源集中到核心业务上去，形成并加强了自己的核心竞争力。但我国的金融后台服务业与国际发达国家相比，还处于发展阶段。1997 年，花旗银行就将所有在华分行贸易融资交易的单证审核及电脑系统处理业务，统一交给该行位于马来西亚的槟城分行负责。此后，很多外资银行纷纷将其在华分行的贸易融资等业务的后台操作、汇款操作、现金管理部门等的部分业务，外包给专门负责外包服务的其他分支机构集中处理，提高效率。随着国内金融业与国际接轨，内资银行也开始仿效外资银行进行业务外包。2001 年，深圳银行首开中资银行 BPO 先例，此后其他公司跟上。随后，上海在张江建立了中国首个金融信息服务产业基地。2006 年 5 月，金融流程服务外包研究中心在金融信息服务产业基地上海银行卡产业园内正式揭牌。

第一节　国际金融服务贸易概述

近年来，以金融、信息和通讯等为代表的新兴服务业蓬勃兴起，金融服务业逐渐成为未来各国经济发展的重要支柱之一。金融服务业的高速增长直接带动了国际金融服务贸易的迅速发展，国际金融服务贸易总额由 1999 年的 1 293 亿美元增长到 2008 年的 4 950 亿美元。金融国际服务贸易的发展状况成为衡量一个国家金融业国际竞争力的重要标志之一，体现了一个国家参与国际金融业分工的基本情况。

一、国际金融服务贸易的内涵及分类

（一）国际金融服务贸易的内涵

1. 国际金融服务贸易的定义

国际金融服务贸易是国际服务贸易的一个重要构成部分，国际金融服务贸易的概念最早是在1986年开始的关贸总协定乌拉圭回合谈判，此后，围绕谈判的进行，各国学者对国际金融服务贸易的概念和范围进行了理论上的研讨。一个被普遍接受的国际金融服务贸易的定义是：一国金融服务的供应者，通过在另一国境内设立金融服务机构，而向其消费者提供金融服务的行为。此定义虽然对金融国际服务贸易进行了比较好的概括，但也存在两个不足之处：一是任何交易或贸易行为都是供给和需求、买和卖的统一，是供给者和需求者的统一，而此定义只强调了金融国际服务贸易的供给方而忽视了其需求方；二是此定义对金融国际服务贸易所包括的内容和范围定义过窄，不能涵盖金融国际服务贸易的全部。

经济合作和发展组织（OECD）于1990年对国际金融服务贸易作了如下定义，认为国际金融服务贸易是指由金融机构（银行和其他信贷机构）在提供或接受以下服务的收入（出口）或支出（进口）：（1）得到的和付出的直接投资的收益，包括未分配收益和利息；（2）从其他（金融）投资得到的和付出的收益，主要是指得到的和付出的利息和红利；（3）得到的和付出的手续费和佣金。此定义显然只是从国际收支统计的角度对国际金融服务贸易所应包括的项目和内容进行了归类和概括，并不符合概念的规范要求。

世界贸易组织（WTO）在1994年乌拉圭回合谈判的最后文本中将金融服务纳入到自由贸易的范围，并在服务贸易总协定金融服务附件中，对国际金融服务贸易作了如下定义：国际金融服务贸易，是指由一成员方（参加世界贸易组织国际服务贸易谈判的国家和地区）的金融服务提供者向另一成员方提供的任何有关在金融方面的服务。金融服务包括所有保险和与保险有关的服务，以及所有银行和其他金融服务（保险除外）。此定义目前已为世界贸易组织各成员所普遍接受。但作为定义，从理论上来说，仍存在有不足之处：一是此定义仍只是强调了金融国际服务贸易的贸易提供方而忽视了贸易需求方；二是此定义的适应范围受到限制，它只适应于参与世界贸易组织的成员。

我们认为，国际金融服务贸易，是指发生在国家与国家或者地区与地区之间所进行的关于金融服务产品的交易活动和交易过程。

国际金融服务贸易既然是指国与国之间的金融服务的交易活动，因此，判断一项金融服务是否属于金融国际服务贸易的基本依据应该是：1. 该项金融服务活动是否跨越国境；2. 该项金融服务交易的参与者是否全是居民，如果是居民与居民，则该项金融服务交易不能归入金融国际服务贸易的范围，只有发生在居民与非居民之间的金融服务交易才能归入金融国际服务贸易的范围。

2. 国际金融服务贸易的标的物

国际金融服务贸易的标的物是金融服务，对于金融服务，可以从广义和狭义两个角度来理解。广义上的金融服务，包括金融机构（银行和非银行类金融机构）从事的一切业务活动（如存贷款、证券承销等）。狭义的金融服务，主要指金融机构提供的基于手续费和佣金（而非资产负债表）基础上的金融服务。它主要包括国际结算（即对各经济实体之间因商品贸易、劳务供应、资金转移等引起的跨国货币支付行为，如国际信托、资金划拨等），国际信托（金融机构接受委托人的信用和指示，代为管理、营运或处理委托人的财产或事务，为委托人或委托人指定的受益人谋取利益的经济行为）等传统国际金融服务和金融机构代客户进行利率调期安排、现金管理、外汇风险管理，为投资者进行国际投资组合管理，以及参与国际收购与兼并咨询、外汇交易咨询等咨询服务。

世界贸易组织乌拉圭回合谈判中，将金融服务的范围界定为：（1）保险及相关服务：包括人寿和非人寿保险；保险中介，如经纪和代理；以及对保险的辅助性服务。（2）银行及其金融服务（保险除外）：包括接受存款；各种形式的借贷，包括消费信贷；抵押贷款；对商业交易的代理经营和融资；金融租赁；所有的支付及为金钱转移所提供的服务；保证和承诺；货币市场工具、外汇、衍生工具、汇率和利率工具（如近期和远期合约）、证券、其他可流工具和其他资产（如黄金）的交易；参与新证券的发行；货币经纪人业务；资产管理，比如投资组合管理和养老基金的管理；金融资产的结算和清算服务；金融信息的提供和传递，金融数据的加工和处理；提供建议及其他辅助性金融服务。从上述描述可以看出，世界贸易组织几乎将金融机构所提供的一切金融业务活动都涵盖在内。因此，国际金融服务贸易是指广义上的金融国际服务贸易。

（二）国际金融服务贸易的分类

国际金融服务贸易可以根据不同角度进行分类。

1. 按照国际金融服务贸易的内容划分

近年来，金融国际服务贸易得到了快速发展，在外在表现形式上其拥有诸多金融衍生品，然而探求其本质，国际金融服务其主要发展模式体现在如下四种：

（1）跨境交付（Cross Border Supply）

跨境交付指的是提供金融服务的人员，在当今信息技术发展和网络化普及基础上，向国外的非居民消费者提供的一种跨越国界的远程交易服务。如一国银行向另一国客户提供贷款或吸收另一国客户存款。

（2）境外消费（Consumption Abroad）

境外消费指的是提供金融服务的人员在国内向本地的非居民提供的一种服务，比如一个国家的金融机构对一些到其境内的国外消费者所提供服务。如一国银行对外国人提供信用卡服务等。

（3）商业存在（Commercial Presence）

商业存在是指一个国家的金融机构在别国设立分支机构，在具有法人资格的基础上为当地的消费者提供一定的金融服务。这种形式便于避免跨境支付的束缚，更好的迎合东道国消费者的偏好，并且对外国金融和当地建立长期合作关系，也为其提供了很大的方便。这是目前国际金融服务中数量最多、规模最大的一种，通过此种方式提供的服务占到整个国际金融服务贸易量的70%以上，它也使得金融服务与一国的金融业对外投资密切结合起来。

(4) 金融服务的人员流动（Movement of Personnel）

金融服务的人员流动是指提供金融服务人员以自然人的形式到其他国家对当地的消费者提供的服务形式。在国际金融服务贸易中，由于境外消费和自然人流动所占的比例较小，所以主要还是以跨国交付和商业存在形式居多。

2. 按照国际金融服务在服务提供者和消费者之间移动方式划分

国际金融服务贸易与国际货物贸易相比的主要差别体现在，它不仅涉及金融服务产品的移动，而且还要涉及金融服务生产要素的移动。同时，在大多数情况下，国际金融服务贸易主要表现为生产要素的移动。因此，可以按金融服务在服务提供者和消费者之间移动方式来进行分类。按这种分类方式，可以将国际金融服务贸易划分为如下四类：

(1) 分离式国际金融服务贸易

分离式国际金融服务贸易是指金融服务的提供者和消费者（使用者）不需要在国与国之间移动而实现的金融国际服务贸易，即一个国家从其境内向另一国境内提供金融服务而产生的金融国际服务贸易，此类金融服务的跨国境移动，主要是通过电话、电讯、邮电、计算机网络等的传输实现的。由于作为贸易对象的金融服务跨越了国界，故又可称为跨境金融国际服务贸易。

(2) 需求者所在地的国际金融服务贸易

它是指金融服务的提供者转移到金融服务的需求者所在地而产生的国际金融服务贸易，这种国际金融服务贸易一般要求金融服务的提供者在需求者所在国奠定商业存在，建立分支机构，如一家美国银行想要在英国提供某种银行服务，它就必须在英国投资建立银行分支机构。因此，这种国际金融服务贸易必然伴随着生产要素在国与国之间的流动，涉及金融服务业的对外投资。目前各国金融机构（主要是跨国银行）通过对外投资设立海外分支机构而向国外提供金融服务已成为当前国际金融服务贸易的最重要的构成部分，且呈迅速增长的态势。各国的跨国银行都在加紧策划在更多的国家和地区开设更多的分支机构以便大幅度地扩张其金融国际服务贸易的份额。

(3) 提供者所在地国际金融服务贸易

它是指金融服务的提供者在本国国内为外国居民和法人提供金融服务，一般要求金融服务消费者跨国界接受金融服务。如一国银行向外国人提供旅行支票的金融服务。提供者所在地金融国际服务贸易的特点是，金融服务的提供者并不跨越国界向服务消费者出口金融服务，对金融服务提供者而言，也不存在生产要素的移动。

(4) 流动的国际金融服务贸易

它是指金融服务的提供者和消费者相互移动所产生的金融国际服务贸易，金融服务的提供者对外进行直接投资，并利用其分支机构向第三国的居民和企业提供金融服务。例如设在法国的一家美国银行在法国向德国的旅游者提供旅行支票的金融服务。流动的金融国际服务贸易的特点是，它要求金融服务的提供者和消费者存在不同程度的资本和劳动力等生产要素的移动。

二、国际金融服务贸易的基本特征

国际金融服务贸易的对象是金融服务产品，金融服务产品是金融企业或金融机构为满足人们的各种金融服务需求而提供的服务产品，这些产品既不同于物质生产部门所生产的有型的消费品和资本品，也不同于其他服务行业所提供的服务产品。金融服务产品既可以是通过某种金融工具而提供的相应的服务，如各种存单、债券、股票等，也可以是一些并无有形金融工具的纯粹金融服务，如证券经纪、金融咨询、财务顾问等。但不管有形无形的金融工具，服务都是金融服务产品的基本特质。正是由于金融服务产品的这一特质，决定了国际金融服务贸易具有根本不同于货物贸易的一系列特征。

(一) 国际金融服务贸易的无形性

无形性是服务的最基本，也是最重要的特征。金融服务作为服务产品的一种，同样具有无形性这一服务的基本特质。金融服务消费者在获取金融服务提供者所提供的金融服务之前，对其金融服务是难于用视觉、听觉、味觉和嗅觉感知的。金融服务提供者向消费者所提供的有关金融的建议、观念或某种资金安排方案等金融服务，是很难用具体的产品形式来形象、直观地向消费者直接展示的，而只能用抽象的数字、文字、符号以及计算、推理和分析来表示某种金融服务产品的特征、功能及作用。

金融服务产品的无形性，使得国际金融服务贸易也具有无形性的特征。国际金融服务贸易并不像有形的商品贸易一样，人们可以在特定的时间、地点看见商品的跨国界移动，大多数金融服务的进口和出口往往是无形的和不可感知的。

国际金融服务贸易进出口的无形性给金融国际服务贸易带来了一系列问题。一是统计上的困难性和复杂性。由于国际金融服务贸易并不经过海关，而是通过国际信息传输、数据交流和邮电通信等看不见的方式跨越国境的，或通过劳动、资本等生产要素的跨国界移动实现的，往往无法由海关进行统计。因此，目前国际上和世界各国所搜集的国际金融服务贸易的数据是相当有限和很不全面的，国际上普遍认为，目前统计数据所反映的金融国际服务贸易规模远远小于其实际规模。二是政府管理上的困难性。由于国际金融服务贸易进出口的无形性，政府很难通过海关，利用各种对外经济管理的法规和政策来进行管理。因此，政府要对金融国际服务贸易进行有效的管理是比较困难的。目前世界各国对国际金融服务贸易的管理主要是通过国内立法来进行的，即主要通过颁布国内法规的形式来管理金融服务的销售或采购。

（二）国际金融服务贸易的不可分离性

由于大部分金融服务是以活劳动的形式存在的，它不体现为一个具有实体形式的产品，而体现为一系列的活动或者说是过程，因此，金融服务的生产、流通和消费是紧密结合在一起的，生产过程、流通过程和消费过程同时进行，流通和消费过程不能脱离生产过程而独立存在。金融服务的这种生产、流通和消费的同时性，使得大多数金融服务必须在服务手段、方式上与他国的消费者接近，这就要求通过生产要素的移动和对外直接投资的方式，在消费者所在地建立商业存在。因此，国际金融服务贸易必定涉及到在进口国国内的开业权问题，涉及到劳动力移动、移民政策和投资限制等问题。当然，某些金融服务的生产过程、流通过程和消费过程是可以分离的。

（三）国际金融服务贸易标的物的差异性与无差异性共存

差异性是金融服务的一个基本特征，金融服务的差异性是由金融服务业本身的特征所决定的：金融服务业是以人为中心的产业，金融服务的生产和消费是在服务生产者和消费者的交互关系中进行的，因此，金融服务产品的质量，在很大程度上要受到服务生产者和服务消费者的个性、偏好、知识和经验等个体因素的影响，同一个金融服务产品，由不同的服务生产者来提供，或由不同的服务消费者来消费，其效果和质量是存在很大差异的。

但另一方面，如果从金融服务产品的内容而言，金融服务产品又具有无差异性的特征，从事金融业务的不同金融企业，所提供的金融服务产品基本是相同的，并没有多大的差异，各金融企业在金融服务产品的提供上，很难形成自己的特色。而且，金融服务本身并无专利可言，任何一项金融新业务的开展和新的金融工具的开发，很容易为其他金融企业所模仿和“抄袭”。

金融服务的这种差异性和无差异性共存的特征，使得金融企业在消费者心中，只有规模、信用和服务质量的差别，而无业务实质的区分。这一特征将使金融国际服务贸易的开展面临两大问题：一是金融企业的“企业形象”缺乏一致性，提供相同金融服务产品的同一金融企业在不同国家的不同分支机构，其服务水平可能会存在较大的差别，影响其金融国际服务贸易在不同国家的开展。二是使金融国际服务贸易的国际竞争更为激烈，由于在国际竞争中，不同国家的金融企业，很难区分差异和特色，金融服务产品的无差异性和高替代性，使得金融国际服务贸易的竞争非常激烈，并且使金融服务企业的信誉、形象、规模和技术成为竞争的焦点。而在金融国际服务贸易的竞争中，发达国家的金融企业无论是在信誉和形象上，还是在规模和技术上，均具有绝对的优势。因此，发展中国家在竞争中往往处于十分不利的地位。

（四）国际金融服务贸易所涉及到的法律关系具有复杂性和特殊性

国际金融服务贸易的特殊性，使得国际金融服务贸易所适应和涉及到的法律关系特殊而复杂。金融国际服务贸易可以绕过各国海关的监管，因此，各国主要不是通过海关措施、而是通过国内立法和规章制度来实现对金融国际服务贸易的管制。这样国际金融服务贸易必然涉及到各国复杂的法律、法规等问题，而这些法律、法规的制定和执行又涉及到一国的主权问题。国际金融服务贸易所涉及法律法规的复杂性具体表现在：

第一，国际金融服务贸易的法律法规，不仅涉及和适应金融服务本身，而且直接涉及到金融服务的提供者，涉及到提供金融服务的“人”（包括自然人和法人）的资格和活动的限制。因此，在《服务贸易总协定》中，涉及到了金融服务提供者的法律地位和待遇问题。

第二，国际金融服务贸易因其自身独特的专业性而与其他国际服务贸易存在较大的区别，金融国际服务贸易在遵循《服务贸易总协定》的基本原则的同时，还必须遵守已制定的有关国际金融的国际规范与惯例。如巴塞尔委员会制定的《有效银行监管的核心原则》及其他相关文件。

第三，由于各国主要利用国内立法对金融贸易进行管理，而国内立法更强调国家利益的安全性和主权利益，因此，各国常借口维护国家安全与主权利益，利用国内立法对金融国际服务贸易设置重重障碍。而且由于国内立法所涉及到的法规领域范围广泛、内容庞杂，在灵活性、隐蔽性和保护力度等方面使金融国际服务贸易壁垒相对于货物贸易而言，显得有过之而不及。

三、国际金融服务贸易的发展趋势

第一，金融国际服务贸易的国际化。金融国际服务贸易国际化是指金融国际服务贸易涉及的主体、客体等日益国际化发展的趋势。金融服务业跨国直接投资的增长和国际金融服务贸易的剧增。

第二，国际金融服务贸易的自由化。国际金融服务贸易自由化是指一国政府在对外金融国际服务贸易中，通过立法和国际协议，来消除或减少对金融服务和与金融服务有关的人员、资本、信息等在国家间流动的行政干预，放松对外管制的过程。

第三，国际金融服务贸易中保护主义盛行。国际金融服务贸易壁垒是一国政府制定和实施的阻碍国际金融服务贸易进行的政策和法律。国际金融服务贸易壁垒的表现体现在：限制“主体”的壁垒；限制“贸易”的壁垒。

四、国际金融服务贸易的多边法律架构

金融服务作为核心经济部门，在乌拉圭回合谈判过程中争论的非常激烈，谈判结束时金融服务谈判仍未完成。虽然在金融服务的市场准入和国民待遇上已经有了一些承诺，但是谈判各方仍未能就金融服务达成永久性协议。直到1997年底，《金融服务协议》才最终达成。代表70个WTO成员所做承诺的56份减让表

与16份第2条豁免清单一起，作为GATS《第五议定书》的附件。1999年3月1日，《金融服务协议》生效时，有102个WTO成员在金融服务方面承担部分义务。

（一）《金融服务附件1》和《金融服务附件2》

GATS（General Agreement on Trade in Serrices）在金融服务方面有两个重要附件：《金融服务附件1》（Annex on Financial Services）和《金融服务附件2》（Second Annex of Financial Services）。对于前者，因为金融业在各国都是受到高度管制的行业，因此制定了GATS《金融服务附件1》。此附件对GATS的适用范围作了进一步规定，同时对审慎措施及其承认、金融国际服务贸易的争端解决、金融服务的定义作了规定。金融服务的这一附件具有长期的意义，但是《金融服务附件2》则没有。该附件与另一个独立的部长决定《关于金融服务的决定》一起通过，其目的是有关金融服务的谈判在乌拉圭回合谈判结束和其他绝大多数国际服务贸易承诺最终确定之后能够继续进行。据此，各成员方同意在1995年6月底前，仍可以维持一些与最惠国待遇原则不相符的措施，不将其正式列入最惠国待遇豁免清单，并且还可以改善、撤销其在金融服务部门的全部或部分承诺。

（二）《关于金融服务承诺的谅解》

《关于金融服务承诺的谅解》（Understanding on Commitments in Financial Services）属于乌拉圭回合一篮子协议的组成部分，而非GATS的一部分，因为它取代了GATS关于市场准入和国民待遇的条款。该谅解确定了一些发达国家成员起草各自金融服务承诺的基础。它对金融服务的市场准入和国民待遇规定了一般性的政策指导原则。

（三）《金融服务协议》

WTO成立以后，金融服务的多边谈判经历了艰苦的历程，终于与1997年12月12日在GATS框架内达成了永久性的全球《金融服务协议》（Financial Services Agreement）。该协议作为GATS的《第五议定书》于1999年3月1日生效。就协议本身而言，它只是规定了一些程序性的事项，无实质性的内容。重要的是作为其组成部分的各成员方关于金融服务的具体承诺减让表和第2条豁免清单，因为它在全面的最惠国待遇的基础上，将全球银行、证券和金融信息贸易的95%以上纳入WTO的管理和争端解决机制内。

第一，关于国民待遇和市场准入。发达国家因其金融业的高度发达而普遍愿意开放金融服务市场，只对市场准入和国民待遇规定极少的限制。发展中国家虽然也保证给予外国金融机构以国民待遇，但仍对市场准入规定了很多条件和限制。

第二，关于提供服务的方式。发达国家允许其他国家以一切可能的方式在本国设立金融机构和向本国消费者提供跨境金融服务，同时也保障本国公民在境外消费金融服务。发展中国家以保护本国消费者为由，在许多部门禁止或严格限制外国金融机构跨境提供金融服务，而只允许其以在国内设立分支机构的方式提供服务，以更利于监管和控制。

第三，关于开放的具体金融部门。绝大多数国家愿意开放再保险服务和银行业中的存款和贷款业务，而对于保险业中的人寿保险、银行业中的清算和票据交换、证券业中的衍生金融产品交易等，许多发展中国家不做出具体承诺或加以严格限制。

《金融服务协议》于1999年3月1日正式生效，涉及全球95%的金融国际服务贸易，具体包括18万亿美元的证券资产、38万亿美元的银行贷款和2.5万亿美元的保险费。

第二节 国际银行服务贸易

一、国际银行服务贸易概述

（一）国际银行服务贸易定义

国际银行服务贸易是指由国际银行提供活劳动，以满足他人某种需要，从而获取报酬的活动。它是国际金融服务贸易的主要形式，也是金融国际服务贸易的最主要构成部分。20世纪90年代后半期，国际金融市场融资规模呈现出不断增长的趋势。美国和欧盟1999年金融服务（不包括保险）贸易的规模较1995年分别增长了127%和63%，北美自由贸易区和经合组织1998年金融服务（不包括保险）贸易规模分别增长了76%和47%。WTO成立之后，关于金融国际服务贸易的多边谈判不断取得进展，这都说明银行国际服务贸易是金融国际服务贸易的最重要内容。

国际银行服务可追朔到12世纪到15世纪，在国际银行业务中占主导地位的是意大利银行，这是由于当时意大利在国际贸易中占据主导地位。

其后，欧洲的比利时、荷兰等国的银行不断扩张他们的国际业务，并逐渐成为金融大国。随着工业革命的成功，英国在国际经济中占据了主导地位，伦敦成为当时的金融中心。直到第二次世界大战的爆发，由于受到了战争重创，英国的金融霸主地位被美国所取代。由于本土远离战争的漩涡，大战结束后，美国拥有世界将近四分之三的黄金、三分之一的世界出口。1944年，布雷顿森林体系建立了以美元为中心的固定汇率制度，美元与黄金挂钩，其他货币与美元挂钩，这实际上确立了美元的国际通货地位，也同样确立了纽约在国际银行业的中心地位。二战结束以后，各国逐步放弃了关税壁垒、放松了外汇管制，非官方的资金流动量逐渐增加。银行在对国际贸易中产生的短期自偿性商业票据提供融资便利的同时，也开始对经官方担保的借款人发放较长期限制的贷款。二战以后的世界经济和贸易迅速增加，国际经济关系日益密切，运输通讯技术高速发展，为商业银行向外扩张提供了客观基础。跨国公司的雄厚经济实力、遍布全球的业务机构，更迫使商业银行为适应客户的需求，大力开展国际业务。

（二）国际银行服务贸易的网络体系

国际银行服务贸易网络是指银行在国外所设立分支机构的具体形式以及它们与总行之间的联系，具体有以下几种形式：

1. 代表处。主要与所在地的社会各界密切接触，为向驻地政府机构、贸易商和其他人员介绍情况，为总行客户提供其驻地企业和国家的信用分析及经济和政治信息。一般把它作为直接设置分支行以前的一个临时措施。代表处不能吸储、贷款或代总行承诺信贷；它开具信用证、汇票以及旅行支票等，其职能和作用非常有限，而且需要一定的开支。

2. 代理行。它是指某银行总行有选择地与外国银行互订契约，按契约规定相互或单方面在对方开立账户，用于办理相互间资金来往账户的银行。

3. 分支行处。国外的分支行处是其总行所拥有的一个机构，一般来说，它并不具备独立的法人地位，即分支行处的资产和负债、营业许可、组织章程和业务经营方针为总行所有或由总行制定。分支行处一般分为三个等级：分行、支行和经理处，其地位均高于代表处和代理行。

4. 附属银行或联营银行。银行为了扩大它们在国外的业务网络，可以参股当地银行，收购外国银行的全部或部分股份来设置各种国外的附属机构。

5. 国际银团组织。国际银团组织是指一群银行（不一定是同一国籍的）在国外联合设置一个独立的合资经营的银行或金融机构。

除此之外，银行服务可以通过银行邮件、电报和电传、环球银行金融电信协会、票据清算制度和银行内部电脑通信网络等渠道传递。

（三）国际银行服务贸易的特点

国际银行服务贸易主要呈现以下三个特点：

1. 银行国际服务贸易的全球化

企业生产的国际化通常始于海外直接投资，海外投资项目在筹建、投产、再生产的发展过程中，必须以国际资本和银行服务作为主要条件。国际直接投资是形成经济、金融全球化的主力军，生产的国际化导致国际直接投资的迅猛发展。国际直接投资的迅猛发展，说明越来越多的企业已经在国际银行业的配合下，积极开拓海外生产机构以增强国际竞争能力。跨国企业的迅速发展迫切需要银行扩大服务范围。冲破传统障碍的银行则在为扩大服务规模、提高知名度、增加收益，并巩固双方的联系、为银行与企业的合作打下基础。西方国家的银行国际化，是随着业务的不断创新，内容以及服务日渐复杂，银行的国际业务从国外业务部到国际银行、跨国银行直至全球性银行而逐渐向前推进的。与此同时，市场结构、客户结构及网点布局、功能层次都发生了重大的变革。

2. 银行国际服务贸易的多样化

第二次世界大战后，全球性的普降关税和其他有关国际贸易、国际收支限制性规定的撤销，对世界贸易的增长产生了积极的作用。贸易的增长势必促进国际银行业务的发展。随着贸易规模的扩大、贸易方式的多样化和复杂性的增强，在客观上就要求银行更广泛、更深入地介入国际贸易活动，由原来的较单纯的国际贸易结算业务，向结算前的生产领域和结算后的消费领域延伸。在生产、流通、消费各个领域和环节上提供全方位的银行服务，如卖方信贷、买方信贷、混合贷款等新的信贷形式，适应了国际贸易发展对银行服务的要求。

3. 银行国际服务贸易的网络化

网上银行是随着因特网的发展而出现的重要电子商务活动。上网用户可以通过网上银行在全球范围内管理个人资金，进行购物或投资。

（四）国际银行服务贸易的作用

归纳起来，国际银行服务贸易在经济活动中发挥以下重要作用：

1. 促进国际贸易的发展

国际银行服务贸易是国际经济，特别是国际贸易的产物，同时又反过来促进了国际贸易、国际经济的发展。

2. 具有国际中介服务的功能

从总体上看，服务是难以储存的，然而通过银行的中介服务，货币却得以储存，并在储存中生息增值，作为最重要的金融中介机构，银行能够将不同国家、地区的个人或企业等机构的盈余资金组织、动员、聚集后，传递、分配给不同国家的资金短缺者，使这些资金发挥最佳经济效益，而银行则因提供的服务获取收益。这就是国际银行服务贸易的中介服务功能。

3. 促进经营的商品化、市场化

银行提供的是有偿服务，国际银行业也是商业银行业，它的产生和发展与商品经济密切相关，通过国际银行服务贸易就可以进一步促进经济的商品化和市场化。

总体而言，国际银行提供的国际贸易服务包括银行的国际贸易结算业务、国际贸易融资业务及国际金融避险业务等。

二、银行在国际贸易中的结算与支付业务

银行国际贸易结算和支付业务是传统的国际银行服务业务。银行国际贸易结算业务包括信用证业务、进口代收业务、托收业务等等。但是，这项主要功能在20世纪90年代以后发生了变化，变化的主线是信用证逐渐退出国际贸易市场，在此过程中，记账贸易成为贸易结算和支付的主流形式。

（一）银行国际贸易的传统结算业务

1. 进口信用证结算业务

进口信用证是银行应国内进口商的申请，向国外出口商出具的一种付款承

诺，承诺在符合信用证所规定的各项条款时，向出口商履行付款责任。

信用证业务的特点包括：

第一，能改善进口商谈判地位。开立信用证相当于为出口商提供了商业信用以外的有条件付款承诺，增加了进口商的信用，进口商可据此争取到比较合理的货物价位；

第二，使进出口合同的履行更有保障。开立信用证变商业信用为银行信用，银行的介入可以使贸易本身更有保证，通过单据和条款，有效控制货权、装运期以及货物的质量等；

第三，可以减少资金占压。对于使用授信开证的进口商来讲，在开证后付款前可减少自有资金的占用，提高资金的使用效益。

2. 进口代收业务

进口代收业务是指银行接受国外代理行或联行委托，按照代理行或联行的指示向进口商收取进口款项，并向进口商交付有关商业单据。进口代收可分为付款交单（D/P）和承兑交单（D/A）两种方式。

其特点有：银行费用较低，有利于企业节约财务费用、控制成本；与信用证方式相比手续简单，易于操作；资金占压少，在出口商的备货和装运阶段不必预付货款、占压资金，支付货款或做出承兑后可立即取得货物单据并处置货物；承兑交单项下，进口商承兑后即可以取得货物单据并处置货物，在售出货物并有现金流入后才对外支付，资金占压近乎为零，财务状况和偿债能力得到有效改善。

3. 托收业务

托收分为光票托收和跟单托收。光票托收是指银行受客户委托办理的不附带任何商业单据的金融单据的托收业务。用于满足国际贸易结算需求，可分为付款交单 D/P. 和承兑交单 D/A. 两种方式。

其优点包括：费用低廉，光票托收的银行费用相对较低；安全稳妥，与直接向付款人邮寄收款存在较大风险，通过银行间的国际网络收款可以避免这些风险，是较安全的收款方式；服务便捷，如托收行与付款行/代收行签有“立即贷记”协议，则可大大缩短收款时间。跟单托收指银行受出口商委托，凭其提交的出口商业单据和金融票据通过国外代收行向进口商收取款项，用于满足国际贸易结算需求。较汇款方式而言，有一定付款保证，又可分为付款交单（D/P）和承兑交单（D/A）两种方式。其产品特色为：银行费用较低，有利于企业节约财务费用、控制成本；与信用证方式相比，手续简单，易于操作；进口商只有承兑或付款后才能提取货物，与赊销方式相比，出口商承担的风险较小。

（二）银行国际贸易结算和支付功能的变化

1. 结算支付方式的变化趋势

信用证是目前国际贸易中合理有效的结算和支付手段，但是，它同时又具有难以克服的缺陷，主要是成本高、占用信用额度、单据处理复杂、周期长，银行对信用证的审查和解释不一致，使得因不符点而在首次被拒付的比例高达 60 -

70%等。信用证的这些特性使得它已经无法有效适应国际贸易市场的新变化。在这一背景下，国际贸易结算和支付出现了两个主流趋势：其一，寻求用更加低成本、简便、灵活的支付方式取代信用证。其二，对信用证的传递、处理方式加以改造，克服其缺陷，继续采用这一方式。

在此过程中，记账贸易（Open Account，OA）方式应运而生，成为替代信用证的主要结算支付方式而被进出口商接收，其使用率在近年来迅速上升。记账结算是一种以买方为中心的模式，它本身几乎不具备任何担保机制，而是基于双方之间的互相信任。其交易过程始于买方向卖方下定单，卖方提供相应的单据供买方确认，在此过程完成之后，卖方装运货物。买方在收讫货物之后，按照协议或发票要求的方式付款，贸易过程完结。

2. 记账贸易的市场发展特征

第一，具有地区差别。越是发达市场越早接收记账方式，并且占结算的比例也越大。与此同时，新兴市场，包括东南亚市场，也在越来越多地采用记账方式。

第二，具有客户关系差别。出口商通常只在与信誉良好、长久、稳定、成熟关系的客户从事贸易时，才会接受记账形式。但动态地看，许多出口商即使在与新客户、中小客户，甚至风险较大的客户从事交易时，也越来越多地采用记账交易。

第三，具有客户对象差别。越是大客户，越是广泛接收记账方式。例如，美国的大型连锁零售商，订货量大，周期短，批次频繁，他们往往只接收记账期限结算。相应地，记账方式通常也主要为具有一定财务实力的大出口商所运用。但随着应收账融资的发展，目前有越来越多的小型出口商也将之作为市场开发的利器。

第四，进口商在采用记账方式时，可以使用并保留已有的信用证处理系统，而不必另起炉灶，并且仍然可以同时继续使用信用证结算。进口商的典型做法是维持记账和信用证两套系统，对不同的供货商采用不同的方法。

3. 银行在记账贸易中的作用和机会

银行曾经是国际结算和支付业务的主要提供者，但国际贸易结算的非跟单化，也对银行造成了国际贸易服务非中介化的威胁。因为信用证贸易将银行深深地卷入国际贸易领域，而记账贸易在很大程度上意味着银行中介功能的丧失。但善于顺应潮流的银行在这一环境中也找到了新的业务机会。

第一，客户需要银行为其新的结算方式提供顾问、咨询和信息相关服务，协助进口商顺利的从信用证过渡到记账方式。在此过程中，银行的设计、结构等顾问服务具有重要作用。

第二，为客户的记账贸易提供管理及贸易处理服务。即使在客户从事纯记账贸易，不需要融资、收账服务时，银行也能找到新的业务机会。如美国的州街银行在2000年9月开始启用网上进出口贸易管理平台，其中一个全新系統即是"记账交易者"（Open Account Trader），该系統可以为其大进口商、制造业、连锁店客户提供包括支付、买卖双方数据匹配等在内的服务，使买卖双方可以在全球互联网上完成交易和付款。

第三，参与以新技术为基础的支付管理公司的结算支付平台，为客户提供无纸化支付。目前最主要的机构有：Trade Card，以提供新的网上支付系统和工具，代替信用证。它采用会员制，并用风险评估、协议、规则等手段制约买卖双方，同时也采用保险方式转移风险。

三、银行国际贸易融资业务

银行在国际贸易服务中的基本功能之一即是为实物流提供必要的资金支持，融资形式主要可分为两大类：第一，直接融资：包括金融机构对进出口商的信贷，进口方向出口方提供的贸易信贷，如现金预付，出口方向进口方提供的信贷，如延期付款等；第二，间接融资，包括出口信用保险、担保、应收账款抵押融资等。

（一）银行国际贸易融资的传统业务

1. 保理业务

保理是指卖方、供应商或出口商与保理商之间存在的一种契约关系。根据该契约，卖方、供应商或出口商将其现在或将来的基于其与买方（债务人）订立的货物销售或服务合同所产生的应收账款转让给保理商，由保理商为其提供下列服务中的至少两项：贸易融资、销售分户账管理、应收账款的催收、信用风险控制与坏账担保。保理业务主要分为进口双保理和出口双保理。进口双保理是指银行应国外出口保理商的申请，为某一特定的进口商核定信用额度，从而向出口商提供应收账款催收、资信调查、坏账担保等服务。

国际保理的特征和优势：

第一，从国际市场开发的战略角度看，它是出口商在激烈竞争中争取定单的有效手段，它支持了出口商，特别是那些资金并不充裕，但业务却在增长的出口商用记账贸易参与竞争。

第二，它是出口商财务管理的一种有效手段，因为出口商通过保理获得的资金算作正常销售收入，而非作为银行贷款列入资产负债表的负债方，这样可以使公司的资产负债表更加健全，有利于继续融资，此外，出口商也可以借助保理融资来提升自己的信用等级，更容易地从银行获得其他贷款，以满足其他方面需要。

第三，保理融资具有很大的灵活性。它可以在一定的合同期限内自动循环更新，并可以随出口商业务量增长而自动增加信用额度，却又不受抵押品的局限，它是所有的融资方式中最简单易行的一种。

第四，它不仅对出口商，而且对进口商也具有吸引力，因为出口商采用记账贸易，可以使进口商免除开立信用证的成本，减少资金占压，同时记账赊销使进口商可以在货物出售之后付款，无疑是出口商提供短期无息信贷，助其改善现金流量。

第五，保理在发展中市场是更加具有吸引力的信贷来源，因为在许多发展中市场，由于法规限制，出口商难以用应收账作为抵押从银行获得贷款，然而几乎所有的发展中市场都允许将应收账转售给第三方，根据“特许执照会计师协会(ACCA)”2000 年 7 月对保理业务作的一项考察表明：越来越多的会计师认为保理是公司管理现金流量，确保用于业务增长的资金充足的最佳方法。

2. 福费廷

福费廷是指银行无追索权地买入因商品、服务或资产交易产生的未到期债权，是一种用于改善出口商现金流和财务报表的无追索权融资方式，有利于规避各类风险。客户将国家风险、买方信用风险、汇率风险、利率风险等全部转移给银行，达到规避风险的目的。此外，该业务无需占用客户授信额度。福费廷业务不占用客户授信额度，客户在没有授信额度或授信额度不足的情况下，仍可从银行获得融资。有利于增加流动资金、优化财务报表、提前获得出口退税。福费廷业务可以提供 1 年期以下的短期融资，而且可以提供 3 - 5 年，甚至更长期限的中长期融资。其最大的特点在于银行作为包买商也必须放弃对出口商的追索权；出口商在背书转让债权凭证的票据时均加注“无追索权”字样（Without Recourse）从而将收取债款的权利、风险和责任转嫁给包买商。

福费廷业务主要提供中长期贸易融资，利用这一融资方式的出口商应同意向进口商提供期限为 6 个月至 5 年甚至更长期限的贸易融资；同意进口商以分期付款的方式支付货款，以便汇票、本票或其他债权凭证按固定时间间隔依次出具，以满足福费廷业务需要。除非包买商同意，否则债权凭证必须由包买商接受的银行或其他机构无条件地、不可撤销地进行保付或提供独立的担保。福费廷业务是一项高风险、高收益的业务，对银行来说，可带来可观的收益，但风险也较大；对企业和生产厂家来说，货物一出手，可立即拿到货款，占用资金时间很短，无风险可言。因此，银行做这种业务时，关键是必须选择资信十分好的进口地银行。

3. 押汇业务

押汇业务分为进口押汇和出口押汇。其中，进口押汇是指银行在进口信用证或进口代收项下，凭有效凭证和商业单据代进口商对外垫付进口款项的短期资金融通，用于满足进口商在进口信用证或进口代收项下的短期资金融通需求。按结算方式分为进口信用证押汇和进口托收押汇；按押汇币种分，可分为外币押汇和人民币押汇；按垫付资金来源分为自有资金对外垫付和海外联行垫付(海外代付)。

进口押汇业务有利于企业减少资金占压。利用银行资金进行商品进口和国内销售，不占压任何资金即可完成贸易、赚取利润；有利于企业把握市场先机。帮助进口商在无法立即支付货款的情况下及时取得物权单据、提货、转卖，从而抢占市场先机；同时提高企业议价能力。通过将付款期限由远期改为即期，或相应缩短远期付款的期限，可以帮助进口商提高对国外出口商的议价能力；此外，还有利于节约财务费用。可根据不同货币的利率水平选择融资币种，从而节约财务费用。其融资利率按银行对贸易融资业务的利率授权执行。

（二）银行国际贸易融资功能的变化

1. 贸易融资业务和产品的发展趋势

首先，应收账融资成为主流趋势。记账贸易取代信用证，必定要引发贸易融资市场的巨大变革。因为对买方而言，信用证具有融资功能，而记账贸易本身并不具有融资功能；对卖方而言，由于记账贸易通常也是一定期限的付款。据统计，全球国际记账付款的平均期限是90天，这使得出口商用记账方式结算可能会面对着流动资金短缺的压力。特别是对业务在成长中的中小企业来说，流动资金周转是其业务得以扩张甚至继续生存的源泉。记账贸易扩张促进了应收账融资的发展，为应收账服务提供了巨大的潜在市场。同时，应收账服务的发展反过来又促进了记账方式在国际贸易中的应用。应收账款融资的种类主要有：资产抵押贷款，发票贴现，保理与福费廷。其中的保理更具有结构更完全、应用面也更广的特征。

其次，结构性贸易融资运用更加广泛。银行贸易融资的常规手段通常可以满足进出口双方的一般贸易融资需求，包括周期较短，业务较单一和成熟的贸易。但传统的贸易融资手段有其不可避免的局限性：第一，无法满足与高风险地区，贸易融资体制不成熟的新兴市场之间的贸易。银行的常规贸易融资、结算工具本身虽具有防范和减少风险的功能，但限于正常市场状况下的一般风险，而对由国家主权、法律、制度不健全等引起的风险，这些融资工具束手无策；第二，对中长期贸易融资力不从心；第三，对交易金额较大的大宗商品或资本商品的贸易融资也势单力薄。特别是近十几年来，发达市场和新兴市场之间的贸易迅速增长，传统贸易融资的局限性更加突出，促进了具有克服传统贸易融资局限性的结构性贸易融资的广泛运用。

最后，贸易融资资产的流动性加强，二级市场形成。这一市场的优越性：第一，它提高了贸易融资市场的透明度和一体化程度——每一系统都用一个平台，将商业银行、政府贸易代理与进出口商联结，使这些机构从一个入口即可以了解世界各地大量的贸易融资信息，从而克服了这一市场的分散、封闭性，即包括了一级市场也包括二级市场；第二，它加强了贸易融资资产的市场流动性——投资者可以将商业票据在到期前投入市场通过迫卖方式流通，从而也减少了投资者持有贸易资产的风险性，增加了这一资产对投资者的吸引力；第三，提高了贸易融资资产市场的有效性——更多的买、卖方在同一平台相遇，意味着更公平的价格与竞争，更容易的进入通道和更有效的市场；第四，降低了贸易融资资产的成本——用信息技术建立数码仓库，为成员提供资产信息、评级、历史等方面的标准化、综合性形式，降低了维系和管理全球各地贸易融资资产组合所需成本与时间。

2. 结构性贸易融资的市场趋势

第一，结构性贸易融资在90年代以来快速增长，其主要标志之一即是由政府出口信贷代理，包括担保、保险和政府担保贷款，以及私营保险机构参与的融资增长。

第二，私营保险机构的业务增长快于政府代理的业务，其因在于私营机构在分析和承担政治风险方面的能力加强，逐渐取代了政府机构的功能。但从市场细分来看，私营机构主要集中于短期信贷，85% -95% 的短期信用保险完全由私营机构承购，不需政府参与。和政府机构相比，他们的优势是：效率高，反应快，提供的险种更广泛，同时也具有价格优势。

第三，结构性贸易融资起源于发达市场向新兴市场的出口贸易，但这一强有力的出口扩张工具很快就被新兴市场接受，目前已经成为许多新兴市场的出口贸易融资的重要手段。使得政府出口信用代理和私营机构保险成为新兴市场贸易融资，特别是对高风险市场出口融资的重要来源和支持。

第四，银行开始更多涉及一次性融资业务，其驱动因素是更多的中小企业从事国际贸易，由于大部分这类企业的关系银行是不具备外贸服务能力的中小银行，为了对这类客户提供服务，许多银行打破了关系银行模式，为非关系客户提供一次性贸易相关服务，银行从事这类服务时可以利用政府代理出口促进项目提供的担保和保险。例如美国进出口银行的主要对象之一正是偶尔出口的中小企业，银行还可以将此类资产转售给政府代理，进一步转移风险。

四、银行国际金融避险业务

伴随着记账贸易方式的普及，记账贸易方式使得原来由信用证承担的安全功能留下一个缺口，将出口商敞露于买方违约拒付的风险。这是因为记账贸易方式本身不具备任何担保和风险控制的机制，它促进了出口商对贸易风险控制需求的增长。这一市场变化，引起了银行在国际贸易服务中风险控制功能的发展，既对银行提出了新的挑战，也带来了巨大的业务机会。银行在这一新的环境中通常采用以下金融避险业务来进行风险控制。

（一）应收账管理

应收账款管理的主要形式是国际保理业务，这一业务提供的安全功能具有以下特征：

第一，保理商通常对自己出口商客户的客户——进口商的信用状况及其市场比出口商更加了解，他们为出口商起到了审查和评估买方信用的作用；

第二，为出口商承担、转移大部分出口相关风险，包括信用、货币、利率、转付等风险；

第三，从事应收账管理，出口商将应收账款跨国管理、催收等复杂职能外包给保理商；

第四，将销售与收账分开，有利于出口商保持与客户的良好关系，并且由第三方专业机构收账，也可以使客户认真对待，提高收账效率。据英国保理业协会报告：其成员的收账期平均为 60 天，而非保理收账期为 80 天。

总之，保理业务对出口商的主要吸引力在于它具有信用证付款的安全性，同时又有记账贸易的市场力量，在同一出口企业中，通常是财务主管偏爱现金预付或信用证付款，因其有收款保障，而市场主管则主张记账贸易，因其可以扩大销售，保理方式则使二者皆大欢喜，它在很大程度上是现金预付与记账的混合体。

（二）出口信用保险

出口信用保险是国际保理的主要替代产品，出口信用保险的功能在过去只是转移和承担出口商的付款风险。但近年来，一些大的出口保险公司开始发展到为国际贸易提供更加全面的金融服务，典型的有：COFACE 提供全面信用功能，包括：承购应收账，收账服务等。此外，也有新的网上服务机构，提供出口信用保险辅助服务，出口信用保险的市场状况是：欧洲具有采用私营保险作为风险控制手段的传统。据估算，目前欧洲的出口总额中有 25% 以上采用出口信用保险。而美国在这方面相对落后，只占出口总额的 1%。但过去几年来，这一方式在美国增长很快。除了转移风险外，出口商也将之用作获得银行应收账融资或流动资本融资的手段。

（三）备用信用证国际银行业

备用信用证又称担保信用证，是指不以清偿商品交易的价款为目的，而以贷款融资，或担保债务偿还为目的所开立的信用证。它是集担保、融资、支付及相关服务为一体的多功能金融产品，银行用此方式为采用记账贸易的出口商承担付款风险。

（四）付款保函（Payment Undertakings）和风险参与协议

这是近年来发展起来的替代信用证风险控制功能的银行业务，它是一种由银行居间，确认买方付款行为的付款承诺，它的基础是买卖双方的订货合同。但它的形式是一种独立、正式和不可撤销的文件，并且由卖方的银行参与，赔偿或分摊由商业或国家风险引起的付款违约损失，卖方选定的银行和卖方签订“风险参与协议（Risk Participation Agreement）”，为卖方承担风险并收取费用。这种方式对有意建立长久合作关系的买卖双方特别有价值。

（五）结构性贸易融资

结构性贸易融资的主要功能是融资和风险控制，传统的贸易融资和结算包括信用证已经具备消除、转移、降低风险的功能，但限于正常市场状况下的一般风险，对与高风险地区和客户，与贸易融资体制不成熟的新兴市场之间的贸易，和由国家主权、法律、制度不健全等引起的风险，这些融资工具则束手无策，而以政府代理参与、承担和转移出口商风险为特征的结构性贸易融资则起到协助出口商增加向新兴市场、高风险市场出口的作用，并且它往往是惠及买卖双方的安排。

（六）银行参与电子结算支付系统，采用成员制方式控制风险

新兴的电子结算支付系统主要有 Bolero、TradeCard 等，其控制风险的方式是：采用俱乐部（Club）形式，将买卖双方连接，评估成员风险，并用规则和协

议制约各方，确保供货和付款。银行是这些系统的主要成员，它们通过参与系统运作来控制记账贸易的风险，值得强调的是，银行在对国际贸易服务传统功能加以改造的同时，也形成了新的贸易服务功能。主要包括：供应链管理——包括财务和物流相关的管理、现金管理、咨询服务和信息管理等，银行今后在国际贸易服务竞争中的制胜之道，不仅在于改造传统功能，而且在于创立新的功能。

第三节　国际保险服务贸易

保险服务贸易是国际金融服务贸易的重要组成部分。国际保险作为国际间分散风险和转移风险的重要方式，为国与国之间提供安全保障服务，对促进全球经济发展的作用不断增大。保险服务贸易因此成为了乌拉圭回合中有关金融服务最为重要的内容之一。

一、保险与保险服务贸易的基本内容

（一）保险的含义与分类

1. 保险的含义

根据《中华人民共和国保险法》的定义，保险是指投保人根据合同约定，向保险人支付保险费，保险人对于合同约定的可能发生的事故因其发生所造成的财产损失承担赔偿保险金责任，或者当被保险人死亡、伤残、疾病或者达到合同约定的年龄、期限时承担给付保险金责任的商业保险行为。

在理论界，对保险的概念存在不同的观点。

损失论认为保险是一种损失赔偿合同，其代表人物是英国的马歇尔。他指出，保险是当事人的一方收受商定的金额，对对方所受的损失或发生的危险以补偿的合同。欲望论的代表人物德国保险学权威马纳斯认为，保险是许多处于同样经济不安定情形下的企业或个人，将可能发生的且可计算的财产上的某种程度的欲望，根据互助原则，给予保障的手段。技术论者则认为，保险就是把可能遭受同样事故的多数个人或单位集中起来，测出事故的发生率，即概率，然后根据概率计算保险价格。

简言之，保险的含义就是一种保障。它保障我们在碰到意外或者疾病的时候，能够有充足的资金予以应对和解决这些意外，以保证个人和家庭的经济不会受到创伤，生活不会受到影响。保障我们到年老的时候，在减少甚至没有经济收入的情况下生活品质不会受影响。

2. 保险的分类

根据不同的标准，保险的分类方式也不尽相同。

（1）人身保险与财产保险

根据保险标的的不同，保险可分为人身保险和财产保险两大类。人身保险是以人的寿命和身体为保险标的的保险。当人们遭受不幸事故或因疾病、年老以致丧失工作能力、伤残、死亡或年老退休后，根据保险合同的规定，保险人对被保险人或受益人给付保险或年金，以解决病、残、老、死所造成的经济困难。

广义上讲，财产保险是除人身保险外的其他一切险种，包括财产损失保险、责任保险、信用保险、农业保险等。它是以有形或无形财产及其相关利益为保险标的的一类实偿性保险。

（2）原保险与再保险

发生在保险人和投保人之间的保险行为，称为原保险。发生在保险人与保险人之间的保险行为，称为再保险。

具体地说，再保险是保险人通过订立合同，将自己已投保的风险，全部或部分转移给一个或几个保险人，以降低自己所面临的风险的保险行为。我们把分出自己承保业务的保险人称为原保险人，接受再保险业务的保险人称为再保险人。

（3）商业保险与社会保险

以"是否以营利为目标"作为划分标准，保险可分为商业保险和社会保险两类。商业保险是指保险公司所经营的各类保险业务。商业保险以营利为目标，进行独立经济核算。社会保障是指在既定的社会政策下，由国家通过立法手段对全体社会公民强制征缴保险费，形成保险基金，用以对其中因年老、疾病、生育、伤残死亡和失业而导致丧失劳动能力或失去工作机会的成员提供基本生活保障的一种社会保障制度。社会保障不以营利为目标，运行中若出现赤字，国家财政将给予支持。

（4）商业保险与政策性保险

政策性保险是指由国家财政直接投资成立的公司或国家委托独家代办的商业保险结构，为了体现一定的国家政策，如产业政策、国际贸易政策等，通常会以国家财政为后盾，举办一些不以营利为目的的保险。这类保险所投保的风险一般较大，损失程度较高，但出于种种考虑而收取较低保费，若经营者发生亏损，国家财政将给予补偿。常见的政策性保险有出口信用保险、投资保险和农业保险等。与此相比，商业保险由以营利为目的的商业保险公司举办，它们自主经营、独立核算、自负盈亏，出于利润最大化的考虑通常不会经营政策性保险。

此外，按保障的主体分，保险可分为个人保险和团队保险；按保险的实施方式分，保险又可分为自愿保险和强制保险。当前，世界各国绝大部分保险业务都采用自愿保险方式办理，我国也不例外。

根据经济合作与发展组织的定义，保险服务贸易是指包括跨国进行的传统保险服务交易活动、保险业对外直接投资和对外金融投资的全部所得总和。

（二）保险服务贸易的基本概念及形式

1. 保险服务贸易的基本概念

保险服务贸易是一国保险人向另一国投保人或被保险人提供保险服务，并获取收入的交易过程。

根据 GATS《金融服务附件 1》的界定，保险服务贸易涵盖如下一些保险及与保险有关的商业性活动：

（1）直接保险（包括共同保险），又可细分为人寿保险和非人寿保险这两类保险业务

（2）再保险和转分保

（3）保险中介，如保险经纪和保险代理

（4）辅助性保险服务，如咨询、精算、风险评估及理赔服务等

GATS《金融服务附件 1》的上述界定涵盖了现实经济领域几乎所有的营利性保险业务，至于非营利性及带有国家强制性的保险业务，如养老保险、医疗保险等社会保险业务，则不在 GATS 规范的范围内。根据我国"入世"承诺，2004 年 12 月 11 日后外资保险机构在中国境内开设分支机构将不受地域和数量的限制。

2. 保险服务贸易的形式

（1）跨境支付，指一国保险人向另一国投保人或被保险人提供保险服务，但不涉及保险双方的人员流动。比如，出口商品以 CIF 成交，其中，保险是由出口国的保险人向进口国的被保险人提供的。

（2）境外消费，指一国投保人或被保险人到另一国接受外国保险人提供的保险服务。在这一方式的服务贸易中，服务的消费者需要到达提供者所在的国家。比如，外国游客到中国旅游，或外国企业到中国投资建厂，由中国保险公司提供保险服务。

（3）自然人流动，指一国的保险人员到另一国提供保险服务，比如中国的保险公司人员被允许到国外的国际商品交易会上去推销保单，向外国被保险人提供保险服务。这种方式一方面与"商业存在"方式密切相关，因为有相当多的外资保险公司的高级管理人员需要进入一国领土提供服务；另一方面，在保险经纪服务或者保险附属服务，如咨询、风险评估等服务中也大量存在着自然人移动。

（4）商业存在，指一国保险公司到另一国开业，提供保险服务。比如，美国友邦保险公司获准在中国开设分公司，提供保险服务。

GATS 中保险服务贸易的范围相当广泛。只要是采取了上述四种服务提供方式中的任何一种，都隶属于 GATS 界定的保险服务范畴。

二、国际保险服务的业务

国际保险市场上的业务组成大体可分为财产保险、责任保险、保证保险和人身保险四个部分。

（一）财产保险

财产保险是以财产为保险标的物的保险，包括火灾保险、海上保险、汽车保险、航空保险、陆上运输保险、工程保险、盗窃保险和农业保险等。其中，火灾

保险是财产保险中最基本且业务量最大的保险险种之一。在国外，火灾保险相当发达，它是继海上保险后另一种古老的险种。保险人对承保的财产因遇火灾而遭受的损失，或由此进行施救所造成的财产的损失以及所支付的合理费用负赔偿责任。为了迎合客户的需要，火灾保险在火险的基础上不断扩大其承保责任的范围，除承保火灾外还承保各种自然灾害和意外事故所至的损失，所以火灾保险已逐渐为各种综合性的财产保险所替代。如我国目前开办的企业财产保险、家庭财产保险均是以火灾保险为基础发展起来的。现今火险作为一种基本保险合同的做法正在消失，代之而起的是涵盖各种风险事故的保险合同。此外，汽车保险在世界各国发展迅速，尤其是在经济发达国家，汽车已成为生活必需品，汽车保险成为汽车拥有者必不可少的一种保险。

（二）责任保险

责任保险是以被保险人的民事损害赔偿责任为保险标的的保险。在国际保险市场上，责任保险大体上可分为企业责任保险、职业责任保险和个人责任保险三种。企业责任保险是指保险人对被保险人因从事各种商业活动发生损害而引起的赔偿责任。职业责任保险是指保险人承保被保险人在其提供职业服务时，由于疏忽不当，引起的在法律上应负的损害责任。个人责任保险是指保险人承保被保险人因其个人行为而导致的损害赔偿责任，其中承保范围包括受损者的财产损失和人身伤亡。

（三）保证保险

保证保险是保险人为被保险人向权利人提供担保的一种保险，它实际上是一种担保业务。保证保险根据投保对象不同，分为保证保险和信用保险两种。保证保险是被保险人借用保险人的信用，向权利人提供担保；信用保险则是指权利人直接向保险人办理保险，要求保险人担保被保证人的信用。

（四）人身保险

人身保险主要包括人寿保险、健康保险和伤害保险三类。人寿保险是以人的生命为保险标的，以人的生存或死亡作为保险责任范围的。健康保险是指被保险人因疾病不能从事工作，以及因病伤残时，由保险人负责给付保险金。伤害保险指被保险人因遭受意外事件，身体受到伤害而不能从事日常工作或伤残死亡时，由保险人负责给付保险金。

通常衡量一个国家和地区保险业发展水平的指标有三个，即保费收入、保险密度和保险深度。据瑞士再保险公司的 Sigma 杂志 2007 年 3 期的统计资料显示，2006 年的宏观经济环境呈现出稳健增长、大多数地区通货膨胀适度、利率上升但仍然较低、股票市场欣欣向荣等特点。全球保险费达到 37 230 亿美元，其中，寿险保费为 22 090 亿美元，非寿险保费为 15 140 亿美元。保费实际增长率为 5%，其中，人寿保险增长幅度为 7.7%，非寿险为 1.5%。2006 年寿险和非寿险的利润较2005年均有所改善。

保险深度是保费收入占国内生产总值的比重。它反映了一个国家的保险业在整个国民经济中的地位。其计算公式为：

保险深度 = 保险收入/GDP

从世界的发展情况来看，2003年，全球平均的保险深度为8.06%，中国的这一数据为3.33%，位列全球第44位，亚洲第9位；2004年，全球平均保险深度为7.99%，中国为3.16%；2005年，全球平均保险深度为7.52%，中国为2.70%，位列全球第50位，亚洲第11位；2006年，全球平均保险深度为7.50%，中国为2.70%，位列全球第47位，亚洲第11位。无庸置疑，中国的保险业与世界的发展仍有相当大的差距。

保险密度是指按全国人口计算的平均保费额。它反映一国国民受到保险保障的平均程度。其计算公式为：

保险密度 = 保费收入/人口总数

根据瑞士再保险公司的Sigma杂志2004年第8期统计资料显示，2003年，瑞士以5 660.3美元/人的保险密度名列榜首，紧随其后的是英国，保险密度为4 058.5美元/人。2003年全球平均保险密度为469.6美元/人，其中，工业化国家平均为2 763.5美元/人，新兴市场国家平均为58.7美元/人。大多数工业化国家的平均水平大约在1 100美元到3 700美元之间，而发展中国家的平均水平较低。中国位于第71位，为36.3美元/人。2004年，世界平均保险密度为511.55美元/人，中国的保险密度为40.1美元/人，仅列第72位；2006年，世界平均保险密度为554.8美元/人，而中国为53.5美元/人，列第70位。从数据中可以看出，中国保险密度增长较快，但水平仍然较低。

三、国际保险服务市场的开放模式及特点

（一）保险服务市场的开放模式

各成员国因经济发达程度、发展水平的差异，保险服务市场的规模、制度和重要性各有不同，在金融服务谈判中就持有不同态度，并形成了不同的开放模式。

1. 以美国、加拿大为代表的发达国家市场完全开放模式

这类发达国家保险市场高度发达，保险公司实力雄厚，保险产品品种繁多，保险创新层出不穷，保险从业人员素质较高，加之保险服务法规齐全，在国际保险服务贸易中明显处于竞争优势地位。因此，这些国家对外国保险服务提供者一般给予较充分的市场准入机会和国民待遇。美国是发达国家全面开放其保险市场的典型代表，这与其在国际保险服务贸易中所占的地位是有密切关系的。美国是世界上最大的保险市场，仅1993年美国的保费收入就超过了5 600亿美元，占世界总保费收入约1/3份额，同时，它也是世界上最大的保

险服务输出国。美国在立法上将保险公司监管的责任下放到各州，任何一家保险公司必须获得州保险署的批准才能在该州营业，并遵守该州的费率厘定和财务报告要求。各州在保险公司的组建、注册、审核、税收等方面存在不小差异，在特定承诺表上，美国根据各州监管法律的差别，拟定了不同的市场准入限制。例如，不同的州对外资保险公司董事会成员的美国国籍要求各异，路易斯安那州要求外资保险公司的董事会成员必须100%具有美国国籍，而其他州则要求75%甚至更少。在国民待遇限制上，美国对于跨境提供保险服务有所限制，主要是通过加收联邦执照税和限定保险业务范围加以制约。其他几种服务方式则无任何限制，这主要是因为在跨境提供方式下，外国保险公司身处境外，难以接受州政府和联邦政府的有效监管。在新的全球金融服务协议中，美国承诺在州水平上取消对保险服务和辅助性保险服务颁发许可证的居民或公民要求，并保证对新的保险进入者扩大其现有的经营活动范围，并在最惠国待遇基础上实施新的措施。

2. 以日本、欧盟为代表的发达国家有限开放模式

这类国家的保险市场也非常发达，但保险法规、保险制度长期未能定型，有的是出于一体化原因使法律频繁变更（如欧盟），有的是因为国内保险业的痼疾得不到解决而使法律处于一种不稳定状态（如日本），因此这些国家在保险市场开放的态度上表现得较为犹豫，对外国保险公司进入本国市场有较严格的限制。日本是仅次于美国的保险大国。日本政府长期以来非常重视保险业的发展，对保险业的政策扶持主要体现在税收方面。日本对保险业的课税方法别具一格，既不对保费收入征税，也不对公司利润征税，只对其资本运用收益部分征税。与此同时，日本严格限定外国保险公司在日本的开业权，并对外国保险公司的审批和经营范围严加限制。从1993年起，美国开始同日本进行开放保险市场的谈判，要求日本加快保险市场开放的进程，并增强保险监管的透明度。1994年10月，日美第一轮谈判达成协议，允许外国保险公司可以通过申报制直接在日本开业。1996年12月15日，日美之间达成新的保险服务贸易协议，协议进一步放宽了外资保险公司费率厘定及参与第三领域保险（既非生命保险又非财产保险的损害保险）的限制。

日本保险业的开放是在其国内经济不景气和世界经济一体化的双重压力下作出的。在新的全球金融服务协议中，日本迫于美国的压力，进一步加快了保险服务贸易开放的步伐，主要表现在如下几点：（1）1996年6月，取消了保险服务中的一些限制，如：保险过境交易中的空运保险、海运保险的限制；保险经纪人和保险零售中的日元支付要求及保险赔付中的日元支付要求。（2）在1998年7月以前，汽车、火灾等伤害保险的费率完全自由化。（3）从1998年4月起，外汇交易完全自由化，废除对保险经纪人的禁令。

3. 部分发展中国家和地区的充分开放模式

一些发展中国家和地区在金融服务谈判中表示愿意原则上接受金融服务自由化的目标，但同时主张对自由化的进程保持严格的控制，如我国台湾地区、

智利、南非、摩洛哥和匈牙利等。它们鉴于本国或本地区的保险资源相对贫乏，又迫于发达国家开放保险市场的压力，依据自身的发展水平和现实状况，在保险市场开放上给予外国保险公司较为充分的国民待遇和开业权。例如，智利在其特定承诺表中，对外国公司在其本国开业，除养老金业务之外，对保险业务不加特别限制；南非对于财产保险公司的市场准入和国民待遇没有限制，对人寿保险公司除了国外再保险之外，也采取了无限制的市场准入和国民待遇原则等。

我国台湾地区的保险业发展非常迅速，在目前的台湾保险市场中，有33家寿险公司和23家产险公司正式营业，其中美资保险公司占相当比重，寿险公司中有15家是美资公司，产险公司中有7家是美资公司。1996年台湾保费总收入达到156亿美元，外国保险公司在寿险市场所占的份额将近6%，在产险方面则为1.4%。美资是台湾保险服务市场开放的主要受益者，自1981年台湾保险市场正式向美国开放以来，美资保险公司以每年两家的速度进入台湾市场。从1995年开始，台湾全面开放其保险市场，根据台湾1995年7月17日颁布的有关外国保险公司在台设立分支机构规定的修正案，台湾全面放宽了对保险市场的外资准入限制，取消了进入台湾的外国保险公司有关高额实收资本和高额资产净值的“双高”履行要求，将准入条件局限在以下两方面：（1）从业记录良好，以往三年财务稳健；（2）五年内未因违法而受其母国监管当局的惩处。此外台湾还放宽了外资保险公司组织形式的限制，允许外国相互保险公司在台湾开设分公司，并取消了外国保险公司开业权的互惠限制。从上述保险服务贸易规范可以看出，台湾地区的保险服务市场已基本实现了自由化，因此称为发展中国家或地区充分开放保险市场的典型代表。

4. 发展中国家有限开放保险市场的模式

大多数发展中国家的保险市场相对于发达国家还处于比较幼稚的阶段，保险服务落后，缺乏竞争力，如果屈从于发达国家的压力无限地对外开放本国市场，势必会冲垮本国保险业，并为日后的保险监管带来隐患。因此大多数发展中国家采取有条件的市场准入和部分国民待遇的原则，在拟定特定承诺表时，充分考虑本国国情，予以灵活性的有限承诺。在实际操作中，它们大多采取限制外国保险公司在合资公司中的股权比例来防止外资对保险市场的冲击。

泰国于1993年起开放保险市场，其保险业已形成一定经济规模。目前泰国境内共有110家保险公司，其中有10家外资保险公司，全国范围内本国与外资保险公司共设有1 700多家分支机构。为应对保险市场逐步开放过程中日益激烈的市场竞争，泰国政府未雨绸缪，及时制定了一些保险服务贸易法规，其主要内容如下：1. 提高保险公司边际偿付能力和未决赔偿准备金的比例，以确保保险公司的稳健经营；2. 扩大投资范围，鼓励险种引进，以提高保险公司的生存能力和经营效率；3. 逐步放宽保险监管，减少对保险条款、保险费率和承保范围的干预与限制，为保险业的发展提供一个宽松的政策和监管环境。基于泰国保险业发展的实际状况，泰国主要奉行分阶段有限开放的保险市场开放模式，其在

GATS 项下特定承诺表的承诺基本上也贯彻了上述思路。在 1997 年全球金融服务协议谈判中，泰国政府作出了以下三点承诺：（1）分阶段提升外资在本国保险业的参与水平，从 1993 年至 1997 年，允许外资在合资保险公司中拥有 25% 的股权，从 1998 年到 2002 年，允许外资在合资企业中拥有 49% 的股权，从 2003 年至 2007 年，允许外资在保险公司拥有 50% 以上乃至 100% 的股权。（2）对外国保险人才的准入作出限制，只允许外国高级管理人员、专家及技术人员入境，且需经泰国保险监管部门批准。（3）泰国对于购买本国保险公司寿险产品的投保人即予一定免税待遇。

（二）国际保险服务市场开放的特点

1998 年，学者 Laura J. Lane 对《全球金融服务协议》的 70 个原始缔约方的保险服务贸易承诺情况作了一个粗略的统计，从商业存在、跨境提供、市场准入及保险服务范围三个方面提供了如下一组统计数据：

在商业存在方面，有 45 个国家允许外资通过 100% 全资子公司或分公司的形式进入本国保险服务市场；有 9 个国家允许外资持有合资保险公司 50% 以上的股份；7 个国家允许外资拥有全资子公司，但不允许外资设立分公司；有 5 个国家禁止外资在合资保险公司中的持股比例超过 50%；另有 4 个国家没有作出任何承诺。

在跨境提供方面，有 35 个国家有选择地对跨境提供保险服务作出了承诺；有 27 个国家允许海上保险、航空保险、运输保险、再保险和保险经纪业务的跨境提供；有 8 个国家对跨境提供保险服务方式未作出任何承诺。

在市场准入和保险服务范围方面，有 53 个国家保证对所有的保险领域实行市场准入；有 13 个国家只对部分保险领域作出了准入承诺；另 4 个国家无任何承诺。

对以上主要成员方的保险服务承诺情况加以分析，可以得出如下几点结论：

1. 大多数成员方积极地扩大了承诺的范围或在既有承诺基础上作出了进一步的承诺。主要的原因是各成员方均认识到保险服务贸易自由化乃大势所趋，不可逆转。保险服务贸易领域的进一步开放将为国际贸易和投资提供广泛和优质的服务，推动全球经济一体化的发展。对以美欧为首的发达国家而言，保险服务承诺的拓宽与加深将使它们有更多的机会进入发展中国家的保险服务市场，赢得更大的利润和市场份额，从而进一步巩固和加强它们在国际保险服务贸易领域的强者地位；对发展中国家而言，它们可以通过开放市场引进更多的国外资金、先进管理经验和保险产品，历史经验表明，通过开放本国金融市场换取有关国家相关服务产业的准入机会亦可获得“互利共赢”的效果。

2. 发展中国家作出的多为放宽外资股权限制、扩大险种范围、取消业务或地域限制等实质性承诺，而发达国家作出的承诺则多为对既有承诺的技术性或程序性修缮。这主要是因为发达国家金融保险业实力雄厚，且一贯奉行金融服务国民待遇原则，早在 1995 年的 GATS 生效之时便对金融保险的市场开放作了承诺。除了美国、澳大利亚当时基于“免费搭车”（Free Ride）效应的考虑，提出基于互惠的最惠国待遇限制之外，其他发达国家对外国金融保险服务商进入本国市场并未设置明显的障碍。1997年金融服务协议达成后，美国、澳大利亚也撤回了其“有条件最惠国待遇”的豁免要求，重新回归到GATS无条件最惠国待遇的轨道中。有鉴于此，发达国家主要对一些技术性或程序性要求作出改进承诺。

3. 发展中国家的承诺力度不小，但一些关键问题上充分利用了GATS的“逐步自由化”原则，分步骤、分期限地开放本国保险服务部门。GATS项下的承诺采取“原则综述”与“逐项给予”相结合的原则，这使发展中国家成员方面临两种选择：一是作出抽象的原则性承诺，如巴西承诺未来的立法将允许私营机构提供保险服务，塞浦路斯承诺扩大再保险的开放等；另一种是作具体的限定性承诺，如印度尼西亚承诺保险公司的外资股权比例可上升至100%，马来西亚承诺到2005年6月30日，允许外资设立6个新的再保险公司等。两种承诺方式各有利弊：抽象承诺没有具体的时限和实施条件，履行时所受的压力较小，但若迟迟不予兑现，会给其他成员方造成“不守信用”的印象；具体承诺设定具体的指标或期限要求，若不予兑现国家所受的外交压力较大，但成员国作出的具体承诺往往经过深思熟虑，选择外资对本国经济冲击较小的保险部门或保险领域进行开放，并且附加了诸如时间、立法修改、配额、比例等各种限制，采取具体承诺，国家可将保险市场开放的进程与力度稳稳地操控在自己手中。两相比较，较之抽象承诺的泛泛而谈，具体承诺的优势较为明显，也容易被相关国家所接受。因此，大多数国家在改进承诺时作出的均为具体承诺，而抽象承诺的运用较为有限，多用于对一些原则的阐述与声明。

第四节 我国金融业的对外开放

金融开放是指由市场决定谁可发放信贷、谁可接受信贷和信贷交易的价格。全面的金融开放包括6个方面：信贷控制的取缔、利率限制的取消、金融服务业（含银行业）的自由准入、银行的经营自主权、银行产权的明晰化和国际资本的自由流动。根据中国加入WTO议定书，在金融服务业之中，银行业的开放承诺最为彻底。

（一）加入WTO议定书的银行服务业开放承诺

1. 审慎性发放营业许可证。外资金融机构在中国设立外国独资银行、外国独资财务公司、中外合资银行、中外合资财务公司需达到规定的要求。如外资金融机构在中国设立外国银行的分行需达到规定的总资产要求为：提出申请前一年末总资产超过200亿美元。入世时，中国金融服务部门进行经营的批准标准仅为审慎性的（即不包括经济需求测试或营业许可的数量限制）。入世后5年内，取消现存的限制所有权、经营权、外国金融机构法律形式，包括内部分支机构和营业许可的任何非审慎性措施。

2. 四种国际服务贸易形式的承诺。下列服务可以跨境交付：提供和转让金融信息、金融数据处理以及相关软件；就协议所列各项银行和其他金融服务项目提供咨询、中介和其他附属金融服务，包括信用调查和分析、投资和证券组合的研究和咨询、收购咨询、公司重组和战略制定的建议。中国对其他服务内容不作跨境交付方面的承诺。商业存在、境外消费、自然人流动遵循外国金融机构在中国境内开展业务的地域限制。

3. 人民币业务分阶段开放。对于外资银行的人民币业务，中国将在入市4年内分五批开放20个城市的地域限制，在客户服务对象上，加入后2年内，允许外资银行可在12个城市向中国企业办理人民币业务；加入后5年内，允许外资银行向所有中国客户提供服务。

4. 金融咨询类业务及时开放。自入市之日起，外资机构即可获得在中国从事有关存贷款业务、金融租赁业务、所有支付及划价服务、担保及承兑、公司并购、证券投资的咨询、中介和其他附属服务。

简单地讲，在加入WTO 5年之后，外资金融机构在服务地域和服务对象上已与中资金融机构没区别。中国在贸易自由化、开放国内市场、遵循国际惯例等方面做出的重要承诺，其影响之深刻、之广泛超出了人们的一般预期。

（二）入市十年外资银行在中国的表现

加入世贸组织十年间，中国银行业在世贸组织承诺基础上对外资银行实行国民待遇。同时，外资银行积极投身于不断发展壮大的中国市场。十年来，外资银行在中国呈现三大显著变化，在营业网点、资产规模、本地化经营方面获得良好发展。

首先，外资银行营业网点稳步增加，经营领域日益增多。入世十年来，外资银行在华营业网点稳步增加。据银监会统计，截至2011年9月末，外国银行在华设立了39家外资法人银行（下设247家分行及附属机构）、1家外资财务公司、93家外国银行分行和207个代表处。与入世前相比，外资银行分行增加了175家，支行更从6家增至380家。不只在发达城市，外资银行网点已逐步深入到中西部地区及二三线城市。除西藏、甘肃、青海和宁夏之外，外资银行在全国其他省区的48个城市设有营业网点，比入世前增加了28个城市。目前，共有来自47个国家和地区的银行在华设立机构。其中，俄罗斯、瑞典、挪威、西班牙、埃及、印度、印度尼西亚、中国台湾等国家和地区的银行为入世后首次设立营业性机构。与入世前相比，外资银行中还增加了经营中小企业融资、农业金融、航空航运融资、大宗商品贸易融资、资产及财富管理、托管、结算等专项领域业务的银行。

其次，资产规模较快增长，业务经营持续发展。统计显示，截至 2011 年 9 月末，外资银行资产总额达 2.06 万亿元，与入世前 3 730 亿元的资产规模相比，年均复合增长率达到 19%。据调查，外资银行资产平均增速数倍于境外母行（或总行）。其中，74% 的外资银行资产增速超过境外母行（或总行）在其他国家或地区设立的分支机构，17% 的外资银行持平。目前，外资银行不良贷款率仅 0.41%，低于全国银行业平均水平，法人银行拨备覆盖率达 270.72%，平均资本充足率和核心资本充足率分别为 18.2% 和 17.77%。外资银行在华经营的业务品种超过 240 种，一些产品和服务已逐渐形成了品牌效应。凭借全球网络为中资企业"走出去"提供咨询与服务，跨境人民币结算业务也是外资银行的经营亮点。在衍生品交易市场中，外资法人银行交易份额占 34.6%，部分外资银行自营和做市交易量居市场前列。

最后，外资银行本地化经营程度提高，发展潜力大。第一，与入世前主要服务于外资企业、外籍人士和极少数中资企业相比，外资银行已拥有相当比例的中资企业和中国居民客户，约占全部客户数量的 54%。目前，外资银行对中资企业贷款已占各类客户贷款的 37.89%，比入世前增加了 31 个百分点；对中国居民的贷款也从零起步，目前已占个人贷款总额的一半；第二，人民币业务份额稳步攀升。有 35 家外资法人银行和 45 家外国银行分行获准在华经营人民币业务，外资银行人民币资产份额从入世前的 12% 稳步提高到 70.44%；第三，员工和管理层本地化趋势明显。据调查，外资银行已在中国聘用 3.3 万名员工，占员工总数超过九成。自入世以来，外资银行累计培养 1 300 多名本地高管，目前平均聘用本地高管比例为 45%。

十年间，外国银行在中国的盈利持续增长，对中国市场的期望逐渐加大。随着国际金融危机的发生及影响加深，许多跨国银行面临着战略调整压力及监管改革带来的不确定性。但是，一些外国银行对中国市场充满信心，持续加大对华投资和支持力度。

（三）针对外资银行的进入我国银行业的应对策略

1. 健全银行法律法规体系和监管体系。外资银行的进入和金融全球化要求我国银行法律法规体系和监管体系要与国际接轨。要求我国银行监管当局借鉴外国的先进经验，调整我国外资银行政策，明确对外资银行监管的原则。建立健全外资银行监管法规。当前，维护外资银行稳健经营，保护公众利益，尤其是存款人和投资者利益，促进外资银行公平竞争应该是我国对外资银行监管的目标。所以我国目前在放松对外资银行准入和经营范围限制的同时，要确保内外资银行公平竞争。

2. 加大对中间产品和零售业务的竞争。外资银行的进入使国有银行和股份制银行的非利息收入减少。这表明外资银行已在中间业务如结算、代理、个人理财业务等方面与中资银行展开激烈竞争，特别是在一些中资银行尚不能提供的业务上抢夺客户。我国银行想与之竞争，就要学习外资银行的先进业务思路，积极创造发展中间业务的具体条件，从而加快发展中间业务。因此，国内银行应该转变其发展战略，在保持其传统客户群和传统优势业务的基础上，加大对中间业务市场的开拓。此外，我国银行还要重视零售业务的发展，在业务种类中可以积极为客户开办知识含量较高的咨询类业务。如代客理财业务，特别要重视高端客户的理财业务，使银行的功能和形象得到更显著改善。

3. 加快金融创新步伐。加快金融产品创新是我国银行应对挑战的重要策略。结合外资银行进入带来的冲击和示范。我国银行应通过学习和借鉴，加快金融产品创新，包括业务创新、工具创新和技术创新，实现产品和服务的多元化经营。增强自身的盈利能力和抗风险能力，减少外资银行带来的冲击。但业务创新不能盲目“拿来”国外的业务创新产品，应凭借国内银行对本国客户消费观念熟悉的特点，设计推出具有我国特色的业务品牌。只有如此，才有可能扬长避短，在短时间内提高自身业务竞争力，与外资银行相抗衡，力争后来居上。

4. 转变经营管理机制。我国国内银行要想成为真正的市场竞争主体，必须建立完善的公司经营管理机制。外资银行在我国国内的经营与管理，给中资银行带来了许多经验，外资银行先进的经营管理理念是中资银行学习的重点。我国国内银行可以借鉴外资银行的组织管理模式。裁减冗员，实行扁平化管理，设立独立的监督机制；强化风险意识，改进风险管理模式，规范贷款审批和贷后管理，降低不良贷款率；改革银行内部激励机制。重视人才素质的提高，强化对员工的培训。

5. 加强中外资银行的合作。国内银行应当加强与外资银行之间的互利合作。可以采取签署全面业务合作协议或进行某一项业务合作这两类主要模式。我国银行应该加强着眼于外资银行的优势业务。加强与之合作。在与外资银行的合作过程中，我国银行要注重学习外资银行先进的经营管理理念、吸取其先进的经营经验和产品优势；通过互利合作，逐步提升我国银行业的经营管理效率，缩小与外资银行之间的竞争差距。其次是对外资银行直接参股进行合作。我国国内银行在选择与外资银行进行合作时，务必要坚持严格和谨慎的原则，应当结合自身优势以及经营战略和业务特点，选择那些对培育和提升自身核心竞争力有直接益处的外资银行作为合作对象。

复习思考题

1. 什么是金融服务？具有哪些特点？
2. 简述国际银行服务贸易的特点和作用。
3. 我国银行业的开放和发展具有哪些特征？

阅读推荐与网络链接

1. 刘辉煌．论国际金融服务贸易．湘潭工学院学报，2000.

2. 李仁真、温树英．国际金融服务贸易的多边法律框架．中国政法大学学报，2001 年第 6 期．

3. 陆晓明．银行国际贸易服务传统功能的发展变革．国际金融研究，2005 年第 6 期．

4. 李小牧．国际服务贸易．电子工业出版社，2007.

5. 中国金融网 http：//www. zgjrw. com/.

6. 中国国际服务贸易指南司 ttp：//tradeinservices. mofcom. gov. cn/index. shtml.

7. 中华人民共和国商务部国际服务贸易司 http：//fwmys. mofcom. gov. cn/.

第十三章

国际电信服务贸易

学习目标

- 了解国际电信服务贸易的内容和发展
- 熟悉国际电信服务贸易的基本内容
- 掌握我国入世以来的电信服务贸易发展

2012 年 3 月提请第十一届全国人民代表大会第五次会议大会审议的，《关于 2011 年国民经济和社会发展计划执行情况与 2012 年国民经济和社会发展计划草案的报告》中明确提出，将“实施宽带中国战略，启动宽带上网提速工程和下一代互联网商用推广计划，推进物联网应用示范，开展医药卫生、安全生产等国家信息化试点示范”。该报告还对“宽带中国战略”作出了明确解释：“宽带网络是信息基础设施的组成部分，对提高信息化整体水平、推进经济社会发展有着重要作用。宽带中国战略旨在通过制定国家宽带网络发展的目标、路线图、时间表和促进政策等，加快推进宽带基础网络建设、提高网络接入带宽、扩大用户普及和拓展应用领域，着力构建宽带、融合、安全的下一代国家信息基础设施”。

随着科学技术的不断发展，通信业也发生了突飞猛进的变化，距离的限制在很大程度上被打破，使人们在工作、生活中的信息沟通变的十分便捷。各国对通信行业的重视程度也越来越高，通信业甚至已成为许多国家的主要基础性产业之一。同时随着经济活动的全球化，国际经济合作不断加强，通信业也出现了国际化、自由化的倾向。

第一节 国际电信服务贸易概述

一、电信服务贸易的基本概念

电信（Telecommunications）是一种资本和信息的传递方式或分配系统，它对广告、银行、保险、数据处理和其他服务起着决定性的作用。从技术角度而言，电信实质上是一种电子传导，用于一端到别一端的声音或数据传输，或进行大众传播，如广播等。电信服务则是指通过电信基础设施，为客户提供的实时信息传递活动。国际服务贸易中的电信服务一般是指公共电信传递服务，它包括明确而有效地向广大公众提供的任何电信传递服务，如电报、电话、电传和涉及向两处或多处用户提供信息的实时传送，以及由用户提供的信息，无论在形式上或内容上两终端不需变换的数据传送。

按照GATS《电信服务的附件》的定义，电信是通过电磁方式传递和接收信号。一般说来，电信服务可分为基础电信和增值电信。基础电信服务约占电信服务的80%，增值电信服务约占电信服务的20%。

就基础电信而言，国际上尚无统一的标准定义。1996年12月9日于新加坡召开的首届世界贸易组织部长级大会发表的部长宣言指出，凡涉及电信服务的承诺均表明可以使用任何形式的技术提供服务，包括传统的有线网络、光缆、有线电视设施、无线系统卫星。这里，基础电信是指以电话、电报、电传和电子传真为主的服务，它们为信息流量提供基本的传播能力和设施，主要包括交换数字传输服务、私人租赁线路服务、模拟和数字移动电话服务、寻呼和个人通信服务、电视信号传输服务、长途无线电系统服务、海底电缆服务、移动和固定卫星通信服务、电话会议服务等。

增值电信服务是指除基础电信服务以外的其他服务，主要是以计算机网络为主的电信服务，包括电子和语音邮件、电子商务、因特网业务和其他在线计算机服务。它是近年来发展起来的新型电信服务，更是同计算机技术的突飞猛进发展和国际因特网络的全球普及密切相关。

国际电信服务是指在不同国家或属于不同国家的任何性质的电信局或站之间提供的电信服务活动。这种国际性电信服务的提供，由于发生了服务的“过境交付”，因此，这样的电信服务提供便构成了国际电信服务贸易。应该指出，这里的“过境”并不仅仅指地理位置上的电子信息传递的过境，而是服务的过境活动和支付。例如，电信服务公司在异国设立分支机构且提供电信服务，构成服务贸易，但顾客的信息传送并没有“过境”。电信服务主要以传输含有信息的物件为主，能以最快的速度传递信息，并能提供信息的多功能服务。

国际电信服务贸易作为服务贸易的一种，具有国际服务贸易的一般特性，如服务商品的不可感知性或贸易标的无形性、生产过程与消费过程的不可分离性、贸易主体地位的重要性、服务贸易的差异性、不可储存性、服务贸易市场的高度垄断性、贸易保护方式具有隐蔽性和国际服务贸易的约束条例相对灵活性等特点外，同时由于电信服务部门的特殊性，特别是其作为经济活动的独特部门和作为其他经济活动的基本传输手段而起到双重作用，具有特有的基本特征：

第一，有利于对信息的传输和交换。生产、贸易、国防、科技等社会生活各方面都离不开电信服务，这是现代社会重要的支柱。在当今社会中，竞争的胜利在很大程度上取决于对信息的掌握。生产者掌握了正确的市场信息，就能以更适销、价格比对手更有竞争力的商品占领市场；投资者掌握了金融市场、证券市场的走向，就能选择正确的投资渠道以获取高额利润。远隔千里的人们能方便地相互交流，从电话、电报到传真、可视电话，每一种新通信工具的产生都能给人类生活带来重大影响，这也是通信业得以突飞猛进的原因之一。

第二，有利于节约人力和资金。通信业的发展，缩短了社会化大生产中的信息传递时间，社会交易成本得到大幅度降低，促进了经济水平的提高。例如，充分利用电话，就可大大减少差旅费和会议费支出，还可大大减轻交通运输的压力。据美国预测，利用现代化的电信手段，实现新型的分散办公形式，在2000年，可节约300~400亿美元的交通运输投资费用。日本电信界认为，用电信手段代替业务面谈，可节省交通能源的60%。

第三，有利于促进世界经济全球化的进程。通信业的发展促进了世界经济全球化的进程，国际通信的发展使得方便及时地组织跨国生产经营成为可能。

第四，有利于促进相关产业的发展。通信服务的发展有利于国际贸易、国际金融和国际运输等业务的开展，通信服务贸易的发展更是大大促进了这些业务的发展。

二、国际电信服务贸易的发展

电信业已成为当今世界发展最快的高新技术产业。目前，一些电信产业发达国家的企业正在策划开发和争夺中、低轨道卫星电信服务市场。电信产业对于所有发展中国家而言，都属于幼稚产业，主要表现为：产业规模小，电信技术水平低，企业的产品研究开发能力低。大多数发展中国家国内的电信网络建设才处于刚刚起步阶段，电信服务水平远远落后于经济发达国家，根本就不具有国际市场竞争力。

世界电信产业新技术的发展，促使电信领域新的服务技术不断出现和服务范围不断扩大。电信服务业包括基础电信服务和增值电信服务两种。据国际电信联盟统计，1990年至1997年，全球电信业的收入水平以平均10%的年增长率增长。其中，美国、欧盟、日本、加拿大作为世界电信产业的四强，占全球电信服务总收入的4/5。2010年全球电信行业营业收入高达1.85万亿美元，与2009年相比增加了4%，如图13-1所示。全球电信行业已经从2008年国际金融危机中实现全面恢复，尤其是以中国、印度、巴西和俄罗斯为代表的金砖国家电信市场增长速度最为惊人。《财富》杂志公布的2011年世界500强排行榜名单中，有20家电信企业上榜，与传统行业相比，通信业仍具吸引力，上榜的20家电信企业2010年共取得了

11 359.6 亿美元的收入和 1 008.6 亿美元的利润，收入利润率为 8.9%；而 2010 年全球 500 强的平均收入利润率是 5.9%；通信业的收入利润率高出了 3 个百分点。在内有转型压力外有金融危机困扰的前提下，通信业展示了自身的潜力和较强的成长性。

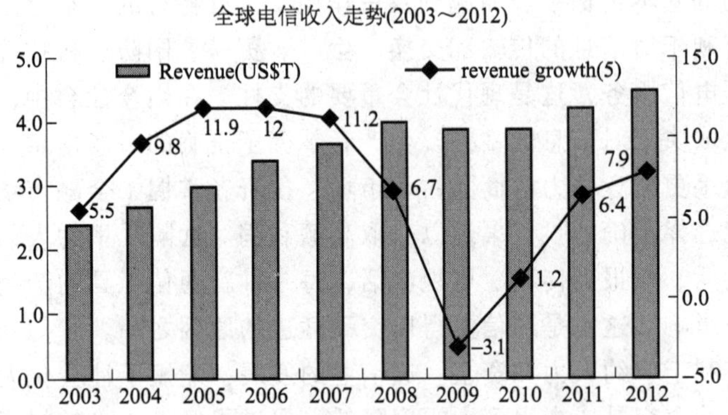

图 13－1　全球电信行业收入走势

数据来源：美国电信工业协会（ICCSZ 绘制）

当前国际电信服务贸易的发展呈现以下几个方面特点：

1. 国际电信服务迅猛发展，但是发展不平衡

从世界范围来看，电信行业是全球最具活力和潜力的产业之一。2008 年之前，行业产值总额不断攀升，并且沿着多媒体化、多样化、个性化和全球化的战略方向迅速发展。目前，全球 80% 以上的人口在蜂窝网络覆盖之下，移动与宽带市场持续高速增长，移动宽带（MBB）开始成为各运营商的主流业务，3G 逐渐成为互联网接入的主要手段。预计 2012 年之前，全球 3G 用户将远超 16 亿。但不同区域之间也存在着发展不平衡的问题。亚洲是近年来电信行业发展迅速和增长潜力巨大的新兴市场之一，中国已拥有世界上最大的手机市场，并仍以平均每年 20% 的速度增长，截至 2009 年 2 月底，中国手机用户数达到 6.6 亿，同比增长 16.73%。印度手机用户的年增长率为 60%，截至 2008 年 12 月，印度的手机用户总数超过 3.46 亿，2009 年 3 月，印度手机用户数单月增长超过 1 500 万。据统计，中国和印度两个国家的手机用户数量占整个亚洲市场的一半以上，并且预计 2009 年至 2013 年间，这两大市场将新增 8.29 亿移动服务用户。

非洲电信服务的普及率比较低，且地区分布失衡。部分非洲国家手机普及率已达到较高水平，如突尼斯为 84%，阿尔及利亚为 88%，南非为 92%；与此形成强烈对比，埃塞俄比亚仅为 1%，津巴布韦仅为 8%，马拉维仅为 13%。在互联网渗透率方面，非洲仅为 5.4%，与全球 21.9% 的平均水平差距明显。根据国际电信联盟的全球电信发展报告显示，发达国家和发展中国家之间在电话普及率上存在的差距正在缩小，但是两者在因特网接入质量上存在的“数字鸿沟”却进一步扩大。新的“数字鸿沟”集中在基本和高级通信之间的连接，即影响因特网用户体验本质的质量。卢森堡 40 万公民享有的国际因特网带宽，超过了整

个非洲大陆 7.6 亿居民享有的国际因特网带宽总和。可见，国际电信服务存在着各区域间发展的不平衡。

2. 各国电信服务发展重点不同

2009 年，在无线通信产业居领先地位的国家包括美国、瑞典、荷兰、德国、法国、日本等。美国政府十分重视信息基础设施的建设，重视对信息技术长期项目的研究。在高度成功的"高性能计算与通信计划"的基础上，又将高端计算，大规模（Larage Scale）网络，高可信赖的软件与系统，人机互动与信息管理，软件设计与生产力，与 IT 相关的社会、经济与 IT 劳动力等 6 个领域作为发展的重点，并在 2000 年就提出了"面向 21 世纪的信息技术计划"（IT2）。德国于 2002 年 2 月推出了一项总投资额达 36 亿欧元的"2006 信息技术研究"计划，为德国信息与通信技术的发展提供强大经济支持。该项计划以纳米微电子技术与系统、软件系统、通信技术基础及互联网基础与服务的研发为支柱，主要目标是要提高德国在信息技术研究领域内的科研发展水平和竞争力。目前德国汽车、电子、机械制造与化工行业是在全球范围内具有最强竞争力的，而微系统技术则与上述各行业都有较大融合发展空间，不仅可持续巩固德国在此方面的现有优势，还能进一步创造出新的市场发展空间。日本的无线技术发展虽然不及欧美厂商，但对于相关系统的应用改良则有一定功力。比如，日本研发出全球第一个商用化第三代移动通信服务系统，同时，在微波通信与卫星发展上也有一定的成绩。90 年代初以来，印度政府根据现代信息技术发展的潮流，制定了重点开发计算机软件的长远战略，并首先在班加罗尔建立了全国第一个计算机软件技术园区。如今，班加罗尔已成为印度软件之都，吸引了海内外 400 多家著名信息技术业公司，被誉为世界十大硅谷之一。在班加罗尔的带动下，马德拉斯、海得拉巴等南部城市的高科技工业园区接踵而起，成为印度南部著名的计算机软件业"金三角"。为了进一步发展计算机软件业，印度政府又将软件技术园区由南向北推进，形成全国的软件技术网络。

3. 国际电信服务竞争主体多元化

（1）国际电信服务从垄断向竞争过渡。20 世纪 80 年代以前，由于电信服务具有自然垄断行业的基本经济特征，各个国家的经营管理体制基本相同，所有电信服务、通信网络、通信设备及终端均由国家电信主管部门所垄断。随着新技术的不断涌现，特别是长途传输服务成本的大幅度下降，电信服务具有的传统规模效益也正在逐渐降低。电信行业结构快速变化，交易量大幅增长，开始出现竞争压力，许多国家也开始推行民营化。

（2）新型服务不断出现。在竞争压力与技术日新月异的刺激下，新服务持续不断地涌现。这个过程是受到 1998 年 2 月开始实施的服务贸易总协定《基本电信协议》所做承诺贸易组织谈判结束时无法预测的新服务的出现。例如，固定电话与移动通信服务的融合，能够在两者间切换的手机，以及新的卫星服务，如"卫星全球移动个人通信"的动作和第三代移动通信技术的开发等。

第二节 国际电信服务贸易自由化

一、电信服务贸易的国际规则与管制机构

目前世界电信市场的新结构，新秩序逐渐形成确立，电信服务的发展现出以下趋势：自由化浪潮不可逆转，高科技成为决定电信服务竞争力的首要因素；全球基础电信自由化协议正逐步得到实施；美欧盟、日本已共同宣布全面开放电信市场，取消电信管制。以下我们将介绍一下电信服务贸易的国际规则和国际管制机构。

（一）电信服务贸易的国际规则

乌拉圭回合多边贸易谈判结束后，电信服务自由化的谈判开始紧张地进行，经过三年艰苦卓绝的谈判，1997 年 2 月 15 日，WTO 结束了关于基础电信服务市场准入的谈判。共有 71 方政府提交了减让书，其中 69 国（地区）政府交了 55 个开放承诺减让表，最终被附在 GATS 第四议定书项下。这个以 GATS 第四议定书形式并且附有谈判各方所作具体承诺表的协议，还有两个附件，即《附件 1：参照文本》、《附件 2：电信服务具体承诺表样本》。GATS 另有两个有关电信方面的附件，这就是《关于电信服务的附件》（Annex on Telecommunications）和《关于基础电信谈判的附件》（Annex on Negotiations on Basic Telecommunications）。前者是独立于 WTO 成员就开放各自电信服务市场所作出的具体承诺；后者是关于乌拉圭回合谈判结束后，继续进行电信服务谈判的决定。

1.《基础电信协议》

《基础电信协议》是与电信服务贸易有关的重要国际规则。1997 年 2 月 15 日，占世界电信 90% 以上份额的 69 个 WTO 成员方达成了《基础电信协议》，即《GATS 第四议定书》；1998 年 2 月 5 日协议正式生效，缔约方共计 72 个，占世界 93% 的市场份额。协议由两部分组成：一是规定了参加基础电信开放的减让；二是各国关于基础电信开放的减让表以及对 WTO 基础电信谈判小组的“参考文件”所作的承诺。协议涉及语音电话、数据传输、传真、电话、服务、移动电话、移动数据传输、企业租用私人线路以及个人通信等各项电信服务。其主要内容在于督促各成员向外国公司开放其电信市场，并结束在国内电信市场上的垄断行为。

《基础电信协议》作为服务贸易的重要组成部分，在 WTO 框架下，运用最惠国待遇、透明度、市场准入、国民待遇等原则来规范，并以国内管制、反补

贴、反不正当竞争等来保证实施，体现了贸易自由化的要求。协议的条款要点包括竞争、互联互通、普遍服务、许可证审批标准的公开性、独立的管制机构以及稀缺资源的分配和使用等方面。考虑到电信具有作为涉及国家主权和安全保密的公共事业的特性，以及各国的发展情况、模式等千差万别的客观现状，《基础电信协议》在公共电信网及其服务的接入和使用，以及在普遍服务等具体实施条款中，允许各国保留一定的例外，或者根据缔约国自身的情况作出有限的承诺。在国家主权和安全保密等最为敏感的方面，《基础电信协议》列出了专门的例外条款，如政府采购、一般例外和安全例外等，进一步予以明确和强调。而对于与此有关的国家对一些业务的垄断经营权，则通过垄断及专营服务提供者条款从另一角度给予了默认。对一些关键的但有助于进一步建立良好贸易环境的方式，如服务提供者的资历、许可证相互承认等提出了承认等指导条款，给各方面更多的自主权。

《基础电信协议》考虑了发展中国家的特殊地位。在框架协议中通过承担义务谈判条款对发展中国家逐步开放市场给予更多灵活性，通过补贴条款确认发展中国家在这一领域的灵活性需要其更多的参与，促进发展中国家商业技术的获取，以及在电信附件中通过技术合作条款鼓励和支持发展中国家尽可能地利用有关国际电信服务和信息技术等内容，给予发展中国家更多的优惠，为发展中国家平等地与发达国家进行服务贸易奠定了一定的基础。

2. GATS 中有关电信服务的附件

在 GATS 中，有涉及电信服务的附件。附件中的条款对中国电信服务业应对“入世”所面临的挑战具有重要意义。附件第 1 条讨论了达成电信产业附件的目标，即“认识到电信服务部门特殊性，特别是其作为经济活动的特殊部门和作为其他经济活动的基本传输措施而起到的双重作用，各成员就以下附件达成一致，旨在详述协定提供注释和补充规定。”

附件的第 2 条阐述了附件的管辖范围。第 3 条对有关概念进行了定义和说明。第 4 条涉及了 WTO 原则中的一个关键性的原则，即透明度原则。第 5 条讨论了公共电信传输网络和服务的进入和作用。第 6 条和第 7 条分别讨论了成员的技术合作及其与国际组织协定的关系问题。

在附件中，第 6 条特别讨论了有关发展中国国家电信产业发展的有关问题。发展中成员如果拥有高效、先进的电信基础设施，对于成员的其他服务贸易的开展是至关重要的。总协定赞成并且鼓励发达成员和发展中成员及它们的公共电信传输网络和服务的提供商，以及其他的国际和地区性组织发展项目中的实体更多的参与。附件第 6 条第 2 款，提供了在国际性、地区性和地区性水平上对于发展中成员之间的电信合作的鼓励和支持。在第 6 条第 3 款中，陈述了成员应当使发展中成员获所需的信息，以帮助加强它们国内的电信服务部门。这个目的可以通过与相关的国际组织的合作来达到。这些信息不但将给予最不发达国家特殊的考虑，给这些最不发达的国家以机会，鼓励电信服务的外国提供商在电信技术的转移、培训和其他支持它们电信基础设施发展与电信服务贸易扩展的行为中提供帮助。

在附件的第5条中，专门有一款（即第7条）提到了有关发展中国家公共电信传输网络和服务的准入与使用的问题，即一个发展中成员可在与其发展水平相一致的情况下，对公共电信传输网络和服务的进入与使用设置必要的合理条件，以增强其国内电信基础设施建设和提供服务的能力，并增加其对国际电信服务贸易的参与。

（二）国际电信管制机构

国际电信管制机构的代表是国际电信联盟（International Telecommunication Union，ITU），其前身是成立于1865年5月17日的国际电报联盟。1932年，70个国家的代表在西班牙的马德里召开了会议，决定把“国际电报联盟”改写为“国际电信联盟”。1947年在美国大西洋城召开了国际电信联盟会议，经联合国同意，国际电信联盟成为联合国的一个专门机构，总部由瑞士伯尔尼迁至日内瓦。另外，还成立了国际频率登记委员会。1972年1月，国际电信联盟在日内瓦召开了全权代表大会，通过国际电信联盟改革方案，国际电信联盟的实质性工作由国际电信联盟标准化部门、国际电信联盟无线电通信部门和国际电信联盟电信发展部门等三个部门承担。我国于1920年加入了国际电报联盟，1932年派代表参加了马德里国际电信联盟全权代表大会，1947年在美国大西洋城召开的全权代表大会上被选为行政理事国和国际频率登记委员会委员。新中国成立后，我国的合法席位一度被非法剥夺。1972年5月30日在国际电信联盟第27届行政理事会上，正式恢复了我国在国际电信联盟的合法权力和席位，我国积极参加了国际电信联盟的各项活动。

二、电信服务贸易自由化与开放

（一）电信服务业的开放度

在《基础电信协议》中，各成员方在语音电话、数据传输等方面做出了开放的承诺。在语音电话方面，几乎所有的成员方都承诺立即或逐步开放至少一种公用语音电话业务。其中，55个成员方承诺开放本地电话业务；51个成员方承诺开放国内长途业务；56个成员方开放国际长途业务。而在59个承诺提高公用语音电话业务竞争市场程度的成员方中，有42个将采用部分出售现有专营公用语音电话系统的方式。在数据传输方面，有63个成员方承诺开放；在蜂窝移动电话方面，共有60个成员方承诺开放；在线路租用方面，共有55个成员方承诺开放；在其他移动通信业务（个人通信、移动数据传输或寻呼）方面，有59个成员方承诺开放；在卫星通信业务方面，有51个成员方承诺开放移动卫星通信或数据传输业务，有50个成员方承诺开放固定装置的卫星通信或数据传输业务。

此后，又有一些国家或地区相继加入该协议，使协议成员方达到了目前的75个。在已签字的69个国家（地区）中，发达国家和地区（按中、低收入国家计）与发展中国家和地区（按中、低收入国家计）数分别为25和44，分别占总数的 36.2% 和 63.8% 。由于按规定，每个签字国在 WTO 有关重大决定中均有同等的一度地位，因此，这说明发展中国家在推进电信服务市场开放进程中具有重要的作用。

在《基础电信协议》中，包括了保护竞争、互联互通、普通服务、独立的管制机构以及稀缺资源的分配和保用等主要条款要点，以这些条款为分析基础，可以构建电信开放度指数。Aaditya Mattoo Randeep 和 Arvind Subramanial（2001）通过三个指标——基础电信市场结构、是否允许外资进入以及是否具有独立的电信管制机构的有关信息，构建以下的指标体系，进行对外开放度的分析。

表 13－1　　一国电信产业的开放度指数

开放度	市场结构	所有权	是否有独立的管制机构
1	非竞争性	不允许 FDI	否
2	非竞争性	不允许 FDI（公共）	是
3	非竞争性	不允许 FDI（私人）	是
4	非竞争性	允许 FDI	否
5	非竞争性	允许 FDI	是
6	竞争性	不允许 FDI	否
7	竞争性	不允许 FDI	是
8	竞争性	允许 FDI	否
9	竞争性	允许 FDI	是

资料来源：Measuring Services Trade Liberalization and its Impact on Economic Growth：An Illustration，Journal of Econmic Integration，2006，21（1），64－68。

利用世界银行的服务数据库，Aaditya Mattoo，Randeep Rathindran 和 Arvind Subramanian 绘制了各国（地区）的电信自由度指数数据表。

在表 13－1 中，如果市场结构是竞争性的，允许外国直接投资，而且具有独立的管制机构，则开放度为 9，依次类推。在市场结构的确定方面，由于基础电信市场结构中包括了子市场，而这些子市场的市场结构并不统一，所以，给所有子市场以相等的权重，然后通过加权平均计算开放度指数。

表 13－2　　各国（地区）的电信自由度指数

国家/地区	电信开放度指数	国家/地区	电信开放度指数
安哥拉	2	以色列	5.33
阿根廷	5	牙买加	4
澳大利亚	9	肯尼亚	1
贝宁	1	韩国	8
玻利维亚	5	莱索托	4

续上表

国家/地区	电信开放度指数	国家/地区	电信开放度指
巴西	5	马拉维	4
加拿大	9	马来西亚	9
智利	8	马其他	5
哥伦比亚	9	毛里求斯	5
哥斯达黎加	2.5	墨西哥	9
塞浦路斯	1	摩洛哥	2.5
多米尼亚共各国	9	莫桑比克	5
欧盟	9	新西兰	8
厄瓜多尔	5	尼加拉瓜	5
埃及	5	尼日利亚	2
萨尔瓦多	9	挪威	9
加蓬	1	巴基斯坦	5
赞比亚	1	巴拿马	5
加纳	9	秘鲁	7.67
洪都拉斯	7.67	新加坡	5
中国香港	9	南非	5
匈牙利	9	斯里兰卡	7.67
冰岛	5	瑞士	9
数圭亚那	5	菲律宾	9
印度	5	泰国	4
印度尼西亚	6.33	突尼斯	1
中国内地	4.33	波兰	4.33

资料来源：世界银行服务业数据库。

从各国电信开放度指数表 13－2 中可以看出，大多数发达国家的开放度指数为 8 或者 9，如美国、加拿大和挪威等，电信开放度普遍比较高，而发展中国家恰恰相反，如突尼斯、加蓬、赞比亚等。这是发达国家电信产业在新的技术发展以及其他因素的共同推动下造成的。

研究市场开放度和开放时间可以发现发达国家和发展中国家的差异非常明显。各国（地区）承诺的开放度由强到弱，可以分为三种类型：在几乎所有电信设施和业务上对外国投资无限制、在部分电信设施和业务上对外国投资有限制、对外国所有投资均限制控股比例。其中，发达国家对应三种类型承诺的国家数分别为 22、3 和 0，分别占《基础电信协议》签字国（地区）总数的 88%、

12% 和 0%；而发展中国家相应三类承诺的国家数分别为 25、8 和 11，分别占其签字国（地区）总数的 56.8%、18.2% 和 25%。1998 年开放所有业务的发达国家达 19 个，占已签字发达国家总数的 76%，相应地 1999 年以后才开放的发达国家比例小于 24%；而 1999 年之后才开放所有业务的发展中国家数就达到 25 个，占签字发展中国家（地区）总数的 56.8%，远高于 1999 年之后才开放的发达国家比例。所以，发达程度越高的国家（地区），市场开放的积极性越高；相反，发达程度越低的国家（地区），越不愿开放。发达国家的市场开放度总体上大于发展中国家。

（二）全球基础电信市场的竞争格局

随着全球电信市场的逐步自由化，各国国内电信垄断将逐渐削弱，竞争成为市场的主要特征，涌现出大批新兴电信公司，市场结构在重大震荡变革后逐渐形成新的市场平衡。全球电信市场将出现以下竞争格局：

（1）数量有限的寡头电信公司提供综合性一体化的全球性业务，分割国际通信市场。小公司通过专业化经营在大公司的夹缝中生存，成为市场补缺者，即在被大公司忽略的市场进行专业化经营以获得生存和发展空间。缺乏创新、技术落后、不思进取的老电信公司在竞争中败北，逐渐淡出市场，这种情况最有可能发生在机构庞大、效率低下且又怯于开放和锐意改革的发展中国家的电信公司中。

（2）在寡头竞争市场丰厚预期的驱动下，众多通信公司将源源不断地出现，新的竞争者将主要面向投资少、见效快的移动业务市场和增值业务市场，技术优势是其参与竞争最主要的资本。但在弱肉强食的竞争中，绝大多数或者破产，或者成为“大鱼吃小鱼”的牺牲品，只有极少数的公司能通过正确的市场定位，凭借优势和先进的经营管理，开始抢占大公司的市场份额。

（3）国营电信公司面临冲击，原来由国家垄断经营的电信企业，凭借着沉淀下来的发达的电话网络仍可能在一国或地区范围内的基本电话业务市场中占据主要地位，但将会不断受到外国电信以及移动电信业务的巨大冲击。

第三节　我国电信服务业的发展

一、中国电信业的“入世”承诺

2001 年 12 月 11 日起我国正式加入 WTO，成为 WTO 成员国。在此前的中美双方就中国加入 WTO 的谈判过程中，中国电信市场的对外开放是双方谈判的焦点之一。中国入世时与 WTO 成员达成的关于电信业市场准入、国民待遇方面的具体承诺见表 13－3。

表 13-3 中国电信业的“入世”承诺表

业务		中国“入世”对外资的开放承诺
增值电信业务（包括电子邮件、话音邮件、在线信息和数据库检索、电子数据交换、增值传真业务、编码和协议转换、在线信息和/或数据处理）		一“入世”，在上海、广州和北京，不超过30%；“入世”1年后，扩大到成都、重庆、大连、福州、杭州、南京、宁波、青岛、沈阳、深圳、厦门、西安、太原和武汉，不超过49%；“入世”两年后，无地域限制，不超过50%
基础电信业务	寻呼	一“入世”，在上海、广州和北京之间，不超过30%；“入世”1年后，扩大到成都、重庆、大连、福州、杭州、南京、宁波、青岛、沈阳、深圳、厦门、西安、太原和武汉，不超过49%；“入世”两年后，无地域限制，不超过50%
	移动语音和数据业务（集群/数字/蜂窝业务、个人通信业务）	一“入世”，在上海、广州和北京之间，不超过25%；“入世”1年后，扩大到成都、重庆、大连、福州、杭州、南京、宁波、青岛、沈阳、深圳、厦门、西安、太原和武汉，不超过35%；“入世”三年后，无地域限制，不超过49%；“入世”5年后，无地域限制
	国内有线和国际业务（语音业务、分组交换数据传输业务、电路交换数据传输业务、传真业务、国内专线租赁业务、国际闭合用户群话音和数据业务）	“入世”3年后，在上海、广州和北京之间，不超过25%；“入世”5年后，扩大到成都、重庆、大连、福州、杭州、南京、宁波、青岛、沈阳、深圳、厦门、西安、太原和武汉，不超过35%；“入世”6年后，无地域限制，不超过49%

根据中国加入WTO议定书有关中国电信市场开放的承诺，中国电信服务的开放主要把握了四条原则：（1）只允许合资形式，并且合资经营基础电信业务，中方国有电信企业必须绝对控股。这一点在《电信条例》中已经明确下来，该条例第十条第一项规定：经营基础电信业务，为依法设立的专门从事基础电信业务的公司，且公司中国有股权或者股份不少于51%；2001年12月11日国务院发布的《外商投资电信企业管理规定》第六条也规定：经营基础电信业务（无线寻呼业务除外）的外商投资电信企业的外方投资者在企业中的出资比例，最终不得超过49%；（2）不允许外方参与具体运行管理，以保证中方对电信设备的控制；（3）所有国际长途业务必须通过中方电信管理当局控制的上海、广州和北京的三个国际出入关口。也就是讲，禁止外方参与国际出入关口的建设和经营管理。《电信条例》第六十五条也明确了在我国境内从事国际通信业务，必须通过国务院信息产业主管部门批准设立的国际通信出入口局进行，这样我方可以保持对信息流动的管理和控制；（4）合资项目必须经过政府监管机构的严格审批，

并且按照国际惯例，对电信业进行严格监管。

根据上述中国电信业开放的基本框架，可以看出：中国电信业开放的模式是合作与竞争并存。但是这种模式也只能在过渡期内适用，因此，中国的电信服务业应尽快强身壮体，提高综合竞争力，以积极的姿态迎接今后国外诸强电信公司的进入与竞争。

二、中国通信服务业的开放进度与发展状况

入世前，中国电信业完全处于一种垄断的局面。1994 年 3 月，国务院要求进一步改革邮电管理体制，将邮政总局、电信总局分别改为单独核算的企业局。1994 年 7 月，中国联合通信有限公司成立，这是中国电信史上的里程碑，对于打破垄断、深化改革具有重大的意义。1997 年 1 月，邮电部做出在全国实施邮电分营的决策。1998 年 3 月，国务院决定组建信息产业部。1999 年 2 月，国务院通过中国电信重组方案，中国移动集团、中国电信集团及中国卫通于 2000 年相继挂牌。1999 年 4 月，中国网络通信有限公司成立。昔日的垄断者“中国电信”在确定纵向分切方案之后，至 2000 年 4 月完成了自身的分治重组，致使中国电信（经营长途和市内电话业务）、中国移动（经营移动业务等）、中国联通（经营全面电信运营业务）、中国网通（经营 IP 电话业务等）、中国吉通（经营 IP 电话业务等）五家电信公司并存。之后，中国电信业务终于挥别垄断，初步形成了竞争性格局。

由于电信垄断被打破，电信市场竞争格局发生了新的变化，主导运营企业的市场占有率在持续下降，新兴电信企业市场份额逐渐上升。以华为、中兴为代表的中国电信设备制造企业，改变了国外设备提供商垄断国内电信设备市场的局面，不仅在国内设备市场中占有了大量份额，而且开始走向国际市场成为具有相当竞争力和巨大发展潜力的电信设备制造商和解决方案提供商。

显而易见，中国加入 WTO 后，电信市场形成了激烈的竞争格局。2002 年 5 月 16 日，中国电信最终南北拆分方案确定，新中国电信集团及中国网通集团正式挂牌成立。2003 年 6 月，依据国务院第 36 号令，吉通并入网通集团。2003 年 11 月，网通国际公司挂牌，网通重组加速。2004 年 1 月 10 日，中国卫通与国信寻呼签订协议，联通开始退寻呼业。2004 年 1 月 29 日，铁通公司由铁道部移交国资委，更名为“中国铁通”，作为国有独资基础电信运营企业运作。2008 年 5 月 23 日，中国电信业重组正式拉开序幕，中国铁通除原有铁路通信业务外并入中国移动，“新移动”、“新联通”、“新电信”正式形成。

三、中国发展电信服务贸易的政策选择

中国电信业对 WTO 作出的两项最基本的承诺是：遵守规则、开放市场。因此，有关 GATS 的规则就将成为中国电信管理层及电信运营商都必须遵守的准则。遵守 WTO 规则首先就要完善法律体系，制定适合 WTO 基本规则的政策和措施。长期以来，中国的电信服务业法规体系相对滞后，直至 2000 年 9 月 25 日国

务院才颁布《中华人民共和国电信条例》（下称《条例》）。《条例》是我国第一部有关电信业的综合性行政法规，《条例》的出台应该是我国电信立法领域的一个重大发展。《条例》确立了中国电信行业监管的十项重要管理制度：（1）电信业务经营许可制度；（2）电信网间互联调解制度；（3）电信资费管理制度；（4）电信资源有偿使用制度；（5）电信服务质量监督制度；（6）电信建设管理制度；（7）电信设备进网制度；（8）电信安全保障制度；（9）外商投资电信制度；（10）电信违法制裁制度。从世界各国电信法律环境看，我国的《条例》显得有些不足，与GATS的总体要求相比还有一定差距。这就要求：

1. 学习并利用WTO的相关规则

对电信行业管制者来说，要了解WTO与电信服务贸易有关的规则，如GATS、《基础电信协议》等。通过对这些规则的学习，了解各国电信市场开放情况以及有哪些限制或豁免措施，并学会运用WTO所允许的规则来对我国的电信市场进行有效管制。此外，还要学习WTO的争端解决机制，以便在发生电信服务贸易争端时，能够利用此机制来解决纠纷。

2. 尽快出台《电信法》

电信业的可持续发展需要《电信法》尽快的出台。《电信法》就是通过解决市场准入、互联互通、普遍服务、电信设备、电信资源管理等监管与被监管的关系，创设相应的基本法律制度，并对电信监管机构授以必要的权限来对电信市场进行主动管制，从而实现电信监管的目的。《电信法》的立法目的在于维护电信市场竞争，促进电信事业发展，保障电信消费者的利益。

3. 加快管制机构职能转换，简明管制重点，提高管制效率

要按照政企职责分开以及精简、统一、效能的原则，转变职能，理顺关系，提高效率。具体到电信管制机构改革，就是要理顺电信管制机构与国务院其他部门的关系，合理划分职责权限，避免交叉重复，调整机构设置，精简各部门的内设机构和人员，提高行政效率。

中国电信业必须抓住时机，围绕“入世”进行自我运营机制的调整与优化，从最高决策层到各专业公司，均要制定切实可行的对策，进行区域性战略布局，加大加快体制改革，建立健全全国企业间良好的竞争环境，并充分利用“入世”所带来的机遇，提高中国电信业在国际竞争中的实力。电信企业的政策选择：

1. 提高服务水平和改善管理体制

由于长期的垄断经营和缺乏有效的监管机制，中国电信企业的服务水平一直不高，用户投诉已经成了一个热点。电信企业要想继续占有较高的市场份额，继续发展壮大，就必须迅速采取行动，主要包括以下三个方面：

（1）深化电信管理体制改革，给予企业以充分的自主权，让企业成为真正的市场主体；

（2）完善各项法规政策，给企业创造一个良好的竞争环境；

（3）企业自身要不断强化市场意识、提高竞争能力，积极进行管理创新、业务创新，打造自身的核心竞争力。

2. 加强窗口服务人员的管理

建立有效的奖惩机制，促使服务人员改进服务态度，提高业务水平。从方便用户需求的角度出发，设立更多、更全面的服务项目。充分利用各种媒体宣传企业形象，树立企业品牌。

3. 注重电信经营改革与体制创新

这要从三个方面着手：

（1）开拓电信相关产业并分流富余人员。同许多国有企业一样，中国的电信企业也存在着富余职工较多、结构不合理的问题，因此，有必要采取有效措施，扩展业务领域，分流富余人员，调整员工结构。

（2）努力使开放市场与有效的产业调整体系同步完成。电信产业的升级除了依靠技术进步外，还需要建立一整套产业调控体系，这是中国开放电信市场后取得竞争优势的根本保证。

（3）加快投融资制度改革、优化结构。要使我国的电信业具有迎接国际挑战的能力，应在国内市场已经开放的基础上，使各企业真正具有独立动作、独立发展的能力。在适当的时候，允许产业间通过业务交叉来强化竞争水平，特别是在优化结构已成为中国产业发展共识的时候。

4. 企业要“走出去”，从事跨国经营

在经济全球化及电信业国际化的背景下，电信业的竞争实际上已经突破了国际地理区位的界限，在国际范围内进行。我国电信运营商的国际化经营起步晚、发展慢、国际化经营的动力严重不足。但随着我国正式成为WTO成员方，政府“走出去”战略的实施以及电信重组后国内电信市场格局的变化，电信运营商国际化经营的动力正在显著变化。

5. 提高企业自身的实力和知名度

要提高企业自身的实力和知名度，要从以下两个方面入手：

（1）加强技术研究。由于电信行业的发展需要很尖端的技术，而这些最新技术在大家面前是平等的，因此，要尽快地掌握各种先进的技术，并基于这些先进技术提出自己特色和符合中国特点的解决方案，以此来增强自己的竞争力。

（2）加大宣传力度，扩大市场占有率。由于加入WTO的过程有个缓冲的时间表，而企业在建立电信网络时具有一次性投资的特点，因此要在这个较短的时间差内，充分地把握先机，利用自己的本地优势，扩大市场宣传，并尽可能地提高自己的市场占有率。

总之，有远见的中国电信企业应适度地立足现实将改革与开放联系在一起。要发展就必须改革，要改革就必须开放，而开放必然会极大地促进改革和发展。

复习思考题

1. 什么是国际电信服务贸易，有哪些特点？
2. 当前国际电信服务贸易的发展呈现出哪些特点？
3. 简述全球基础电信市场竞争格局的特征。
4. 如何才能提升我国电信企业的市场竞争力？

阅读推荐与网络链接

1. 杜振华．国际电信服务贸易．北京邮电大学出版社，2006.
2. 续俊旗．融合背景下的中欧电信管制比较．北京邮电大学出版社，2006.
3. 苑春荟．管制治理：中国电信产业改革实证研究．人民邮电出版社，2009.
4. http：//www. miit. gov. cn/n11293472/index. html.
5. http：//www. chinatelecom. com. cn/.
6. http：//www. cnii. com. cn/.

第十四章

国际文化服务贸易

学习目标

- 了解国际文化服务贸易的内容和发展
- 熟悉国际文化服务贸易的基本内容
- 掌握我国入世以来的文化服务贸易发展

2011 年 12 月 23 日，《功夫传奇》又开始了欧洲巡演，场次将达 100 场。这是新中国成立后第一台既在国内常演，同时又在国外巡演的商演剧目。在文化产品出口方面取得了巨大成就。自 2004 年底，《功夫传奇》已在“红剧场”连续驻演近八年，演出旺季每天上演两场，观众 97% 以上是外国游客，并先后在美国、加拿大、日本、俄罗斯、英国等国巡演达 810 场。2010 年 7－11 月，《功夫传奇》在美国布兰森白宫剧院驻场演出 236 场，是国内唯一一台每天同时在北京、美国各驻场演出两场的经典剧目，被业界誉为中国对外商演最著名的演艺品牌。《功夫传奇》成功地将戏剧故事引入了功夫表演中，它讲述的是小和尚纯一挥别母亲入山拜师，历经了启蒙、学艺、思凡等重重考验，最终成为一代宗师的故事。简单朴实的叙事蕴涵了“磨难与成长”这个永恒的人生主题。专家评论：一台舞剧，熔铸了中国功夫、现代舞蹈和传统文化的精髓。作为国家品牌剧目，《功夫传奇》曾于奥运期间受北京奥组委之邀在北京奥林匹克公园演出，曾接待过百余位外国国家领导人、驻华使节、夫人和国际诺贝尔奖获得者等。

随着全球经济一体化进程的加快，以知识、信息、娱乐、休闲为主要特征的国际文化贸易得到了快速发展。在这个过程中，世界经济的发展和文化交流的增加为文化产业发展创造了更多的市场需求；反过来，文化产业供给的增加又进一步促进了国际贸易中文化贸易的发展，更加推动了世界经济一体化进程和国际间的文化交流。

第一节　国际文化贸易相关概念

全球化进程使我们的物质生活和文化生活日益国际化，直接影响了我们的生活方式和生活习惯，为我们营造了一个国际化的文化空间。经济与文化一体化趋势的加强，加速了经济、文化和商业的融合，国际文化贸易是文化产业国际化的必然产物。为了理解国际文化服务贸易必先了解文化产品、文化服务以及文化贸易的内涵。

一、文化产品及文化服务

（一）文化产品

文化产品是文化创造的结果，它包括文化精神产品和文化物质产品两种形式。前者不具有物质形式，直接体现在人们的精神生活之中，并作为人的文化素质得以保存和巩固；后者则具有一定的物质表现形式，以一定的物质材料作为自己的载体，如书刊、博物馆、文化制度等。不同文化产品具有不同的社会作用，有进步的文化产品，也有落后的文化产品。如在社会发展中起阻碍作用的规章制度、风俗习惯、兴趣爱好，就是落后的文化产品。只有进步的文化产品，才能成为社会的文化财富。作为一种与众不同的商品，文化产品具有以下五个特点：

1. 文化产品能够满足人们的精神需要，人们对文化产品的消费是随着人们消费能力的增加而增长的。

2. 文化产品的生产者，是文化人力资本的拥有者，是具有创作才能的人才。生产文化产品中的劳动支付，一般是脑力的支付。

3. 文化产品的产生是具有自主知识产权的原创性研究和发明的过程。每一件文化产品都具有不可重复性、不可替代性和不可再生性。

4. 文化产品创造的是无形资产，积累的是品牌效应。同一产品被复制的次数越多，其产生的产值就越高。

5. 文化产品没有明确的消费对象，投资文化产品必定要承担市场的高风险。

（二）文化服务

文化服务业是文化和服务相相合，为社会公众提供文化、娱乐产品和服务的活动，以及与这些活动有关联的活动的集合。作为一种体现社会契约或经济契约关系的服务活动，与货物贸易相比，文化服务有以下方面的特点：

1. 无形性。顾客消费文化服务时只能依赖对服务提供者的认知程度或即时感受。

2. 需求决定性。文化服务不可能按计划生产，受传递中需求变化的全面影响。

3. 异质性。文化服务是观点、概念与感知，主体与环境的不同将导致服务品质的差异。

4. 即时性。文化服务的生产和消费同时发生，不可能储存和运输。服务提供者与服务消费者只有在同一场所同时进入服务程序，才能顺利地完成服务交易。

由于文化产品和文化服务的特殊性，使得它们中很大一部分，具有公共产品和公共服务的性质。文化商品作为人们的精神活动的产物，有着历史的、伦理的、审美的多重精神内涵，负载着真、善、美的价值取向，对公民思想道德和科学文化素质有着重要的影响。尤其是公益性文化事业直接为公众服务，具有全民性和健康文化价值的导向性，它的存在和发展对于满足社会成员的精神文化需求，对提高民族素质，促进经济发展和社会全面进步，具有十分重要的作用。

二、国际文化贸易的概念及分类

作为国际服务贸易的一个重要组成部分，国际间文化贸易已经成为当今全球服务贸易竞争的重点领域之一。而作为提供文化贸易的文化产业来说，其在发达国家国民经济产值中占有很大比重，正成为其出口支柱产业之一。

（一）文化贸易的概念

国际文化贸易是服务贸易与文化产业的交叉学科。一方面，文化贸易是国际服务贸易中的一个重要领域；另一方面，国际文化贸易是文化产业链条的终端环节。因为文化产业可分为前期策划、中期制作和后期营销等三个大的环节，后期营销又分为国内市场和国际市场。国际文化贸易就是后期营销环节中的国际市场内容。

国际文化贸易是指与知识产权有关的文化产品和文化服务的贸易活动，是国际间文化产品与服务的输入和输出的贸易方式，是国际服务贸易中的重要组成部分。贸易一方向另一方提供文化产品和服务并获得收入的过程，表现为文化产品和服务的出口或文化产品和服务输出，购买外方文化产品和服务的过程，表现为文化产品和服务进口或文化产品和服务输入。国际文化贸易涵盖电影、电视、演出、会展、图书、版权等具体行业的国际公司、贸易环境、贸易历史和文化政策等相关内容。

（二）国际文化贸易的分类

1. 以文化产品和文化服务为划分标准。在《服务贸易总协定》的《国际服务贸易分类表》中，对文化服务作了如下划分：在商业服务中，有法律服务、软件服务、数据处理和数据库服务、广告服务、摄影服务、包装服务、印刷和出版服务；在试听服务中，有电影和录像的制作和分销服务、电影放映服务、广播和电视服务、广播和电视传输服务、录音服务；在娱乐、文化和体育服务（除试听服务外）中，有文娱服务、新闻社服务、图书馆、档案馆和其他文化服务、体育和娱乐服务等。此外，近几年涌现出的文化会展服务、文化中介服务、文化咨询服务等新型服务以及相关的文化产品，也属于文化服务的范围。

在国际货币基金组织的国际收支手册中，对国际文化服务有这样的定义，居民与非居民之间，有关个人、文化和娱乐服务细分为下面两类：一是声像和有关服务，二是其他文化和娱乐服务。第一类包括（影片或录像带形式的）电影、收音机、（实况或提前录制的）电视节目和音乐录制品。这里还包含租用费用的支出和收入、演员、导演、制片人等（或编表经济体中非居民）从作品在国外播放而得到的报酬，卖给传播媒介，在指定地点上映次数有限的播映权费。有关戏剧、音乐作品、体育活动、马戏等活动的演员、制片人收到的费用，以及这些活动（电视、收音机等）的放映权费用也包括在内。第二类包括其他个人、文化和娱乐活动，如同博物馆、图书馆、档案馆其他文化、体育和娱乐有关的活动。这里还包括国外教师或医生提供的函授课程的费用。

协调制度 HS（the Harmonized System）系统的分类法主要是依据商品的物理性质和被加工的程度，而不是依据商品的用途进行分类。因此，在 HS 的分类系统中没有一个分类是“文化产品”，属于这一分类的产品只是散落在这个拥有 99 个分类的分类系统的其中几类。而其中有关文化软件的最重要的分类包括 49 类（书刊、报纸、图画以及其他印刷业产品）和 97 类（艺术品、收藏品和古董）。文化硬件则能见于 HS 分类系统的各个角落，从 37 类（摄影和录像产品）增加到 92 类（乐器）。

文化服务在 CPC（Central Product Classification）分类法中由两大部分组成。作为信息服务的一个分支的视听服务，又被分为几个小分类，现场表演被包括在“文化、娱乐和体育服务”分类里。其中一些服务的分类和我们对于文化服务的分类是一致的，如图书馆、档案馆和博物馆；新闻服务等则没有包括在内；体育服务等还有待商榷。出现在 CPC 分类法中的其他服务也可以被定义为文化服务。

2. 以文化硬件和文化软件为划分标准。国际文化贸易，分为文化软件服务贸易和文化硬件服务贸易两部分。一般来说，文化软件服务贸易是指包含文化内容的产品和文化服务的贸易，主要包括广播电视节目、电影动画片和故事片、印刷品、出版物、视听艺术、表演艺术，载有文化艺术内容的光盘、视盘和多媒体以及娱乐、会展等进行的贸易。文化硬件服务贸易则是指用来生产、储存和传播文化内容的器物工具和物态载体，如摄影器材、视听设备、舞美设备、游戏和娱乐器材、艺术创造和表达的工具等进行的贸易。

三、文化贸易的特点及意义

（一）文化贸易的特点

作为一种特殊的服务贸易，文化贸易既涉及文化产品又涉及文化服务。这使得国际文化贸易具有国际货物贸易和国际服务贸易的共性，又具有新的特征。

1. 贸易市场高度垄断性。国际文化贸易在发达国家和发展中国家表现出严重的不平衡性，这与文化市场的文化商品受各国历史特点、区域位置及文化背景等多种因素的影响密不可分。因此，国际文化贸易市场的垄断性较强，表现为少数发达国家对国际文化贸易的垄断优势，与发展中国家的相对劣势。

2. 贸易保护方式具有隐蔽性。由于文化贸易标的物的特点，各国无法通过统一的国际标准或关税进行限制，而更多地采用国内的政策、法令的修改进行限制，如市场准入制度及非国民待遇等非关税壁垒形式。

3. 贸易自由化的例外性。由于图书出版、演出服务、广播影视、网络服务及教育等文化产业直接关系到国家主权、国家安全和意识形态等敏感领域，因此，各国在文化贸易的开发程度上，都十分谨慎，各国政府对文化贸易的各种限制和保护远远超过货物贸易，在很大程度上阻碍了国际文化贸易的自由化进程。到目前为止，只有美国和中非国家完全开放了自己的文化市场。

4. 贸易约束条例的相对灵活性。世界贸易组织一致致力于寻求国际贸易的自由化，但从文化贸易概念出现之日起，“文化例外”就成为一种不成文的主张，为世界贸易组织各成员国政府所接受并广泛运用于文化贸易政策中。因此，世界贸易组织对于文化贸易的约束具有一定的灵活性。

5. 与其他产业的强烈交融性。丰富的文化内涵和不同的文化服务，融入到了几乎所有的产业和贸易领域，品饮文化、居住文化、服饰文化等，在不同的文化背景下都反映出多样的文化价值取向。尤其是文化产品和文化服务与信息技术的结合，更加速了文化的传播速度，加大了扩展范围，因而更增强了文化产品和文化服务的可贸易性。

（二）发展国际文化贸易的意义

1. 有助于实现文化产业价值链的对外经济效益，加快积累国民财富。文化贸易所带来的直接利润来源于文化贸易自身，如自 1990 年以来，随着知识经济浪潮滚滚而来，人类对于文化产品和文化服务的需求越来越广泛，文化贸易市场前景也越来越广阔。国际文化市场，包括文化产品市场、文化服务市场、文化要素市场、文化附加值市场等，都已成为“兵家必争之地”，成为各国企业和政府共同关注的重要战略领地。最最重要的是文化产业具有高附加值、高回报的特点，其所衍生的其他相关产业的利润（如旅游、玩具、游戏、主题公园等）比直接利润要高很多。因此，大力发展对外文化贸易，有助于完善文化产业价值链，有利于加快积累国民财富。

2. 有助于传播文化理念，促进了解，树立良好的国际形象。文化产品和文化服务具有一般商品和文化特殊商品的双重属性。一个国家的对外文化贸易，不仅具有经济价值，而且具有外交和宣传功能，能在获取经济利益的同时，传播国家的意识形态和价值观念。通过大力发展对外文化贸易，能够帮助树立起一个国家良好的国际形象，吸引更多的贸易伙伴和国际朋友。

3. 有助于提升文化商品的附加值，扩大外贸出口。从生产特点、生产内容和作用的方式与范围上看，文化贸易可以带动科教、休闲、传媒、体育等庞大的贸易群体蓬勃兴盛。不仅如此，文化产业为其扩展所形成的“亚文化产业”，或者说是文化产业与其他产业融合后产生的混合型产业，既包括传统制造业、种植业、养殖业和服务业的基本形态，同时又包括具有很高文化含量的会展业、咨询业、旅游业和职业培训业等，增加了这些产业的文化附加值，并且为其他产业的外贸出口打开广阔的道路。

4. 有利于实现国民经济的可持续发展，改善出口商品结构。如从我国贸易量化的指标来看，我国无疑是世界贸易第二大经济体，不过这也恰恰说明了我国对外贸易存在着结构上的不平衡性。从我国对外文化贸易本身的情况来看，我国对外文化贸易存在着严重的贸易逆差现象。无论从文化资源的角度讲，还是从综合国力的角度讲，这种严重的文化贸易逆差都是不应该存在的。因此，“从体制改革和机制创新的高度，大力发展对外文化贸易，已经成为我国发展文化事业、增强文化实力、提高国际竞争力的一个新的战略突破口和历史性机遇。”同时，在改善贸易结构方面，具有高附加值、整体效应特定的文化贸易无疑具有重要的作用和意义。

第二节　知识产权与文化贸易

“知识产权”也称“智慧财产权”，根据世界知识产权组织的划分，它包括关于文学、艺术及科学作品有关的权利；关于表演艺术家的演出、录音和广播的权利等。从中可以看出，知识产权与文化贸易、文化产业的关系极为密切。

一、知识产权概述

（一）知识产权的概念

“知识产权”的概念是从划定其范围的形式明确其内涵的。不同的国家、地区及国际组织对它的理解、界定范围不同便产生了不同的定义。目前比较有影响力的知识产权范围划分是由世界知识产权组织和世界贸易组织进行的。

1. 世界知识产权组织关于知识产权的划分

世界知识产权组织于 1967 年建立，在其 1979 年修订出的《建立世界知识产权组织公约》中对知识产权采取了较为广义的划分方法。该公约提出，知识产权应包括下列产权：文学、艺术和科学著作或作品；表演艺术家的演出、唱片或录音片和广播；人类经过努力在各个领域的发展；科学发现；工业品外观设计；商标、服务标志和商号名称及标识以及所有其他在工业、科学、文学或艺术领域中的智能活动产生的产权。

专栏 14-1

世界知识产权组织（WIPO）

1967 年 7 月 14 日，“国际保护工业产权联盟”（巴黎联盟）和“国际保护文学艺术作品联盟”（伯尔尼联盟）的51个成员在瑞典首都斯德哥尔摩共同建立了世界知识产权组织（World Intellectual Property Organization，WIPO），以便进一步促进全世界对知识产权的保护，加强各国和各知识产权组织间的合作。1970 年 4 月 26 日，《建立世界知识产权组织公约》生效。直到 2007 年 6 月 15 日为止，成员国有 184 个国家。

世界知识产权组织（WIPO）是联合国的一个专门机构，致力于发展兼顾各方利益、便于使用的国际知识产权（IP）制度，以奖励创造，促进创新，在为经济发展做出贡献的同时维护公共利益。成员国赋予它的任务是，通过国家之间的合作并与其他国际组织配合，促进世界范围内的知识产权保护。总部设在瑞士日内瓦，在美国纽约联合国大厦设有联络处，是联合国组织系统中的 16 个专门机构之一。它管理着涉及知识产权保护各个方面的 24 项（16 部关于工业产权，7 部关于版权，加上建立世界知识产权组织公约）国际条约。该组织的很大一部分财力是用于同发展中国家进行开发合作，促进发达国家向发展中国家转让技术，推动发展中国家的发明创造和文艺创作活动，以利于其科技、文化和经济的发展。

中国于 1980 年 6 月 3 日加入该组织，成为它的第 90 个成员国。中国 1985 年加入保护工作产权的巴黎公约，1989 年加入商标国际注册的马德里协定，1992 年 10 月加入保护文学艺术品伯尔尼公约，1994 年 1 月 1 日加入专利合作条约，至 1999 年 1 月，中国共加入了该组织管辖的 12 个条约。

2. 世界贸易组织关于知识产权的划分

作为世界贸易组织重要协议的《与贸易有关的知识产权协定》，明确列明了其所管辖的知识产权的范围，包括版权及相关权、商标、地域标识、工业品外观设计、专利、集成电路布图设计、未公开的信息包括商业秘密等七种知识产权。

尽管知识产权的概念和范围有所不同，但不管是广义的知识产权还是狭义的知识产权，与文化贸易相关的版权都是知识产权中必不可少的权利之一。

（二）知识产权的特征

1. 无形性。知识产权与其他有形财产权的最大不同之处在于其“无形性”的特点。这种无形性，使得知识产权贸易中“标的物”只能是知识产权这种无形财产权中的使用权。同时，由于知识产权的无形性难以实际控制，容易脱离知识产权所有人的控制；且知识产权所有人即使在其权力全部转让后，仍有可利用其创造的智力成果获取利益的可能性。因而法律上有关知识产权的保护、知识产权侵权的认定、知识产权贸易等变得比有形商品更为复杂。

2. 专有性。知识产权作为智力劳动的成果，其无形性决定了它在每一次被利用后会引起全部或部分的消失或损失、损耗，却并不能全部被消灭。知识产权不同于有形财产，它可以为多数人同时拥有，并能够为多数人同时使用它而获得利益。因此，作为无形财产的知识产权，其在使用、占有、收益和处分等方面的一系列特点，使其有别于有形财产的使用、占有、收益与处分。这种所有权只能通过对智力劳动成果的所有人授予专有权才能有效地加以保护，这就形成了知识产权的“专有性”特点。同时，这种专有性决定了某项知识产权其权利人只能是一个，不可能两个或多个自然人或法人拥有相同的某项知识产权的专有权；决定了知识产权只能授予一次，而不能两次或多次地授予权利人专有权。

3. 可复制性。知识产权作为智力劳动的成果，必然通过一定的有形物，通过一定的载体表现出来。无论是专利、商标、专有技术，还是著作权、商业秘密，它必然要通过产品或其他有形物加以体现，这样才能将知识产权作为财产权的性质表现出来。例如，某位作者构思了一个动人的故事情节，可以通过图书、影视片等形式向人们展示。这决定了知识产权具有可复制的特性，并进而表现知识产权的财产及价值。

二、知识产权与文化贸易的关系

版权是指某人拥有的出版或复制文学、艺术和音乐作品以及防止他人这样做的法定权利。所谓版权贸易，是指在版权许可或版权转让过程中产生的贸易行为。知识产权所涉及的文学、艺术和科学著作或作品，表演艺术家的演出、唱片或录音片和广播的产权，这些是版权贸易的主要内容，且属于文化软件服务贸易的范围。

国际版权贸易是指国际版权所有人与作品使用人之间，就不同国家或地区之间有偿转移某部文学、科学和艺术作品等著作权中某项或几项财产权进行的法律行为。国际版权贸易最早起源于一些文化繁荣的国家，主要是为了保护本国的作品在外国不受侵犯，其实质是为了保护其文化利益和文化贸易。迄今为止，发达国家仍力主自己在国际版权合作中的主导地位，倡议并发起了多轮有关版权保护的贸易谈判，如 WTO 制定的《知识产权协定》，即在美国等发达国家的倡导下而制定的，其所提出的版权国际化标准，更多地体现了发达国家的利益，这些意志最终都通过国际公约而被强加给广大发展中国家。据《美国经济中的版权业：2011 年报告》透露，2010 年美国版权相关产品出口额为 1 340 亿美元，虽然不敌药品出口，但远远高于飞机、汽车、农产品等行业。因此，美、英、日等文化较为发达的国家在操纵 WTO 制定《知识产权协定》时对软件、电影作品、音像作品的保护规定了最高的版权标准，充分反映了其维护本国利益的要求。

从文化贸易的概念和特点及知识产权的概念及范围，可以看出，文化贸易中的图书、影音等贸易，涉及知识产权的权利。《知识产权协定》中版权及相关权利保护的范围是：文学、科学和艺术领域内的一切作品（不论其表现形式或方式），如书籍、演讲、戏剧、舞蹈、配词、电影、地图等；表演者、录音制品制作者和传播媒体等。具体来说，知识产权与文化贸易的关系见图 14－1。

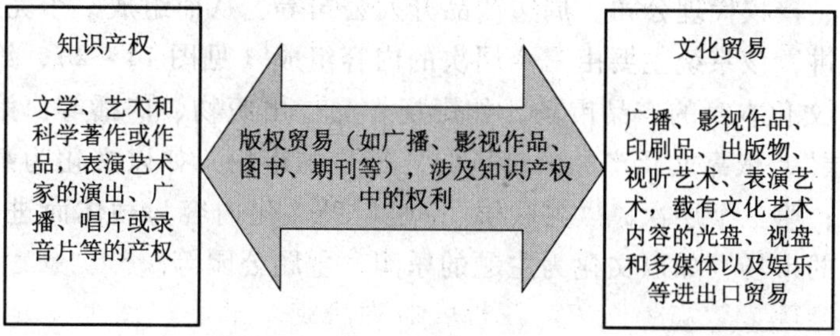

图 14－1 知识产权与文化贸易的关系

第三节 我国文化贸易现状

我国有着五千年的文明史，丰富的文化资源为我国文化贸易的发展奠定了坚实的基础。2001 年，我国加入 WTO 时承诺逐步开放本国文化市场，获得了进入国际文化市场的通行证。2008 年，奥运会的召开更是为我国文化贸易的发展创造了条件，成为我国文化贸易腾飞的重大契机。与此同时，随着我国走向国际贸易大国，我国的对外文化贸易有了历史性的增长。自 1998 年起，我国逐渐成为文化商品的进出口大国。但是，我国出口的文化商品 50% 以上是游戏、文教娱乐和体育设备及器材，被认为是世界上文化硬件出口的第二大国；而文化软件的出口，在我国还是一个比较薄弱的环节。

一、我国文化贸易内涵界定

根据文化贸易的概念，可以知道文化贸易的概念是依据其行业进行定义和分类，我国文化贸易亦是如此。在我国，文化服务业进行的输入和输出的贸易方式即文化贸易。文化服务业的内涵及分类具体见图 14－2。

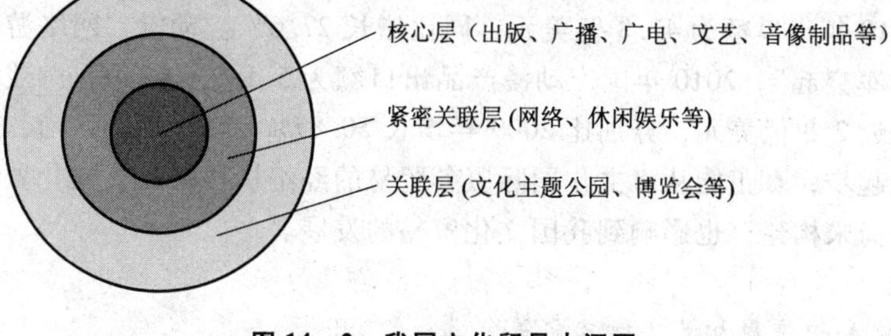

图 14－2 我国文化贸易内涵图

简单地说，文化贸易是指与文化作品相关的服务活动的总和，其主体是一条以企业为主的协作链条，把不同的参与者连接起来——出版集团、影视制作企业、电视台、授权代理公司、周边产品开发公司等，从而组成一个完整的产业系统。一般来讲，该系统主要由三个层次的内容组成（见图 14－2），第一个层次，"核心层"，文化本身的产品市场，如影视作品、出版物、广播等；第二个层次，"紧密关联层"，依靠文化产品的市场向外衍生的市场，如以文化为载体的网络、休闲娱乐等；第三个层次，"关联层"，是借助文化内容为载体而进行创意形成的相对独立的市场，如以文化为主题的乐园、主题公园等。

二、我国文化贸易发展现状

（一）贸易逆差严重、经济效益低

2008 年，我国文化产品引进与走出去的比例为 7:1，即引进花 7 元钱，出去只得 1 元钱；而 2009 年这一比例基本达到了 2:1。据海关统计，2011 年前 11 个月，我国累计进出口文化产品 182.2 亿美元，较上年同期增长 24%。其中，出口 171.4 亿美元，增长 25.2%；进口 10.8 亿美元，增长 8.3%。海关总署有关负责人表示，2011 年以来，我国文化产品出口总体呈快速增长态势，年内除 2 月份受春节因素影响出口规模有所下滑外，其余 10 个月份同比均保持两位数增长，特别是 6 月份以来出口加速攀升，11 月份当月达 22.8 亿美元，创单月出口规模历史新高，同比增长 33%。2011 年 1 月至 11 月，我国出口视觉艺术品增长迅速，达到 83.6 亿美元，增长 39.8%，增速高于同期全国总体增速 14.7 个百分点，占同期我国文化产品出口总值的 48.8%。在促进文化产品进出口的同时，海关也加大了知识产权保护力度。但是，文化产品和服务出口渠道还比较狭窄，我国输出的文化产品单价还远远低于引进的同类产品。以演艺产品为例，我国引进和输出的文艺演出每场收入比约为 10:1。

（二）贸易结构不合理、渠道不通畅

从 2001 年到 2010 年，我国核心文化产品和文化服务出口的平均增速分别为 15.9% 和 28.7%。2010 年核心文化产品进出口总额 143.9 亿美元，同比增长 15.1%，文化贸易逆差有所缓解。在我国文化服务出口种类中，除传统的影视音像制品及杂技、魔术、音乐和歌舞等一部分演出项目外，近几年艺术品出口发展迅速，2010 年出口额为 42.8 亿美元，同比增长 27.6%。动漫、网络游戏等文化产品"异军突起"，2010 年国产动漫产品出口额为 5.1 亿人民币，游戏产品海外市场收入近 2.3 亿美元，分别比 2009 年增长 50.87% 和 116%。目前，国内文化产业刚刚起步，真正能从事文化国际服务贸易的经纪机构缺乏，文化贸易的境外营销网络尚未构建，也影响到我国文化贸易的发展。

（三）知识产权相关法律不完善

在我国，现有的《著作权法》、《商标法》等知识产权相关法律，与《知识

产权协定》、《世界版权公约》及《录音制品公约》等许多条款存在冲突或不一致的地方。如《知识产权协定》认为知识产权是私权，而我国《著作权法》虽然承认著作权是私权，但是在其中却有职务作品、法人作品由法人或非法人团体作为作者、享有著作权，出现单位是著作权人和作者的现象。这与我国在其他相应法律中的内容，以及承认知识产权是私权又如何解释，这难免会产生不一致。此外，我国《著作权法》与《知识产权协定》中的国民待遇条款的规定也有差距。因此，我国《著作权法》对盗版活动的防范及其对经济秩序的危害没有充分认识，以致法律对盗版的最严厉制裁措施只有行政处罚，没有规定刑事处罚。同时，也没有对著作权是作者的权利这一根本问题足够重视。

三、我国文化贸易发展滞后的原因

我国有着五千多年的文明，丰富的文化资源虽然提供了文化发展的土壤，但却没有在国际文化贸易，尤其是国际软文化贸易中处于优势地位，究其原因主要表现在：

（一）商品观念错位

长期以来，文化在我国并没有被看作是可以出口的重要商品，这种观念商品观念上的错位导致我国缺乏对文化贸易的重视，缺少对文化资源的市场化开发，没有在国际市场树立得到广泛认可的文化商品和服务品牌，使得我国文化商品在竞争激烈的国际文化市场上缺乏核心竞争力，文化贸易不可避免受到制约和影响。

（二）创新主体缺乏

国际化的企业以及它们打造的产品尤其是名牌产品是开展国际文化贸易的主体。没有一批有能力进行跨国文化生产和经营的文化大企业，就不能全方位地利用国内外两种资源和两个市场，就不能充分利用世界贸易的规则在全球范围内合理地配置文化资源，使我国的文化商品在全球市场上获得应该具有的竞争力。在我国，几十万个文化企事业单位中，大多数单位还处在从事业单位向企业转型的过程中。

（三）促进政策缺位

在我国长期的国际文化贸易中，政府间的文化交流一直居于主导地位，而忽略了从市场角度去考虑我国文化商品走向世界市场的问题，从而导致我国缺少一整套经常调整的、重在推动本国文化贸易国际化的法律和政策。这些法律和政策包括文化贸易的外汇管理、项目审批、商品结构、区位重点和税收优惠政策等，我国目前急需研究制定文化贸易的法律和政策框架。

（四）扶持资金不足

首先，国家在文化产业投资上力度明显不够。近几年虽然开始实行了文化企业和金融机构的合作，但大部分文化企业还是很难得到资金扶持；其次，外资难以进入，不能靠利用外资解决资金瓶颈问题。在我国颁布的《外商投资产业指导目录》中明确规定，禁止外商投资大部分文化艺术即广播影视业，文化产业基本属于外商直接投资的禁区。这直接限制和阻碍了外来文化资本的进入，单靠国内的投资，又很难支撑整个文化产业及文化贸易的发展。

因此，发展我国国际文化贸易，要积极实施“走出去”战略，并把实施“走出去”战略与文化产业结构的战略性调整结合起来，把文化产业“走出去”的战略与经济发展“走出去”的战略结合起来，在实施文化产业经济结构的战略性调整的同时，调整我国文化贸易的产品结构和产业结构，树立国际文化贸易的观念。

第四节 我国文化贸易发展的战略选择

一、我国文化走出去的四大关键

（一）保护知识产权，为国际文化市场提供具有自主知识产权的优秀产品

从知识产权与文化贸易的关系可以看出，要发展我国文化贸易，必须对知识产权有足够的认识，这一方面可以很好的利用知识产权以避免贸易纠纷，另一方面可以保护我国的文化企业的权利。世界上任何一个高知识、高创意的产业发展都离不开知识产权的保护，因为只有对知识产权的尊重，才能更好地鼓励创新和创意。而我国自改革开放以来一直存在着损害知识版权的现象，尽管政府作出了各种努力，但盗版的隐蔽性和集团化等因素，使这一现象一直没能得到实质性的改善。因此，政府应加强打击盗版的力度，同时还应注重培养消费者抵制盗版的消费习惯，为文化产业的发展提供良好的市场环境。

在全球的四大文明古国中，我国的文化传统是唯一没有中断过的。目前，我国迫切需要向世界传播新的形象，发展更多的国际文化合作。我国五千年的文化脉络，从兵马俑、紫禁城到孔雀舞，从大唐歌舞到海派文化，中华民族的文化积累极为深厚，获得了世界的尊重。但是，我国的大部分文化资源还不能直接变成国际市场上有竞争力的产品，我国的许多文化遗产，也不能直接成为21世纪的社会财富。我国的文化工作者，还需要根据国际主流文化市场的要求，在深入发掘的基础上进行再创造。

（二）发展具有中国特色的多元文化产品和服务体系，开发科技含量高、文化含量高、服务质量高的“三高”产品

目前，一些文化企业致力于向国外市场推广大制作、大成本并糅合某个中国

元素的文化产品，但国外的消费者更期待原生态、真实的，能体现中国文化真谛的多元化文化产品。任何企业都必须立足于真实、有效的消费需求，提供符合消费者偏好的文化产品和服务。因此，一方面，文化企业可以从漫漫五千年的历史中提炼出符合西方思维方式的文化素材，进行再加工和再创造；另一方面，可以着力于推广中国的少数民族文化，尤其是一些具有艺术价值、欣赏价值和市场价值的文化产品。文化企业可以增加文化产品及服务的原创性及吸引力，并提供多元化产品及服务以增加竞争力。

随着人类社会进入信息化时代，以电脑、通信和网络技术为代表的现代信息技术，本身就是一种新的生产力，也是一种知识经济时代的生产关系。它深刻地改变了人类的生产方式和生活方式，它的参与者越来越多，服务越方便，信息交换的容量越大，信息产品的价格就越便宜，创造的社会财富也越多。所以我国的对外文化贸易必须抓住这个技术平台，使我国的文化资源转化为信息化的产品，才能最大程度地获得传播，而成为人类共享的财富，进而使得我国古老的文化资源，在与现代科技结合后，可以获得新的表现形式和传播方式，最终在21世纪国际文化市场上绽放光芒。

（三）完善对外文化贸易的法律和政策，以体制创新来积累竞争优势

文化贸易大国，如美国、日本和法国等，都具有一整套经常调整的、重在促进的法律和政策，包括文化贸易的外汇管理、项目审批、税收优惠政策等。如作为世界电影产业的第一大国美国，为了通过竞争增加产业活力，美国政府严格限制国内电影产业的垄断，以免扼杀国内电影产业的竞争活力，但是却大力支持和鼓励国内电影企业向国际市场扩张。

与之相对应的是，目前在我国，缺乏完整地文化贸易法律和政策框架。如，由于境内外音像制品的原创和制作水平存在差异，我国许多音像制品的发行销售商，对引进境外热门音像制品的版权热情很高，经济效益也很显著；但是对于版权出口却因缺乏经验、人才和缺乏出口渠道而害怕风险，步履维艰。因此，我们应该尽快把鼓励版权出口与调整进口配额结合起来，给予出口版权成绩显著的企业以适当的进口版权配额，即“谁的文化商品出口更多，谁就拥有资格引进更多”，让文化企业在努力开拓海外市场的同时，有条件引进海外的热门影视、出版物、音像制品，从而增加企业的生存能力和抗风险能力。此外，我国的印刷企业近年来获得了巨大的发展，在成本价格、印刷技术、品牌效应和服务质量等方面逐渐形成了国际竞争的优势。然而，由于印刷业务涉及到内容等敏感问题，受到政策限制，难以大规模地开展加工出口业务，扩大在国际印刷市场的占有率。这些问题，都亟待要求有关部门进行体制改革，开展机制创新。

（四）强化政府的“引导性”角色，扶持一批重点文化产品和文化企业，完善配套设施，拓宽文化企业投融资渠道

由于文化产业属于知识创意型产业，与其他传统产业相比，对创造力和想象

力要求更高，这就要求社会和政府更具包容力和忍耐力，为文化产业提供自由创作的土壤。对政府而言，更多强调的是引导文化产业发展和确定文化产业发展方向的功能，保证文化产业的发展方向不偏离，减少行政干预。即在文化市场失灵时，才会动用政府这只有形的手对其进行干涉、纠正。

随着经济全球化的浪潮，我国的文化企业也走上了良性发展的道路，然而与国际上知名的文化企业巨头相比，仍存在着很大的差距，主要体现为缺乏核心品牌、公司规模较小、创新性不足等。故可以根据企业所在区域自身特点、企业原有的优势等有选择性地扶持一批龙头企业和明星产品，生产和提供具有较高国际知名度的文化产品及服务，带来示范效应，形成完美的产业链，实现上下游产业链中的产品相互促进发展。毫无疑问，企业规模的扩大必然会带来成本的降低，实现规模经济；同时，文化企业多元化的衍生品可以分摊高额的创意成本，实现范围经济。

完善文化企业所需的配套设施，为其发展提供必需的硬件设施，为文化企业的集群创造条件。增加对文化企业的投资比例和范围，积极鼓励民间资本、外资等各种形式的资本以各种方式投资于文化企业，鼓励文化企业之间的兼并、收购等，以优化企业资源。引进创业风险投资机制，降低文化企业进行债务融资的门槛。形成以政府资本为引导，以企业内源融资、债务融资和股票融资为主要渠道，以风险基金、个人投资和境外投资为补充的多元化的文化产业投融资体系。

二、发展我国文化贸易的战略性措施

我国文化贸易的发展既有机遇又有挑战。发展文化贸易既是适应世界潮流的迫切需要，也是增强文化竞争力的必然要求；既要立足于民族文化资源和国内文化市场，又要充分利用国外优秀文化资源，并积极参与国际文化市场竞争，要发展我国的文化贸易，使我国真正成为文化贸易的强国，必须从以下几个方面着手。

（一）大力发展经济，调整产业结构

一个发达文化的背后一定都有强大经济的支撑，秦、汉唐文明，古罗马文明，古埃及文明是这样，今天的美国文化亦是如此。根据马斯洛的需求层次理论，文化需求是第三层次上的需求，因为一个国家如果连基本的温饱问题和生产问题都无法解决，那是不可能有更多的时间、精力和财力发展文化产业及文化贸易的。同时，一个好的文化应该是能够促进国家的经济发展的，文化和经济是相辅相成的。

（二）加强文化法制建设

世界贸易组织规则规定政府的行政管理应是依法和透明的。任何一个文化贸易的出口大国都需要有一整套经常调整的、重在促进本国文化贸易国际化的法律和政策以及一系列配套政策和法律法规，如反垄断和知识产权保护等，来规范文

化贸易出口的市场准入、贸易审批、统计批表、海关出入境、违规处罚等方面的管理体制。

（三）加快文化体制创新

创新是文化发展的生机与活力所在。文化产业的管理部门应该采取新的管理模式，加快体制创新和文化管理相关制度的创新，制定促进对外开放政策，鼓励文化产业单位面向国际市场、充分利用国际、国内两个市场及两种资源加强对外文化交流，发展外向型文化产业，增强文化产业的国际竞争力和对国外优秀文化先进的管理方式、手段的引进、吸纳、消化及创新能力。

（四）培养民族品牌

西方发达国家文化产业发展的历史可以证明，打造世界级的文化品牌是一条拓展资本市场的有效途径。只有拥有世界品牌，才能赢得竞争。随着我国的文化市场与国际文化大市场的逐渐接轨，我国文化产业正面临一次难得的发展机遇。只有树立我们自己的品牌，我们才能避免在国际竞争中陷入不利的境地，才能赢得与西方同行竞争的平等地位。

（五）培育发展跨国文化企业

跨国公司和跨国经济组织是资本全球化乃至经济全球化的直接发动者和组织者。我国文化产业要走向世界，必须培育和发展一批具有国际竞争力的文化跨国企业，在企业内部的市场化处理中进行跨国的生产和交易活动，扩大我国的文化跨国公司，确立其在文化市场中的主体地位。

（六）拓展人才队伍

我国应该积极运用多种形式扩大对外汉语教育服务出口，其目标是保持和发扬海外华人民族特性，并为其他国家培养对华经贸、文化人才。这项工作的重点是建设一支高素质的文化贸易人才队伍，培养一批熟悉世贸规则，精通外语，具备艺术素养，能够参与贸易争端解决的复合型人才。吸引国内外的优秀文化人才加盟文化企业，鼓励人才合理流动，人才再培训以及对产业变迁的适应性。有计划、有步骤地引进一流的文化经营和管理人才，为我国文化产品打入国际市场提供智力保障。全方位提高我国文化艺术从业人员的整体素质与水平，形成结构合理的人才队伍群体。

复习思考题

1. 什么是国际文化贸易？具有哪些特点？
2. 如何理解知识产权？它具有哪些特征？
3. 我国文化贸易发展状况如何？如何才能促进我国文化贸易的发展？

阅读推荐与网络链接

1. 冯宗宪，郭根龙．国际服务贸易．西安交通大学出版社，2008.
2. 李小牧．国际服务贸易．电子工业出版社，2007.
3. 韩骏伟，胡晓明．国际文化贸易．中山大学出版社，2009.
4. 郑志海，薛荣久．入世与知识产权保护．中国对外经济贸易出版社，2000.
5. http：//www. cnci. gov. cn/content/93/.
6. http：//www. ccnt. gov. cn/.

附录

《服务贸易总协定》

本协定各成员方，

认识到服务贸易对世界经济增长和发展日益增加的重要性；

希望建立一个服务贸易原则和规则的多边框架，以期在透明和逐步自由化的条件下扩大此类贸易，并以此为手段促进所有贸易伙伴的经济增长和发展中国家的发展；

期望在给予国家政策目标应有尊重的同时，通过连续回合的多边谈判，在互利基础上促进所有参加方的利益，并保证权利和义务的总体平衡，以便早日实现服务贸易自由化水平的逐步提高；

认识到各成员为实现国家政策目标，有权对其领土内的服务提供进行管理和采用新的法规，同时认识到由于不同国家服务法规发展程度方面存在的不平衡，发展中国家特别需要行使此权利；

期望便利发展中国家更多地参与服务贸易和扩大服务出口，特别是通过增强其国内服务能力、效率和竞争力；

特别考虑到最不发达国家由于特殊的经济状况及其在发展、贸易和财政方面的需要而存在的严重困难；

特此协议如下：

第一部分　范围和定义

第 1 条　范围和定义

1. 本协定适用于各成员影响服务贸易的措施。

2. 就本协定而言，服务贸易定义为：

（a）自一成员领土向任何其他成员领土提供服务；

（b）在一成员领土内向任何其他成员的服务消费者提供服务；

（c）一成员的服务提供者通过在任何其他成员领土内的商业存在提供服务；

（d）一成员的服务提供者通过在任何其他成员领土内的自然人存在提供服务。

3. 就本协定而言：

（a）“成员的措施”指：

（i）中央、地区或地方政府和主管机关所采取的措施；及

（ii）由中央、地区或地方政府或主管机关授权行使权力的非政府机构所采取的措施。

在履行本协定项下的义务和承诺时，每一成员应采取其所能采取的合理措施，以保证其领土内的地区、地方政府和主管机关以及非政府机构遵守这些义务和承诺。

（b）“服务”包括任何部门的任何服务，但在行使政府职权时提供的服务除外；

（c）“行使政府职权时提供的服务”指既不依据商业基础提供，也不与一个或多个服务提供者竞争的任何服务。

第二部分　一般义务和纪律

第 2 条　最惠国待遇

1. 关于本协定涵盖的任何措施，每一成员对于任何其他成员的服务和服务提供者，应立即和无条件地给予不低于其给予任何其他国家同类服务和服务提供者的待遇。

2. 一成员可维持与第 1 款不一致的措施，只要该措施已列入《关于第 2 条豁免的附件》，并符合该附件中的条件。

3. 本协定的规定不得解释为阻止任何成员对相邻国家授予或给予优惠，以便利仅限于毗连边境地区的当地生产和消费的服务的交换。

第 3 条　透明度

1. 除紧急情况外，每一成员应迅速公布有关或影响本协定运用的所有普遍适用的措施，最迟应在此类措施生效之时。一成员为签署方的有关或影响服务贸易的国际协定也应予以公布。

2. 如第 1 款所指的公布不可行，则应以其他方式使此类信息可公开获得。

3. 每一成员应迅速并至少每年向服务贸易理事会通知对本协定项下具体承诺所涵盖的服务贸易有重大影响的任何新的法律、法规、行政准则或现有法律、法规、行政准则的任何变更。

4. 每一成员对于任何其他成员关于提供属第 1 款范围内的任何普遍适用的措施或国际协定的具体信息的所有请求应迅速予以答复。每一成员还应设立一个或多个咨询点，以应请求就所有此类事项和需遵守第 3 款中的通知要求的事项向其他成员提供具体信息。此类咨询点应在《建立世界贸易组织协定》（本协定中称“《WTO 协定》”）生效之日起 2 年内设立。对于个别发展中国家成员，可同意在设立咨询点的时限方面给予它们适当的灵活性。咨询点不必是法律和法规的保存机关。

5. 任何成员可将其认为影响本协定运用的、任何其他成员采取的任何措施通知服务贸易理事会。

第3条之二　机密信息的披露

本协定的任何规定不得要求任何成员提供一经披露即妨碍执法或违背公共利益或损害特定公私企业合法商业利益的机密信息。

第4条　发展中国家的更多参与

1. 不同成员应按照本协定第三部分和第四部分的规定，通过谈判达成有关以下内容的具体承诺，以便利发展中国家成员更多地参与世界贸易：

（a）增强其国内服务能力、效率和竞争力，特别是通过在商业基础上获得技术；

（b）改善其进入分销渠道和利用信息网络的机会；以及

（c）在对其有出口利益的部门和服务提供方式实现市场准入自由化。

2. 发达国家成员和在可能的限度内的其他成员，应在《WTO协定》生效之日起2年内设立联络点，以便利发展中国家成员的服务提供者获得与其各自市场有关的、关于以下内容的信息：

（a）服务提供的商业和技术方面的内容；

（b）专业资格的登记、认可和获得；以及

（C）服务技术的可获性。

3. 在实施第1款和第2款时，应对最不发达国家成员给予特别优先。鉴于最不发达国家的特殊经济状况及其发展、贸易和财政需要，对于它们在接受谈判达成的具体承诺方面存在的严重困难应予特殊考虑。

第5条　经济一体化

1. 本协定不得阻止任何成员参加或达成在参加方之间实现服务贸易自由化的协定，只要此类协定：

（a）涵盖众多服务部门；

（b）规定在该协定生效时或在一合理时限的基础上，对于（a）项所涵盖的部门，在参加方之间通过以下方式不实行或取消第17条意义上的所有歧视：

（i）取消现有歧视性措施；

（ii）禁止新的或更多的歧视性措施。

但第11条、第12条、第14条以及第14条之二下允许的措施除外。

2. 在评估第1款（b）项下的条件是否得到满足时，可考虑该协定与有关国家之间更广泛的经济一体化或贸易自由化进程的关系。

3.（a）如发展中国家为第1款所指类型协定的参加方，则应依照有关国家总体和各服务部门及分部门的发展水平，在第1款所列条件方面，特别是其中（b）项所列条件方面给予灵活性。

（b）尽管有第6款的规定，但是在第1款所指类型的协定只涉及发展中国家的情况下，对此类协定参加方的自然人所拥有或控制的法人仍可给予更优惠的待遇。

4. 第1款所指的任何协定应旨在便利协定参加方之间的贸易，并且与订立该协定之前的适用水平相比，对于该协定外的任何成员，不得提高相应服务部门或分部门内的服务贸易壁垒的总体水平。

5. 如因第1款下的任何协定的订立、扩大或任何重大修改，一成员有意修改或撤销一具体承诺，因而与其减让表中所列条款和条件不一致，则该成员应至少提前90天通知该项修改或撤销，并应适用第21条第2款、第3款和第4款中所列程序。

6. 任何其他成员的服务提供者，如属根据第1款所指协定参加方的法律所设立的法人，则有权享受该协定项下给予的待遇，只要该服务提供者在该协定的参加方领土内从事实质性商业经营。

7. （a）属第1款所指任何协定参加方的成员应迅速将任何此类协定及其任何扩大或重大修改通知服务贸易理事会。它们还应使理事会可获得其所要求的有关信息。理事会可设立工作组，以审查此类协定及其扩大或修改，并就其与本条规定的一致性问题向理事会提出报告。

（b）属第1款所指的在一时限基础上实施的任何协定参加方的成员应定期就协定的实施情况向服务贸易理事会提出报告。理事会如认为必要，可设立工作组，以审查此类报告。

（c）依据（a）项和（b）项所指的工作组的报告，理事会可向参加方提出其认为适当的建议。

8. 属第1款所指的任何协定参加方的成员，不可对任何其他成员从此类协定中可能获得的贸易利益寻求补偿。

第5条之二　劳动力市场一体化协定

本协定不得阻止任何成员参加在参加方之间实现劳动力市场完全一体化的协定，只要此类协定：

（a）对协定参加方的公民免除有关居留和工作许可的要求；

（b）通知服务贸易理事会。

第6条　国内法规

1. 在已作出具体承诺的部门中，每一成员应保证所有影响服务贸易的普遍适用的措施以合理、客观和公正的方式实施。

2. （a）对每一成员应维持或尽快设立司法、仲裁或行政庭或程序，在受影响的服务提供者请求下，对影响服务贸易的行政决定迅速进行审查，并在请求被证明合理的情况下提供适当的补救。如此类程序并不独立于作出有关行政决定的机构，则该成员应保证此类程序在实际中提供客观和公正的审查。

(b)(a)项的规定不得解释为要求一成员设立与其宪法结构或其法律制度的性质不一致的法庭或程序。

3. 对已作出具体承诺的服务，如提供此种服务需要得到批准，则一成员的主管机关应在根据其国内法律法规被视为完整的申请提交后一段合理时间内，将有关该申请的决定通知申请人。在申请人请求下，该成员的主管机关应提供有关申请情况的信息，不得有不当延误。

4. 为保证有关资格要求和程序、技术标准和许可要求的各项措施不致构成不必要的服务贸易壁垒，服务贸易理事会应通过其可能设立的适当机构，制定任何必要的纪律。此类纪律应旨在特别保证上述要求：

(a)依据客观的和透明的标准，例如提供服务的能力和资格；

(b)不得比为保证服务质量所必需的限度更难以负担；

(C)如为许可程序，则这些程序本身不成为对服务提供的限制。

5. (a)在一成员已作出具体承诺的部门中，在按照第4款为这些部门制定的纪律生效之前，该成员不得以以下方式实施使此类具体承诺失效或减损的许可要求、资格要求和技术标准：

(i)不符合第4款(a)项、(b)项或(C)项中所概述的标准的；且

(ii)在该成员就这些部门作出具体承诺时，不可能合理预期的。

(b)在确定一成员是否符合第5款(a)项下的义务时，应考虑该成员所实施的有关国际组织的国际标准。

6. 在已就专业服务作出具体承诺的部门，每一成员应规定适当程序，以核验任何其他成员专业人员的能力。

第7条　承认

1. 为使服务提供者获得授权、许可或证明的标准或准则得以全部或部分实施，在遵守第3款要求的前提下，一成员可承认在特定国家已获得的教育或经历、已满足的要求、或已给予的许可或证明。此类可通过协调或其他方式实现的承认，可依据与有关国家的协定或安排，也可自动给予。

2. 属第1款所指类型的协定或安排参加方的成员，无论此类协定或安排是现有的还是在将来订立，均应向其他利害关系成员提供充分的机会，以谈判加入此类协定或安排，或与其谈判类似的协定或安排。如一成员自动给予承认，则应向任何其他成员提供充分的机会，以证明在该其他成员获得的教育、经历、许可或证明以及满足的要求应得到承认。

3. 一成员给予承认的方式不得构成在适用服务提供者获得授权、许可或证明的标准或准则时在各国之间进行歧视的手段，或构成对服务贸易的变相限制。

4. 每一成员应：

(a)在《WTO协定》对其生效之日起12个月内，向服务贸易理事会通知其现有的承认措施，并说明此类措施是否以第1款所述类型的协定或安排为依据；

(b)在就第1款所指类型的协定或安排进行谈判之前，尽早迅速通知服务贸

易理事会，以便向任何其他成员提供充分的机会，使其能够在谈判进入实质性阶段之前表明其参加谈判的兴趣；

（c）如采用新的承认措施或对现有措施进行重大修改，则迅速通知服务贸易理事会，并说明此类措施是否以第1款所指类型的协定或安排为依据。

5. 只要适当，承认即应以多边议定的准则为依据。在适当的情况下，各成员应与有关政府间组织或非政府组织合作，以制定和采用关于承认的共同国际标准和准则，以及有关服务行业和职业实务的共同国际标准。

第8条　垄断和专营服务提供者

1. 每一成员应保证在其领土内的任何垄断服务提供者在有关市场提供垄断服务时，不以与其在第2条和具体承诺下的义务不一致的方式行事。

2. 如一成员的垄断提供者直接或通过附属公司参与其垄断权范围之外且受该成员具体承诺约束的服务提供的竞争，则该成员应保证该提供者不滥用其垄断地位在其领土内以与此类承诺不一致的方式行事。

3. 如一成员有理由认为任何其他成员的垄断服务提供者以与第1款和第2款不一致的方式行事，则在该成员请求下，服务贸易理事会可要求设立、维持或授权该服务提供者的成员提供有关经营的具体信息。

4. 在《WTO协定》生效之日后，如一成员对其具体承诺所涵盖的服务提供给予垄断权，则该成员应在所给予的垄断权预定实施前不迟于3个月通知服务贸易理事会，并应适用第21条第2款、第3款和第4款的规定。

5. 如一成员在形式上或事实上（a）授权或设立少数几个服务提供者，且（b）实质性阻止这些服务提供者在其领土内相互竞争，则本条的规定应适用于此类专营服务提供者。

第9条　商业惯例

1. 各成员认识到，除属第8条范围内的商业惯例外，服务提供者的某些商业惯例会抑制竞争，从而限制服务贸易。

2. 在任何其他成员请求下，每一成员应进行磋商，以期取消第1款所指的商业惯例。被请求的成员对此类请求应给予充分和积极的考虑，并应通过提供与所涉事项有关的、可公开获得的非机密信息进行合作。在遵守其国内法律并在就提出请求的成员保障其机密性达成令人满意的协议的前提下，被请求的成员还应向提出请求的成员提供其他可获得的信息。

第10条　紧急保障措施

1. 应就紧急保障措施问题在非歧视原则基础上进行多边谈判。此类谈判的结果应在不迟于《WTO协定》生效之日起3年的一日期生效。

2. 在第1款所指的谈判结果生效之前的时间内，尽管有第21条第1款的规定，但是任何成员仍可在其一具体承诺生效1年后，向服务贸易理事会通知其修改或撤销该承诺的意向；只要该成员向理事会说明该修改或撤销不能等待第21条第1款规定的3年期限期满的理由。

3. 第2款的规定应在《WTO协定》生效之日起3年后停止适用。

第11条　支付和转移

1. 除在第12条中设想的情况下外，一成员不得对与其具体承诺有关的经常项目交易的国际转移和支付实施限制。

2. 本协定的任何规定不得影响国际货币基金组织的成员在《基金组织协定》项下的权利和义务，包括采取符合《基金组织协定》的汇兑行动，但是一成员不得对任何资本交易设置与其有关此类交易的具体承诺不一致的限制，根据第12条或在基金请求下除外。

第12条　保障国际收支的限制

1. 如发生严重国际收支和对外财政困难或其威胁，一成员可对其已作出具体承诺的服务贸易，包括与此类承诺有关的交易的支付和转移，采取或维持限制。各方认识到，由于处于经济发展或经济转型过程中的成员在国际收支方面的特殊压力，可能需要使用限制措施，特别是保证维持实施其经济发展或经济转型计划所需的适当财政储备水平。

2. 第1款所指的限制：

(a) 不得在各成员之间造成歧视；

(b) 应与《国际货币基金组织协定》相一致；

(c) 应避免对任何其他成员的商业、经济和财政利益造成不必要的损害；

(d) 不得超过处理第1款所指的情况所必需的限度；

(e) 应是暂时的，并应随第1款列明情况的改善而逐步取消。

3. 在确定此类限制的影响范围时，各成员可优先考虑对其经济或发展计划更为重要的服务提供。但是，不得为保护一特定服务部门而采取或维持此类限制。

4. 根据第1款采取或维持的任何限制，或此类限制的任何变更，应迅速通知总理事会。

5. (a) 实施本条规定的成员应就根据本条采取的限制迅速与国际收支限制委员会进行磋商。

(b) 部长级会议应制定定期磋商的程序，以便能够向有关成员提出其认为适当的建议。

(c) 此类磋商应评估有关成员的国际收支状况和根据本条采取或维持的限制，同时特别考虑如下因素：

(i) 国际收支和对外财政困难的性质和程度；

(ii) 磋商成员的外部经济和贸易环境；

(iii) 其他可采取的替代纠正措施。

（d）磋商应处理任何限制与第 2 款一致性的问题，特别是依照第 2 款（e）项逐步取消限制的问题。

（e）在此类磋商中，应接受国际货币基金组织提供的与外汇、货币储备和国际收支有关的所有统计和其他事实，结论应以基金对磋商成员国际收支状况和对外财政状况的评估为依据。

6. 如不属国际货币基金组织成员的一成员希望适用本条的规定，则部长级会议应制定审议程序和任何其他必要程序。

第 13 条　政府采购

1. 第 2 条、第 16 条和第 17 条不得适用于管理政府机构为政府目的而购买服务的法律、法规或要求，此种购买不是为进行商业转售或为供商业销售而在提供服务过程中使用。

2. 在《WTO 协定》生效之日起 2 年内，应就本协定项下服务的政府采购问题进行多边谈判。

第 14 条　一般例外

在此类措施的实施不在情形类似的国家之间构成任意或不合理歧视的手段或构成对服务贸易的变相限制的前提下，本协定的任何规定不得解释为阻止任何成员采取或实施以下措施：

（a）为保护公共道德或维护公共秩序所必需的措施；

（b）为保护人类、动物或植物的生命或健康所必需的措施；

（c）为使与本协定的规定不相抵触的法律或法规得到遵守所必需的措施，包括与下列内容有关的法律或法规：

（i）防止欺骗和欺诈行为或处理服务合同违约而产生的影响；

（ii）保护与个人信息处理和传播有关的个人隐私及保护个人记录和账户的机密性；

（iii）安全；

（d）与第 17 条不一致的措施，只要待遇方面的差别国在保证对其他成员的服务或服务提供者公平或有效地课征或收取直接税；

（e）与第 2 条不一致的措施，只要待遇方面的差别是约束该成员的避免双重征税的协定或任何其他国际协定或安排中关于避免双重征税的规定的结果。

第 14 条之二　安全例外

1. 本协定的任何规定不得解释为：

（a）要求任何成员提供其认为如披露则会违背其根本安全利益的任何信息；或

（b）阻止任何成员采取其认为对保护其根本安全利益所必需的任何行动；

（i）与直接或间接为军事机关提供给养的服务有关的行动；

（ii）与裂变和聚变物质或衍生此类物质的物质有关的行动；

（iii）在战时或国际关系中的其他紧急情况下采取的行动；或

（c）阻止任何成员为履行其在《联合国宪章》项下的维护国际和平与安全的义务而采取的任何行动。

2. 根据第 1 款（b）项和（c）项采取的措施及其终止，应尽可能充分地通知服务贸易理事会。

第 15 条　补贴

1. 各成员认识到，在某些情况下，补贴可对服务贸易产生扭曲作用。各成员应进行谈判，以期制定必要的多边纪律，以避免此类贸易扭曲作用。谈判还应处理反补贴程序适当性的问题。此类谈判应认识到补贴在发展中国家发展计划中的作用，并考虑到各成员、特别是发展中国家成员在该领域需要灵活性。就此类谈判而言，各成员应就其向国内服务提供者提供的所有与服务贸易有关的补贴交换信息。

2. 任何成员如认为受到另一成员补贴的不利影响，则可请求与该成员就此事项进行磋商。对此类请求，应给予积极考虑。

第三部分　具体承诺

第 16 条　市场准入

1. 对于通过第 1 条确认的服务提供方式实现的市场准入，每一成员对任何其他成员的服务和服务提供者给予的待遇，不得低于其在具体承诺减让表中同意和列明的条款、限制和条件。

2. 在作出市场准入承诺的部门，除非在其减让表中另有列明，否则一成员不得在其一地区或在其全部领土内维持或采取按如下定义的措施：

（a）无论以数量配额、垄断、专营服务提供者的形式，还是以经济需求测试要求的形式，限制服务提供者的数量；

（b）以数量配额或经济需求测试要求的形式限制服务交易或资产总值；

（c）以配额或经济需求测试要求的形式，限制服务业务总数或以指定数量单位表示的服务产出总量；

（d）以数量配额或经济需求测试要求的形式，限制特定服务部门或服务提供者可雇用的、提供具体服务所必需且直接有关的自然人总数；

（e）限制或要求服务提供者通过特定类型法律实体或合营企业提供服务的措施；以及

（f）以限制外国股权最高百分比或限制单个或总体外国投资总额的方式限制外国资本的参与。

第 17 条　国民待遇

1. 对于列入减让表的部门，在遵守其中所列任何条件和资格的前提下，每一成员在影响服务提供的所有措施方面给予任何其他成员的服务和服务提供者的待遇，不得低于其给予本国同类服务和服务提供者的待遇。

2. 一成员可通过对任何其他成员的服务或服务提供者给予与其本国同类服务或服务提供者的待遇形式上相同或不同的待遇，满足第五款的要求。

3. 如形式上相同或不同的待遇改变竞争条件，与任何其他成员的同类服务或服务提供者相比，有利于该成员的服务或服务提供者，则此类待遇应被视为较为不利的待遇。

第 18 条 附加承诺

各成员可就影响服务贸易、但根据第 16 条或第 17 条不需列入减让表的措施，包括有关资格、标准或许可事项的措施，谈判承诺。此类承诺应列入一成员减让表。

第四部分 逐步自由化

第 19 条 具体承诺的谈判

1. 为推行本协定的目标，各成员应不迟于《WTO 协定》生效之日起 5 年开始并在此后定期进行连续回合的谈判，以期逐步实现更高的自由化水平。此类谈判应针对减少或取消各种措施对服务贸易的不利影响，以此作为提供有效市场准入的手段。此进程的进行应旨在互利基础上促进所有参加方的利益，并保证权利和义务的总体平衡。

2. 自由化进程的进行应适当尊重各成员的国家政策目标及其总体和各部门的发展水平。个别发展中国家成员应有适当的灵活性，以开放较少的部门，放开较少类型的交易，以符合其发展状况的方式逐步扩大市场准入，并在允许外国服务提供者进入其市场时，对此类准入附加旨在实现第 4 条所指目标的条件。

3. 对于每一回合，应制定谈判准则和程序。就制定此类准则而言，服务贸易理事会应参照本协定的目标，包括第 4 条第 1 款所列目标，对服务贸易进行总体的和逐部门的评估。谈判准则应为处理各成员自以往谈判以来自主采取的自由化和在第 4 条第 3 款下给予最不发达国家成员的特殊待遇制定模式。

4. 各谈判回合均应通过旨在提高各成员在本协定项下所作具体承诺总体水平的双边、诸边或多边谈判，推进逐步自由化的进程。

第 20 条 具体承诺减让表

1. 每一成员应在减让表中列出其根据本协定第三部分作出的具体承诺。对于作出此类承诺的部门，每一减让表应列明：

（a）市场准入的条款、限制和条件；

（b）国民待遇的条件和资格；

（c）与附加承诺有关的承诺；

（d）在适当时，实施此类承诺的时限；以及

（e）此类承诺生效的日期。

2. 与第16条和第17条不一致的措施应列入与第16条有关的栏目。在这种情况下，所列内容将被视为也对第17条规定了条件或资格。

3. 具体承诺减让表应附在本协定之后，并应成为本协定的组成部分。

第21条　减让表的修改

1.（a）一成员（本条中称"修改成员"）可依照本条的规定，在减让表中任何承诺生效之日起3年期满后的任何时间修改或撤销该承诺。

（b）修改成员应将其根据本条修改或撤销一承诺的意向，在不迟于实施修改或撤销的预定日期前3个月通知服务贸易理事会。

2.（a）在本协定项下的利益可能受到根据第1款（b）项通知的拟议修改或撤销影响的任何成员（本条中称"受影响成员"）请求下，修改成员应进行谈判，以期就任何必要的补偿性调整达成协议。在此类谈判和协定中，有关成员应努力维持互利承诺的总体水平，使其不低于在此类谈判之前具体承诺减让表中规定的对贸易的有利水平。

（b）补偿性调整应在最惠国待遇基础上作出。

3.（a）如修改成员和任何受影响成员未在规定的谈判期限结束之前达成协议，则此类受影响成员可将该事项提交仲裁。任何希望行使其可能享有的补偿权的受影响成员必须参加仲裁。

（b）如无受影响成员请求仲裁，则修改成员有权实施拟议的修改或撤销。

4.（a）修改成员在作出符合仲裁结果的补偿性调整之前，不可修改或撤销其承诺。

（b）如修改成员实施其拟议的修改或撤销而未遵守仲裁结果，则任何参加仲裁的受影响成员可修改或撤销符合这些结果的实质相等的利益。尽管有第2条的规定，但是此类修改或撤销可只对修改成员实施。

5. 服务贸易理事会应为更正或修改减让表制定程序。根据本条修改或撤销承诺的任何成员应根据此类程序修改其减让表。

第五部分　机构条款

第22条　磋商

1. 每一成员应对任何其他成员可能提出的、关于就影响本协定运用的任何事项的交涉所进行的磋商给予积极考虑，并提供充分的机会。《争端解决谅解》（DSU）应适用于此类磋商。

2. 在一成员请求下，服务贸易理事会或争端解决机构（DSB）可就其通过根据第1款进行的磋商未能找到满意解决办法的任何事项与任何一个或多个成员进行磋商。

3. 一成员不得根据本条或第23条，对另一成员属它们之间达成的与避免双重征税有关的国际协定范围的措施援引第17条。在各成员不能就一措施是否属它们之间的此类协定范围达成一致的情况下，应允许两成员中任一成员将该事项提交服务贸易理事会。理事会应将该事项提交仲裁。仲裁人的裁决应为最终的，并对各成员具有约束力。

第23条　争端解决和执行

1. 如任何成员认为任何其他成员未能履行本协定项下的义务或具体承诺，则该成员为就该事项达成双方满意的解决办法可援用DSU。

2. 如DSB认为情况足够严重有理由采取此类行动，则可授权一个或多个成员依照DSU第22条对任何其他一个或多个成员中止义务和具体承诺的实施。

3. 如任何成员认为其根据另一成员在本协定第M部分下的具体承诺可合理预期获得的任何利益，由于实施与本协定规定并无抵触的任何措施而丧失或减损，则可援用DSU。如DSB确定该措施使此种利益丧失或减损，则受影响的成员有权依据第21条第2款要求作出双方满意的调整，其中可包括修改或撤销该措施。如在有关成员之间不能达成协议，则应适用DSU第22条。

第24条　服务贸易理事会

1. 服务贸易理事会应履行对其指定的职能，以便利本协定的运用，并促进其目标的实现。理事会可设立其认为对有效履行其职能适当的附属机构。

2. 理事会及其附属机构应开放供所有成员的代表参加，除非理事会另有决定。

3. 理事会主席应由各成员选举产生。

第25条　技术合作

1. 需要此类援助的成员的服务提供者应可使用第4条第2款所指的咨询点的服务。

2. 给予发展中国家的技术援助应在多边一级由秘书处提供，并由服务贸易理事会决定。

第26条　与其他国际组织的关系

总理事会应就与联合国及其专门机构及其他与服务有关的政府间组织进行磋商和合作作出适当安排。

第六部分　最后条款

第27条　利益的拒绝给予

一成员可对下列情况拒绝给予本协定项下的利益：

(a) 对于一项服务的提供，如确定该服务是自或在一非成员或与该拒绝给予利益的成员不适用《WTO 协定》的成员领土内提供的；

(b) 在提供海运服务的情况下，如确定该服务是：

(i) 由一艘根据一非成员或对该拒绝给予利益的成员不适用《WTO 协定》的成员的法律进行注册的船只提供的，及

(ii) 由一经营和/或使用全部或部分船只的人提供的，但该人属一非成员或对该拒绝给予利益的成员不适用《WTO 协定》的成员；

(c) 对于具有法人资格的服务提供者，如确定其不是另一成员的服务提供者，或是对该拒绝给予利益的成员不适用《WTO 协定》的成员的服务提供者。

第 28 条　定义

就本协定而言：

(a) "措施" 指一成员的任何措施，无论是以法律、法规、规则、程序、决定、行政行为的形式还是以任何其他形式；

(b) "服务的提供" 包括服务的生产、分销、营销、销售和交付；

(c) "各成员影响服务贸易的措施" 包括关于下列内容的措施：

(i) 服务的购买、支付或使用；

(ii) 与服务的提供有关的、各成员要求向公众普遍提供的服务的获得和使用；

(iii) 一成员的个人为在另一成员领土内提供服务的存在，包括商业存在；

(d) "商业存在" 指任何类型的商业或专业机构，包括为提供服务而在一成员领土内：

(i) 组建、收购或维持一法人；

(ii) 创建或维持一分支机构或代表处；

(e) 服务 "部门"；

(i) 对于一具体承诺，指一成员减让表中列明的该项服务的一个、多个或所有分部门；

(ii) 在其他情况下，则指该服务部门的全部，包括其所有的分部门；

(f) "另一成员的服务"；

(i) 指自或在该另一成员领土内提供的服务，对于海运服务，则指由一艘根据该另一成员的法律进行注册的船只提供的服务，或由经营和/或使用全部或部分船只提供服务的该另一成员的人提供的服务；

(ii) 对于通过商业存在或自然人存在所提供的服务，指由该另一成员服务提供者所提供的服务；

(g) "服务提供者" 指提供一服务的任何人；

(h) "服务的垄断提供者" 指一成员领土内有关市场中被该成员在形式上或事实上授权或确定为该服务的独家提供者的任何公私性质的人；

(i) "服务消费者" 指得到或使用服务的任何人；

(j)“人”指自然人或法人；

(k)“另一成员的自然人”指居住在该另一成员或任何其他成员领土内的自然人，且根据该另一成员的法律：

(i) 属该另一成员的国民；

(ii) 在该另一成员中有永久居留权，如该另一成员：

1. 没有国民；或

2. 按其在接受或加入《WTO 协定》时所作通知，在影响服务贸易的措施方面，给予其永久居民的待遇与给予其国民的待遇实质相同，只要各成员无义务使其给予此类永久居民的待遇优于该另一成员给予此类永久居民的待遇。此种通知应包括该另一成员依照其法律和法规对永久居民承担与其他成员对其国民承担相同责任的保证；

(l)“法人”指根据适用法律适当组建或组织的任何法人实体，无论是否以盈利为目的，无论属私营所有还是政府所有，包括任何公司、基金、合伙企业、合资企业、独资企业或协会；

(m)“另一成员的法人”指：

(i) 根据该另一成员的法律组建或组织的、并在该另一成员或任何其他成员领土内从事实质性业务活动的法人；

(ii) 对于通过商业存在提供服务的情况：

1. 由该成员的自然人拥有或控制的法人；

2. 由 (i) 项确认的该另一成员的法人拥有或控制的法人；

(n) 法人：

(i) 由一成员的个人所“拥有”，如该成员的人实际拥有的股本超过 50%；

(ii) 由一成员的个人所“控制”，如此类人拥有任命其大多数董事或以其他方式合法指导其活动的权力；

(iii) 与另一成员具有“附属”关系，如该法人控制该另一人，或为该另一人所控制；或该法人和该另一人为同一人所控制；

(o)“直接税”指对总收人、总资本或对收入或资本的构成项目征收的所有税款，包括对财产转让收益、不动产、遗产和赠与、企业支付的工资或薪金总额以及资本增值所征收的税款。

第 29 条　附件

本协定的附件为本协定的组成部分。

附件　关于第 2 条豁免的附件

范围

1. 本附件规定了一成员在本协定生效时豁免其在第 2 条第 1 款下义务的条件。

2. 《WTO 协定》生效之日后提出的任何新的豁免应根据其第 9 条第 3 款处理。

审议

3. 服务贸易理事会应对所给予的超过5年期的豁免进行审议。首次审议应在《WTO协定》生效后不超过5年进行。

4. 服务贸易理事会在审议中应：

（a）审查产生该豁免的条件是否仍然存在；并

（b）确定任何进一步审议的日期。

终止

5. 就一特定措施对一成员在本协定第2条第1款下义务的豁免在该豁免规定的日期终止。

6. 原则上，此类豁免不应超过10年。无论如何，此类豁免应在今后的贸易自由化回合中进行谈判。

7. 在豁免期终止时，一成员应通知服务贸易理事会已使该不一致的措施符合本协定第2条第1款。

第2条　豁免清单

[根据第2条第2款议定的豁免清单在《WTO协定》的条约文本中作为本附件的一部分。]

关于本协定项下提供服务的自然人流动的附件：

1. 本附件在服务提供方面，适用于影响作为一成员服务提供者的自然人的措施，及影响一成员服务提供者雇用的一成员的自然人的措施。

2. 本协定不得适用于影响寻求进入一成员就业市场的自然人的措施，也不得适用于在永久基础上有关公民身份、居住或就业的措施。

3. 依照本协定第三部分和第四部分的规定，各成员可就在本协定项下提供服务的所有类别的自然人流动所适用的具体承诺进行谈判。应允许具体承诺所涵盖的自然人依照该具体承诺的条件提供服务。

4. 本协定不得阻止一成员实施对自然人进入其领土或在其领土内暂时居留进行管理的措施，包括为保护其边境完整和保证自然人有序跨境流动所必需的措施，只要此类措施的实施不致使任何成员根据一具体承诺的条件所获得的利益丧失或减损。

关于空运服务的附件

1. 本附件适用于影响定期或不定期空运服务贸易及附属服务的措施。各方确认在本协定项下承担的任何具体承诺或义务不得减少或影响一成员在《WTO协定》生效之日已生效的双边或多边协定项下的义务。

2. 本协定，包括其争端解决程序，不得适用于影响下列内容的措施：

(a) 业务权，无论以何种形式给予；或

(b) 与业务权的行使直接有关的服务，但本附件第 3 款中的规定除外。

3. 本协定适用于影响下列内容的措施：

(a) 航空器的修理和保养服务；

(b) 空运服务的销售和营销；

(c) 计算机预订系统（CRS）服务。

4. 本协定的争端解决程序只有在有关成员已承担义务或具体承诺、且双边和其他多边协定或安排中的争端解决程序已用尽的情况下方可援引。

5. 服务贸易理事会应定期且至少每 5 年一次审议空运部门的发展情况和本附件的运用情况，以期考虑将本协定进一步适用于本部门的可能性。

6. 定义：

(a)"航空器的修理和保养服务"指在航空器退出服务的情况下对航空器或其一部分进行的此类活动，不包括所谓的日常维修。

(b)"空运服务的销售和营销"指有关航空承运人自由销售和推销其空运服务的机会，包括营销的所有方面，如市场调查、广告和分销。这些活动不包括空运服务的定价，也不包括适用的条件。

(c)"计算机预订系统（CRS）服务"指由包含航空承运人的时刻表。可获性、票价和定价规则等信息的计算机系统所提供的服务，可通过该系统进行预订或出票。

(d)"业务权"指以有偿或租用方式，往返于一成员领土或在该领土之内或之上经营和/或运载乘客、货物和邮件的定期或不定期服务的权利，包括服务的地点、经营的航线、运载的运输类型、提供的能力、收取的运费及其条件以及指定航空公司的标准，如数量、所有权和控制权等标准。

关于金融服务的附件

1. 范围和定义

(a) 本附件适用于影响金融服务提供的措施。本附件所指的金融服务提供应指提供按本协定第 1 条第 2 款定义的服务。

(b) 就本协定第 1 条第 3 款（b）项而言，"在行使政府职权时提供的服务"指：

(i) 中央银行或货币管理机关或任何其他公共实体为推行货币或汇率政策而从事的活动；

(ii) 构成社会保障法定制度或公共退休计划组成部分的活动；以及

(iii) 公共实体代表政府或由政府担保或使用政府的财政资源而从事的其他活动。

(c) 就本协定第回条第 3 款（b）项而言，如一成员允许其金融服务提供者从事本款（b）项（ii）目或（iii）目所指的任何活动，与公共实体或金融服务提供者进行竞争，则“服务”应包括此类活动。

（d）本协定第 1 条第 3 款（c）项不得适用于本附件涵盖的服务。

2. 国内法规

（a）尽管有本协定的任何其他规定，但是不得阻止一成员为审慎原因而采取措施，包括为保护投资人、存款人、保单持有人或金融服务提供者对其负有信托责任的人而采取的措施，或为保证金融体系完整和稳定而采取的措施。如此类措施不符合本协定的规定，则不得用作逃避该成员在本协定项下的承诺或义务的手段。

（b）本协定的任何规定不得解释为要求一成员披露有关个人客户的事务和账户的信息，或公共实体拥有的任何机密或专有信息。

3. 承认

（a）一成员在决定其有关金融服务的措施应如何实施时，可承认任何其他国家的审慎措施。此类承认可以依据与有关国家的协定或安排，通过协调或其他方式实现，也可自动给予。

（b）属（a）项所指协定或安排参加方的一成员，无论该协定或安排是将来的还是现有的，如在该协定或安排的参加方之间存在此类法规的相同法规、监督和实施，且如适当，还存在关于信息共享的程序，则应向其他利害关系成员提供谈判加入该协定或安排的充分机会，或谈判达成类似的协定或安排。如一成员自动给予承认，则应为任何其他成员提供证明此类情况存在的充分机会。

（c）如一成员正在考虑对任何其他国家的审慎措施予以承认，则不得适用第 7 条第 4 款（b）项。

4. 争端解决

关于审慎措施和其他金融事项争端的专家组应具备与争议中的具体金融服务有关的必要的专门知识。

5. 定义

就本附件而言：

（a）金融服务指一成员金融服务提供者提供的任何金融性质的服务。金融服务包括所有保险及其相关服务，及所有银行和其他金融服务（保险除外）。金融服务包括下列活动：保险及其相关服务

（i）直接保险（包括共同保险）：

（A）寿险

（B）非寿险

（ii）再保险和转分保；

（iii）保险中介，如经纪和代理；

（iv）保险附属服务，如咨询；精算、风险评估和理赔服务；银行和其他金融服务（保险除外）；

（v）接受公众存款和其他应偿还基金；

（vi）所有类型的贷款，包括消费信贷、抵押信贷、商业交易的代理和融资；

(vii) 财务租赁；

(viii) 所有支付和货币转移服务，包括信用卡、赊账卡、贷记卡、旅行支票和银行汇票；

(ix) 担保和承诺；

(x) 交易市场、公开市场或场外交易市场的自行交易或代客交易：

(A) 货币市场工具（包括支票、汇票、存单）；

(B) 外汇；

(C) 衍生产品，包括但不仅限于期货和期权；

(D) 汇率和利率工具，包括换汇和远期利率协议等产品：

(E) 可转让证券；

(F) 其他可转让票据和金融资产，包括金银条块。

(xi) 参与各类证券的发行，包括承销和募集代理（无论公开或私下），并提供与该发行有关的服务；

(xii) 货币经纪；

(xiii) 资产管理，如现金或证券管理、各种形式的集体投资管理、养老基金管理、保管、存款和信托服务；

(xiv) 金融资产的结算和清算服务，包括证券、衍生产品和其他可转让票据；

(xv) 提供和传送其他金融服务提供者提供的金融信息、金融数据处理和相关软件；

(xvi) 就 (v) 至 (xv) 目所列的所有活动提供咨询、中介和其他附属金融服务，包括信用调查和分析、投资和资产组合的研究和咨询、收购咨询、公司重组和策略咨询。

(b) 金融服务提供者指希望提供或正在提供金融服务的一成员的自然人或法人，但“金融服务提供者”一词不包括公共实体。

(C)“公共实体”指：

(i) 一成员的政府、中央银行或货币管理机关，或由一成员拥有或控制的、主要为政府目的执行政府职能或进行的活动的实体，不包括主要在商业条件下从事金融服务提供的实体；或

(ii) 在行使通常由中央银行或货币管理机关行使的职能时的私营实体。

关于金融服务的第二附件

1. 尽管有本协定第 2 条和《关于第 2 条豁免的附件》第 1 款和第 2 款的规定，但是一成员仍可在《WTO 协定》生效之日起 4 个月后开始的 60 天内，将与本协定第 2 条第 1 款不一致的有关金融服务的措施列入该附件。

2. 尽管有本协定第 21 条的规定，但是一成员仍可在《WTO 协定》生效之日起 4 个月后开始的 60 天内，改善、修改或撤销列入其减让表的有关金融服务

的全部或部分具体承诺。

3. 服务贸易理事会应为适用第 1 款和第 2 款制定必要的程序。

关于海运服务谈判的附件

1. 第 2 条和《关于第 2 条豁免的附件》，包括关于在该附件中列出一成员将维持的、与最惠国待遇不一致的任何措施的要求，只有在以下日期方可对国际海运、附属服务以及港口设施的进入和使用生效：

（a）根据《关于海运服务谈判的部长决定》第 4 段确定的实施日期；或

（b）如谈判未能成功，则为该决定中规定的海运服务谈判组最终报告的日期。

2. 第 1 款不得适用于已列入一成员减让表的任何关于海运服务的具体承诺。

3. 尽管有第 21 条的规定，但是自第 1 款所指的谈判结束起至实施日期前，一成员仍可改善、修改或撤销在本部门的全部或部分具体承诺而无需提供补偿。

关于电信服务的附件

1. 目标

认识到电信服务部门的特殊性，特别是其作为经济活动的独特部门和作为其他经济活动的基本传输手段而起到的双重作用，各成员就以下附件达成一致，旨在详述本协定中有关影响进入和使用公共电信传输网络和服务的措施的规定。因此，本附件为本协定提供注释和补充规定。

2. 范围

（a）本附件应适用于一成员影响进入和使用公共电信传输网络和服务的所有措施。

（b）本附件不得适用于影响电台或电视节目的电缆或广播播送的措施。

（c）本附件的任何规定不得解释为：

（i）要求一成员在其减让表中规定的之外授权任何其他成员的服务提供者建立、建设、收购、租赁、经营或提供电信传输网络或服务，或

（ii）要求一成员（或要求一成员责成其管辖范围内的服务提供者建立、建设、收购、租赁、经营或提供未对公众普遍提供的电信传输网络或服务。

3. 定义

就本附件而言：

（a）“电信”指以任何电磁方式传送和接收信号。

（b）“公共电信传输服务”指一成员明确要求或事实上要求向公众普遍提供的任何电信传输服务。此类服务可特别包括电报、电话、电传和数据传输，其典型特点是在两点或多点之间对客户提供的信息进行实时传输，而客户信息的形式或内容无任何端到端的变化。

(c)“公共电信传输网络指可在规定的两个或多个网络端接点之间进行通讯的公共电信基础设施。

(d)“公司内部通信”指公司内部或与其于公司、分支机构进行通信的电信，在遵守一成员国内法律和法规的前提下，还可包括与附属公司进行通信的电信。为此目的，“子公司”、“分支机构”和适用的“附属公司”应由每一成员定义。本附件中的“公司内部通信”不包括向与无关联的子公司、分支机构或附属公司提供的商业或非商业服务，也不包括向客户或潜在客户提供的商业或非商业服务。

(e)对本附件的各款或各项的任何提及均包括其中所有各国。

4. 透明度

在适用本协定第3条时，每一成员应保证可公开获得的关于影响进入和使用公共电信传输网络和服务条件的有关信息，包括：服务的收费及其他条款和条件；与此类网络和服务的技术接口规范：负责制定和采用影响进入和使用标准的机构的信息；适用于终端连接或其他设备的条件；可能的通知、注册或许可要求（若有的话）。

5. 公共电信传输网络和服务的进入和使用

(a)每一成员应保证任何其他成员的任何服务提供者可按照合理和非歧视的条款和条件进入和使用其公共电信传输网络和服务，以提供其减让表中包括的服务。此义务应特别通过（b）至（f）项的规定实施。

(b)每一成员应保证任何其他成员的服务提供者可进入和使用其境内或跨境提供的任何公共电信传输网络或服务，包括专门租用电路，并为此应保证在遵守（e）项和（f）项规定的前提下，允许此类服务提供者：

(i)购买或租用和连接终端或服务提供者提供服务所必需的其他网络接口设备；

(ii)将专门租用或拥有的电路与公共电信传输网络和服务互连，或与另一服务提供者租用或拥有的电路互联；以及

(iii)在提供任何服务时使用该服务提供者自主选择的操作规程，但为保证公众可普遍使用电信传输网络和服务所必需的情况除外。

(c)每一成员应保证任何其他成员的服务提供者可使用公共电信传输网络和服务在其境内或跨境传送信息，包括此类服务提供者的公司内部通信，以及使用在任何成员领土内的数据库所包含的或以机器可读形式存储的信息。如一成员采取严重影响此类使用的任何新的或修改的措施，则应依照本协定有关规定作出通知，并进行磋商。

(d)尽管有上一项的规定，但是一成员仍可采取必要措施，以保证信息的安全和机密性，但要求此类措施不得以对服务贸易构成任意的或不合理的歧视或构成变相限制的方式实施。

(e)每一成员应保证不对公共电信传输网络和服务的进入和使用附加条件，但为以下目的所必需的条件除外：

(i) 保障公共电信传输网络和服务提供者的公共服务责任，特别是使其网络或服务可使公众普遍获得的能力；

(ii) 保护公共电信传输网络或服务的技术完整性；

(iii) 保证任何其他成员的服务提供者不提供该成员减让表中承诺所允许之外的服务。

(f) 只要满足 (e) 项所列标准，进入和使用公共电信传输网络和服务的条件可包括：

(i) 限制此类服务的转售或分享使用；

(ii) 使用特定的技术接口与此类网络和服务进行互联的要求，包括使用接日协议；

(iii) 必要时，关于此类服务互操作性的要求，及鼓励实现第 7 款 (a) 项所列目标的要求；

(iv) 终端和其他网络接口设备的定型，及与此类设备与此类网络连接有关的技术要求；

(v) 限制专门租用或拥有的电路与此类网络或服务互联，或与另一服务提供者租用或拥有的电路互联；或

(vi) 通知、注册和许可。

(g) 尽管有本节前几项的规定，但是一发展中国家成员仍可在与其发展水平相一致的情况下，对公共电信传输网络和服务的进入和使用可设置必要的合理条件，以增强其国内电信基础设施和服务能力，并增加其参与国际电信服务贸易。此类条件应在该成员减让表中列明。

6. 技术合作

(a) 各成员认识到高效和先进的电信基础设施在各国、特别是在发展中国家中是扩大其服务贸易所必需的。为此，各成员赞成和鼓励发达国家和发展中国家、其公共电信传输网络和服务的提供者以及其他实体，尽可能全面地参与国际和区域组织的发展计划，包括国际电信联盟、联合国开发计划署和国际复兴开发银行。

(b) 各成员应鼓励和支持发展中国家之间在国际、区域和农区域各级开展电信合作。

(c) 在与有关国际组织进行合作时，各成员在可行的情况下，应使发展中国家可获得有关电信服务以及电信和信息技术发展情况的信息，以帮助增强其国内电信服务部门。

(d) 各成员应特别考虑向最不发达国家提供机会，以鼓励外国电信服务提供者在技术转让、培训和其他活动方面提供帮助，支持发展其电信基础设施，扩大其电信服务贸易。

7. 与国际组织和协定的关系

(a) 各成员认识到电信网络和服务的全球兼容性和互操作性的国际标准的重要性，承诺通过有关国际机构的工作，包括国际电信联盟和国际标准化组织，以

促进此类标准。

(b) 各成员认识到政府间和非政府组织的协定，特别是国际电信联盟，在保证国内和全球电信服务的有效运营方面所起的作用。各成员应作出适当安排，以便就本附件实施过程中产生的事项与此类组织进行磋商。

关于基础电信谈判的附件

1. 第2条和《关于第2条豁免的附件》，包括在该附件中列出一成员将维持的、与最惠国待遇不一致的任何措施的要求，只有在下列日期方可对基础电信生效：

(a) 根据《关于基础电信谈判的部长决定》第5条确定的实施日期；或

(b) 如谈判未能成功，则为该决定规定的基础电信谈判组最终报告的日期。

2. 第1款不得适用于已列入一成员减让表的任何关于基础电信服务的具体承诺。

(1) 此条件应根据部门数量、受影响的贸易量和提供方式进行理解。为满足此条件，协定不应规定预先排除任何服务提供方式。

(2) 一般情况下，此类一体化为其参加方的公民提供自由进入各参加方就业市场的权利，并包括有关工资条件及其他就业和社会福利条件的措施。

(3)"有关国际组织"指成员资格对至少所有 WTO 成员的有关机构开放的国际机构。

(4) 各方理解，第5款下的程序应与 GATT1994 的程序相同。

(5) 只有在社会的某一根本利益受到真正的和足够严重的威胁时，方可援引公共秩序例外。

(6) 旨在保证公平或有效地课征和收取直接税的措施包括一成员根据其税收制度所采取的以下措施：(i) 认识到非居民的纳税义务由源自或位于该成员领土内的应征税项目确定的事实，而对非居民服务提供者实施的措施；或 (ii) 为保证在该成员领土内课税或征税而对非居民实施的措施：或 (iii) 为防止避税或逃税而对非居民或居民实施的措施，包括监察措施：或 (iv) 为保证对服务消费者课征或收取的税款来自该成员领土内的来源而对在另一成员领土内或自另一成员领土提供的服务的消费者实施的措施；或 (v) 认识到按世界范围应征税项目纳税的服务提供者与其他服务提供者之间在课税基础性质方面的差异而区分这两类服务提供者的措施；或 (Vi) 为保障该成员的课税基础而确定、分配或分摊居民或分支机构，或有关联的人员之间，或同一人的分支机构之间收入、利润、收益、亏损、扣除或信用的措施。第14条 (d) 款和本脚注中的税收用语或概念，根据采取该措施的成员国内法律中的税收定义和概念，或相当的或类似的定义和概念确定。

(7) 未来的工作计划应确定有关此类多边纪律的谈判如何进行及在什么时限内进行。

（8）如一成员就通过第回条第 2 款（a）项所指的方式提供服务作出市场准人承诺，且如果资本的跨境流动是该服务本身必需的部分，则该成员由此已承诺允许此种资本跨境流动。如一成员就通过第 1 条第 2 款（C）项所指的方式提供服务作出市场准入承诺，则该成员由此已承诺允许有关的资本转移进入其领土内。

（9）第 2 款（C）项不涵盖一成员限制服务提供投入的措施。

（10）根据本条承担的具体承诺不得解释为要求任何成员对由于有关服务或服务提供者的外国特性而产生的任何固有的竞争劣势作出补偿。

（11）对于在《WTO 协定》生效之日已存在的避免双重征税协定，此类事项只有在经该协定各参加方同意后方可提交服务贸易理事会。

（12）如该服务不是由法人直接提供，而是通过如分支机构或代表处等其他形式的商业存在提供，则该服务提供者（即该法人）仍应通过该商业存在被给予在本协定项下规定给予服务提供者的待遇。此类待遇应扩大至提供该服务的存在方式，但不需扩大至该服务提供者位于提供服务的领土以外的任何其他部分。

（13）对某些成员的自然人要求签证而对其他成员的自然人不作要求的事实不得视为使根据一具体承诺获得的利益丧失或减损。

（14）本项被理解为每一成员应保证采取任何必要的措施使本附件的义务适用于公共电信传输网络和服务的提供者。

（15）“非歧视”一词理解为指本协定定义的最惠国待遇和国民待遇，反映在具体部门中，该词指“不低于在相似情况下给予同类公共电信传输网络或服务的任何其他使用者的条款和条件”。